高职高专“十三五”规划教材

劳动法概论与实务

GENERAL THEORY AND PRACTICE OF LABOUR LAW

（第四版）

主　编　路焕新　李科蕾
副主编　孙玉中　胡　侠

天津大学出版社
TIANJIN UNIVERSITY PRESS

内 容 简 介

本书共分八章。第一章，劳动法基本原理；第二章，劳动法律关系；第三章，促进就业与劳动保护制度；第四章，社会保险法律制度；第五章，劳动合同制度；第六章，特殊劳动合同制度；第七章，工资工时法律制度；第八章，劳动争议处理与劳动监察制度。最后是附录，包括最新的劳动法律、法规。本书注重实用性，所选案例具有真实性、新颖性和针对性，以案说法，使抽象的法律规定具有生动的生活基础。内容吸收了《中华人民共和国劳动合同法》、《中华人民共和国劳动合同法实施条例》等最近更新的法律、法规，注重培养学生理解和运用法律的能力。

本书适合作为高职高专学生劳动法的教材，也适合作为大学生劳动法普及课程的教材，同时适用于为了保护自身合法劳动权益而自学劳动法的社会普通劳动者。

图书在版编目(CIP)数据

劳动法概论与实务/路焕新，李科蕾主编. —天津：天津大学出版社，2010.8(2020.1 重印)
高职高专"十三五"规划教材
ISBN 978-7-5618-3654-5

Ⅰ.①劳… Ⅱ.①路…②李… Ⅲ.①劳动法－中国－高等学校：技术学校－教材 Ⅳ.①D922.5

中国版本图书馆 CIP 数据核字(2010)第 155274 号

出版发行 天津大学出版社
地 址 天津市卫津路 92 号天津大学内(邮编：300072)
电 话 发行部：022-27403647
网 址 publish.tju.edu.cn
印 刷 天津泰宇印务有限公司
经 销 全国各地新华书店
开 本 185mm×260mm
印 张 16.75
字 数 443 千
版 次 2010 年 8 月第 1 版 2017 年 2 月第 4 版
印 次 2020 年 1 月第 14 次
定 价 42.00 元

修订说明

2016年12月修订至今，劳动立法和司法领域没有较大的变化。主要行政管理领域的新情况有国务院取消港澳台居民在大陆就业的行政许可和《人力资源市场暂行条例》的出台。本次修订反映了这些新变化，另外还主要增加了更多的实务操作方面的内容，提升本教材的实用性。不论是学校的教师、学生还是一般读者，通过本书的阅读和学习不但了解劳动法的主要内容，还可以判断自己的劳动就业过程中的权利是否受侵犯以及如何维权的简单程序。企业的人力资源管理者也可以从中学到如何识别恶意劳动者，维护企业的合法用工权益。

具体修订的内容主要包括以下几方面。

1. 根据国务院取消港澳台居民在大陆就业的行政许可，《人力资源市场暂行条例》出台，对教材相应的内容进行了修改。

2. 在社会保险一章增加了养老保险待遇损失司法现状内容，增加了工伤的认定和劳动能力鉴定程序内容。

3. 劳动争议处理部分增加了劳动调解、仲裁和劳动诉讼的衔接内容，延伸阅读部分增加了劳动关系举证方面的实务文章。

4. 一些章节增加部分更新更具有典型性的实际案例。

劳动法领域是行政和司法联系比较紧密的法律领域，全国各省、直辖市和自治区的地方立法和司法在劳动法某些领域有不同的规定。编者水平所限，不能把全国各省、直辖市和自治区的地方性的劳动法领域的行政规章列举完毕，也不能把各省、直辖市和自治区的法院系统的地方性高级、中级人民法院关于劳动争议案件的一些具体规定完全反映在本教材中。因此，还是要提醒读者朋友，不要把本书中的案例和观点当做标准答案，但可作为一种观点帮助你分析和处理自己身边的劳动法相关事件。

司法领域的这一问题有可能会在未来有所改变，据某些劳动法专家的消息，最高人民法院办公厅于2018年7月5日发出《最高人民法院2018年度司法解释立项计划》。其中《关于审理劳动争议案件适用法律若干问题的解释(五)》要求在2019年底完成。据说这部司法解释的征求意见稿有150条之多，正式颁布实施后将统一目前劳动法领域诸多方面的裁判标准，让我们期待它的早日颁布。

重庆城市管理职业学院专职教师、重庆泰源律师事务所兼职律师

路焕新

2018年8月20日

修订说明

前　言

用法律武器来维护合法权益是每个人的基本权利。而如何运用法律,怎样维护权利是我们社会大众应当学习和了解的知识。学校为帮助学生学习和了解生活中的常用法律,针对学生的需要开设了一系列的法律课程。劳动法是其中一门重要的课程,因为该法律涉及社会中的大多数人。劳动是谋生的工具,所以不管劳动者是否愿意,其自身都要受到劳动法的约束。劳动立法近两年变化很大,但很多教材并未及时更新,教学中迫切需要一本内容紧跟时代的教材。同时大学生毕业后的就业问题,从业过程中的劳动合同、劳动报酬、社会保险等都涉及劳动法律、法规。本书的编写目的既为了解决上述问题,也为了增加学生的劳动法律知识,提高学生的法律素质和维权能力。在内容上本书将理论与实务有机结合,克服了一般教材重理论介绍、轻实务应用的不足,是专门为提高学生运用法律解决实际问题的能力而编写的。参与编写的人员中多数是长期工作在教学一线的法学教师,同时也是兼职律师。编写过程中还邀请了在劳动争议解决领域有着丰富经验的资深律师和有审判实践经验的工作人员提供参考资料和编写建议。

本书主要针对高职高专院校开设劳动法课程编写,坚持"实用"和"够用"原则,力求突出其实务性。首先,围绕实用性,以"能用""够用"为组织内容的两个维度,对抽象的法学理论和法律条文结合实际案例进行深入浅出的介绍,即使是社会普通读者也能够通过本书的阅读解决自己生活中涉及劳动法的法律问题。同时在本书的编写体例上突出新颖性,每个章节内容设计"案例回放""理论要点""思考练习""延伸阅读""文书案例"几个模块。"案例回放""理论要点"将真实的案例融入每个章节,使学生及其他读者对枯燥的法律规定有更直观的感受。"延伸阅读"可以使学生及其他读者对涉及劳动法律的社会现象有更深入的思考。"思考练习"可以通过习题检测学习的效果。"文书实例"可以使学生及其他读者看到劳动法在审判机关的使用,理解劳动法是怎样对社会劳动关系发生作用的。其次,内容上体现时代性,本书紧跟劳动立法的步伐,编写内容吸收了《中华人民共和国劳动合同法》、《中华人民共和国劳动合同法实施条例》等最近更新的法律、法规。再次,素材的实践性,本书的大部分案例素材来源于最近的法律实践,内容更丰满、生动、具体,分析更有针对性。这样的内容使读者阅读学习后能更清楚地了解自己作为劳动者的具体权利以及权利受侵犯的各种情形,更重要的是了解维护自己权利的主要途径,甚至于学到维权的具体程序及方法。在正文后还附有主要法律规范文件,便于读者及时查阅并强化对条文的理解。

本书由重庆城市管理职业学院路焕新老师和李科蕾老师主编并拟订写作提纲、设计编写体例，路焕新老师负责最后统稿。重庆城市管理职业学院孙玉中老师和四川省西昌学院胡侠老师任副主编并对提纲和体例进行了修订。参与编写人员主要是重庆城市管理职业学院、四川省西昌学院、重庆工商职业学院的教师。具体协作分工如下(以撰写章节先后为序)。

范文亚:第一章

胡侠:第二章

李科蕾:第三章

路焕新:第五章，第六章

赵震宇:第四章

孙玉中:第七章

李思逸:第八章

在编写过程中，参考和借鉴了有关书籍，吸收了同行专家的研究成果，得到了作者所在院校的大力支持和帮助，重庆市渝北区人民法院民事审判庭书记员陈启建为本书的编写提供了编写建议，在此一并表示衷心的感谢。

由于编者水平有限，本书存在不足之处在所难免，希望同行专家和广大读者批评指正。

本书另有配套电子课件，如有需要，请通过联系邮箱 273926790@qq.com 索取。

编者

2010 年 8 月

目　录

第一章　劳动法基本原理

案例回放

54岁的原告侯某在酒楼工作，酒楼以自动离职为由与其解除劳动关系，双方闹到法院。侯某要求酒楼支付解除劳动关系的经济补偿金。法院认定，侯某入职时已满50岁，达到国家法定的企业女职工退休年龄，不符合建立劳动关系的主体条件。据此，法院没有支持侯某要求酒楼支付经济补偿金的诉求。

侯某说，2007年8月24日，她到一家酒楼工作，成为一名洗碗工，当时，酒楼没有与她签订劳动合同，酒楼每月给她发750元工资，从2008年1月起，酒楼将她的工资调整为每月1 000元。在2007年8月24日至12月31日期间，她每月休息4天，可是国庆节与元旦均未休息。2008年春节过后，酒楼将侯某辞退。侯某很气愤，遂将酒楼告上法院，要求酒楼支付加班费3 986元，并要求对方支付一个月工资的补偿金1 000元及解除劳动关系的经济补偿金1 000元。

被告酒楼认为，2008年1月1日至3日，因公司停业，侯某回家休息。2008年春节酒楼放假10天，法定节假日为3天，其余7天为加班的补休。酒楼要求侯某初十回京，侯某并没有按时回到酒楼，酒楼才按规定对其作出自动离职处理决定。酒楼不同意支付原告的诉讼请求。

法院审理认为，国家法定的企业女职工退休年龄是50周岁，侯某入职时已满50周岁，不符合建立劳动关系的主体条件，双方不存在劳动关系，原、被告之间应为劳务雇佣合同关系。法院支持侯某要求酒楼支付其2008年1月的加班费差额88.84元，但法院以证据不足为由不予支持侯某在2008年2月以及2007年8月至12月期间的加班费。此外，法院还认为，因双方不具备劳动关系，故侯某要求被告支付其一个月工资的补偿金及解除劳动关系经济补偿金的诉讼请求，缺乏法律依据，本院不予支持。

（材料来源：http://www.laodonghetongfa.com.cn/anli/2008-5-22/TuiXiuHouZaiShangGangBuDao-LaoDongGeTongFa-BaoHu-NanWeiQuan.htm）

理论要点

第一节　劳动法的概念

一、劳动法的概念

劳动法是调整劳动关系以及与劳动关系有密切联系的其他社会关系的法律规范的总称。狭义的劳动法仅指《中华人民共和国劳动法》（以下简称《劳动法》），这是劳动法的形式意义上的概念。广义的劳动法包括劳动法律、劳动行政法规、劳动行政规章、地方性劳动法规和规章,以及具有法律效力的其他规范性文件、关于劳动法的司法解释等。我们学习和运用劳动法时,不仅应以《劳动法》为核心,而且要了解其他的劳动法律规范。

自新中国成立以来,宪法中就有关于劳动制度和劳动关系的内容,还颁布了大量单项的劳动法律、法规和规章。从 1978 年起,国家劳动总局会同全国总工会等有关部门着手起草全面规范我国劳动关系的劳动法。1994 年第八届全国人民代表大会常务委员会第八次会议通过了《劳动法》并于 1995 年 1 月 1 日起施行。该法是新中国成立以来第一部全面规范劳动关系的劳动法律,它的颁行打破了所有制界限,建立了公平的市场竞争规则。2007 年 6 月 29 日第十届全国人民代表大会常务委员会第二十八次会议通过了《中华人民共和国劳动合同法》(以下简称《劳动合同法》)并于 2008 年 1 月 1 日起施行。为了贯彻实施《劳动合同法》,解决操作上的问题,2008 年 9 月 18 日国务院令第 535 号颁布了《中华人民共和国劳动合同法实施条例》(以下简称《劳动合同法实施条例》)。2012 年 12 月 28 日第十一届全国人民代表大会常务委员会第三十次会议通过了《关于修改〈中华人民共和国劳动合同法〉的决定》,对实践中滥用劳动派遣制度的情况,进行了明确的规范。修订后的《劳动合同法》自 2013 年 7 月 1 日起施行。《劳动法》规定,只要是通过劳动合同与用人单位建立劳动关系的,都由劳动法统一调整,劳动关系的主体一律平等适用劳动法。这一规定消除了歧视,保证了劳动者竞争机会均等,保证了劳动力在劳务市场中通畅、有效运行。总之,劳动法在完成劳动人格、保护劳动者的合法权益、协调稳定劳动关系等方面有着重要的作用。

制定劳动法的目的,在于通过法律调整劳动关系以及与劳动关系密切联系的关系,以保护劳动者的合法权益,确立、维护和发展用人单位与劳动者之间稳定、和谐的劳动关系,促进经济发展和社会进步。

二、劳动法的调整对象

(一)劳动关系

劳动是人们为创造社会财富所进行的有意识的、有目的的活动。劳动与人类社会相伴始终。但是,并非存在社会劳动的地方就有劳动关系。

作为劳动法调整对象的劳动关系是指劳动者与用人单位之间存在的以劳动给付为目的,适用劳动法规范和调整的劳动权利义务关系。在市场经济条件下,劳动关系主要通过劳动者与用人单位订立劳动合同来建立。由于劳动者个人相对于企业而言总是处于弱势地位,在劳动关系中容易出现一些对劳动者不利的情况,如无限制的加班、过分恶劣的劳动条件等。为了维持劳动力的再生产能力,维护社会的稳定秩序,就需要国家在宏观上对劳动关系的内容进行规范,因此,劳动关系的内容就是国家意志在劳动力的社会交换领域的集中体现。

适用劳动法调整的劳动关系其主体是确定的,即一方是用人单位,另一方必然是劳动者。用人单位与劳动者建立劳动关系后,由用人单位直接组织劳动者进行生产劳动。其种类可划分为:规范的劳动关系(即依法通过订立劳动合同建立的劳动关系);事实劳动关系(是指未订立劳动合同,但劳动者事实上已成为企业、个体经济组织的成员,并为其提供有偿劳动的情况)。

劳动关系主要包括:劳动报酬方面的关系,工作时间与休息时间方面的关系,劳动安全卫生方面的关系,职业培训方面的关系,劳动纪律方面的关系,社会保险和福利关系劳动争议的解决所涉及的关系，劳动关系的产生、变更和消灭方面的关系。

劳动关系并未涵盖所有的劳动交换关系，也就是说劳动法并没有调整所有的劳动力交换活动，比如家务钟点工、保姆、家庭教师、家庭护士、个人承包工作事项后再雇工等，这些劳动力的交换在法律上叫做劳务关系或雇佣关系，适用民法、合同法进行调整。所谓劳务关系是指，劳动者为被服务方提供特定的劳动服务，被服务方依照约定支付报酬所产生的法律关系。劳动关系与劳务关系的区别表现在三个方面：一是劳动关系除了当事人之间债的要素之外，还含有身份的、社会的要素，即劳动者之于用人单位的员工身份，而劳务关系则是一种单纯的债的关系；二是劳动关系当事人之间的关系一般较为稳定，而劳务关系当事人之间的关系则往往具有“临时性、短期性、一次性”等特点；三是劳动关系中，当事人之间存在管理与被管理、支配与被支配的社会关系，劳务关系的当事人之间则不存在上述关系，而是平等主体之间的合同关系。

根据《劳动法》第七十七条的规定：“用人单位与劳动者发生劳动争议，当事人可以依法申请调解、仲裁，提起诉讼。”但是，如果纠纷的基础不被认定为劳动关系，劳动者就不能享受劳动法给予的特殊保护及保险、工伤等各种待遇；如果认定为劳务关系或雇佣关系，就只能按照民法的原则来调整，不仅劳动者要负担举证，而且针对劳动者的相关福利待遇都享受不到。

【案例1-1】

A公司主要从事床上用品的生产、销售，生产季节性较强，每年7月至9月是生产旺季。朱某自2001年以来，每逢生产旺季，自带其本人的小货车至该公司从事运输等工作。双方约定A公司每月支付朱某报酬2 000元，油费、过路费、违章罚款等费用均由A公司支付。其间，朱某日常生活起居均在公司内。某日，朱某受A公司指派在购买发动机途中发生交通事故死亡。朱某之妻向当地劳动保障部门申请工伤认定。劳动部门审查后认为朱某自备劳动工具为A公司提供劳动服务，具有临时性、短期性的特点，且双方不存在管理与被管理的社会关系。遂作出工伤调查结论，认定朱某与A公司之间是劳务关系而非劳动关系，不属于该局管辖范围。朱某之妻不服，起诉至法院，请求依法撤销劳动部门作出的工伤调查结论。法院受理后，因A公司于该案有利害关系，依法追加A公司为第三人参加诉讼。

法院审理后认为，本案诉争的是被告工伤调查结论的具体行政行为，被告作为劳动保障行政管理部门，在其职权范围内，根据原告的申请，对原告之夫朱某的死亡是否属于工伤作出认定是其法定职责。工伤认定的前提是劳动者与用人单位成立具有管理性质的劳动关系。本案中，第三人A公司主要从事床上用品的生产、销售，生产季节性较强，主要集中在每年7月至9月，其特殊性使得劳动者不可能长期不间断地为其提供劳动力，且劳动者提供劳动的形式也具有多样性。朱某自备生产工具在该公司从事运输等工作期间，有固定的月收入，车辆的相关费用也由公司承担，显然双方具有一定的管理与被管理关系。朱某工作之余较为自由，也未与公司签订书面的劳动合同，这是该公司自身尚未健全内部管理及劳动保障制度的结果，不影响双方事实劳动关系的成立。被告认定朱某与A公司不存在劳动关系，朱某死亡不属于其管辖范围的证据尚不能达到清楚而有说服力的证明标准，其作出的工伤调查结论属认定事实错误。遂作出判决，撤销劳动部门作出的工伤调查结论，并责令其在判决生效后一个月内重新作出具体行政行为。

评析:从表面上看,这是一起普通的工伤认定案件,但案件的焦点却是朱某与A公司之间究竟是劳动关系还是劳务关系。如果确认朱某与A公司之间存在劳动关系,朱某之死应被认定为工伤,朱某之妻就能依法享受工伤待遇;如果确认朱某与A公司之间是劳务关系,朱某之妻只能寻求民事赔偿。工伤待遇与民事赔偿是两种不同的责任形式,承担方式与待遇水平相差较大。由此可见,对劳动关系与劳务关系的不同确认结果直接关系着当事人的利益。

(材料来源:中国法院网)

(二)与劳动关系密切联系的其他社会关系

劳动法除了调整劳动关系以外,还调整与劳动关系密切联系的其他社会关系。这些关系本身不是劳动关系,但是与劳动关系有着密切联系:有的是发生劳动关系的必要前提,比如政府对劳动者的就业保障与促进以及对职业介绍机构的管理等形成的劳动就业关系;有的是劳动关系的直接后果,比如用人单位与员工的社会保障关系;有的是随着劳动关系而附带产生的关系,比如工会组织、国有企业员工参加企业和有关单位民主管理方面的关系。因为这些关系具有与劳动关系密切联系的特点,所以在我国的法律体系中把它们列入劳动法调整的范畴。

第二节 劳动法的适用范围

劳动法的适用范围亦称劳动法的效力范围,是指劳动法在哪些范围内、在哪些时间内发生效力。它包括劳动法的空间适用范围、主体适用范围和时间适用范围。正确理解、掌握劳动法的适用范围,对于正确运用劳动法有重要的意义。

一、劳动法的空间适用范围

劳动法的空间适用范围是指劳动法在什么地域内有效。劳动法律规范的制定机关不同,其法律效力不同,适用的地域范围也不同。凡由全国人民代表大会及其常务委员会通过的劳动法律和国务院发布的劳动行政法规,除劳动法律、行政法规有特别规定的以外,适用于我国全部领域。凡属地方性的劳动法规,适用于制定地方性劳动法规的机关所辖地区或部门。民族自治地方的人民代表大会制定的劳动自治条例和单行条例,适用于该民族自治地方。

二、劳动法的主体适用范围

劳动法的主体适用范围是指《劳动法》和《劳动合同法》对哪些人发生法律效力。

由于我国劳动关系比较复杂,从我国的实际情况出发,劳动法就其适用范围作出专门规定。《劳动法》第二条规定:“在中华人民共和国境内的企业、个体经济组织(以下统称用人单位)和与之形成劳动关系的劳动者,适用本法。国家机关、事业组织、社会团体和与之建立劳动合同关系的劳动者,依照本法执行。”《劳动合同法》第二条规定:“中华人民共和国境内的企业、个体经济组织、民办非企业单位等组织(以下称用人单位)与劳动者建立劳动关系,订立、履行、变更、解除或者终止劳动合同,适用本法。国家机关、事业单位、社会团体和与其建立劳动关系的劳动者,订立、履行、变更、解除或者终止劳动合同,依照本法执行。”由此可以分析出我国《劳动法》的适用范围。

在用人单位的适用范围上,《劳动合同法》比《劳动法》多了一个“民办非企业单位”。所谓民办非企业单位,根据国务院颁布的《民办非企业单位登记管理暂行条例》规定,是指企业、事业单位、社会团体和其他社会力量以及公民个人利用非国有资产举办的、从事非营利性社会服务活动的社会组织。在我国现行体制下，民办非企业单位和社会团体、基金会一样，其实质均为民间组织的一种形式。

《劳动合同法实施条例》第三条规定："依法成立的会计师事务所、律师事务所等合伙组织和基金会，属于劳动合同法规定的用人单位。"由于会计师事务所、律师事务所等机构遍布，实践中律师、会计师与其执业机构关系一直不明不白，各地各法院也对此处理不一，《劳动合同法实施条例》的这条规定对劳动合同法所称的用人单位作了延伸解释。

因此，不管是国家机关还是事业单位，不管是以营利为目的的企业、个体经济组织，还是以非营利为目的的社会团体、民办非企业单位，只要与劳动者建立了劳动关系，就应当签订劳动合同。而只要签订劳动合同，都要依照《劳动合同法》执行。

我国劳动法不适用于公务员和比照实行公务员制度的事业组织和社会团体的工作人员，以及农村劳动者（乡镇企业职工和进城务工、经商的农民除外）、现役军人、家庭保姆、在中华人民共和国境内享有外交特权和外交豁免权的外国人等。

三、劳动法的时间适用范围

劳动法的时间适用范围是指劳动法生效或失效的时间。劳动法自生效之日起，到失效时止，持续地保持其法律效力。劳动法生效的时间，一种是规定从其通过或公布之日起生效；另一种是规定施行日期，待施行日期到来时开始生效。劳动法失效的时间，一种是规定失效日期或失效条件；另一种是按照"新法优于旧法"的原则，新法公布后旧法自动失效。

思考练习

一、单项选择题

1. 在劳动法学中劳动者与所在单位之间的关系是（　　）。

A. 经济关系　　B. 劳动关系　　C. 人事关系　　D. 政治关系

2.《中华人民共和国劳动法》适用于（　　）。

A. 国家机关公务员　　B. 企业职工　　C. 部队军人　　D. 家庭保姆

3.《中华人民共和国劳动合同法》自（　　）起施行。

A. 2008 年 1 月 1 日　　B. 1994 年 10 月 1 日　　C. 1995 年 1 月 1 日　　D. 1995 年 7 月 5 日

二、多项选择题

以下（　　）属于劳动关系，适用《劳动法》的规定。

A. 乡镇企业与其职工之间的关系

B. 某家庭与其聘用的保姆之间的关系

C. 个体老板与其"棒棒"（"棒棒"是重庆对从事搬运工作的挑夫的称呼，受人雇用帮人挑运东西，因以竹棒作挑担，所以称其"棒棒"。）雇工之间的关系

D. 国家机关与实行劳动合同制的工勤人员之间的关系

E. 国家机关与其工作人员之间的关系

三、案例分析

张某现年 64 岁，系南昌市某建筑公司职工。因其技术过硬，退休后，单位返聘其到单位承

建的工程项目工地从事水电机械维修工作。一天，张某在工地工作时负伤，住院治疗。经司法鉴定所鉴定：电工张某的伤残等级为九级。后由于双方因赔偿金额未能达成协议，故张某到法院起诉。

问：张某与公司之间是否存在劳动关系？本案应如何处理？

延伸阅读

美国劳动关系法律规范的基本情况

美国特定的社会背景和立法体制，使得美国的劳动关系法律规范非常庞杂和分散，但依然覆盖了劳动关系的许多方面。

（一）判例法与制定法交融

美国是典型的普通法系国家，其法律传统源自英国。在普通法系国家，判例法是其传统的、主要的立法形式，强调遵循先例，法律规范由大量案例累积而成。在美国，许多劳动关系法律原则及规范都根植于普通法，例如，自19世纪以来普通法确立了“自由雇佣”（at-will employment）的原则，这是美国一项传统的、基本的雇佣法律原则，至今，这项原则依然适用于美国的大多数雇主和雇员。再例如，美国司法判例确认在下列几种情形下基于公共政策的原因，雇主不能“自由地”解雇雇员：①雇员拒绝从事违法活动，如拒绝为雇主的违法行为作掩饰；②雇员行使法定的权利，如为索取劳动报酬而起诉雇主；③雇员履行法定义务，如参加陪审团；④雇员举报了雇主的违法行为。以判例的形式，美国的普通法确立了许多劳动关系调整准则。

同时，为应对经济、政治和社会的压力，美国也制定了一些劳动方面的成文法，美国国会通过的有关劳动关系的制定法主要有以下方面。

（1）1865年宪法第十三次修正案——禁止强迫劳动。

（2）1914年通过《克莱顿反托拉斯法》——规定工会及农民组织的发展不受《谢尔曼反托拉斯法》的限制。

（3）大萧条时期的立法：1935年《国家劳工关系法》——绝大部分私营部门的雇员被允许组织工会并进行集体谈判；1935年《社会保障法》——保障残疾、年老和遗属的福利；1938年《公平劳动标准法》——规定最低工资保障、禁止超时工作以及对童工的保护。

（4）1960—1970年有关雇用的民事权利立法：1964年《民权法》第七条——禁止基于种族、肤色、宗教信仰、性别、出生地的歧视；1963年《同工同酬法》——给予具有同等技能的男性雇员和女性雇员同等的报酬；1967年《年龄歧视法》——禁止基于年龄（超过40岁）的歧视。

（5）1980年至今的立法：1988年《员工整顿及再培训通知法》——有关闭厂和解雇的声明；1990年《残疾人保护法》——保障残疾雇员的权益，禁止歧视胜任工作但身残的雇员；1993年《家庭和医护病假法》——探亲假及病假；1995年《季节性迁徙农业工人保护法》——对农业季节工人的保护。

（二）联邦立法与各州立法并存

美国作为联邦制国家，联邦及各州都享有相应立法权。美国宪法对联邦和州的立法权作了划分。一般而言，除联邦宪法中有关劳动的规定外，联邦劳动立法适用范围为从事“州际贸易”的雇主及雇员。在联邦与州共享立法权的领域，州可以确立比联邦法律更优先的劳动标准。例如，加利福尼亚州有关超时工资的规定就比联邦的规定严格。加利福尼亚州制定了要求对雇员每天8小时以外的工作给予加班报酬的规定，而联邦公平劳动标准法只要求对超过每周40小时的工作支付加班报酬。另外，美国各州的劳动立法也不尽相同。

（三）分散式立法，并由数量众多的不同的行政机构负责执行

美国没有综合性的联邦劳动立法。相反，美国的劳动法律体系可以被视作一个拼凑的混合体，包括了若干单项立法，不同的单项立法规范不同的劳动事项，由不同的行政机构负责实施。

(1)《公平劳动标准法》规定了工资、工时和童工，执行机构为联邦劳工部所属的工资工时处。

(2)《民权法》、《同工同酬法》、《年龄歧视法》、《残疾人保护法》规定了反就业歧视，执行机构为平等就业机会委员会。

(3)《国家劳工关系法》规定了工人拥有组织工会并由工会代表与雇主进行“集体谈判”的权利，执行机构为国家劳动关系委员会。

(4)《职业安全和健康法》规定了职业安全卫生，执行机构为联邦职业安全和健康管理署。

另外，美国联邦政府还设立了调解和解委员会，以调解和解方式处理劳动争议。

（材料来源：中国劳动力市场网）

文书实例

江西省赣州市中级人民法院
民事判决书

〔2009〕赣中民三终字第108号

上诉人（原审被告）李某，男，成年，汉族，江西省赣州市人，经商，住赣州市A水果大市场某店铺。系该店铺业主。

上诉人（原审被告）肖某，女，成年，汉族，江西省赣州市人，经商，住址同上。系上诉李某之妻。

上述二上诉人共同委托的代理人曹某，赣州市章贡区某法律服务所法律工作者。

被上诉人（原审原告）陈甲，男，1943年1月20日生，汉族，江西省宁都县人，农民，住宁都县会同乡陂头村。系受害人陈乙之父。

被上诉人（原审原告）陈丙，男，1990年7月25日生，汉族，江西省宁都县人，无业，住址同上。系受害人陈乙之子。

上述二被上诉人共同委托的代理人陈一，江西某律师事务所律师。

上诉人李某、肖某因人身损害赔偿纠纷一案，不服赣州市章贡区人民法院（2008）章民一初字第050－1号民事判决，向本院提起上诉。本院依法组成合议庭进行了审理，本案现已审理终结。

一审法院经审理查明，受害人陈乙与案外人廖某、陈丁、付某等人系未参加过专业上岗培

训,在赣州A水果大市场自由组合从事水果装卸工作的松散队伍,平时在A水果大市场承接水果装卸工作,按每车计酬,劳动收入按各人参加的具体工作平均支付。2008年5月6日,经营赣州A水果大市场某店铺的业主被告李某、肖某因有一车梨要卸车,遂打电话给廖某要他组织人员过去卸货。当时廖某等人正在等候另一车福建商家的枇杷卸车,接到两被告电话后,廖某遂临时决定先把两被告的梨卸完,再去卸枇杷。在帮两被告卸梨过程中,廖某接到电话,说枇杷已经到货,要他们过去卸货,廖某遂留下陈乙和付某继续卸梨。在此过程中,为防止雨水溢出浸湿被告水果包装箱,陈乙爬上车顶拉汽车篷布,因雨天打滑、陈乙工作前饮酒、腿脚不太灵便、攀爬中不小心等原因,从车顶掉到地上,摔伤头部。经被告方及时送至赣州市人民医院抢救,诊断为重型颅脑损伤并颅内水肿,经抢救25天,于2008年5月30日治疗无效死亡。医院治疗期间共计花去医药费29 361.03元,故而成讼。

另查明,原告陈甲生有二子二女,均已经成年。陈乙受伤时的经常居住地为赣州市。

一审法院认为,陈乙与两被告之间在人身关系方面,双方地位平等,不存在人身控制、管理关系,陈乙等只是依约定完成工作即可,在工作过程中并无劳动纪律、上下班时间等管理制度的约束,工作独立性较强,即便原告方存在监督,也是侧重于对劳动成果的验收,而非管理意义上的监督。因此,双方之间系按照两被告的要求完成工作,交付工作成果,两被告给付报酬的承揽关系,而非雇佣关系。陈乙在完成工作过程中造成自身损害,两被告本不应当承担赔偿责任,但两被告在对搬运人选任过程中,选任了陈乙等非专业从事搬运工作的人从事该工作,存在一定过错,其为此应当承担相应的赔偿责任。被告的损失计算具体为:医药费29 361.03元,丧葬费9 199.98元,被抚养人生活费2 991.49×(20-5)÷4=11 218元,死亡赔偿金935.17×12×20=224 440.80元,误工费25×1 533.33÷24=1 597元(原告请求1 250元,以原告请求为准),护理费1 533.33÷24×25×2=3 194.43元,营养费酌定125元,伙食补助费200元,交通费酌定400元,精神损害赔偿金酌定5 000元,合计284 389.24元。据此,一审法院依照《中华人民共和国民法通则》第一百一十九条、第一百三十条,《最高人民法院关于审理人身损害赔偿案件适用法律若干问题的解释》第一条、第三条、第十条、第十七条、第十八条、第十九条、第二十条、第二十一条、第二十二条、第二十三条、第二十四条、第二十七条、第二十八条,第二十九条、第三十条、第三十五条之规定,作出判决:一、被告李某、肖某应当共同赔偿原告陈甲、陈丙因陈乙受伤并死亡的医药费29 361.03元、丧葬费9 199.98元、被抚养人生活费11 218元、死亡赔偿金224 440.80元、误工费1 250元、护理费3 194.43元、营养费125元、伙食补助费200元、交通费400元,共计279 389.24元中的30%,即83 816.77元;二、被告李某、肖某应当共同赔偿原告陈甲、陈丙因陈乙受伤死亡的精神损害赔偿金5 000元的30%,即1 500元;三、上述两项合计85 316.77元,扣除被告方已经先行支付的25 000元,余款60 316.77元,限被告李某、肖某在判决生效后十日内付清。案件受理费5 758元,保全费1 020元,合计6 778元,由原告陈甲、陈丙承担4 745元,由被告李某、肖某承担2 033元。

上诉人李某、肖某不服一审判决,向本院提起上诉,请求撤销一审判决,改判上诉人不需承担赔偿责任,并由被上诉人承担本案一、二审诉讼费用。理由如下。①一审已查明上诉人有一车梨要卸车,电话通知承揽人廖某来卸车,而受害人陈乙是承揽人廖某请来卸车的。因此,本案应由承揽人廖某承担赔偿责任。②受害人陈乙在完成工作时因雨天打滑、工作前饮酒、之前腿脚受了伤、攀爬时不小心等原因,从车顶掉到地上,摔伤头部,系自身伤害,两上诉人不应当承担赔偿责任。一审判决认为上诉人选用受害人陈乙等非专业从事搬运工作人员，存在选任不当，应承担赔偿责任是错误的。③一审判决适用城镇居民赔偿标准错误。受害人陈乙系农民，其误工费、护理费、死亡赔偿金均只能按农村居民的标准计算。④上诉人已支付的25 000元，并非上诉人自愿，而是一审法院裁定强制执行的，应当退还给上诉人。

被上诉人陈甲、陈丙辩称，被上诉人认为本案是雇佣关系不是承揽关系，但因多种原因我方没有提出上诉。即使要认定为承揽关系，上诉人在选任搬运工时没有选任具有相应资质的搬运队伍，应当承担选任过失的赔偿责任。另外，受害人陈乙的腿脚没有问题，如果不是上诉人叫陈乙上车顶去拉汽车篷布，陈乙就不会从车上摔下来。

二审期间，被上诉人提交了对证人李某、陈戊的询问笔录各一份，以证实受害人陈乙这几年一直在赣州务工。上诉人对该两份笔录均有异议。本院认为，对该证据上诉人不予认可，且证人又未出庭接受质询，该笔录询问人和记录人均未签名，故不予采信。

二审查明的事实与一审认定的事实一致。

本院认为，上诉人李某、肖某因有一车梨要卸车，遂打电话给案外人廖某邀集人员过去卸货，案外人廖某遂邀集受害人陈乙等人一起为上诉人卸货。在卸货过程中，为防止雨水溢出浸湿上诉人水果包装箱，受害人陈乙爬上车顶拉汽车篷布，不小心从车顶掉到地上，摔伤头部，经治疗无效死亡。因此，上诉人与案外人廖某、受害人陈乙之间形成了劳务承包关系，本案应为一般人身损害赔偿纠纷，一审定为雇工人身损害赔偿纠纷不当。上诉人作为劳务发包方，应当为完成劳务提供必要的安全防护条件。受害人陈乙在雨天完成上诉人的劳务，上诉人没有采取必要的防滑措施，且陈乙是为了上诉人的利益即防止雨水溢出浸湿上诉人水果包装箱，而上车顶拉篷布受伤，故一审判决上诉人承担本案30%的赔偿责任并无不当。上诉人称受害人陈乙不是其选用，而是由案外人廖某选用，其该主张并不能免除上诉人的责任，故对该上诉理由本院不予采纳。根据宁都县会同乡陂头村委会出具的证明、证人肖某及廖某的证言，可以认定受害人陈乙受伤时的经常居住地为赣州市，一审判决按照城镇居民人均可支配收入计算死亡赔偿金，按照城镇职工工资标准计算误工费、护理费亦无不当。上诉人要求按照农村居民收入标准计算死亡赔偿金、误工费、护理费的上诉请求，本院不予支持。上诉人要求被上诉人返还其已支付的25 000元的上诉请求，没有法律依据，本院不予支持。综上，上诉人的上诉理由不能成立，对其上诉请求，本院不予支持。一审判决认定事实清楚，处理得当，应予维持。据此，依照《中华人民共和国民事诉讼法》第一百五十三条第一款第（一）项之规定，判决如下：

驳回上诉，维持原判。

二审案件受理费5 758元，由上诉人李某、肖某承担。

本判决为终审判决。

审　判　长　　曾　军
代理审判员　　田先德
代理审判员　　郭海平
二〇〇九年四月十五日
书　记　员　　宋玉玲

（材料来源：广州吴铁伟律师博客）

第二章　劳动法律关系

案例回放

用人单位录用应届大学毕业生时，须与学校共同签订“三方就业协议”，在就业协议中常有相应的违约金条款。毕业生就业后如果签订了劳动合同，一旦提前辞职，这笔违约金究竟应不应当支付？程某与比亚迪公司、上海比亚迪公司就为这笔已付的2万元违约金走上了法庭。记者今天从上海市第一中级人民法院获悉，该院终审判决支持程某讨回2万元违约金。

程某是华中科技大学的研究生。2004年4月，程某以应届毕业生的身份与比亚迪公司及华中科技大学共同签订了毕业研究生就业协议书，约定：比亚迪公司同意录用程某；程某愿意到比亚迪公司就业；华中科技大学根据国家有关规定负责将程某列入就业建议计划并予派遣。以任何一方不得违约，否则将承担违约责任。同年6月2日，程某被比亚迪公司派遣至其子公司上海比亚迪公司工作，后双方签订了为期三年的劳动合同。2005年11月9日，程某提出辞职。在上海比亚迪公司的要求下，程某在离职时支付了违约金2万元。

此后，程某认为，就业协议是自己与比亚迪公司签订的，因此，上海比亚迪公司无权按照就业协议的约定收取违约金。为讨回这笔2万元违约金，程某将比亚迪公司和上海比亚迪公司都告上了法庭。比亚迪公司和上海比亚迪公司则认为，自己收取违约金理由充分，拒绝退还。一审判决支持了程某的诉讼请求。比亚迪公司上诉称，程某提前离职违反了就业协议，应当支付相应的违约金。上海比亚迪公司是代自己收取这笔就业协议约定的违约金，故要求驳回程某的诉讼请求。

上海一中院审理后认为，高校学生在签订正式的劳动合同之前，其参加社会劳动不需缴纳社会保险，不纳入失业登记，不享受失业救济，所以，高校学生不具有劳动法上劳动者的主体身份。因此，劳动部《关于贯彻执行〈中华人民共和国劳动法〉若干问题的意见》第十二条规定，在校生利用业余时间勤工助学，不视为就业。本案中的毕业研究生就业协议书并非劳动法意义上的劳动合同，而是一般的民事协议，应适用民法通则而非劳动法。

就业协议的功能在于确保协议一方当事人按照协议的约定，在符合了就业主体资格的情况下，到对方或者对方指定的地点工作。此等协议因一方履行该义务、与对方或者对方指定的机构订立劳动合同而被劳动合同所替代。综观比亚迪公司将程某派遣到上海比亚迪公司工作、由程某与上海比亚迪公司签订正式的劳动合同并实际履行的情况，可以确认程某与比亚迪公司之间的协议已经履行完毕。该公司再要求程某依照就业协议的约定支付违约金，缺乏充分的事实依据，法院难以支持。

（材料来源：中国法院网）

理论要点

第一节　劳动法律关系概述

一、劳动法律关系的概念

劳动法律关系，是指劳动者与用人单位之间，在实现劳动过程中依据劳动法律规范而形成的劳动权利与劳动义务关系。它是劳动关系在法律上的表现，是劳动关系为劳动法调整的结果。劳动法律关系与劳动关系是两个既有联系又有区别的不同概念。

（一）劳动法律关系与劳动关系的联系

（1）劳动关系是劳动法律关系产生的基础，劳动法律关系是劳动关系在法律上的表现形式。因而在制定劳动法时，必须考虑现实劳动关系的法律要求，脱离现实要求的法律，是不会产生积极效果的。

（2）劳动法律关系不仅反映劳动关系，而且当其形成后，便给具体劳动关系以积极的影响，即现实的劳动关系唯有取得劳动法律关系的形式，其运行过程才有法律保障。

（二）劳动法律关系与劳动关系的区别

（1）劳动关系是生产关系的组成部分，属于经济基础的范畴；劳动法律关系则是思想意志关系的组成部分，属于上层建筑范畴。

（2）劳动关系的形成以劳动为前提，发生在现实社会劳动过程之中；劳动法律关系的形成则是以劳动法律规范的存在为前提，发生在劳动法律规范调整劳动关系的范围之内。

（3）劳动关系的内容是劳动，如果没有相应的法律规范调整，就不会形成法律上的权利义务关系；劳动法律关系的内容则是法定的权利义务，双方当事人必须依法享有权利并承担义务。如果任何一方当事人不履行自己应尽的义务，侵犯对方的权利或者损害对方的利益，另一方当事人有权请示法院强制其履行义务，以维护自己的合法权益。

二、劳动法律关系的特征

（一）劳动法律关系的主体之间具有平等性和隶属性交错共存的特点

劳动法律关系的主体一方是劳动者，另一方是用人单位。劳动者与用人单位之间所形成的法律关系就是劳动法律关系，在劳动法律关系建立时，劳动者和用人单位都是平等主体，双方是否建立劳动法律关系及如何建立劳动法律关系，应由双方平等协商依法确定。也就是说在劳动力市场上，由双方依法自我判断，双向选择。同时，劳动法律关系确立后，劳动者必须进入用人单位，使自己的劳动力归用人单位支配，并服从用人单位的指挥，这就使双方形成了一种职责上的隶属关系。劳动者与用人单位之间的平等性和隶属性交错的特点，与民事法律关系主体之间的平等性及行政法律关系之间的隶属性相区别，是劳动法律关系的主要特征之一。

（二）劳动法律关系的内容体现了国家与当事人的双重意志

劳动法律关系首先是双方当事人在平等、自愿的基础上缔结的，具体的劳动权利与劳动义务也允许双方当事人协商议定。但双方当事人在缔结劳动法律关系、确定劳动权利义务时，不得违背国家法律和行政法规的规定,劳动法律关系的这一特征区别于民事法律关系,后者的法律关系中当事人意思自治的成分比较大。

(三)劳动法律关系的客体表现为兼有人身性与财产性关系的一定的劳动行为和财物

双方当事人及国家法律对劳动行为和财物的具体要求与规范,都是围绕劳动力的让渡、劳动力的使用、劳动力的保护等进行的。劳动力的人身依附性和作为商品的财产性,决定了作为劳动法律关系客体的行为与财物有别于民事、行政、经济法律关系客体的行为与财物。这也是劳动法律关系区别于其他法律关系的显著特征。

实践中没有将劳动法律关系和劳动关系严格区分,通常将劳动法律关系简称为劳动关系。本书以下所称劳动关系即为劳动法律关系。

三、劳动关系和雇佣关系、承揽关系的区别

(一)劳动关系和雇佣关系

雇佣关系是指经约定在雇员与雇主之间产生的由雇员向雇主提供劳务,雇主向雇员支付报酬的民事法律关系。

从历史上来看,雇佣关系与劳动法律关系并无太大区别。但随着近代资本主义的发展和大工业的兴起,资本家占据了绝对的经济强势地位,而劳动者处于经济弱者地位,导致雇佣合同的附合化。为了修正传统民法只保护形式平等,忽视实质平等的不足,19 世纪初期,在西方国家陆续产生了一些旨在保护劳动者的具有公法性质的劳动法规。由劳动法调整的这部分雇佣关系,就被称为劳动法律关系。因此,从历史的角度看,劳动关系和雇佣关系的规范对象基本是一样的。现代意义上的雇佣关系具有如下自身的特征。

1. 雇佣关系的主体双方具有平等性,不具有隶属性

雇佣关系的主体范围非常广泛,双方既可以都是自然人,也可以一方为自然人一方为单位,且以双方都为自然人为常态。雇佣关系主体之间具有普遍的平等性,雇佣关系的产生、变更和消灭以及雇佣合同的履行,均可由主体双方在平等自愿的基础上自由协商确定,相互之间没有管理与被管理的隶属关系。雇佣关系具有财产关系和人身关系的双重属性。

在雇佣关系中,雇员出卖劳动力,雇主支付工资报酬,具有财产属性。雇佣关系的财产关系应与承揽关系中以交付劳动成果为内容的财产关系相区别。雇佣关系还具有人身关系的性质,表现在雇佣关系中雇主未经雇员同意,不得将其劳动力请求权让与他人;同样,雇员未经雇主同意,不得让他人代为提供劳务,这是由劳动力直接依附于劳动者人身不能分离的本性决定的。

2. 雇佣关系受国家的干预程度较小,更加注重意思自治,体现契约自由原则

我国《劳动合同法》主要调整的是劳动关系,对雇佣关系的规范有限,雇佣关系主要由民法调整,且对其规范比较笼统。

当前我国雇佣关系的主要形式:家庭帮工、农民帮工、承包人用工等以完成特定劳动事项为限的雇佣形式、合作型雇工形式、人力资源代理形式等。另外,在建筑工地和家庭装修用工、装卸搬运工、企业帮工等临时用工中,雇佣关系也大量存在。

劳动关系与雇佣关系是劳动领域普遍存在的两种社会关系,两者之间既有相同之处,也有各自特点。正确区分劳动关系与雇佣关系对于解决用工纠纷,对劳动法律实践具有重要的意义。从以下几个方面来分析,以区分劳动关系和雇佣关系。

(1)关系主体的范围不同。

劳动关系的主体具有特定性,即一方只能是劳动者个人,另一方必须是用人单位,包括中国境内的企业、个体经济组织、民办非企业单位、国家机关、事业单位、社会团体等组织。并且作为劳动关系主体的劳动者有严格的限制,劳动者必须达到法定劳动年龄并具有劳动能力,劳动者为16周岁以下、超过55周岁的女性、超过60周岁的男性劳动者,也不构成劳动关系。而雇佣关系的主体范围就更为广泛,凡平等主体的公民之间、公民与法人之间均可形成雇佣关系。

(2)关系主体间的地位不同。

劳动关系中用人单位与劳动者之间不仅具有平等性,而且具有隶属关系,即管理与被管理的关系。劳动者系用人单位的成员,必须遵守用人单位的规章制度,在用人单位的领导、管理下从事工作。在雇佣关系中,尽管劳动者在一定程度上也要接受用人单位的监督、管理和支配,但用人单位的各项规章制度对劳动者通常不具有约束力,劳动者不需要遵从用人单位的考勤管理、奖惩管理、晋升管理、工资晋级管理等,劳动者在实际工作中是相对独立的,两者之间不存在隶属关系。

(3)关系适用的法律性质不同。

劳动关系主要由《劳动法》调整,《劳动法》属于社会法范畴,所维护的"劳动利益"是一种社会利益。因此,在《劳动法》上,劳动者享有较多权利,承担较少义务,而用人单位承担较多义务,享有较少权利。用人单位必须在保障最低标准之上与劳动者协商具体的权利义务关系。而雇佣关系主要受民法调整,包括《民法通则》及《最高人民法院关于人身损害赔偿的司法解释》。其对雇佣关系的规定比较宽泛笼统,主要遵从当事人意思自治,对雇佣关系主体几乎没有最低保障的限制。

(4)劳动争议处理程序不同。

劳动关系主体间发生劳动争议后,当事人不愿协商、协商不成或者达成和解协议后不履行的,可以向调解组织申请调解;不愿调解、调解不成或者达成调解协议后不履行的,应当先向劳动争议仲裁委员会申请仲裁;对仲裁裁决不服的,除法律另有规定的外,可以再向人民法院提起诉讼,劳动仲裁是提起诉讼的前置程序。而雇佣关系主体之间产生劳动纠纷,则适用民事争议处理程序,当事人可以采用仲裁或者诉讼的解决方式。当事人可根据仲裁协议或仲裁条款向仲裁机构申请仲裁,也可直接向人民法院起诉,仲裁并非诉讼的前置程序。

(5)劳动者在工作过程中遭受到人身损害后,相对方承担的赔偿责任不同。

在雇佣关系中,劳动者因工伤事故遭受人身损害,雇主应承担民事侵权赔偿责任,而在劳动关系中劳动者发生工伤事故遭受人身损害的,用人单位则适用工伤保险进行赔付。

(6)受国家公权力的干预程度不同。

劳动关系主体的权利和义务在许多方面受到国家的干预,体现国家的意志,须以国家法定的工资、劳动时间、劳动保护等条款为内容。比如,劳动者在法定工作时间内履行了正常劳动义务的前提下,用人单位所给付的工资不得低于当地最低工资标准,劳动关系中,用人单位应当依法为劳动者提供劳动保护,如工伤保险、养老保险等。而在雇佣关系中,主体间的权利义务如劳动报酬、劳动时间、劳动内容等是通过双方的自由协商来确立的,贯彻的是私法中的"契约自由"精神,用人单位也非必须为劳动者办理工伤、养老等劳动保护,除非违反法律、法规的强制性规定,国家公权利对雇佣关系的干预相对较少。

(7)关系的稳定性不同。

一般来说,劳动关系中劳动者有长期、持续、稳定地在用工单位工作的主观意图,同时用人单位在招聘时也是以劳动者长期为单位提供劳动为目的。而在雇佣关系中一般是以完成一项或几项工作为目的,不具有长期、持续、稳定的特征,劳动者没有成为用人单位一员的主观意图,用人单位也没有接纳劳动者成为单位内部职工的意图,劳动过程中劳动者虽然也要接受用人单位指挥、监督,但并不受用人单位内部各项规章制度的约束,双方的地位处在同一个平台上,劳动过程主要依靠劳动者独立完成,劳动内容也并非用人单位业务的组成部分。

对劳动关系与雇佣关系的区分并没有一个绝对的、一成不变的标准,而是一个发展变化的过程。随着社会的发展进步,新的用工形式和关系将不断涌现。因此,对劳动关系与雇佣关系的区分不能停步,应紧跟时代变迁的步伐,为正确判断社会关系、解决劳动纠纷提供科学参考。

(二)劳动关系和承揽关系

承揽关系是承揽人按照定作人的要求以自己的生产工具,完成一定的工作,交付工作成果,定作人接受工作成果并给付报酬而在双方当事人之间形成的法律关系。《中华人民共和国合同法》(以下简称《合同法》)第二百五十一条规定:"承揽合同是承揽人按照定作人的要求完成工作,交付工作成果,定作人给付报酬的合同。"承揽关系是一种典型的完成工作的法律关系。承揽关系的标的是一定的工作成果,这是其主要特征。承揽注重的是工作成果,而不是工作本身。承揽人以自己的技术、设备和劳力独立完成工作,这是承揽关系的人身性表现。

实践中,区分事实劳动关系和承揽关系应综合分析下列因素。

(1)双方当事人之间是否为一方提供劳务,另一方给付报酬;一方提供的劳务与所获报酬之间是否具有对价性质。事实劳动关系是以劳动者直接提供劳务为目的的;而承揽关系则是以完成工作成果为目的,提供劳务仅仅是完成工作成果的手段。

(2)一方是否受另一方的控制、指挥和监督,即双方是否形成了从属关系。事实劳动关系中,劳动者从属于用人单位,提供的是从属性的劳动;而承揽关系中,承揽人与定作人之间并无从属关系,承揽人可以自行支配工作时间,并以自己的设备,负担危险责任,承揽人的劳务行为系独立性的劳动。

(3)当事人一方所提供的劳动是其独立的业务或者经营活动,还是构成合同相对方的业务或者经营的组成部分。如果当事人之间为一方向另一方提供劳务并接受其控制、指挥和监督,由其指定工作场所、限定工作时间、提供劳动工具或设备,定期给付劳动报酬,所提供的劳动是接受劳务一方生产经营活动的组成部分,可以认定是事实劳动关系;反之,则应认定是承揽关系。

【案例2-1】

原告袁某、被告陕西省咸阳市某公司之间未签订劳动合同,原告在被告处从事装卸服务,原告每月按其人数制作考勤表及工资清单,交纳税款后将完税证明交给被告,被告依据原告提供的完税证明,向原告支付装卸搬运费。2010年6月,被告给原告发放通行证。2010年7月4日,被告给原告等41人出具证明"共付给袁某等41人装卸费70 492.50元"。同年7月5日,原告制作2010年6月份工资清单,被告在工资清单上盖章。2010年7月23日,原告等20人向咸阳市劳动争议仲裁委员会提出劳动争议仲裁的申请。2010 年 8 月 3 日，咸阳市劳动争议仲裁委员会向原告等人发出了不予受理通知书，认为原、被告的争议不属于仲裁受理案件的范围。2010 年 8 月 16 日，原告诉至法院，要求被告支付经济补偿金、工资及补办“五险”。

评析：劳动关系的本质特征之一是劳动者与用人单位具有隶属性，即一旦劳动关系缔结，劳动者就成为用人单位集体劳动者的一员，用人单位就是劳动力的支配者和管理者；同时劳动者必须服从用人单位的安排和指导，遵守用人单位的各项劳动规章制度。本案中，咸阳市地税局出具的完税证明显示原告是经营装卸搬运业的私人独资企业，以袁某的名义缴纳营业税。因此，袁某作为企业主，雇佣人员从事装卸服务，原、被告之间是平等主体之间的合同关系。袁某作为私营独资企业的代表，不能等同于作为劳动者的自然人，不具备作为劳动者的主体资格；袁某及全体装卸人员不隶属于被告，无义务遵守被告的规章制度，只有安全制度通过特别约定，适用于袁某；装卸工作的安排和完成都由袁某指挥和决定，被告只接受原告的劳动成果。可见，原告不具备作为劳动者的主体资格，与被告之间也不存在隶属关系，故法院认定原、被告之间不存在劳动关系。

（材料来源：中国法院网）

第二节　劳动法律关系的主体

劳动法通过对参加劳动法律关系的主体制定要求来规范和调控劳动力市场关系，来保护劳动者的利益，维护社会整体利益，克服市场中资本的趋利弊端，实现社会发展。劳动法律关系的主体，是指参与劳动法律关系享受劳动权利和承担劳动义务的当事人，主要包括劳动者和用人单位。

一、劳动者

（一）劳动者的法律含义

劳动法中的劳动者指达到法定年龄、具有劳动能力，以从事某种社会劳动获取收入为主要生活来源的自然人。他们是依照法律或合同的规定，在用人单位的管理下从事劳动并获取劳动报酬的劳动关系当事人。

自然人参与劳动法律关系成为合法主体，必须具备一定的条件并取得劳动权利能力和劳动行为能力。反之，不具备法定资格的自然人则不能成为劳动关系中的合法当事人。国家法律赋予本国公民相应的劳动权利能力和劳动行为能力。

由于我国的特殊国情，长期以来，对台湾、香港、澳门的中国公民在内地就业的实行就业许可管理，由设区的市的人社部门审批。2018 年 7 月 28 日，国务院发布《国务院关于取消一批行政许可等事项的决定》（国发〔2018〕28 号），该文宣布取消包括台港澳居民在内地就业许可等 11 项行政许可事项。取消审批后，人力资源社会保障部将尽快出台配套政策措施，进一步便利港澳居民在内地就业、创业。我国实行了几十年的台港澳人员在内地就业的许可制度被废止了，可以预见的是，人社部 2005 年 10 月 1 日发布实施的《台湾香港澳门居民在内地就业管理规定》将面临重大修改。同时，也将对台港澳居民在大陆用人单位就业产生的劳动争议的处理带来影响。

我国政府对外国人在中国就业实行许可制度，即用人单位聘用外国人，必须为外国人申请就业许可，经批准后，方可聘用。外国人在中国就业许可制度分为申领“中华人民共和国外国人就业许可证书”（图2-1）、申办职业签证和办理“中华人民共和国外国人就业证”（图2-2）、外国人居留证件三个方面。经就业许可同意在中国就业的外国人，应持职业签证入境（有免签证协议的，按协议处理），入境后取得“中华人民共和国外国人就业证”和外国人居留证件，方可在中国境内就业。根据《外国人在中国就业管理规定》，由政府直接出资聘请的外籍专业技术和管理人员或由国家机关和事业单位出资聘请，具有本国或国际权威技术管理部门或行业协会确认的高级技术职称或特殊技能资格证书的外籍专业技术和管理人员，并持有外国专家局签发的“外国专家证”的外国人；持有“外国人在中华人民共和国从事海上石油作业工作准证”从事海上石油作业、不需登陆、有特殊技能的外籍劳务人员和经文化部批准持“临时营业演出许可证”进行营业性文艺演出的外国人可免办“中华人民共和国外国人就业许可证书”和“中华人民共和国外国人就业证”。

中华人民共和国
外国人就业许可证书

经审核，现批准＿＿＿＿（国籍），＿＿＿＿先生（女士），在中华人民共和国＿＿＿＿省（自治区、直辖市），＿＿＿＿市（地区），＿＿＿＿县（市、区），＿＿＿＿单位，从事＿＿＿＿工作。

签发机关（印）
中华人民共和国
签发日期

外国人在中国就业实行就业许可制度。获得《中华人民共和国外国人就业许可证书》（简称许可证书）的外国人，应按如下程序办理有关手续：

1. 持许可证书和通知函电到中华人民共和国驻外使、领馆办理职业签证；
2. 持职业签证入境后十五日内，凭许可证书与用人单位签订劳动合同；
3. 持许可证书、劳动合同和本人的有效护照等有关材料到用人单位所在地区的劳动和社会保障行政部门的发证机关办理《外国人就业证》（简称就业证）；
4. 获得就业证的外国人，应在入境三十日内持就业证到用人单位所在地区的公安机关办理居留证件。

持有就业证与居留证的外国人方可在中国合法就业，并受法律保护。

5. 许可证书自签发之日起生效，有效期为六个月。

编号：

图2-1　外国人就业许可证书样式

图2-2　外国人就业证样式

【案例2-2】

苏州某电机公司是由香港一科技有限公司出资设立的。2006年7月28日，香港总公司负责人代表科技公司委派Jack（外籍人员）为电机公司执行董事。同日，Jack作为电机公司的执行董事按照公司章程规定聘任自己为该公司的总经理。之后，Jack开始在公司工作，电机公司亦自2006年10月1日起每月发放工资16 000元给Jack至2008年4月30日。2006年11月8日，Jack经申请批准并取得“外国人就业许可证”，有效期至2007年11月8日。该“外国人就业许可证"有效期限届满后,并未依法办理延期手续。

2008 年 5 月 8 日,香港总公司作出免除 Jack 作为电机公司执行董事、法定代表人及总经理资格的决定,并通过信件送达 Jack。Jack 收到上述信件后,自 2008 年 5 月 12 日起不再在电机公司工作。

因 Jack 认为苏州公司受香港总公司指令将其解雇,剥夺了其劳动权利和劳动条件,且电机公司又未与其签订书面劳动合同,其在工作期间还为公司垫付了相关的开支,故向劳动争议仲裁委员会提出仲裁申请,要求确认电机公司单方解除劳动合同的行为无效,要求继续履行劳动合同,电机公司偿付垫付的开支 9 430.68 美元,并签订劳动合同,支付未签劳动合同的二倍工资 49.6 万元,补发 2008 年 5 月至 2008 年 11 月正常工资 11.2 万元。2008 年 12 月,仲裁委裁决驳回了 Jack 的仲裁申请。Jack 对该仲裁裁决不服,遂向法院提起诉讼。

评析:不具有中国国籍的外国人在我国境内的用人单位就业的,应依法取得"外国人就业许可证"等相关证件。因 Jack 所持有的"外国人就业许可证"已于 2007 年 11 月 8 日到期,但并未办理延期手续,故该外国人就业许可证已失效,Jack 已不符合法定的就业条件,在我国境内不具有建立劳动关系的主体资格,其在外国人就业许可证已失效的情形下继续在电机公司处就业的行为违反了我国关于外国人就业管理的规定,因此 Jack 的劳动权利不受劳动法的保护,故 Jack 要求确认劳动关系、继续履行劳动合同,以及要求补签劳动合同并支付未签劳动合同的二倍工资等诉讼请求,法院应不予支持。

(材料来源:中国法院网)

(二)公民劳动权利能力与劳动行为能力的概念

公民的劳动权利能力与劳动行为能力是指公民(即自然人)参与劳动法律关系必须具备的基本资格或者说一般资格,不具备这一资格的公民则不允许参加劳动法律关系成为合法主体。

劳动权利能力是指公民依法享受劳动权利和承担劳动义务的资格,它是公民参与劳动法律关系成为主体的前提条件。

劳动行为能力是指公民能以自己的行为参与劳动法律关系,实际享受权利和履行义务的能力。它是公民作为劳动法律关系主体的基本条件。不具备劳动行为能力的公民,就不能够实际参与劳动法律关系享受权利和承担义务。

法律赋予公民的劳动权利能力与劳动行为能力是基于两个条件。

1. 达到法定年龄

关于公民的就业年龄,世界各国的劳动法都有规定,一般规定在 14 周岁到 16 周岁之间。我国劳动法将就业年龄规定为 16 周岁,禁止招用未满 16 周岁的未成年人;某些特殊职业如文艺、体育和特种工艺单位确需招用未满 16 周岁的人(如演员、运动员、艺徒)时,须报县以上劳动行政部门批准。

2. 具有劳动能力

公民的劳动能力属于自身生理因素,而不是由法律规定的。根据自然人的生理状况,公民的劳动能力一般表现为三种情况,即有完全劳动能力、有部分劳动能力和无劳动能力。具体来讲,因身体有残疾根本不能劳动的,视为无劳动能力的人;因身体有残疾不能提供正常劳动,但又没有完全丧失劳动能力的,视为有部分劳动能力的人;而身体健康、智力健全的人则是有完全劳动能力的人。

只有达到法定年龄，具有完全劳动能力或部分劳动能力的公民，法律才赋予其劳动权利能力和劳动行为能力。反之，达不到法定年龄，即使已经具有劳动能力，也不能参与劳动法律关系而成为主体。同时无劳动能力的人，无论是生来就没有，还是后来因丧失劳动能力而离开劳动岗位，都不具备主体资格。

公民的劳动权利能力与劳动权利是两个不同的概念。劳动权利能力不是劳动权利本身，它只是享有劳动权利的前提。劳动权利是具体权利，主观上的权利，如取得劳动报酬权、享受物质帮助权、参加民主管理权等；而劳动权利能力则是抽象权利、客观上的权利，是公民实际取得劳动权利的一种资格。有劳动能力的公民具有相同的劳动权利能力，但运用劳动权利能力取得具体劳动权利的结果则不相同，因为劳动权利的实现要受到公民劳动能力所表现出来的脑力、体力等因素的限制。

（三）在校生的劳动者主体身份认定

在校生兼职已是比较普遍的现象，也产生了兼职在校学生与雇佣其的用人单位之间的劳动关系问题，实践中有不同观点和判例。劳动部《关于贯彻执行＜中华人民共和国劳动法＞若干问题的意见》第 12 条规定，在校生利用业余时间勤工助学，不视为就业，未建立劳动关系。有的观点认为在校学生具有劳动者主体身份，如果与用人单位达成缔结劳动关系的合意，在不违反相关劳动法律法规的情况下，可以同用人单位成立劳动关系。

传统观点认为劳动关系具有依附性、人身性、有偿性。原劳动保障部《关于确立劳动关系有关事项的通知》将用人单位和劳动者是否具有主体资格，劳动者是否接受用人单位行政管理及劳动者提供的劳动是否为用人单位业务的组成部分，作为确立双方劳动关系的判断标准，实践中亦被广泛引用。如果否认在校生与用人单位的劳动关系，那么在校生相关权益将无法得到劳动法律法规的有效保护，部分用人单位会滥用在校生进行兼职，以降低用工成本，规避法律责任。尤其是 16 周岁至 18 周岁的未成年人，国家给予的未成年工特殊保护将无从谈起。一旦发生劳动伤害，在校生无法获得劳动关系框架内的工伤保障，需要通过民事途径要求人身损害赔偿，程序繁琐、举证责任较重。

因此简单否认达到法定劳动年龄的在校生的劳动者主体资格，进而否认其与兼职单位存在劳动关系，会带来理论和实践的困扰。建议在尊重在校大学生的劳动者主体身份的基础上，探索建立专门的制度，对兼职大学生和用人单位的权益予以特别法律规制。大学生兼职一般时间较短，用人单位按现有框架下劳动关系承担义务和责任较重。如能特殊对待，一方面，打消用人单位的顾虑，促进大学生社会实践的宽松的环境，也有利于大学生的职业成长和整个社会的人才培养。

二、用人单位

（一）用人单位的概念和种类

用人单位是指依法招用和管理劳动者，并按法律规定或合同约定向劳动者提供劳动条件，劳动保护和支付劳动报酬的劳动组织。我国现阶段的用人单位包括企业、事业单位、国家机关、社会团体和个体经济组织，其中企业和个体经济组织是劳动法律关系的主要主体。

1. 企业

企业是以一定数量的生产资料和劳动者的结合为前提，以营利为目的，从事生产经营活动的经济组织，按不同标准划分，企业有多种分类。按照企业的经济成分来划分，我国目前有国有企业、集体企业、私营企业、股份制企业和外商投资企业等,无论是什么性质的企业,也无论企业招用管理人员、技术人员还是生产工人,都必须依法通过签订劳动合同确立劳动关系。由此就在企业与劳动者之间产生了劳动法律关系。企业作为用人单位是最基本的劳动法用人单位主体。

2. 事业单位和社会团体

事业单位和社会团体是指直接从事为国家创造和改善生产条件,为社会物质文化生活需要服务,不以为国家积累资金为直接目的,不以营利为生存、发展条件的单位。事业单位与社会团体用人和企业用人相同,但在我国现阶段还有些特殊,即在事业单位和社会团体中仍实行人事制度和劳动制度并存的用人体制。人事制度适用于干部的任用和管理,劳动制度适用于工人的招用和管理。根据我国劳动法的规定,事业单位、社会团体与劳动者通过签订劳动合同确立劳动法律关系的,适用劳动法调整。随着我国劳动制度改革的逐步深入,事业单位和社会团体以劳动合同与劳动者确立劳动法律关系的范围将逐渐扩大,适用劳动法的范围也将越来越宽。

3. 国家机关

国家机关是依法设立的行使国家管理职能的机构。国家机关的干部统一实行公务员制度,但对那些不在管理岗位上的办事人员和后勤服务人员的招用和管理,也统一按照劳动法规范进行。国家机关与劳动者通过签订劳动合同确立劳动关系的,就与劳动者之间形成了劳动法律关系,国家机关则成为劳动法律关系中的用人主体。

4. 个体经济组织

个体经济组织是依法经工商行政管理部门核准登记,并领取营业执照从事工商业生产、经营活动的个体单位,亦称个体工商户。个体经济组织以个人或家庭劳动为基础,法律允许他们雇用一定数量的帮工或招收学徒。这就在个体经济组织与帮工、学徒之间产生了劳动关系,这种劳动关系同样受到劳动法的调整而成为劳动法律关系。

用人单位作为劳动法律关系的一方当事人,也必须具备一定的条件,并取得劳动行为能力和劳动权利能力。

【案例 2-3】

杨某自 1983 年 12 月起被西安交通大学聘为临时工,从事道路清扫工作,1985 年 11 月至 2001 年 10 月在该校宿舍管理中心从事服务工作,双方未签订书面劳动合同,西安交通大学亦未给杨某办理基本养老保险、失业保险及基本医疗保险。2000 年 3 月,西安交通大学成立了交大后勤公司。2001 年 6 月,西安交通大学将学生宿舍管理服务中心归属交大后勤公司管理。2001 年 10 月 10 日杨某在填写应聘登记表、计划外用工登记表时将出生年龄改写为 1951 年 6 月 11 日。2006 年 4 月,杨某要求西安交通大学为其办理退休事宜未果,同年 5 月被交大后勤公司口头通知解除了劳动关系(解除劳动关系前,杨某月工资为 400 元,西安市政府确定的 2005 年 7 月后劳动者最低工资为每月 490 元)。杨某遂以西安交通大学、交大后勤公司为被诉人向陕西省劳动争议仲裁委员会申请劳动仲裁,陕西省劳动仲裁委员会以陕劳仲字〔2006〕118 号仲裁裁决书裁决:①西安交通大学支付杨某 2005 年 7 月至 2006 年 5 月最低工资差额 990 元及额外经济补偿金 247.50 元;②西安交通大学支付杨某解除劳动合同经济补偿金10 780元;③西安交通大学按国家及陕西省、西安市有关规定为杨某办理基本养老保险、基本医疗保险及失业保险,交纳社会保险费用。原告西安交通大学诉称:其与被告杨某没有劳动合同关系,陕西省劳动争议仲裁委员会裁决其支付杨某工资、经济补偿金及办理养老、医疗、社会保险无事实和法律依据,且杨某之请求已超过诉讼时效,请求判令西安交通大学不履行仲裁裁决。

法院经审理认为:根据最高人民法院《关于民事诉讼证据的若干规定》和公平诚信原则,结合双方在本案中的举证能力,应由西安交通大学承担相应的举证责任,西安交通大学在指定期间内未能提供相关证据,应承担举证不能的后果,故认定西安交通大学与杨某虽未签订书面劳动合同,但存在事实劳动关系,杨某主张其自1983年起在西安交通大学从事劳动工作的事实成立,劳动者的合法权益受法律保护。杨某自1983年12月至2006年5月与西安交通大学及交大后勤公司先后形成事实劳动关系,西安交通大学将杨某所在的学生宿舍管理服务中心和杨某一道划归交大后勤公司管理后,杨某与西安交通大学的劳动关系因此变更为与交大后勤公司的劳动关系。由于西安交通大学是交大后勤公司的出资人和股东,故杨某在西安交通大学的工龄应合并计算为其在交大后勤公司的工龄。

(材料来源:中国法院网)

第三节　劳动法律关系的内容

一、劳动权利与劳动义务的含义

(一)劳动权利

劳动权利是指劳动法主体依法能够为一定行为和不为一定行为或要求人为一定行为和不为一定行为,以实现其意志或利益的可能性。它表明:

(1)在劳动法规定的范围内,权利主体有权作出一定行为(包括作为和不作为),以实现其意志和利益;

(2)在劳动法规定的范围内,权利主体有权要求对方作出一定行为(包括作为与不作为),以保证实现或不影响实现其意志和利益;

(3)在劳动法规定的范围内,权利主体由于对方的行为而使其权利不能实现或受到侵害时,有权请求国家有关机关予以保护。

(二)劳动义务

劳动义务是指劳动法主体根据法律的规定,为满足权利主体的要求,劳动过程中履行某种行为的必要性。它意味着:

(1)义务主体要依据法律作出一定行为(包括作为与不作为),以保证国家利益和权利主体的权利得以实现;

(2)义务主体应自觉履行法定义务,如不履行或不完全履行则要受到法律的制裁。

劳动义务是实现劳动权利的条件,与劳动权利形成对立统一关系,权利以义务为条件,义务以权利为前提。建立在平等主体之间的劳动权利与劳动义务具有对应性和一致性的特点。

二、劳动者的基本权利

绝大多数国家的宪法和劳动法对公民的劳动基本权利都作了相应的规定。我国《劳动法》第三条规定:“劳动者享有平等就业和选择职业的权利、取得劳动报酬的权利、休息休假的权利、获得劳动安全卫生保护的权利、接受职业技能培训的权利、享受社会保险和福利的权利、提请劳动争议处理的权利以及法律规定的其他劳动权利。”据此规定,我国劳动者的基本权利可以概括为以下几个方面。

(一)劳动权

劳动权是指具有劳动能力、达到法定就业年龄的劳动者有获得劳动机会的权利,它主要包括三个方面,即获得工作权、自由择业权和平等就业权。

自由择业权和平等就业权,标志着劳动是自由的,是否就业,从事何种职业,均由劳动者自己选择,对不愿意就业的劳动者不得加以强迫;同时,每个劳动者参加劳动的机会也是平等的,在平等的基础上竞争,不允许任何人以任何方式妨碍公民就业。劳动者就业不因民族、种族、宗教、信仰不同而受歧视,妇女享有与男子平等就业的权利。

获得工作权,首先意味着,一切有劳动资格和意愿的劳动者均有获得劳动机会的权利;其次,国家有义务通过各种途径创造就业条件,帮助劳动者就业;最后,任何用人单位不得滥用解雇权。

(二)劳动报酬权

劳动报酬权是指劳动者参加社会劳动,按其劳动的数量和质量,从用人单位取得报酬的权利。工资是劳动报酬的基本形式,奖金和津贴是劳动报酬的组成部分。通过劳动取得报酬,作为劳动者的一项劳动基本权利,其内容包括报酬协商权、报酬请求权和报酬支配权。

(三)劳动保护权

劳动保护权是指劳动者在劳动过程中,其生命安全与身体健康依法受到保护的权利。在生产劳动过程中,客观地存在着各种不安全、不卫生的因素,如果不采取必要的防范措施,就会危害劳动者的生命安全与身体健康。同时,也会妨碍生产的正常进行。劳动者劳动保护权的实现主要靠用人单位全面履行义务。其具体内容有:

(1)单位必须按照国家劳动安全卫生规程标准,配备劳动安全设施和发放劳动保护用品;

(2)单位必须依法给予女职工和未成年工以特殊的劳动保护;

(3)单位有责任对全体职工进行全面的安全生产教育,并建立健全安全生产管理制度;

(4)经劳动鉴定委员会确认,单位劳动卫生条件极为恶劣,以致危害劳动者身体健康的,劳动者有权拒绝投入生产劳动,直到劳动条件得到改善;

(5)因劳动安全卫生条件差,致劳动者伤、残或患职业病的,单位有义务负责给予治疗,并承担由此而产生的一切费用;

(6)单位有责任在发展生产的基础上不断改善劳动条件和提高劳动保护标准。

此外,休息权也属于广义的劳动保护权范畴。休息权是指劳动者经过一定时间的劳动之后,获得充分的休息的权利。我国《宪法》第四十三条规定:“中华人民共和国劳动者有休息的权利。”“国家发展劳动者休息和休养设施,规定职工的工作时间和休假制度。”《劳动法》统一规定了劳动者公休假日、法定节日、年休假等休假制度,并对用人单位随意安排加班加点作了严格的限制。国家要在发展生产的基础上,逐步增设疗养院、休养院、文化宫、俱乐部、运动场、图书馆等,使劳动者对休息权的享受能获得更加丰富的内容。

深圳市劳动和社会保障局2009年05月13日发布实施《深圳市实行不定时工作制和综合

计算工时工作制审批管理工作试行办法》明确规定用人单位不得任意扩大不定时工作制或综合计算工时工作制的适用范围，更不得以实行不定时工作制或综合计算工时工作制为名，随意延长员工的工作时间，侵害员工的休息权和其他合法权益。

（四）职业培训权

职业技能培训是指对具有劳动能力的未正式参加工作的劳动者和在职劳动者进行技术业务知识和实际操作技能的教育和训练，包括就业前的培训和在职培训。掌握职业技能，首先是劳动者赖以进行社会劳动竞争的资本；同时，职业技能培训也是社会生产力发展本身的要求。就我国目前劳动者接受职业技能培训权的内容来看：

（1）就业前的劳动者有权通过各种途径使自己获得专业知识和技能，从而为就业创造条件，国家鼓励和帮助劳动者实现这一权利；

（2）在职劳动者有权利用业余时间参加各类学校学习，以丰富科学文化知识和提高专业理论水平，用人单位应对职工学习给予鼓励和支持；

（3）有条件的单位应根据实际需要有计划、多渠道地加强对整个职工队伍知识、技能方面的训练，以适应现代化生产过程的要求。

（五）生活保障权

生活保障权亦称为享受社会保险权或物质帮助权，是指劳动者暂时或永久丧失劳动能力时，有权依法获得物质帮助，以保证劳动者在生、老、病、死、伤、残等情况下，本人及其直系亲属的生活需要。我国是社会主义国家，《宪法》第四十五条规定："中华人民共和国公民在年老、疾病或者丧失劳动能力的情况下，有从国家和社会获得物质帮助的权利。"这就为劳动者的生活保障权提供了法律依据。劳动者的生活保障权，体现在我国劳动制度中的有退休保险待遇、疾病保险待遇、工伤保险待遇、失业保险待遇及生育保险待遇。随着我国经济的不断发展，劳动者生活保障权的范围会更加扩大，待遇标准也会逐步提高。

（六）结社权与集体协商权

结社权是指狭义的团结权，广义的团结权包括结社权（狭义）、团体交涉权（集体谈判权）、争讼权等三项权利。我国现行法律中规定了劳动者的结社权与集体协商权。我国宪法没有明确规定劳动法意义上的结社权，只是从公民基本权利的角度宽泛地规定了公民的结社权，但是从法律层面上，即在劳动法和工会法中具体确认了劳动者的结社权与集体协商权，在多数国家称之为集体谈判权或团体交涉权。集体协商权是指代表劳动者的工会代表与雇主或雇主组织的代表进行谈判协商，从而签订有关劳动条件的集体协议（合同）的权利。集体协商权的意义在于弥补劳动合同的不足，避免个别劳动合同中的不合理或不平等条款，并在此基础上进一步为劳动者争取更好的劳动条件与待遇。

（七）合法权益保护权

合法权益保护权亦即提请劳动争议处理权，是指劳动者有权在自己的合法权益受到侵害时，通过申请调解、提请仲裁和提起诉讼，排除侵害行为，并使由此而受到的损失得到补偿的权利。

三、用人单位的权利

（一）招收录用职工权

用人单位有权依照国家规定和本单位需要择优录用职工，并有权自主决定招工方式、招工数量、招工条件和招工时间。

(二)合理组织调配权

用人单位有权根据自身的生产规模、生产特点,自行决定内部机构设置和人员配备。劳动行政部门依法对用人单位的劳动管理活动、劳动安全卫生条件等进行监督和检查。

(三)劳动报酬分配权

用人单位有权制订本单位的工资形式及奖金、津贴的分配办法;有权组织各种形式的考核确定职工的工资级别和等级标准;有权通过民主程序制订职工工资晋升条件、标准和时间。当然,用人单位确定的职工工资标准不得低于当地政府所制定的最低工资标准。

(四)劳动奖惩权

用人单位有权依法制定和实施劳动规章制度;有权决定奖惩条件和奖惩办法。

(五)辞退职工权

辞退职工权是用人单位用人自主权的有机组成部分。它与招收录用职工权相配合,解决职工能进能出的问题。用人单位有权按照劳动法规定的条件和程序,通过解除劳动合同的方式来实现辞退权。

第四节　劳动法律关系的产生、变更和消灭

一、劳动法律关系产生、变更和消灭的概念

劳动法律关系的产生是指劳动法主体之间为实现一定的劳动过程,依照劳动法规,通过签订劳动合同而设立的劳动权利与劳动义务关系。

劳动法律关系的变更是指劳动法主体间已经形成的劳动法律关系,由于一定的客观情况的出现而引起法律关系中某些要素的变化。如某职工提出要求调换工作,征得所在单位的同意,从而引起劳动权利和劳动义务的变更。

劳动法律关系的消灭是指劳动法主体之间的劳动法律关系依法解除或终止,亦即劳动权利和劳动义务的消灭。

二、法律事实

劳动法律关系的产生、变更和消灭,都是通过一定的法律事实而引起的。劳动法律规范、法律事实和劳动法律关系之间的关系是:劳动法律规范是确认法律事实的依据;法律事实是引起劳动法律关系产生、变更、消灭的原因;劳动法律关系则是劳动法律规范规定范围内法律事实的结果。

三、法律事实的分类

依据我国劳动法的规定,能够引起劳动法律关系产生、变更和消灭的法律事实是多种多样的,按照它们的发生是否以行为人的意志为转移,可以分为行为和事件两大类。

(1)行为,是指劳动法规定的,能够引起劳动法律关系产生、变更和消灭的人的意志活动,包括作为与不作为。按照行为的性质,可以将其分为劳动法律行为、仲裁行为和司法行为。

(2)事件,是指不依当事人意志为转移的客观现象,如自然灾害、人体伤残、疾病、死亡、破产等。它们在一定条件下能够引起劳动法律关系的变更或消灭,因而是法律事实。

实践中应当明确以下两点。

（1）产生劳动法律关系的法律事实，只能是双方当事人一致的合法意思表示的劳动法律行为，即合法行为。如某劳动者表示愿意在某单位参加工作，该单位经过考核愿意录用，经过双方真实的意思表示并达成一致的协议，然后签订劳动合同，特定的劳动法律关系才能产生。单方的意思行为和违法行为，都不可能产生劳动法律关系。

它与产生民事法律关系的法律事实不同。民事法律关系产生的法律事实可以是双方意思表示一致的合法行为，也可以是单方的意志行为，还可以是违法行为。如立遗嘱行为可以引起财产继承的民事法律关系，损坏他人财产的行为可以引起损害赔偿的民事法律关系。而劳动法律关系产生的根据，只能是劳动者和用人单位之间的合法行为。

（2）变更、消灭劳动法律关系的法律事实，既可以是双方或单方的合法行为，也可以是违法行为。此外，事件也能引起劳动法律关系的变更或消灭。

思考练习

一、单项选择题

1. 下列关于劳动权利能力和劳动行为能力与民事权利能力和民事行为能力的比较中，不正确的是（　　）。

A. 劳动者的劳动权利能力开始于16周岁，而公民的民事权利能力始于出生，终于死亡

B. 劳动者的劳动行为能力开始于16周岁，而公民的完全民事行为能力则开始于14周岁

C. 劳动者的劳动权利能力和劳动行为能力只能由劳动者本人亲自实现，而公民可以委托他人代理自己行使民事权利能力和民事行为能力

D. 某些劳动者的劳动权利能力和劳动行为能力受到一定的限制，而公民的民事权利能力和民事行为能力，在法律规定的范围内则不受任何限制

2. 下列主体中不属于《中华人民共和国劳动法》适用范围的是（　　）。

A. 在我国境内设立的外商独资企业

B. 我国公民在境外设立的独资企业

C. 我国境内设立企业派驻境外的劳动者

D. 我国境内的个体经济组织

二、多项选择题

1. 劳动者个人的权利有（　　）。

A. 劳动就业权　　B. 报酬请求权　　C. 休息休假权　　D. 自主择业权

2. 以下法律事实中（　　）会引起劳动法律关系的消灭。

A. 劳动者丧失劳动能力　　B. 劳动者死亡

C. 劳动法律关系主体变更　　D. 劳动合同期限届满

3. 能引起劳动法律关系变更或消灭的法律事实是（　　）。

A. 合法行为　　B. 违法行为　　C. 事件　　D. 劳动者辞职

E. 劳动者死亡

4. 劳动法律关系，是由以下（　　）基本要素构成的。

A. 劳动法律关系主体　　B. 劳动法律关系客体
C. 劳动法律关系内容　　D. 劳动法律行为

5. 以下属于劳动法律事实的是(　　)。
A. 张某与某企业依法签订劳动合同　　B. 李某因严重违纪被企业辞退
C. 权利义务　　D. 陈某因患病丧失劳动能力

6. 能够引起劳动法律关系产生的劳动法律事实必须具备以下条件中的(　　)。
A. 是劳动法律关系主体双方意思表示一致的行为
B. 特殊情况下也可以是单方行为
C. 须为合法行为
D. 既可以是合法行为也可以是违法行为

7. 可以作为劳动法律关系中劳动者的是(　　)。
A. 具有劳动能力的外国人　　B. 且与国家机关建立劳动关系的劳动者
C. 事业单位中的合同聘用人员　　D. 个体经济组织的劳动者
E. 国家机关的公务员

8. 下列劳动法律事实中,属于行为的有(　　)。
A. 用人单位无故拖欠劳动者的工资　　B. 劳动者因违反劳动纪律被除名
C. 劳动者因触犯刑法被监禁　　D. 劳动者因交通事故而死亡
E. 劳动者因公致残,完全丧失了劳动能力

9. 下列情形中,属于劳动法律关系变更的有(　　)。
A. 因为生产任务的需要,企业领导把职工安排到新的工作岗位上
B. 某公司的员工因打架滋事,经理决定将其调离原来的部门
C. 女工因为怀孕,不能从事原来的工作,被调到其他岗位
D. 企业破产后被另外的企业兼并,劳动者被新的企业留下来继续从事原来的工作
E. 劳动者因为严重违反劳动纪律被用人单位通知解除劳动合同

三、案例分析题

1. 周某从四川来京打工,2001 年 8 月被一家个体餐馆招为厨房勤杂工,双方口头约定周某每月的工资 450 元,另外,餐馆每天免费提供两顿饭,如发生其他费用,餐馆概不负责。2002 年 3 月,由于连日加班,周某在切肉时不小心把左手食指切断,为接指花去医药费 5 000 元。周某同乡告诉她可以要求老板支付医疗费和营养补助费。周某随后向老板提出医疗费和营养费请求,该餐馆老板拒绝了周某的请求,并解雇了周某。2002 年 4 月,周某向北京市某劳动争议仲裁委员会提出申诉。

问:(1)该餐馆的做法是否正确?为什么?

(2)劳动争议仲裁委员会应如何裁决本案?

2. 2001 年 9 月,某工艺厂与吴某签订合同,约定由工艺厂提供原材料和花样图案,吴某为工艺厂制作藤编工艺品,工艺厂每月按照吴某交付的工艺品数量给付报酬,合同期限为一年。合同履行 6 个月之后,因为市场上的藤编工艺品滞销,工艺厂单方面解除了与吴某的合同,吴某为此向劳动争议仲裁委员会申诉。

问:(1)工艺厂与吴某之间的法律关系是什么关系?这种关系是否受劳动法的调整?

(2)吴某能否向劳动争议仲裁委员会申诉？工艺厂应当承担怎样的后果？

3. 某化工厂在2002年8月招收了一批工人并与之签订了三年的劳动合同。合同履行开始后，化工厂只在开始的两个月按照合同约定给工人发了工资，之后一直拖欠工人工资达半年之久，工人多次请求发放工资，化工厂均以效益不好为由予以搪塞，同时却经常要求工人加班，使得每位工人的平均日工作时间达到了13小时，如果有工人不愿加班，就以所拖欠工资不予发放相威胁。因为从事的是有化工产品的加工生产，化工厂又未向工人提供必要的卫生保护措施，致使许多工人患上了职业病，工人上医院就诊时发现，化工厂并未按照合同上的承诺，为其缴纳社会保险费。为此，工人们组织起来，推选代表准备向劳动争议仲裁委员会提起申诉，被化工厂得知后，派人对职工代表进行威胁和殴打。

问：化工厂的上述行为侵害了劳动者的哪些权利？请一一列举。

4. 2003年2月，李某刚好满15岁，中学毕业后李某即外出打工，并于同年与一羊毛衫厂签订劳动合同，后厂长屡次不满意李某的工作能力，多次调动李某的工作。一年后李某无法忍受老板，辞去工作，并于2004年3月与一摩托车配件厂签订劳动合同。开始李某做搬运工，因为年龄偏小，工作一个月后于4月被调到流水车间。但是李某的业绩仍旧不如同车间的其他工人，老板无奈只能将其工资从1 500元/月降到1 200元/月。2004年6月，李某出差在外，因一起车祸致使其右腿骨折，回厂后，8月份被调到厂长办公室任秘书。12月份，因李某家人多次请求，李某正式辞去工作，回家养伤。

问：本案中有哪些劳动法律事实，各引起了劳动法律关系怎样的变化？

延伸阅读

美国劳动关系的调整

受经济自由放任主义(laissez-faire)的影响，美国确立了自由雇佣原则(也译作随意雇佣原则)，美国劳动关系自由放任的特点明显。但自从20世纪30年代以来，美国经济动荡，劳工运动兴起，美国有关劳动标准及劳动关系调整立法陆续出台，逐步形成了集体谈判、劳动标准监察、反就业歧视等劳动关系调整方式，一定程度地发挥了保护雇员工作权利的作用。

(一)自由雇佣原则

自由雇佣是美国雇佣关系的一项基本原则，特别是对私营部门而言。所谓自由雇佣，是指雇佣关系一般是没有确定期限的，任何一方都可以在任何时候以任何理由——一个好的理由或者坏的理由，甚至没有理由地终止雇佣关系，且并不因此而承担法律责任。自由雇佣原则在美国最初出现于19世纪下半叶，确立于20世纪初。之所以会确立这一原则，总的来说，是受当时美国盛行经济自由放任主义的影响。其他具体原因还有：一是在19世纪美国法律界为排斥英国法律在美国的适用，刻意区分与英国法律的不同而确立了美国普通法的这一原则；二是美国第十三次联邦宪法修正案规定禁止奴役和强迫劳动，因而允许雇员随时辞职(否则，就是违宪)，根据相关原则，相对应地赋予雇主随时解雇雇员的权利；三是美国议会立法是各方势力博弈或者游说的结果，尽管自由雇佣原则极可能导致解雇滥用，但由于个体雇员的分散性，力量单薄，且工会对出台单个雇员特别是非工会雇员解雇保护的法律并不积极，相反美国的雇员组织则很强大，一直都坚定地反对对雇主解雇权的侵犯。自由雇佣原则在法律上的确立，客观上起到了清除劳动力市场中自由讨价还价的障碍，促进了劳动力在各职业或行业之间快速流动的作用，适应了美国经济自由竞争的要求，同时，雇员雇佣保护不足，也成为美国劳动力市场的一个突出特点。这一原则后来被滥用的典型，是雇主享有了绝对自由的解雇权，即无论解雇人数多少、解雇理由充足与否，或者甚至违反道德准则时，解雇行为也是绝对自由合法的。20 世纪 30 年代，美国经济萧条、社会动荡，从美国进入罗斯福"新政"时期开始，为缓和劳资关系，保证社会的稳定和经济的发展，联邦和州陆续出台了一些排斥自由雇佣原则适用的例外情形，这些规定散见于各项不同的法律当中，以保护雇员在符合公共政策和基于反歧视等原因而不被解雇。但这些还只是针对某些特殊群体的雇员作出的可以抵御某些类型解雇的规定。至今，自由雇佣原则在美国依旧大行其道。美国经济学界的主流看法是，自由雇佣原则对增强雇员的流动性、维持劳动力市场的灵活性、促进劳动力市场规模不断增长以及对企业和经济的发展很有益处。他们认为，经济的快速增长有助于失业雇员重新就业，政府应从关注雇员的工作稳定性转向注重就业机会的稳定性。让其引以为豪的是，美国 2008 年 6 月份的失业率为 6%，而解雇保护制度较严格的法国的失业率却高达 10%。据美国联邦劳工部政策委员会介绍，提倡就业的灵活性、最大化地发挥雇员的效率以及减少雇主的压力是劳工部今后注重发展的三个战略方向。

（二）雇佣关系的确认

（1）雇主、雇员的界定。在自由雇佣原则下，雇主、雇员及雇佣关系的认定并非基于合同，而是基于身份。在美国，雇主被定义为对雇员的工作有指挥控制权的人。但需要指出的是，在美国尚没有一部统一的劳动立法，由于各项立法的功能各有所侧重，不同的普通法和制定法覆盖的雇主和雇员的范围不尽相同，是不是雇主或雇员以及是否适用某项法律，要视该法的具体规定而定。

美国劳动立法另一特别之处是，美国的劳动标准并非适用于全部雇员。根据美国劳工部工资工时处（WHD）及有关方面的介绍，下列人员（被称为豁免雇员）不适用最低工资和工时的限制，雇主也不必向他们支付加班工资。①管理人员。这类人员至少有 50% 以上的时间是用来从事普通雇员不能从事的管理活动，通常手下有两个或两个以上的全职员工，有权辞退或者聘请员工，经常在重要问题上自行作出决定。②行政管理人员。这类人员 50% 以上的工作时间是花费在智力思考、管理或者创造性的工作上。他们或者是为老板、经理以及其他管理人员提供直接协助，或者是在上司的授意下，可以自行作出决定，完成一些对公司运作具有影响的工作。③专业人士。这类人员是需要领取执照才能从业的专业人员，例如，律师、会计师、教师等，或者是需要具备特殊学问或者艺术技能的人员，例如，编辑、音乐师等。为避免雇主规避法律义务，有关立法及执法机构对上述人员应当具备的条件作出了详细的界定性规定。

如何界定劳动关系、区分劳动关系与劳务关系是困扰中国劳动合同立法的一个问题，美国法律界也遇到同样的问题。为区分雇员和独立承包人，美国劳工部工资工时处采用了"经济限时测试"办法，劳动关系委员会确定了八要素标准，国税局也有包括 14 个要素的区分标准。

这些办法都需要综合考虑多个因素，一般包括：是否提供工作所需的材料、工具或者场所；是否需要许多专业技能；工作时是否受到监管；接受雇佣的时间是否很短；是按一件具体的工作获得酬劳还是按时、按星期、按年获得酬劳；工作内容是否属于公司业务（例如，为学校工作的油漆工同教师相比，就有较大可能属于独立承包人）；本人的工作技巧是否会导致本人所从事的工作获利或者亏损，等等。

（2）雇佣关系建立形式。在自由雇佣原则下，雇佣关系的建立形式由雇主决定，法律并不规定具体形式，正如前面所介绍的，雇主、雇员及雇佣关系是依据身份来确定的。但通常情况下，雇主会向雇员分发雇佣手册（employment handbook），提供工作方式、上下班时间、工资支付办法、安全规则以及雇主强调的其他事项。但雇佣手册并非劳动合同文本，而是雇主单方制订的雇员应当知道并遵守的劳动规则。

（3）雇员的主体资格。美国的公平劳动标准法规定：13 岁或 13 岁以下的未成年人可以从事保姆、送报、表演等工作；14～15 岁可以从事杂货店、零售店、餐厅、电影院、游乐园的工作；16～17 岁可以从事任何不具危险性的工作；18 岁以上则没有限制。14～15 岁未成年工的工作时间为：仅能在早上 7 点以后到晚 7 点之前开展工作，上学期间 1 天可工作 3 小时，每周 18 小时；休课期间 1 天可工作 8 小时，每周 40 小时。退休后再就业的，原来的办法是减少养老金，后受公共政策特别是《就业歧视年龄法案》（ADEA）的影响，取消了限制性措施，退休后再受雇用的，社会保障金以及其他劳动标准的适用都不会发生变化。

（三）不当解雇——“自由雇佣原则”的例外

在美国，没有规范雇佣合同的专项立法，长期以来，发挥作用的是“自由雇佣原则”这一判例法传统。但自从 20 世纪 30 年代以来，逐渐地在联邦和州的立法中出现了对特殊类型的雇员给予保护的规定，在无正当理由的情形下雇主不得“自由”地解雇雇员，不当解雇（wrongful discharge）制度的出现，一定程度地改变了任意的雇佣关系。近年来，随着不当解雇诉讼的增多，有关正当理由（for good cause）解雇的研究，正在成为美国法律界研究的重点问题之一，1991 年美国国家立法委员会起草了《统一解雇法案》（Uniform Model Employment Termination Act），内容主要界定了解雇的正当理由，以及解决不当解雇争议的程序等。该法草案中的“正当理由解雇”指的是雇主基于正当的商业理由而解雇雇员，例如，因为经济不景气或者雇员工作业绩不佳而解雇。但目前该草案仅在美国部分州获得认可。

根据美国联邦和州的规定，随意解雇的例外情形主要有以下几种。

（1）集体合同约定的例外。集体谈判是抵御随意解雇的主要方式，大多数集体合同都明确规定，雇主不能在没有合理理由的情况下解雇雇员，雇主如果违反这一约定，雇员或者工会可以诉诸仲裁请求强制执行。

（2）默示合约的例外。如果雇主和雇员之间存在不得无理解雇的默示合约（implied contract），那么，雇主就不得随意解雇雇员。所谓雇主和雇员之间的默示合约，是指因为雇佣环境的各种因素（包括雇主的言行）而导致雇员有理由相信他不应当被随意解雇。在认定是否存在默示合约时，法庭通常会考虑以下情形：雇员是否已经为雇主工作多年；其间雇员是否获得过良好的工作评价和表扬；雇员是否被升级、获得加薪和花红；雇主是否表示过该雇员会继续获得聘用;雇佣手册是否写明,雇主设有一套循序渐进的处分程序,而不是任凭雇主意志随意解雇员工;公司是否有其他政策或者做法,表明雇主只能在具有合理原因时才能解雇雇员,等等。

(3)信赖雇佣的例外。当雇员为接受新工作而辞去旧工作、退学、搬家到距离新上班地点较近的地方、出钱购买同工作有关的工具或者接受培训以及其他为开展新工作而作出金钱支出时,如果新雇主未经过一段合理的时间即解雇该雇员,雇主因此应承担赔偿雇员损失等法律责任。

(4)公正政策的例外。联邦、州甚至地方的法律禁止雇主因某种形式的歧视或者报复而解雇雇员。如果违反这些法律,雇主就构成不当解雇。违法或者违反公共政策的解雇情形主要有:基于种族、出生地、性别、怀孕、宗教信仰、残障、年龄、婚姻状况的歧视而解雇雇员;因为雇员曾经对雇主的歧视或者其他骚扰行为提出控诉,雇主报复该雇员而予以解雇;雇员因严重的健康问题而请假,雇主歧视该雇员而予以解雇;因为雇员在工作中受伤或者提出工伤补偿申请而解雇雇员;对投诉危险工作条件的雇员实施报复而解雇;对投诉雇主有关工时、工资方面的违法行为或者提出欠薪申诉的雇员实施报复而解雇;因为雇员参加工会、依法从事工会活动而被歧视、报复并解雇;对检举控告雇主其他违法行为的雇员实施报复而解雇。

另外,针对某些类型的解雇,提出了程序要求。根据《员工整顿及再培训通知法案》(英文简称 WARN ACT),任何聘请超过 100 名雇员的公司,如果要大量裁员,必须提前60天书面通知员工。其目的是确保员工在失业前得到预先的通知,以便使其有时间寻找新的工作岗位或者进行再就业培训。如果雇主裁员时未根据该法案预先通知员工,员工则有权向雇主索取60天通知期内可以赚取的薪酬和福利。根据 WARN ACT 的定义,大量裁员是指:①在 30 天内,最少有50 名员工被裁,而且被裁员工人数至少占原员工总人数的1/3;②无论原有的总员工数目有多少,只要有500 名员工在 30 天内被裁减;③整个工作地点被关闭。

(材料来源:中国劳动力市场网)

文书实例

重庆市第五中级人民法院
民事判决书

〔2007〕五中民终字第 1494 号

上诉人曾某,女,1956 年 7 月 8 日出生,汉族,重庆市渝中区 A 建筑工程公司职工,住重庆市渝中区嘉陵新村。

委托代理人陈某,重庆市法律援助中心律师。

被上诉人重庆市渝中区 A 建筑工程公司,住所地:重庆市渝中区上清寺路。

法定代表人杨某,经理。

委托代理人吴某,男,1951 年 9 月 9 日出生,汉族,重庆市渝中区 A 建筑工程公司职工,住重庆市渝中区鹅岭正街。(特别授权)

委托代理人罗某,男,1952年8月6日出生,汉族,重庆市渝中区A建筑工程公司职工,住重庆市江北区读书一村。

上诉人曾某因劳动争议一案,不服重庆市渝中区人民法院〔2006〕中区民初字第4223号民事判决,向本院提起上诉。本院受理后,依法组成合议庭审理了本案,现已审理终结。

原审法院查明,曾某于1979年进入A公司工作。1997年12月,曾某下岗,曾某与A公司未签订书面下岗协议。其后,曾某未再到单位上班,亦未在单位享受任何福利待遇。1998年9月18日,A公司及A公司工会委员会联合作出《渝中区A公司职代会关于职工下岗分流实行"自谋出路"的决定》,其中载明如下内容:……3月18日行政办公会决定,企业停业整合,职工留守十人,清理资产,其余全部下岗。为了贯彻渝委颁发〔1998〕18号文精神,下岗职工自谋出路,企业对下岗职工保留工职,只负责职工养老保险应交的企业部分,个人部分由职工自己交付,企业不发职工生活费,也无医疗报销,但职工死亡待遇按国家现行政策参照办理。2006年6、7月份,A公司通知曾某到公司办理退休手续,办理过程中,由于曾某不同意承担应由其个人承担的社会保险费,故A公司未为其办理妥当退休手续。2006年11月8日,曾某向重庆市渝中区劳动争议仲裁委员会提出仲裁申请,请求依法裁决被申请人A公司办理申请人曾某的退休手续和所享有的福利待遇。重庆市渝中区劳动争议仲裁委员会认为:①申诉人关于办理退休手续的请求,不属于劳动争议仲裁委员会的受理范围;②申诉人关于退休待遇的请求,已超过《劳动法》第八十二条所规定的申诉时效。乃于2006年11月10日以渝中劳仲不字〔2006〕第359号《不予受理案件通知书》作出不予受理的决定。曾某不服此决定,遂向法院起诉。

庭审过程中,原、被告双方对A公司为曾某等企业职工办理了社会基本养老保险、基本医疗保险和失业保险登记的事实均无异议。

原审法院认为,关于原告曾某要求由被告A公司为其缴纳基本养老保险费、基本医疗保险费和失业保险费的请求。《社会保险费征缴暂行条例》第四条规定,缴费单位、缴费个人应当按时足额缴纳社会保险费。第七条规定,缴费单位必须向当地社会保险经办机构办理社会保险登记,参加社会保险。第二十六条规定,缴费单位逾期拒不缴纳社会保险费、滞纳金的,由劳动和保障行政部门或者税务机关申请人民法院依法强制征缴。企业职工基本养老保险、基本医疗保险和失业保险属于职工社会保险的组成部分,按照《社会保险费征缴暂行条例》的相关规定,企业没有为职工办理基本养老保险、基本医疗保险和失业保险登记并按时依法缴纳社会保险费的行为属于社会保险费征缴中的违法行为,并不属于企业与职工之间的劳动争议,应当由劳动和社会保障部门进行处理。劳动者认为用人单位没有依照法规规定为其办理社会保险登记并按时依法缴纳社会保险费的,可以向当地劳动保障行政管理部门举报或者申诉。故对原告要求由被告为其缴纳社会基本养老保险费、医疗保险费和失业保险费的争议不作处理。

关于原告要求被告支付其从1997年12月29日起至2006年7月止的下岗工资每月210元的请求。《中华人民共和国劳动法》第四十六条规定,工资分配应当遵循按劳分配原则,实行同工同酬。第四十七条规定,用人单位根据本单位的生产经营特点和经济效益,依法自主确定本单位的工资分配方式和工资水平。所谓正常劳动,是指劳动者按依法签订的劳动合同约定,在法定工作时间或劳动合同约定的工作时间内从事的劳动。本案中,因原告下岗后即未再到单位上班,并未提供正常的劳动,且原告在离岗时与用人单位之间就下岗工资的问题并无约定。加之,原告的该项诉讼请求未经过劳动争议仲裁之前置程序。故对原告的该项请求不予支持。

关于原告要求由被告依法给原告办理退休手续的请求。最高人民法院《关于审理劳动争议案件适用法律若干问题的解释》法释〔2001〕14 号第一条对劳动争议的范围进行了明确的界定,加之,A 公司系进行了社会基本养老保险登记的企业,公司职工退休手续的办理不是职工和用人单位就能决定的,它是劳动和社会保障部门的职权。据此,原、被告之间关于办理退休手续的争议不属于企业与职工之间的劳动争议。故对原告的该项诉讼请求不作处理。综上,原审法院判决驳回原告曾某的诉讼请求。

宣判后,曾某不服,向本院提起上诉。请求撤销一审判决,判令被上诉人支付上诉人 1997 年 12 月 29 日起至 2006 年 7 月止每月 210 元的下岗工资,并依法为上诉人办理退休手续。理由如下。①上诉人于 1979 年 2 月进入重庆市渝中区 A 建筑公司工作到 1997 年 12 月 29 日下岗,有下岗证,到 2006 年 7 月 5 日工龄 28 年,年满 50 周岁,依法应办理退休,至今未办理。②关于原告要求被告为其办理失业保险、养老保险、医疗保险的争议,法院不作调查处理,系失职判决。

被上诉人 A 公司辩称,一审事实清楚,适用法律正确,请求驳回上诉,维持原判。

二审查明的事实与一审查明的事实一致。

本院认为,①依《中华人民共和国劳动法》第七十九条规定,劳动争议发生后,当事人可以向本单位劳动争议调解委员会申请调解;调解不成,当事人一方要求仲裁的,可以向劳动争议仲裁委员会申请仲裁。当事人一方也可以直接向劳动争议仲裁委员会申请仲裁。对仲裁裁决不服的,可以向人民法院提起诉讼。本案中,上诉人下岗后即未再到单位上班,并未提供正常的劳动,故其要求被上诉人支付工资缺乏合理性。而且上诉人的该项诉讼请求亦未经过劳动争议仲裁之前置程序。因此,对上诉人的该项请求法院不予支持。②最高人民法院《关于审理劳动争议案件适用法律若干问题的解释》法释〔2001〕14 号第一条对劳动争议的范围进行了明确的界定,而公司职工退休手续是劳动和社会保障部门的职权。据此,上诉人与被上诉人之间关于办理退休手续的争议不属于企业与职工之间的劳动争议。故上诉人的该项诉讼请求不属于法院受案范围。

综上所述,一审判决事实清楚,适用法律正确。依照《中华人民共和国民事诉讼法》第一百五十三条第一款第(一)项之规定,判决如下:

驳回上诉,维持原判。

二审案件受理 50 元,由上诉人曾某负担。

本判决为终审判决。

审　判　长　　肖琴
代理审判员　　余梅
代理审判员　　申威
二〇〇七年八月九日
书　记　员　　赵政

(材料来源:http://www.siaaa.com/falvanliku/laodongjiufen/200907/386116.html)

第三章　促进就业与劳动保护制度

案例回放

吴某是一名来自山东的农民工,2008 年 3 月他独自来到北京打工,在六里桥附近遇到一名自称职介工作人员的男子,并被他带到了一家职业介绍所内。在大概询问了小吴的基本情况后,这名工作人员表示可以马上给他安排一份保安的工作,但需要他交纳 800 元的职业介绍费。当小吴表示身上只带了 500 元现金之后,工作人员又要求他留下身份证做抵押,等有了钱再回来拿身份证。

《中华人民共和国就业促进法》(以下简称《就业促进法》)第三十九条规定:"从事职业中介活动,应当遵循合法、诚实信用、公平、公开的原则。用人单位通过职业中介机构招用人员,应当如实向职业中介机构提供岗位需求信息。禁止任何组织或者个人利用职业中介活动侵害劳动者的合法权益。"本条中规定:"禁止任何组织或者个人利用职业中介活动侵害劳动者的合法权益。"其中所称组织,既包括未经许可成立的非法组织,也包括存在违规行为的合法组织。在职业中介活动中侵害求职者权益的主体,可能是用人单位,也可能是中介组织或个人。禁止在职业中介活动中侵害劳动者权益行为,对用人单位而言,主要包括:提供虚假招聘信息,向求职者收取招聘费用,扣押被录用人员的居民身份证和其他证件,向被录用人员收取保证金或押金。对职业中介机构而言,主要有:提供虚假信息,为无合法证照的用人单位提供中介服务,超标准收费,介绍求职者从事法律、法规禁止从事的职业,以暴力、胁迫、欺诈等方式进行职业介绍活动,扣押求职者证件,收取押金等。因此,这家职业介绍机构的做法是有悖于《就业促进法》的。

(本案例根据北京市劳动和社会保障局网站案例改编)

理论要点

第一节　促进就业制度概述

一、促进就业概述

(一)促进就业的概念和目标

劳动就业是有劳动能力的人通过一定方式与生产资料相结合,实现劳动过程,获得劳动报酬或经营收入的活动。从就业制度这一角度来看,劳动就业的实质就是劳动力与生产资料相结合,使劳动过程得以实现,从而能够生产出社会所需要的产品,推动社会的进步和发展。从劳动者的权利这一角度来看,劳动者依法享有的劳动权,只有且只能通过劳动就业才能实现。

在就业之前，劳动权利处于一种虚置状况；通过就业，劳动权才成为现实。劳动就业的社会功能导致了一个社会的经济繁荣、社会稳定在很大程度上取决于良好的就业状态。促进就业是指国家为保障公民实现劳动权采取的创造就业条件、扩大就业机会的各种措施的总称。它是国家和各级政府的职责，包括制定劳动就业方针、确定劳动就业原则、拓宽劳动就业途径、实施劳动就业计划、设置劳动就业基金、提供劳动就业服务、实施失业保护等。

2007 年 8 月 30 日第十届全国人民代表大会常务委员会第二十九次会议通过《中华人民共和国就业促进法》，于 2008 年 1 月 1 日和《劳动合同法》同时开始实施。

（二）促进就业内容

国际劳工组织在 1964 年通过的关于就业政策的公约和建议书中指出："每一个会员国都应当为了鼓励经济增长和发展、提高生活水平，满足对劳动力的需求以及克服失业与就业不足而宣布和执行一项积极的政策，促进充分的、生产性的和自由选择的就业，并把它作为一个重大的奋斗目标。"①失业的增加并不只是失业者自身困难的增加，也是政府应当承担起的促进就业责任的增加。就业促进是国家采取的帮助公民实现劳动就业的一系列措施的总称。减少失业、促进就业是世界各国共同努力的目标。各国政府在就业促进中的责任包括：尽力降低社会的失业率，尽量达到充分就业；通过监督与干预，建立公平竞争的就业环境；扶助特殊社会群体就业，对失业者给予救济；建立公共就业介绍体制，为社会成员免费提供有效的就业服务。

《劳动法》第十一条规定："地方各级人民政府应当采取措施，发展各种类型的职业介绍机构，提供就业服务。"此条明确了各级人民政府在就业服务与就业指导方面的地位和职责。为了更好的履行职责，2007 年 10 月 30 日劳动和社会保障部通过《就业服务与就业管理规定》取代了劳动部 1994 年 10 月 27 日颁布的《职业指导办法》和 2000 年 12 月 8 日劳动和社会保障部发布施行《劳动力市场管理规定》，于 2008 年 1 月 1 日起施行，为政府对劳动力市场的管理以及政府提供就业服务的机构与职权等提供了依据。《就业促进法》第十五条规定，县级以上人民政府应当根据就业状况和就业工作目标，在财政预算中安排就业专项资金用于促进就业工作。就业专项资金用于职业介绍、职业培训、公益性岗位、职业技能鉴定、特定就业政策和社会保险等的补贴，小额贷款担保基金和微利项目的小额担保贷款贴息以及扶持公共就业服务等。

根据劳动法的规定，劳动者就业不因民族、种族、性别、宗教信仰不同而受到歧视；妇女享有与男子平等的就业权利，在录用职工时，除国家规定的不适合妇女的工种或者岗位外，不得以性别为由拒绝录用妇女或提高对妇女的录用标准。《就业促进法》第二十六条规定，用人单位招用人员，职业中介机构从事职业中介活动，应当向劳动者提供平等的就业机会和公平的就业条件，不得实施就业歧视。

根据《劳动法》第十四条规定："残疾人、少数民族人员、退出现役的军人的就业，法律、法规有特别规定的，从其规定。"特殊群体的就业除适用劳动法的规定外，其他专门法律如有特别规定，应当适用特别规定。

《就业促进法》第五十二条规定："各级人民政府建立健全就业援助制度，采取税费减免、

① 转引自中华人民共和国人力资源和社会保障部网站的一篇文章——《人大法学院黎建飞教授：就业促进法的特点和创新(2007-09-10)》(网址为：http://w1.mohrss.gov.cn/gb/zt/2007-09/29/content_198825.htm)。

贷款贴息、社会保险补贴、岗位补贴等办法，通过公益性岗位安置等途径，对就业困难的人员实行优先扶持和重点帮助。”

二、劳动就业概述

(一) 劳动就业的概念和特征

劳动就业是指具有劳动能力的公民在法定劳动年龄内，从事有一定劳动报酬或经营收入的社会职业。劳动就业与促进就业既有联系，又有区别。它们的共同点是使具有劳动能力的公民都有业可就，不同点是促进就业是在劳动就业的基础上，加强就业的力度并采取相应的措施。

劳动就业的主体具有特定性。劳动就业的主体必须是具有劳动权利能力和劳动行为能力的公民。我国劳动法规定，年满16周岁的公民，才具有劳动就业的资格。劳动就业必须是出自公民的自愿，即公民在主观上必须具有求职的愿望。劳动就业必须是一种能够为社会创造财富或有益于社会的劳动。即劳动就业要求劳动者必须从事法律允许的有益于社会的社会劳动，这是劳动者的劳动是否得到社会承认和法律保护的客观依据。劳动就业必须使劳动者能够获得一定的劳动报酬或经营收入。

(二) 劳动就业原则

劳动就业原则是指劳动法规定的劳动就业工作必须遵循的基本准则。我国劳动就业原则概括起来有以下几项。

1. 国家促进就业原则

国家促进就业是指国家采取各种措施创造就业条件和扩大就业机会。

2. 平等就业原则

平等就业是指劳动者享有平等的就业权利和就业机会。劳动者就业，不因民族、种族、性别、宗教信仰不同而受歧视。劳动者就业机会均等，自主择业，竞争就业。

3. 劳动者与用人单位相互选择原则

劳动者与用人单位相互选择是指劳动者自由选择用人单位，用人单位择优录用劳动者。在劳动力市场中，劳动者与用人单位在平等自愿、协商一致的基础上签订劳动合同。

4. 照顾特殊群体人员就业原则

特殊群体人员是谋求职业有困难或处境不利的人员的统称，包括妇女、残疾人、少数民族人员、退出现役的军人等。对于其他特殊就业群体，如劳改或劳教释放人员、长期失业者和因产业结构变化而失业的人员，也应尽量为他们创造合适的就业条件。

5. 禁止未成年人就业原则

2002年，国务院颁布《禁止使用童工规定》，国家规定禁止用人单位招用未满16周岁的未成年人，并且规定，禁止国家机关、社会团体、企事业单位和个体工商户、城镇居民等使用童工；禁止各种职业介绍机构以及其他单位和个人为未满16周岁的少年儿童介绍就业；禁止各级工商行政管理部门为未满16周岁的少年儿童颁发个体营业执照；父母或其他监护人不得允许未满16周岁的子女或被监护人做童工。

第二节 人力资源市场

一、人力资源市场概述

人力资源是经济社会发展的第一资源，人力资源市场是生产要素市场的重要组成部分。我国的人力资源市场由原人事部、劳动保障部分别管理的人才市场、劳动力市场统一整合而成。人力资源市场即是由国家通过法律法规的调控促进各层次的劳动者（高校毕业生、农民工和就业困难人士）的求职、就业，引导人力资源服务机构为劳动者提供就业服务，帮助用人单位获得生产经营中的人力资源这一最重要的生产要素的市场。

改革开放40年来，我国人力资源市场蓬勃发展，人力资源服务领域不断拓宽，对就业、创业和人力资源流动发挥了重大作用。公共人力资源服务机构和经营性人力资源服务机构共同发力，成为推动就业的重要渠道。目前，全国共有人力资源服务机构3.02万家，从业人员58.37万人。2017年全年营业总收入1.44万亿元，帮助2.03亿人次实现就业和流动。人力资源市场在迅速发展的同时，也暴露出一些迫切需要解决的问题：一是人力资源市场分别依据原人事部、劳动保障部的规章进行管理，不利于统一的人力资源市场建设；二是政府对人力资源市场的培育责任不明确、有效措施不多，人力资源市场发育水平较低；三是开展人力资源服务的许可过多，进入市场的门槛较高，不利于进一步释放市场活力；四是人力资源市场事中事后监管跟不上“放管服”改革要求，存在“黑中介”、虚假招聘等侵害单位和个人合法权益的现象①。

2018年5月2日国务院第7次常务会议通过《人力资源市场暂行条例》（于2018年10月1日起实施），将对我国的人力资源市场进行统一的规范。

二、职业介绍制度

职业介绍是指国家指定的或依法成立的机构为劳动者和用人单位提供沟通和咨询，为劳动者就业所提供的一种中介服务活动。

（一）职业介绍机构及性质

职业介绍机构是指依法设立的从事职业介绍的专门机构。按其性质分为非营利性职业介绍机构和营利性职业介绍机构。其中，非营利性职业介绍机构包括公共职业介绍机构和其他非营利性职业介绍机构。

公共职业介绍机构是指由各级劳动保障行政部门举办、承担公共就业服务职能的公益性服务机构。公共职业介绍机构使用全国统一标志。

其他非营利性职业介绍机构是指由劳动保障行政部门以外的其他政府部门、企事业单位、社会团体和其他社会力量举办，从事非营利性职业介绍活动的服务机构。

营利性职业介绍机构是指由法人、其他组织和公民个人举办，从事营利性职业介绍活动的服务机构。

---

① 人力资源与社会保障部网站(2018年7月18日)，司法部、人力资源社会保障部负责人就《人力资源市场暂行条例》答记者问

(二)职业介绍机构的资格及业务范围

《就业促进法》第四十条规定设立职业中介机构应当具备这些条件:第一,有明确的章程和管理制度;第二,有开展业务必备的固定场所、办公设施和一定数额的开办资金;第三,有一定数量具备相应职业资格的专职工作人员;第四,法律、法规规定的其他条件。

设立职业中介机构,应当依法办理行政许可。经许可的职业中介机构,应当向工商行政部门办理登记。未经依法许可和登记的机构,不得从事职业中介活动。国家对外商投资职业中介机构和向劳动者提供境外就业服务的职业中介机构另有规定,依照其规定。

职业介绍机构可以为求职者介绍用人单位;为用人单位和居民家庭推荐求职者;开展职业指导、咨询服务;收集和发布职业供求信息;根据国家有关规定,从事互联网职业信息服务;经劳动保障行政部门批准,组织职业招聘洽谈会;具备相应资格的,从事劳动力跨省流动就业中介服务;经劳动保障行政部门核准的其他服务项目。

职业介绍机构不得有下述行为:①超出核准的业务范围经营;②提供虚假信息;③超标准收费;④介绍求职者从事法律、法规禁止从事的职业;⑤为无合法证照的用人单位或者无合法身份证件的求职者进行职业介绍服务活动;⑥以暴力、胁迫、欺诈等方式进行职业介绍活动;⑦伪造、涂改、转让批准文件;⑧以职业介绍为名牟取不正当利益或进行其他违法活动。

(三)对外劳务合作

对外劳务合作是指组织劳务人员赴其他国家或者地区为国外的企业或者机构(以下统称国外雇主)工作的经营性活动。对外劳务合作是一种就业地域在国外或境外的特殊就业,国家鼓励和支持依法开展对外劳务合作,提高对外劳务合作水平,维护劳务人员的合法权益。2012 年 5 月 16 日国务院通过《对外劳务合作管理条例》规定了从事对外劳务合作的企业的设立条件和劳务人员的权利,相关的合同管理制度和政府的服务及管理职责,该条例自 2012 年 8 月 1 日起施行。

《对外劳务合作管理条例》规定,从事对外劳务合作,应当按照省、自治区、直辖市人民政府的规定,经省级或者设区的市级人民政府商务主管部门批准,取得对外劳务合作经营资格。

申请对外劳务合作经营资格,应当具备下列条件:

(1)符合企业法人条件;

(2)实缴注册资本不低于 600 万元人民币;

(3)有 3 名以上熟悉对外劳务合作业务的管理人员;

(4)有健全的内部管理制度和突发事件应急处置制度;

(5)法定代表人没有故意犯罪记录。

对对外劳务合作企业实行备用金管理制度,对外劳务合作企业应当自工商行政管理部门登记之日起 5 个工作日内,在负责审批的商务主管部门指定的银行开设专门账户,缴存不低于 300 万元人民币的对外劳务合作风险处置备用金,用于支付对外劳务合作企业拒绝承担或者无力承担的下列费用:

(1)对外劳务合作企业违反国家规定收取,应当退还给劳务人员的服务费;

(2)依法或者按照约定应当由对外劳务合作企业向劳务人员支付的劳动报酬;

(3)依法赔偿劳务人员的损失所需费用;

(4)因发生突发事件,劳务人员回国或者接受紧急救助所需费用。

备用金使用后，对外劳务合作企业应当自使用之日起20个工作日内将备用金补足到原有数额。

国外的企业、机构或者个人不得在中国境内招收劳务人员赴国外工作。

第三节　职业培训制度

一、职业培训的概念

职业培训又称为职业技能培训或职业技术培训，是指根据社会职业的需求和劳动者从业的意愿及条件，按照一定的标准，对劳动者进行的旨在培养和提高其职业技能的教育和训练活动。其含义有：职业培训的对象为劳动者，职业培训的目的是开发职业技能，职业培训的内容是技术业务知识和实际操作能力。

职业培训与普通教育存在的不同，主要体现在以下几个方面。第一，在教育的目的上，职业培训是以提高劳动者在某一领域的专业技术和实际操作技能为目的的，具有很强的针对性。而普通教育是以提高受教育者的基础文化水平为目标的，具有基础性和普及性。第二，在教育的对象上，职业培训的对象是社会劳动者，包括失业劳动者、企业的下岗人员、在职职工和其他求职者。普通教育的对象主要是处于学龄期的青少年。第三，在教育的内容上，职业培训是以有关的运用知识和实际操作技能为主，在教育内容上具有选择性和单一性。而普通教育在内容上，具有基础性和系统性。第四，在教育的方法和手段上，职业培训通常是一种非规范性的学习，可以是学徒培训、短期的职校培训等。而普通教育一般都是全日制的常规教育。

目前我国的职业培训主要有以下几种形式。①学徒培训，是指由用人单位招收学徒工，在师傅直接指导下，通过实际操作，让其掌握一定技能的培训形式。②学校培训，是职业培训的一个很重要的部分，其中包括技术学校、职业（技术）院校和成人高等学校教育等形式。③就业训练中心培训，是指在各级劳动行政部门领导下，由劳动就业服务机构管理指导的就业训练实体。就业训练中心是培训失业人员的主要基地，其培训对象主要是失业青年和失业职工。④社会力量办学培训，是企业组织、社会团体及其他社会组织和公民个人利用非国家财政性教育经费，面向社会举办的培训机构。⑤劳动预备制度，劳动预备制度是国家为提高青年劳动者素质，培养劳动后备军而建立和推行的一项新型培训制度。这一制度的基本内容是组织新生劳动力和其他求职人员，在就业前接受一到三年的职业培训和职业教育，使其取得相应的职业资格或掌握一定的职业技能后，在国家政策的指导和帮助下，通过劳动力市场实现就业。⑥再就业培训，为帮助下岗职工转变就业观念、提高职业技能，尽快实现再就业，国家鼓励实行在政府指导和扶持下，个人自学、企业组织和社会帮助相结合，大力开展多种形式的再就业培训。⑦创业培训，为鼓励引导下岗职工和失业人员积极开展创业活动，通过组织开展培训指导、政策咨询和跟踪服务，切实提高下岗职工和失业人员从事个体、私营经济或创办小企业的能力。⑧职工培训，也称职工教育或在职培训，是指在职职工为了更新文化知识和提高劳动技能而接受的一种训练方式。

二、职业技能鉴定

（一）职业技能鉴定概念和特征

职业技能鉴定是指依法对劳动者的职业技能进行的技术等级资格考核和认定的活动。职业技能鉴定的鉴定主体是政府批准的专门机构，鉴定客体是劳动者所具有的业务水平和操作能力，是以国家规定的职业技能标准为鉴定依据。职业技能鉴定是确认劳动者职业资格的法定形式。

（二）职业鉴定机构及其设立条件

职业技能鉴定站（所）是具体实施职业技能的鉴定机构。其设立必须具备四个条件：①有与所鉴定工种（专业）及其等级或类别相适应的考核场地和设备；②有与所鉴定工种（专业）及其等级或类别操作技能相适应的、符合国家标准的检测仪器；③有专（兼）职的组织管理人员和考评员；④有完善的管理办法等。

（三）职业技能鉴定的对象

企业、事业单位的职工及社会各类人员，依自愿申请鉴定。目前各类职业技能学校和培训机构的毕业生和企业、事业单位学徒期的劳动者是参加职业技能鉴定的主体。

三、职业资格证书

职业资格是指对从事某一职业所必须具备的知识、技术和能力的基本要求，从而可以从事该职业的资格。职业资格证书是由有关部门通过学历认定、资格考试、专家评定、职业技能鉴定等方式作出评价的具有法律效力的证明文件。

职业资格证书是国家对申请专业（工种）知识、能力的认可，是求职、任职、独立开业和单位录用的主要依据。

对技术考核合格的劳动者，由劳动行政部门按规定核发相应的技术等级证书、技师合格证书或高级技师合格证书。

【案例3-1】

小郑是北京一名外来务工人员，经老乡介绍，他来到一家批发市场给人看仓库。来了不到两月，该批发市场的电工辞职走了。这时急坏了批发市场的经理，因为仓库有不少需要冷冻存放的货物，一旦电出问题，损失就得由市场来承担。小郑心想：电工的工资可比看仓库高多了，自己在农村跟当电工的叔叔经常去帮人维修过电路，干这个应该不成问题。于是他向经理毛遂自荐，经理一看眼下确实缺人，在简单地问了问小郑电路基础知识后，就让他上岗了。

评析：《就业促进法》第五十一条规定，国家对从事涉及公共安全、人身健康、生命财产安全等特殊工种的劳动者，实行职业资格证书制度，具体办法由国务院规定。该批发市场经理的做法是不合法的。

目前，我国职业资格主要根据特殊工种和技术工种的不同要求，进行设置和组织实施。

特殊工种持证上岗（行政许可类职业资格）。行政许可类职业资格是指从事涉及公共安全、人身健康、生命财产安全等特殊工种所需具备的复杂技能、知识、能力及操作规范的基本要求，是依法独立开业或从事某一特定职业学识、技术和能力的必备标准。此类职业资格通过立法设定，主要涉及直接关系公共利益和公共安全的职业。

上述条文的规定，进一步明确涉及公共安全、人身健康、生命财产安全等特殊工种，需持职业资格证书上岗。对于此类工种，用人单位如招用人员，必须从取得相应职业资格证书的人员中录用。特殊工种的范围主要以公共场所安全秩序维护与检查、公众财产安全维护、食品药品质量检查和安全、公共健康和人身健康管理服务、环境保护及防灾减灾救助、装备制造和大型公共设施制造、高危行业关键岗位、交通安全管理与维护等领域的职业(工种)为重点,具体范围和实施办法将由国务院规定。

(本案例根据北京市劳动和社会保障局网站案例改编)

第四节 特殊劳动者的就业保障与劳动保护

一、就业保障

(一)妇女就业保障

对妇女就业的保障首先就是要保障妇女与男子的平等就业权利。《就业促进法》第二十七条规定,国家保障妇女享有与男子平等的劳动权利。用人单位招用人员,除国家规定的不适合妇女的工种或者岗位外,不得以性别为由拒绝录用妇女或者提高对妇女的录用标准。用人单位录用女职工,不得在劳动合同中规定限制女职工结婚、生育的内容。法律规定,妇女就业不因性别不同而受歧视,不得以性别为由拒绝录用女工。

同时由于妇女的生理特点及其所承担的社会责任,又要对妇女就业实施特殊保护,作出特别规定。《劳动法》规定,不得安排妇女从事禁忌的劳动,对于处于孕期、产期和哺乳期"三期"期间的女职工,任何单位不能随意辞退或者单方解除劳动合同。

2006 年 1 月 12 日,我国正式批准了《1958 年消除就业和职业歧视公约》,进一步表明了国家在消除就业和职业歧视方面应当承担的责任。

(二)残疾人就业保障

国家对残疾人的就业,采取集中与分散相结合,鼓励自谋职业的方针,即通过举办各种形式的残疾人福利企业,集中安排残疾人就业;各机关团体、企事业单位、城乡集体经济组织,结合各自的特点,应当安排一定比例的残疾人就业,并为其选择适当的工种和岗位;同时,鼓励残疾人根据自身的职业能力情况自谋职业。

国家对残疾人就业采取优惠的就业政策。国家对残疾人福利性企业组织和城乡残疾人个体劳动者,实行税收减免政策,并在生产、经营、技术、资金、物资、场地等方面给予扶持;地方人民政府和有关部门应当确定适合残疾人生产的产品,优先安排残疾人福利企业生产,并逐步确定某些产品由残疾人福利企业生产;对于申请从事个体工商业的残疾人,有关部门应当优先核发营业执照,并在场地、信贷等方面给予照顾;对于从事各类生产劳动的农村残疾人,有关部门应当优先在生产服务、技术指导、农用物资供应、农副产品收购和信贷等方面给予帮助。

国家保护残疾人福利性企业、事业组织的合法权益,在职工的招用、聘用、转正、晋级、职称评定、劳动报酬、生活福利等方面不应受到任何歧视;对于国家分配的高等学校、中专学校、技工学校的有残疾的毕业生,有关单位不得因其有残疾而拒绝接收。机关、团体、企业、事业单位和城乡集体经济组织安排残疾人就业达不到一定比例的,要缴纳残疾人保障金。

《残疾人就业条例》已经于 2007 年 2 月 14 日在国务院通过,自 2007 年 5 月 1 日起施行。

(三)退役军人就业的保障

2001 年 1 月 19 日,中共中央国务院和中央军委联合印发《军队转业干部安置暂行办法》,对军队退出现役作转业安置的军官和文职干部的就业安置做出规定。

担任师级职务的军队转业干部或者担任营级以下职务（含科级以下文职干部和享受相当待遇的专业技术干部，下同）且军龄不满20年的军队转业干部，由党委、政府采取计划分配的方式安置。担任团级职务的军队转业干部或者担任营级职务且军龄满20年的军队转业干部，可以选择计划分配或者自主择业的方式安置。计划分配的军队转业干部，党委、政府应当根据其德才条件和在军队的职务等级、贡献、专长安排工作和职务。担任师级领导职务或者担任团级领导职务且任职满最低年限的军队转业干部，一般安排相应的领导职务。接收师、团级职务军队转业干部人数较多、安排领导职务确有困难的地区，可以安排相应的非领导职务。其他担任师、团级职务或者担任营级领导职务且任职满最低年限的军队转业干部，参照上述规定，合理安排。

各地区、各部门、各单位应当采取使用空出的领导职位、按规定增加非领导职数或者先进后出、带编分配等办法，安排好师、团级职务军队转业干部的工作和职务。党和国家机关按照军队转业干部安置计划数的15%增加行政编制，所增加的编制主要用于安排师、团级职务军队转业干部。

各地区、各部门、各单位应当把师、团级职务军队转业干部的安排与领导班子建设通盘考虑，有计划地选调师、团级职务军队转业干部，安排到市（地）、县（市）级领导班子或者事业单位、国有大中型企业领导班子任职。

担任专业技术职务的军队转业干部，一般应当按照其在军队担任的专业技术职务或者国家承认的专业技术资格，聘任相应的专业技术职务；工作需要的可以安排行政职务。担任行政职务并兼任专业技术职务的军队转业干部，根据地方工作需要和本人志愿，可以安排相应的行政职务或者聘任相应的专业技术职务。

国家下达的机关、团体、事业单位的年度增人计划，应当首先用于安置军队转业干部。编制满员的事业单位接收安置军队转业干部，按照实际接收人数相应增加编制，并据此增加人员工资总额计划。

党和国家机关接收计划分配的军队转业干部，按照干部管理权限，在主管部门的组织、指导下，对担任师、团级职务的，采取考核选调等办法安置；对担任营级以下职务的，采取考试考核和双向选择等办法安置。对有的岗位，也可以在军队转业干部中采取竞争上岗的办法安置。

对计划分配到事业单位的军队转业干部，参照其军队职务等级安排相应的管理或者专业技术工作岗位，并给予3年适应期。

企业接收军队转业干部，由军队转业干部安置工作主管部门编制计划，根据军队转业干部本人志愿进行分配，企业安排管理或者专业技术工作岗位，并给予2年适应期。

军队转业干部可以按照有关规定与用人单位签订无固定期限或者有固定期限劳动、聘用合同，用人单位不得违约解聘、辞退或者解除劳动、聘用合同。

2011年10月29日中华人民共和国国务院、中华人民共和国中央军事委员会发布《退役士兵安置条例》，自2011年11月1日起施行。

该《条例》国家建立以扶持就业为主，自主就业、安排工作、退休、供养等多种方式相结合的退役士兵安置制度，妥善安置退役士兵。

具有士官服现役满12年的、服现役期间平时荣获二等功以上奖励或者战时荣获三等功以上奖励的、因战致残被评定为5级至8级残疾等级的、是烈士子女的四种情形之一的退役士兵由人民政府安排工作。

义务兵和服现役不满12年的士官退出现役的，由人民政府扶持自主就业。国家给予就业培训、小额贷款和税收等方面的优惠政策。

自主就业的退役士兵入伍前是国家机关、社会团体、企业事业单位工作人员或者职工的，退出现役后可以选择复职复工，其工资、福利和其他待遇不得低于本单位同等条件人员的平均水平。

（四）少数民族人员就业保障

我国是一个多民族的国家，国家对少数民族人员的就业问题历来十分重视。依据《中华人民共和国民族区域自治法》等法律的规定，对少数民族人员就业权的保障主要是：民族自治地方的企事业单位在招收人员的时候，要优先招收少数民族人员；上级国家机关隶属的在民族自治地方的企事业单位在招收人员时，应当优先招收当地少数民族人员。

（五）关于未成年人就业的特殊规定

根据《劳动法》、《未成年人保护法》、《禁止使用童工的规定》，考虑到未成年人的身体、智力、心理发育特点，为保护未成年人的身心健康，维护未成年人的合法权益，国家对未成年人的就业作了特殊的规定。

1. 限制就业年龄

《劳动法》规定，禁止用人单位招用未满16周岁的未成年人。文艺、体育和特种工艺单位招用未满16周岁的未成年人，必须依照国家有关规定，履行审批手续，并保障其接受义务教育的权利。

《禁止使用童工规定》规定，国家机关、社会团体、企业、事业单位、民办非企业单位或者个体工商户均不得招用不满16周岁的未成年人。禁止任何单位或者个人为不满16周岁的未成年人介绍就业。禁止不满16周岁的未成年人开业从事个体经营活动。

2. 保障未成年工接受义务教育的权利

《劳动法》、《禁止使用童工规定》均明确了用人单位必须保障未成年工接受义务教育的权利。

3. 有关机关的监督、检查责任

用人单位招用人员时，必须核查被招用人员的身份证，对不满16周岁的未成年人，一律不得录用。用人单位录用人员的录用登记、核查材料应当妥善保管；县级以上各级人民政府劳动保障行政部门负责本规定执行情况的监督检查。县级以上各级人民政府公安、工商行政管理、教育、卫生等行政部门在各自职责范围内对本规定的执行情况进行监督检查，并对劳动保障行政部门的监督检查给予配合。工会、共青团、妇联等群众组织应当依法维护未成年人的合法权益。任何单位或者个人发现使用童工的，均有权向县级以上人民政府劳动保障行政部门举报。

4. 违法行为的处罚

《禁止使用童工规定》对违法招用童工的行为进行了严厉的处罚，对于有关单位和人员不同违法行为所应承担的责任分别作了明确的规定。

（六）农村剩余劳动力的就业保障

在农村经济体制改革的基础上，随着工业化、城市化速度的加快和社会经济的发展以及劳动力市场的形成，大批农村剩余劳动力向非农业领域转移。按照劳动者享有的劳动权和平等的就业权的内在要求,应当妥善解决农村剩余劳动力的就业问题。解决农村剩余劳动力就业问题的根本途径是:按照城乡统筹就业的原则,逐步建立统一、开放、竞争、有序、城乡一体化的劳动力市场,大力推进城市化进程。

二、女职工和未成年工特殊保护

女职工和未成年工劳动保护是指在通常的劳动保护之外,根据女职工和未成年工身体结构、生理机能的特点,适用于女职工和未成年工的一种特殊的劳动保护。法律对于女职工和未成年工的劳动保护作出专门规定,是由女职工和未成年工的身体和生理特点所决定的。女性的身体结构和生理机能特点决定女性与男性不同,需要得到不同的保护。对于女性的保护,还关系到下一代的身体健康。未成年工是未成年的劳动者。作为未成年人,其仍处于生长发育期间。身体尚未发育成熟,通过专门的法律规定来保护其正常的发育成长是必要的。对女职工和未成年工实行特殊的劳动保护,有利于提高人口的质量和劳动者的基本素质。

(一)女职工特殊保护

女职工特殊保护又称女职工劳动保护是指根据女职工身体结构、生理特点和哺育子女的需要,对其在劳动过程中的安全健康所采取的有别于男子的保护。

《劳动法》第五十九条、第六十条至第六十三条和2012年4月18日开始施行的《女职工劳动保护特别规定》,对女职工不能从事和经期、孕期哺乳期不能从事的劳动范围进行了明确的规定。

女职工禁忌从事的劳动包括矿山井下作业;体力劳动强度分级标准中规定的第四级体力劳动强度的作业;每小时负重6次以上、每次负重超过20公斤的作业,或者间断负重、每次负重超过25公斤的作业。

女职工在经期禁忌从事的劳动包括冷水作业分级标准中规定的第二级、第三级、第四级冷水作业;低温作业分级标准中规定的第二级、第三级、第四级低温作业;体力劳动强度分级标准中规定的第三级、第四级体力劳动强度的作业;高处作业分级标准中规定的第三级、第四级高处作业。

女职工在孕期禁忌从事的劳动如下:

(1)作业场所空气中铅及其化合物、汞及其化合物、苯、镉、铍、砷、氰化物、氮氧化物、一氧化碳、二硫化碳、氯、己内酰胺、氯丁二烯、氯乙烯、环氧乙烷、苯胺、甲醛等有毒物质浓度超过国家职业卫生标准的作业;

(2)从事抗癌药物、己烯雌酚生产,接触麻醉剂气体等的作业;

(3)非密封源放射性物质的操作,核事故与放射事故的应急处置;

(4)高处作业分级标准中规定的高处作业;

(5)冷水作业分级标准中规定的冷水作业;

(6)低温作业分级标准中规定的低温作业;

(7)高温作业分级标准中规定的第三级、第四级的作业;

(8)噪声作业分级标准中规定的第三级、第四级的作业;

(9)体力劳动强度分级标准中规定的第三级、第四级体力劳动强度的作业;

(10)在密闭空间、高压室作业,潜水作业,伴有强烈振动的作业,或者需要频繁弯腰、攀高、下蹲的作业。

女职工在哺乳期禁忌从事的劳动范围包括孕期禁忌从事的劳动范围的第一项、第三项、第九项和作业场所空气中锰、氟、溴、甲醇、有机磷化合物、有机氯化合物等有毒物质浓度超过国家职业卫生标准的作业。

(二)未成年工劳动特殊保护的概念和特征

未成年工劳动特殊保护是指根据未成年工生长发育的特点及其接受义务教育的需要,对其在劳动法律关系中所应享有特殊权益的保护。包括限制就业年龄、限制工作时间、禁止从事某些作业、定期进行健康检查等特殊保护。

未成年工是具有劳动权利能力和劳动行为能力的劳动者,能够充当劳动法律关系的主体。但是并非所有未成年人都能充当劳动法律关系主体。特别是童工未达到法定就业年龄,不具有劳动权利能力和劳动行为能力,不能充当劳动法律关系主体。未成年工充当劳动法律关系主体,享有与成年工不同的特殊权益,受法律特别保护。

未成年工,正处在生长发育的时期,人体器官尚未定型,身体一般不高,体力较弱,抵抗力不强,缺乏耐力,睡眠较多。因此必须根据未成年工生长发育的特点,采取适宜的措施保护其在劳动过程中的安全和健康。

根据《劳动法》、《未成年人保护法》、《禁止使用童工规定》、《未成年工特殊保护规定》等法规的规定,未成年工特殊劳动保护的内容主要有以下几个方面。

1. 未成年工禁忌从事的劳动

用人单位招收未成年工,应在劳动过程中给予特殊保护,在工种、劳动时间、劳动强度和保护措施等方面严格执行国家有关规定,不得安排其从事过重、有毒、有害的劳动或者危险作业。《劳动法》第六十四条规定:“不得安排未成年工从事矿山井下、有毒有害、国家规定的第四级体力劳动强度的劳动和其他禁忌从事的劳动。”《未成年工特殊保护规定》对未成年工禁忌从事的劳动范围作了具体规定。

2. 对未成年工进行定期健康检查

由于未成年工尚处于生长发育期,过重的劳动量和过大的劳动消耗都可能对其身体造成影响,必须对未成年工进行定期健康检查,如果发现其身体状况不适合该工作,应及时进行调整。《劳动法》第六十五条规定:“用人单位应当对未成年工定期进行健康检查。”《未成年工特殊保护规定》对未成年工定期进行健康检查作了具体规定。

3. 对未成年工的使用和特殊保护实行登记制度

国家对未成年工的使用和特殊保护实行登记制度。要求用人单位招收使用未成年工,除符合一般用工要求外,还须向所在地的县以上劳动行政部门办理登记。劳动行政部门根据“未成年工健康检查表”、“未成年工登记表”,核发未成年工登记证,未成年工须持未成年工登记证上岗。

第五节　劳动安全卫生制度

一、劳动安全卫生的概念和特征

劳动安全卫生是指劳动场所的安全卫生条件或状态。劳动安全是指在劳动场所中无急性伤害事故发生,即无急性中毒、触电、机械外伤、车祸、坠落、塌陷、爆炸、火灾等危及劳动者人身安全的事故发生。劳动卫生是指在劳动场所中无慢性职业危害发生,即无因不良劳动条件、有毒有害物质产生的危害劳动者身体健康的职业中毒、职业病发生。

劳动安全卫生制度是以保护劳动者的生命安全和身体健康为目的而设立的劳动保护法律制度。包括劳动安全技术规程、劳动卫生规程、企业安全卫生管理制度等。劳动保护工作,必须遵循“安全第一,预防为主”的方针。

十一届三中全会以来,我国的劳动安全卫生立法有了很大的发展。1992 年 11 月七届全国人民代表大会常务委员会第二十八次会议通过了《中华人民共和国矿山安全法》,这是我国第一部有关劳动安全卫生的法律,该法于 1993 年 5 月 1 日起正式实施。1994 年 7 月 5 日第八届全国人民代表大会常务委员会第八次会议通过的《中华人民共和国劳动法》第六章专章规定了“劳动安全卫生”,2002 年 6 月,全国人民代表大会通过《中华人民共和国安全生产法》,并于 2002 年 11 月 1 日起施行。2001 年 10 月,我国颁布《职业病防治法》,该法于 2002 年 5 月 1 日起施行。

二、劳动安全卫生技术规程

(一)劳动安全技术规程

1. 工厂安全技术规程

《劳动法》第五十三条规定:“劳动安全卫生设施必须符合国家规定的标准。新建、改建、扩建工程的劳动安全卫生设施必须与主体工程同时设计、同时施工、同时投入生产和使用。”《工厂安全卫生规程》明确规定了生产过程中必须达到的安全卫生标准。例如,动力锅炉和压力容器的安全要求。动力锅炉和压力容器是工业生产和交通运输等部门常用的生产和运输设备。要求能承受各种温度和压力。工业锅炉要求有安全阀、压力表和水位表,并且要保持准确、有效,还应有保护检修和水压试验制度。锅炉的运行工作应该由经过专门训练并考试合格的人员担任。各种压力容器在存放使用时,必须距离明火 10 米以上,并且避免阳光暴晒,搬运时不能碰撞。

2. 建筑安装工程安全技术规程

建筑安装工程具有高空作业、露天作业、流动性大、劳动强度大、可变因素多和劳动条件差等特点。各施工单位必须严格执行国家有关建筑安装工程安全技术规程的规定。对于从事高空作业的工人,必须进行身体检查,不适宜在高空作业的人,禁止从事高空作业。遇有 6 级以上强风时,禁止露天进行起重工作和高空作业。施工现场应符合安全卫生标准。脚手架的负荷量,每平方米不能超过 270 公斤。进行土方工程前,应做好必要的地质、水文和地下设备的调查和勘察工作。挖掘土方应从上而下施工,禁止采用挖空底脚的操作方法,并且应该做好排水措施。拆除工程的施工,必须在工程负责人员的统一领导和经常监督下进行。拆除建筑物,应该自上而下按顺序进行,禁止数层同时拆除。

3. 矿山安全法律制度

采矿业是我国重要的原料工业,在矿山生产中,受自然条件的限制,存在着许多不安全和不卫生的因素,容易对劳动者的安全和健康造成威胁。为了保障矿山生产的安全,保护劳动者的生命安全,国家制定了一系列有关矿山安全的措施。《中华人民共和国矿山安全法》于 1993 年 5 月 1 日起施行。该法适用于在中华人民共和国领域和中华人民共和国管辖的其他海域从事矿产资源的开采活动。主要内容包括:①矿山设计的安全要求;②矿山开采的安全要求;③

作业场所的安全要求。

(二)劳动卫生技术规程

1. 防止粉尘危害的规定

国家制定了一系列有关防止粉尘危害的法规,如《工厂防止矽尘危害技术措施施行办法》《国务院关于加强防尘防毒工作的决定》《中华人民共和国尘肺病防治条例》等。作业场所的粉尘浓度超过国家卫生标准,又未积极治理,严重影响职工安全健康时,职工有权拒绝操作。各企业、事业单位对新从事粉尘作业的职工,必须进行健康检查;对在职和离职的从事粉尘作业的职工,也要定期进行健康检查。对于有粉尘作业的企业、事业单位,必须定期测定作业场所的粉尘浓度,并建立测尘资料档案。

2. 防止有毒有害物质危害的规定

我国颁布了有关防止职业中毒的法律规范,如《职业中毒和职业病报告试行办法》。根据有关规定,作业场所中,有毒有害物质的浓度不得超过国家标准。对于散发有害健康的蒸气、气体和粉尘的设备要严加密闭,必要时应安装通风、吸尘和净化装置。有毒物和危险物品应该分别储藏,并且应该严格管理。在接触酸、碱等腐蚀性物质并且有烧伤危险的工作地点,应该设有冲洗设备。对有传染病危险的原料进行加工时,必须采取严格的防护措施。对有毒或有传染性危险的废料,应该在当地卫生机关的指导下进行处理。对废料和废水应该妥善处理,不要危害工人和附近居民。

3. 防止噪声、强光刺激和辐射的法律规定

为减少和消除噪声和强光刺激不良影响,国务院颁布了《工厂安全卫生规程》,对此作出了规定。根据有关规定,对于发生强烈噪声的生产,应该尽可能在设有消声设备的单独工作房中进行。对于在有噪声、强光、辐射热和飞溅火花、碎片、刨屑的场所操作的工人,应配备必要的个人防护用品,应采取各种措施防止噪声和强光对劳动者的身体健康造成损害。

4. 防暑降温、防冻取暖和防湿的规定

在防暑方面,根据有关的规定,室内工作地点的温度经常高于 32 ℃的,应该采取降温措施。为了减少车间内热量的散发,热源应尽量布置在车间外面,热源在车间内的应采取降温措施和各种有效的隔热挡热措施。在高温条件下操作的工人,应该由工厂供给含盐清凉饮料。在防寒方面,室内工作地点的温度经常低于5 ℃的,应该设置取暖设备。对于经常在寒冷气候中进行露天操作的工人,工厂应设有取暖设备的休息处所。在防湿方面,生产时用水较多或产生大量湿气的车间,应采取排水防湿设施,防止顶棚滴水和地面积水。经常有水或者其他液体的地面,应该注意排水和防止液体的渗透。在脚部易受潮湿、受寒的工作地点,要设木头站板,对于操作的工人应供给防水靴或防水鞋。

5. 通风和照明的规定

《工厂安全卫生规程》和《矿山安全法》对此作了规定,根据有关规定,工作场所的光线应该充足。工作地点局部照明的亮度,既要符合操作要求,也不要光线刺目。通道应该有足够的照明。窗户要经常擦拭,启闭装置应该灵活,人工照明设备应该保持清洁完好。室内还应采取自然通风或机械通风等方式,以保持良好的通风条件。

6. 生产辅助设施和个人防护用品的规定

根据有关规定,工厂应根据需要设置浴室、厕所、更衣室、休息室、妇女卫生室等生产辅助设施,并保持完好与清洁。个人防护用品方面,工厂应供给工人工作服,并根据不同工种和作

业的需要,发给工人防寒服、防护手套、防护帽、防护用鞋、防护面具、安全带等防护用品。

思考练习

一、单项选择题

1. 以下符合劳动就业特征的是(　　)。

A. 从事贩毒　　B. 1985 年出生的公民

C. 自愿在家,不想工作　　D. 义务劳动

2. 我国劳动法禁止用人单位招用未满(　　)的未成年人。

A. 14 周岁　　B. 15 周岁　　C. 16 周岁　　D. 18 周岁

3. 属于我国劳动保障行政部门设立的职业介绍机构的是(　　)。

A. 营利性职业介绍机构　　B. 境外就业中介机构

C. 公共职业介绍机构　　D. 其他非营利性职业介绍机构

4. 公共职业介绍机构是(　　)。

A. 由政府部门、企事业单位、社会团体和其他社会力量依法设立的,从事职业介绍服务的机构,属营利性质

B. 由事业单位依法设立的从事职业介绍服务的机构,属非营利性质

C. 由政府部门、企事业单位、社会团体和其他社会力量依法设立的,从事职业介绍服务的机构,属非营利性质

D. 由劳动保障行政部门举办的,承担公共就业服务的机构,属非营利性质

二、多项选择题

1. 根据我国有关规定,我国境外就业服务中介实行的制度有(　　)。

A. 许可证制度　　B. 登记备案制度　　C. 备用金制度　　D. 保证金制度

2. 未满 16 周岁的少年儿童从事以下劳动中的(　　)不属于童工范畴。

A. 参加家庭劳动

B. 学校组织的勤工俭学

C. 与单位发生劳动关系,从事有经济收入的劳动

D. 无损于身心健康的、力所能及的辅助性劳动

3. 下列论述中,符合劳动就业的法律特征的有(　　)。

A. 劳动就业的主体必须符合法定的就业年龄

B. 劳动就业必须使劳动者能够获得劳动报酬或经营收入

C. 劳动就业必须是出自公民的自愿

D. 劳动就业必须是能够为社会创造财富或有益于社会的劳动

三、案例分析题

彭某原系志光中学的学生,1988 年 5 月出生,2003 年 3 月因故辍学。经民昌职业介绍所的介绍,彭某于 2003 年 9 月到当地张某开的一家小煤矿工作,当时双方说好是招用临时工,故张某与彭某未签订劳动合同。2004 年 4 月,彭某在工作中发生劳动安全事故,煤窑塌陷,致使彭某下身瘫痪。彭某的家人要求煤矿按照工伤进行赔偿,但被张某以双方并未签订劳动合同

为由拒绝。彭某的父母遂诉至法院。

问:(1)张某的行为是否合法?是否应当支付彭某的医药费?

(2)用人单位违法招收童工应当承担怎样的法律责任?

(3)为彭某介绍工作的民昌职业介绍所是否应当承担法律责任?

延伸阅读

2018年第一季度部分城市公共就业服务机构市场供求状况分析
中国人力资源市场信息监测中心

2018年第一季度,中国人力资源市场信息监测中心对95个城市①的公共就业服务机构市场供求信息进行了统计分析。统计数据显示,本季度市场供求状况主要呈现出以下几方面特征:

一、市场需求略大于供给。与去年同期和上季度相比,市场需求人数均有所增长,求职人数同比略有减少、环比有所增长。

用人单位通过公共就业服务机构招聘各类人员约574.8万人,进入市场的求职者约466.9万人,岗位空缺与求职人数的比率②约为1.23,比去年同期和上季度分别上升0.1和0.01。

与去年同期相比,需求人数增加了24.7万人,增长4.5%;求职人数减少了19.7万人,下降4.1%。与上季度相比,需求人数和求职人数分别增加了131.6万人和107.1万人,各增长30.5%和30.4%。

从变化趋势看,每年四个季度的岗位空缺与求职人数比率总体均呈现"V"型变化趋势;2016年第三季度以来岗位空缺与求职人数比率始终在1.1以上,2017年第四季度以来连续两个季度保持在1.2以上的高位(图1)。

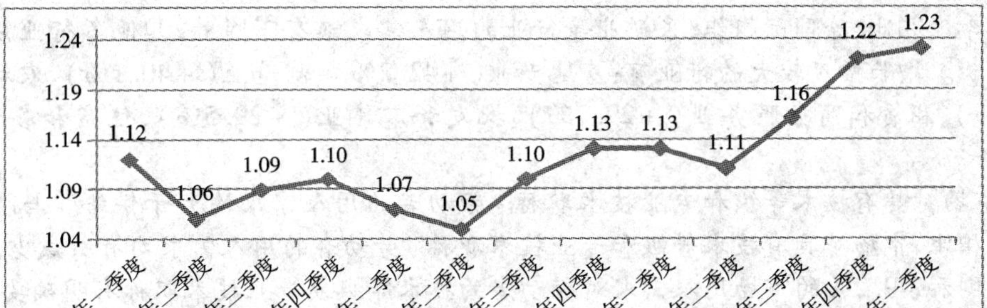

图1:2015年一季度—2018年一季度岗位空缺与求职人数比率变化趋势

---

① 本季度全国共有109个城市上报了季度数据,其中,广州、哈密、兴义、北京、乌鲁木齐、通化、四平、长春、金昌、洛阳、厦门、宁波、深圳、杭州等14个城市的数据未参加全国数据汇总。

② 岗位空缺与求职人数的比率=需求人数/求职人数,表明市场中每个求职者所对应的岗位空缺数。如0.8表示10个求职者竞争8个岗位。

二、分区域看，东、中、西三大区域市场需求均略大于供给。与去年同期相比，三大区域市场需求人数均有所增长，但东、西部地区市场求职人数有所减少；与上季度相比，三大区域市场供求人数均有较大幅度增长。

东、中、西部市场岗位空缺与求职人数的比率分别为1.22、1.23、1.27。

与去年同期相比，东部地区市场需求人数增加了9万人，增长3.3%，求职人数减少了21.2万人，下降8.3%；中部地区市场需求人数增加了15.3万人，增长9.3%，求职人数增加了8万人，增长了5.9%；西部地区市场需求人数增加了0.4万人，增长0.4%，求职人数减少了6.5万人，下降7.2%。

与上季度相比，东部地区市场需求人数和求职人数分别增加了39.2万人和34.8万人，各增长16.7%和18.2%；中部地区市场需求人数和求职人数分别增加了64万人和48.2万人，各增长53.4%和47.5%；西部地区市场需求人数和求职人数分别增加了28.4万人和24.0万人，各增长36.8%和40.5%。

三、从行业需求看，与去年同期相比，租赁和商务服务业、科学研究技术服务和地质勘查业、房地产业、信息传输计算机服务和软件业等行业用人需求增长幅度较大，居民服务和其他服务业、金融业等行业用人需求下降幅度较大；与上季度相比，除国际组织、采矿业等行业外，其余各行业的用人需求均有所增长。

从行业需求看，83%的用人需求集中在制造业(35.7%)、批发和零售业(12.3%)、住宿和餐饮业(10%)、居民服务和其他服务业(8.8%)、租赁和商务服务业(7.7%)、信息传输计算机服务和软件业(4.8%)、建筑业(3.7%)等行业。

与去年同期相比，生产性服务业用人需求增长幅度较大，制造业保持温和增长。增长幅度较大的行业有：租赁和商务服务业(+42.2%)、科学研究技术服务和地质勘查业(+35.7%)、房地产业(+26.2%)、信息传输计算机服务和软件业(+17.5%)、制造业(+5.2%)等；同时，采矿业和生活性服务业用人需求下降幅度较大。下降幅度较大的行业有：采矿业(-29.4%)、文化体育和娱乐业(-20.2%)、金融业(-14.2%)、居民服务和其他服务业(-9.2%)、电力、煤气及水的生产和供应业(-9.4%)等。

与上季度相比，除国际组织、采矿业等行业的用人需求略有下降外，其他各行业用人需求均有所增长。增长幅度较大的行业有：房地产业(+42.2%)、制造业(+40.1%)、农林牧渔业(+32.1%)、租赁和商务服务业(+29.7%)、批发和零售业(+29.5%)、住宿和餐饮业(+27.1%)等。

四、市场对具有技术等级和专业技术职称①劳动者的用人需求均大于供给。与去年同期和上季度相比，市场对具有技术等级和专业技术职称②劳动者的用人需求均有所减少。

需求侧看，49.2%的市场用人需求对劳动者的技术等级或专业技术职称有明确要求，同比下降4.2个百分点，环比下降1.2个百分点。其中，对技术等级有要求的占31.6%，对专业技术职称有要求的占17.6%。供给侧看，48.7%的市场求职人员具有一定技术等级或专业技术职称，同比下降6.4个百分点，环比下降1.2个百分点。其中，具有一定技术等级的占32.2%，具有一定专业技术职称的占16.5%。供求对比看，各技术等级或者专业技术职称的岗位空缺

① 技术等级指以国家职业资格证书为凭证的职业技能水平，专业技术职称指以国家认可的专业技术职务证书为凭证的专业技术水平。在调查中，技术等级和专业技术职称相互独立，以招聘要求或个人具有的最高等级或水平为准进行统计。

② 正数表示本季度比去年同期或者上季度增加的百分点，负数表示本季度比去年同期或者上季度减少的百分点。

与求职人数的比率均大于1.65。其中,高级工程师、高级技能等级、高级技师、工程师岗位空缺与求职人数的比率较大,分别为2.42、2.39、2.24、2.04。

与去年同期相比,需求侧看,除对高级技能(+10.5%)、初级技能(+2.3%)劳动者的用人需求有所增长外,市场对其他技术等级劳动者的用人需求均有所减少;除对具有中级专业技术职称(+0.4%)劳动者的用人需求有所增长外,市场对具有其他专业技术职称劳动者的用人需求均有所减少。供给侧看,市场中具有各类技术等级和专业技术职称的求职人员数量均有所减少,下降幅度较大的为具有高级职称(-29.4%)、中级职称(-15.7%)、初级职称(-14%)的求职人员和高级技师(-10.6%)。

与上季度相比,需求侧看,除对高级技师(-8.8%)的用人需求有所减少外,市场对初级技能(+29.0%)、高级技能(+28.0%)、技师(+16.8%)、中级技能(+14.9%)劳动者的用人需求均有所增长;除对具有高级专业技术职称(-20.1%)劳动者的用人需求有所下降外,市场对具有初级(+23.1%)、中级(+30.3%)专业技术职称劳动者的用人需求均有所增长。供给侧看,除高级技师(-22.1%)求职人数有所下降外,市场中初级技能(+25.7%)、中级技能(+22.4%)、高级技能(+15.8%)和技师(+12.4%)求职人数均有所增长;除具有高级(-38.3%)专业技术职称的求职人员数量有较大幅度减少外,市场中具有初级(+11.3%)、中级(+15.9%)专业技术职称的求职人员数量有所增长。

五、全国十大城市岗位需求和求职排行榜显示,推销展销人员、简单体力劳动人员、餐厅服务员、厨工、其他餐饮服务人员、治安保卫人员等职业的用人需求较大,财会人员、保管人员、行政办公人员、物业管理人员、营业人员、收银员等职业的用人需求相对较小。(见附表)

附表

全国十大城市岗位需求和求职排行榜

城市	岗位空缺与求职人数的比率	第二产业需求	第三产业需求	岗位空缺大于求职人数缺口最大的前三个职业	岗位空缺与求职人数的比率	岗位空缺小于求职人数缺口最大的前三个职业	岗位空缺与求职人数的比率
上海	1.4	7.6%	92.4%	电信业务人员、话务员	2:1	物业管理人员	1:3
				其他餐饮服务人员	2:1	财会人员	1:3
				其他金融业务人员	3:1	保管人员	1:3
重庆	1.7	48.8%	48.9%	简单体力劳动人员	5:1	物业管理人员	1:2
				部门经理	7:1	架子工	1:2
				推销展销人员	3:1	大田作物生产人员	1:2
沈阳	1.18	23.9%	73.4%	推销展销人员	2:1	会计人员	1:2
				机械冷加工人员	3:1	行政办公人员	1:2
				客服人员	3:1	建筑工程技术人员	1:3
石家庄	1.1	19.3%	80.0%	购销人员	2:1	行政办公人员	1:2
				行政业务人员	2:1	营业人员、收银员	1:2
				餐厅服务员、厨工	2:1	机动车驾驶人员	1:3

续表

城市	岗位空缺与求职人数的比率	第二产业需求	第三产业需求	岗位空缺大于求职人数缺口最大的前三个职业	岗位空缺与求职人数的比率	岗位空缺小于求职人数缺口最大的前三个职业	岗位空缺与求职人数的比率
郑州	1.96	22.1%	77.9%	简单体力劳动人员	3:1	财会人员	1:3
				推销展销人员	3:1	其他行政办公人员	1:2
				餐厅服务员、厨工	2:1	其他机械制造加工人员	1:2
南京	1.26	33.1%	63.0%	治安保卫人员	4:1	普通电力设备检修人员	1:3
				营业人员、收银员	6:1	购销人员	1:3
				行政办公人员	18:1	财会人员	1:3
西安	1.15	23.7%	74.2%	西餐烹饪人员	2:1	房屋建筑施工人员	1:2
				推销展销人员	3:1	美容美发和浴池服务人员	1:4
				治安保卫人员	3:1	财会人员	1:2
福州	1.23	55.6%	44.0%	电子器件制造人员	2:1	保管人员	1:2
				简单体力劳动人员	2:1	营业人员、收银员	1:2
				鞋帽制作人员	2:1	秘书、打字员	1:3
成都	1.67	30.4%	69.3%	简单体力劳动人员	7:1	调酒和茶艺人员	1:7
				市场、销售、服务管理人员	12:1	中餐烹饪人员	1:4
				机械热加工人员	50:1	财会人员	1:2
昆明	2.03	22.8%	75.3%	其他餐饮服务人员	3:1	其他社会服务人员	1:2
				推销展销人员	7:1	其他工程施工人员	1:2
				餐厅服务员、厨工	4:1	保管人员	1:3

文书实例

青岛市崂山区人民法院
民事判决书

〔2004〕崂民一初字第258号

原告于某,男,1951年11月27日出生,汉族,住青岛市市北区上海路。

委托代理人王某,山东B律师事务所律师。

委托代理人徐某,山东B律师事务所律师。

被告A皮鞋厂,住所地:青岛市崂山区北宅街道办事处。

法定代表人王乙,该厂厂长。

委托代理人王丙,女,1958年4月22日出生,汉族,系该厂副厂长,住青岛市市南区延吉路。

委托代理人朱某,女,1962年9月14日出生,汉族,系该厂科员,住青岛市市南区德平路。

原告于某与被告A皮鞋厂劳动合同纠纷一案，本院受理后，依法组成合议庭，公开开庭进行了审理。原告于某及其委托代理人徐某，被告A皮鞋厂委托代理人王丙、朱某到庭参加了诉讼。本案现已审理终结。

原告诉称，原告于某于1971年参加工作，原系固定工，工龄已32年，属"40、45人员"。原、被告之间的劳动合同到2003年9月30日届满，根据相关法律和政策，被告A皮鞋厂应当与原告于某签订无固定期限劳动合同，但原告于某去被告A皮鞋厂处要求签订无固定期限劳动合同时，被告A皮鞋厂无故不给续签合同，并停发原告于某的工资。为维护原告于某的合法权益，请求判令：①被告A皮鞋厂与原告于某签订无固定期限劳动合同；②被告A皮鞋厂补发工资2 050元，并支付经济补偿金512元；③被告A皮鞋厂承担本案诉讼费用。

被告辩称，原、被告之间签订的劳动合同期限已经届满，被告A皮鞋厂曾多次通知原告于某到单位续签无固定期限劳动合同，原告于某多次到被告处要求续签无固定期限劳动合同，但都以种种理由拒签劳动合同。被告于2003年10月10日再次发出通知，要求原告于某于2003年10月13日前到单位续签劳动合同，如不到视为自动放弃。被告已等待近一个月的时间，原告仍未到单位办理此事，被告认为原告已经自动放弃续签劳动合同的权利，无奈，被告于2003年10月29日按照有关规定为其办理了终止劳动合同手续，并于10月30日发快件通知了其本人。2003年10月1日以来，原告于某既未上班，也未提供正常劳动，其索要最低工资没有任何事实依据，况且单位已经终止了与其的劳动关系，已没有为其支付工资或生活费的义务。综上所述，请求法院作出公正的判决。

经审理查明，原告于某于1979年进入被告单位工作，双方签订了期限自1995年10月1日起至2003年9月30日止的劳动合同。2003年8月31日，被告A皮鞋厂用特快专递将"劳动合同期满通知书"发给原告于某，通知原告于某到单位办理相关手续，原告于某认可收到该通知书，但原告于某收到的通知上没有注明到单位办理手续的日期。2003年10月10日，被告A皮鞋厂再次以特快专递向原告于某发送"续签劳动合同通知书"，通知原告于2003年10月13日前到厂办理续签手续，逾期按放弃处理。2003年10月14日原告于某收到该通知书，其收到该通知书后，多次到被告A皮鞋厂要求续签无固定期限劳动合同，但因原告于某对被告A皮鞋厂出示的劳动合同的附加条款有异议，双方未续签劳动合同。2003年10月30日，被告A皮鞋厂将"终止劳动合同通知书"与"合同制职工解除劳动合同报告书"用特快专递发给原告于某，通知中称"企业与你所签订的期限为1995年10月1日至2003年9月30的劳动合同已于2003年9月30日期满。因单位几次通知你到本企业续签劳动合同，你均拒签，你已放弃了续签劳动合同的权利。无奈，本单位于2003年10月29日为你办理了终止劳动合同手续。请你于2003年11月3日持身份证、户口簿到崂山区劳动保障服务大厅办理失业手续。"2003年11月1日，原告收到"终止劳动合同通知书"与"合同制职工解除劳动合同报告书"。

另查明，补充协议的内容为：因甲方停产，乙方休息一个月以上，乙方享受青岛市最低生活费，每月210元，个人应负担社会保险金，由乙方负担。

再查明，原告诉至崂山区劳动争议仲裁委员会，其仲裁请求为：①续签无固定期限劳动合同；②补发2003年10月至12月工资1 230元及补偿金。2004年2月12日，崂山区劳动争议仲裁委员会裁决如下：驳回申诉人于某的各项仲裁请求。本案仲裁费120元由申诉人于某承担。于某不服，诉至本院。

本院所确认的上述事实，有原告提供的劳动合同期满通知书一份、崂山区劳动争议仲裁委员会裁决书一份,被告提供的劳动合同期满通知书一份、续签劳动合同通知书一份、终止劳动合同通知书一份、劳动合同四份、国内特快专递三份、合同制职工解除劳动合同报告书一份及当事人的陈述笔录在案为凭,以上证据业经开庭质证,可以采信。

本案争议的焦点:被告A皮鞋厂在合同中增加的"双方需要约定的其他事项"条款是否有效?

本院认为,根据《社会保险费征缴暂行条例》第十二条的规定,"缴费个人应缴纳的社会保险费,由所在单位从其本人工资中代扣代缴"。被告A皮鞋厂在合同中增加的条款是,从被告A皮鞋厂发给原告于某的最低生活费中,扣除个人应当缴纳的各项社会保险费。鉴于最低生活费并非工资,故被告A皮鞋厂自生活费中扣除原告于某个人负担部分社会保险费没有法律依据,本院不予支持。

根据青岛市劳动和社会保障局《关于理顺企业劳动关系有关问题的处理意见》(青劳社〔2001〕190号)第二条的规定,若原告于某系在2001年12月31日前满45周岁或者本单位工作年限满20年的原固定工,则其要求单位签订无固定期限劳动合同的诉请,可以得到支持。原告于某在被告A皮鞋厂连续工作已超过20年,且在2000年12月31日前年满45周岁,故其有权要求单位与其签订无固定期限劳动合同。因原告于某不同意被告A皮鞋厂在合同中增加的条款,责任不在原告。为此,原告于某要求被告A皮鞋厂继续签订劳动合同,符合法律规定,本院予以支持。

原告于某要求被告A皮鞋厂补发2003年10月至12月工资及经济补偿金的诉讼请求,本院认为,虽然原、被告双方未签订书面合同,但因原告于某符合签订无固定期限劳动合同的条件,且一直未签订合同的责任不在于某,故仍应视为双方存在劳动关系。鉴于原告于某未提供劳动,被告A皮鞋厂应按照最低生活费标准支付给原告于某2003年10月至12月的工资为人民币630(210×3)元及经济补偿金158(630×0.25)元。

综上,据此,根据《中华人民共和国劳动法》第五十条、第七十九条,《社会保险费征缴暂行条例》第十二条及《最高人民法院关于民事诉讼证据的若干规定》第二条之规定,判决如下。

一、原告于某与被告A皮鞋厂于本判决生效后十日内签订无固定期限劳动合同。

二、被告A皮鞋厂于本判决生效后十日内给付原告于某人民币630元。

三、被告A皮鞋厂于本判决生效后十日内给付原告于某经济补偿金人民币158元。

四、驳回于某的其他诉讼请求。

案件受理费112元,由原告于某负担42元,被告A皮鞋厂负担70元(因原告已预交,被告于判决生效后十日内直接给付原告)。仲裁费120元由申诉人于某承担。

如不服本判决,可在判决书送达之日起十五日内,向本院递交上诉状,并按当事人的人数提出副本,上诉于山东省青岛市中级人民法院。

审判长　　　　王　惠
审判员　　　　张登科
审判员　　　　郝新阳
二〇〇四年五月二十八日
书记员　　　　刘　佳

(材料来源:中国劳动人事网)

第四章　社会保险法律制度

案例回放

厂家派驻到商场的促销员，在参加商场组织的拔河比赛中受伤，其是否属于工伤？2009年5月4日，重庆市奉节县人民法院对此案作出一审宣判，维持了劳动部门作出的工伤认定，即促销员张某的受伤构成工伤。

法院审理查明，深圳某药业公司在奉节一商场设立销售专柜，由商场统一收取货款，其营业员由商场统一发工作牌、服装等，并受商场规章制度的约束。2006年2月16日，药业公司派临时促销员张某（未签订劳动合同）到商场从事促销工作，并与商场口头约定，张某的工资及其他待遇由药业公司负责支付，张某受药业公司及商场的双重管理。

同年3月7日，张某在参加商场组织的“三八”节拔河比赛中，因比赛用绳断裂，跌伤手腕。事后，张某向劳动部门申请工伤认定。劳动部门认定张某的受伤属于工伤。药业公司不服，申请行政复议。复议机关维持了原工伤认定决定。为此，药业公司提起诉讼。

法院审理认为，第三人张某虽未与药业公司签订劳动合同，但双方已形成事实劳动关系。张某在受药业公司委派，进驻商场工作期间，因参加商场组织的庆祝活动而受伤，符合《工伤保险条例》规定应当认定为工伤的情形。劳动部门作出的工伤认定决定书，认定事实清楚，适用法律、法规正确，程序合法，依法应予维持。

（材料来源：中国法院网）

理论要点

第一节　社会保险法律制度概述

一、社会保险的概述

社会保险是社会保障的一种形式，是指国家通过立法建立的，以劳动者为保障对象，以劳动者的年老、疾病、工伤、失业、死亡等特殊事件为保障内容，通过税收或缴费建立社会保险基金，从而帮助劳动者克服上述社会风险的一种正式的国家生活保障制度。社会保险是工业化的产物。工业革命不仅带来了技术上的飞跃，而且将市场经济体制引入了人类社会。市场经济在为人们带来无限机遇的同时，也带来更大的风险，例如，养老的风险、健康的风险、失业的风险等等。《礼记·大同》“鳏寡孤独废疾者，皆有所养”，是我国几千年前描绘的理想社会。时至今日，老有所养、病有所医、失有所保，依然是人们对生活的美好憧憬。社会保险的项目一般包括养老保险、医疗保险、疾病保险、失业保险、工伤保险和生育保险。

社会保险的目的是当劳动者遇到劳动风险、失去劳动报酬之后，仍能获得基本生活的保障。凡依照法律规定必须投保的劳动者和用人单位都必须参加社会保险，社会保险当事人不得自行确定是否参加社会保险，不得自行选择或退出所参加的社会保险项目。被保险人及其用人单位必须依据国家法律规定的保险费率足额缴纳社会保险费。社会保险的基金来源于劳动者创造的物质财富，国家通过社会保险将一部分物质财富再返回给劳动者，其实质是对劳动者过去劳动的一种补偿。社会保险对于符合条件享受社会保险待遇的劳动者，在给予各种保险金支付的同时，按照实际需要，提供医疗护理、伤残康复、职业培训及各种社会服务。

办理社会保险系用人单位的法定义务，是否为员工购买商业人身保险则是单位自行决定的员工福利问题，但商业保险不能取代社会保险。

【案例4-1】

2008年1月16日，于某与一家职介公司签订了劳动合同，随后被派遣至某餐饮公司工作。2010年4月22日，于某在下班途中发生交通事故，经抢救无效于当晚死亡，后被认定为工伤。工作期间，职介公司没有为于某投保工伤保险，仅投保了商业人身保险。事发后，于某的父母领取了30万元的商业保险理赔款。之后，于某的父母向当地劳动仲裁委员会申请用人单位支付工伤保险待遇赔偿，获仲裁委员会裁决支持。

餐饮公司不服仲裁裁决，诉至法院。该公司认为，在于某的父母已获得商业保险理赔的情况下，理应免除其工伤保险赔付责任。

一审法院审理认为，商业人身保险与法定工伤保险从法律关系、保险性质、受益人、责任主体等方面均有所不同。虽然从赔付结果看，被投保商业人身保险的劳动者发生工伤后亦能通过商业人身保险获得一定数额的理赔款，但投保工伤险系用人单位的法定义务，商业保险合同赔偿责任与工伤赔偿责任，二者不能相互替代。为此，法院驳回了原告餐饮公司的诉讼请求，判决职介公司与餐饮公司连带支付于某父母丧葬补助金和工亡补助金共计36万余元。餐饮公司不服一审判决，上诉至苏州中院。苏州中院二审判决驳回上诉，维持原判。

（材料来源：中国法院网）

二、社会保险制度的概述

（一）社会保险制度的发展

原劳动和社会保障部统计显示，截至2008年9月底，全国社会保险参保人数分别为：养老保险1.97亿人、失业保险1.15亿人、医疗保险1.89亿人、工伤保险1.15亿人、生育保险0.73亿人，社保体系已初步建立。国务院通过制定、修订《失业保险条例》、《工伤保险条例》、《社会保险费征缴暂行条例》等相关的行政法规，初步建立社会保险法律体系。长期以来，由于社会保险强制性偏弱，一些用人单位拒不参加法定社保，或长期拖欠保费；城乡之间，地区之间，机关、事业单位、企业之间社保制度缺乏衔接。2008年12月27日，全国人大常委会办公厅向社会全文公布《中华人民共和国社会保险法（草案）》（以下简称《社会保险法（草案）》）及关于草案修改情况的汇报，并从该日起至2009年2月15日征求社会各界的意见和建议。该《社会保险法（草案）》对基本养老保险、基本医疗保险、工伤保险、失业保险、生育保险、社会保险费征缴、社会保险基金、社会保险经办、社会保险监督、法律责任等多个方面进行了较为具体的规定。“广覆盖、保基本、多层次、可持续”被《社会保险法（草案）》确定为社会保险制度的方针，以适应我国经济社会发展水平。2010年10月28日第十一届全国人民代表大会常务委员会第十七次会议通过了《中华人民共和国社会保险法》（以下简称《社会保险法》），并于2011年

7月1日开始施行。

(二)《社会保险法》的主要内容

《社会保险法》的颁布实施,使我国社会保险制度发展全面进入法制化轨道,为推动整个人力资源社会保障事业科学发展提供了进一步的法制保障。《社会保险法》不仅对社会保险工作是极大的促进,也将对整个人力资源社会保障工作产生积极而深远的影响。该法确立了广覆盖、可转移、可衔接的社会保险制度,从法律上破除了各类人才自由流动阻碍、劳动者在地区之间和城乡之间流动就业的制度性障碍,有利于形成和发展统一规范的人力资源市场;进一步规范和明确了劳动者和用人单位的社会保险权利义务关系,有利于促进劳动关系的稳定与和谐。《社会保险法》的出台,与以前颁布实施的《劳动法》、《公务员法》、《劳动合同法》、《就业促进法》、《劳动争议调解仲裁法》一起,构成了我国人力资源社会保障法律体系完整的顶层架构,对推进人力资源社会保障事业在法制轨道上实现科学发展具有重要意义。

《社会保险法》规定,国家建立基本养老保险、基本医疗保险、工伤保险、失业保险、生育保险等社会保险制度,保障公民在年老、疾病、工伤、失业、生育等情况下依法从国家和社会获得物质帮助的权利。

(1)基本养老保险包括职工基本养老保险、新型农村社会养老保险和城镇居民社会养老保险。《社会保险法》总结二十多年来我国养老保险制度改革的经验,对职工基本养老保险制度的覆盖范围、基本模式、资金来源、待遇构成、享受条件和调整机制等作了比较全面的规范,并规定了病残津贴和遗属抚恤制度。此外,还规定国家建立和完善城镇居民社会养老保险制度,同时授权省、自治区、直辖市人民政府根据实际情况,可以将城镇居民社会养老保险和新型农村社会养老保险合并实施,为逐步建立统筹城乡的养老保障体系奠定了法律基础。

(2)基本医疗保险包括职工基本医疗保险、新型农村合作医疗保险和城镇居民基本医疗保险。对职工基本医疗保险制度和城镇居民基本医疗保险制度的覆盖范围、资金来源、待遇项目及享受条件、医疗保险费用结算办法等作了比较全面的规定,对新型农村合作医疗制度作了原则规定,并授权国务院规定管理办法。

(3)工伤保险、失业保险和生育保险制度经过十多年的实践,已经比较成熟。《社会保险法》在总结实践经验的基础上,对工伤保险、失业保险和生育保险也分别单独成章,对其覆盖范围、资金来源、待遇项目和享受条件等作了具体规定。

(三)社会保险的覆盖范围

《社会保险法》基本养老保险制度和基本医疗保险制度覆盖了我国城乡全体居民。工伤保险、失业保险和生育保险制度覆盖了所有用人单位及其职工。被征地农民按照国务院规定纳入相应的社会保险制度。被征地农民到用人单位就业的,都应当参加全部五项社会保险。对于未就业,转为城镇居民的,可以参加城镇居民社会养老保险和城镇居民基本医疗保险,继续保留农村居民身份的,可以参加新型农村社会养老保险和新型农村合作医疗保险。

在中国境内就业的外国人,也应当参照《社会保险法》规定参加我国的社会保险。

三、社会保险国际协作

国际上,社会保险通常遵循属地化原则,公民在非国籍国就业按就业国规定参加社会保险。劳动者双重缴纳社会保险费的现象普遍存在。为解决这一问题,世界各国的通行做法是通过政府间签订社保协定。政府间双边社保协定的签署将有效减轻双方企业和人员的社保缴费负担,进一步便利两国经贸和人员往来。

2016 年 10 月 31 日,《中华人民共和国政府和法兰西共和国政府社会保障协定》签字仪式在北京举行。根据协定,双方派遣人员、船员、空乘人员、外交领事机构人员、公务员及政府雇员将免除在对方国的相关社会保险缴费。截至目前,除了法国以外,中国政府已与荷兰、德国、韩国、丹麦、芬兰、加拿大和瑞士等 7 国分别签署了双边社会保障协定,实现了双边社保互惠。

第二节　基本养老保险

一、养老保险的概述

(一)养老保险的概念

养老保险又称“年金保险”,是国家根据劳动者的体质和劳动力资源的状况,规定一个年龄界限,允许劳动者在达到这个年龄时,因年老丧失劳动能力而解除劳动义务,由国家和社会提供物质帮助,保证劳动者晚年生活,使其老有所养的一种社会保险制度。

根据《社会保险法》规定,针对不同群体,养老保险有基本养老保险、农村新型社会养老保险和城市居民社会养老保险。

职工应当参加基本养老保险,由用人单位和职工共同缴纳基本养老保险费。无雇工的个体工商户、未在用人单位参加基本养老保险的非全日制从业人员以及其他灵活就业人员可以参加基本养老保险,由个人缴纳基本养老保险费。

2014 年 7 月 1 日起施行的《事业单位人事管理条例》第三十五条规定事业单位及其工作人员依法参加社会保险,工作人员依法享受社会保险待遇。目前,全国各地的事业单位均已纳入了养老保险统筹范围。2015 年 1 月 3 日国发〔2015〕2 号文《国务院关于机关事业单位工作人员养老保险制度改革的决定》决定改革机关事业单位工作人员养老保险制度,将按照公务员法管理的单位、参照公务员法管理的机关(单位)、事业单位及其编制内的工作人员纳入养老保险统筹,并从 2014 年 7 月 1 日执行。

(二)养老保险的特点

1. 补偿性

劳动者享受养老保险待遇,必须先行缴费;劳动者缴纳保险费,在退休、退职后就可以从养老保险经办机构领取退休金。劳动者所领取的退休金和获得的其他待遇中有一部分是自己所缴纳的保险费的返回,具有一定的补偿性质。

2. 广泛性

养老保险的适用对象是所有退休、退职的劳动者。

3. 必然性

养老保险的必然性是指参加养老保险的劳动者一般都能享受养老保险待遇。但其他保险,包括失业保险、医疗保险生育保险和工伤保险则与此不同。

【案例 4-2】

星辰科技有限责任公司是一家从事计算机软件开发的外商独资企业,其于 2003 年 7 月高薪聘用了一位博士毕业生郑某担任副总经理。双方约定月工资为 12 000 元,除了工资以外,公司不再提供其他福利待遇,包括医药费报销、养老等问题都得自己解决,公司概不负责。郑某考虑到自己年轻,一般也不会有什么大病,工资比较高,自己可以储蓄养老。遂与公司签订了劳动合同。几个月后,由于郑某与董事长在公司的经营管理等重大问题上,产生了分歧,被董事长炒了"鱿鱼"。郑某不服,向劳动争议仲裁委员会申请仲裁。

在劳动争议仲裁委员会,郑某同时又提出了公司未给他缴纳养老保险的问题,他认为,这也是侵犯他合法权益的行为。但公司董事长抗辩道:"不为你缴纳养老保险,是事先跟你讲好的。咱们的协议已经达成,你现在无权反悔。"

评析:养老保险待遇并不等同于职工工资待遇,应当注意区分工资和养老金这两个概念。工资是指基于劳动关系,用人单位根据劳动者提供的劳动数量和质量,按照劳动合同约定支付的货币报酬;而养老金是劳动者达到法定退休年龄,退出工作岗位后,所享受的一种社会保险待遇,是保障离退休人员的"养命钱"。因此,用人单位给其职工的工资再高,也不能取代其应享有的养老保险待遇。同时,《劳动法》规定的这种社会保险,不同于保险公司的商业保险,主要区别在于:①前者是在与用人单位发生劳动关系时,劳动者应享有的权利,但后者却是商业保险关系;②前者是强制性的,即企业和劳动者必须依法参加,而后者是自愿性的,即是否参加,完全凭企业或劳动者自愿。所以,郑某接受高薪,自己向保险公司投保的养老保险,不能代替社会保险中的养老保险。

我国《劳动法》第七十二条规定,用人单位和劳动者必须依法参加社会保险,缴纳社会保险费。参加社会保险,缴纳社会保险费不光是用人单位的义务,也是劳动者的义务,是用人单位和劳动者的共同义务。对于劳动者的权利,劳动者当然可以放弃,但是对于义务就必须履行,无权放弃。因此,即使劳动者不想参加社会保险也是不行的。本案中,郑某当初默许公司不参加养老保险,并不能免除公司缴纳社会保险费的责任。

星辰科技有限责任公司以高薪来取代职工的养老保险,是违反法律规定的。该公司不仅应该依法为职工缴纳养老保险,还应该同时缴纳失业、医疗等政府规定的社会保险。只有这样,才能保障职工的合法权益,并免受因违法而带来的制裁。

(材料来源:江西新余市政府网)

二、养老保险基金的征缴

(一)筹资渠道

职工参加基本养老保险,由用人单位和职工共同缴纳基本养老保险费。无雇工的个体工商户、非全日制从业人员可以参加基本养老保险,由个人缴纳基本养老保险费。

国有企业、事业单位职工参加基本养老保险前,视同缴费年限期间应当缴纳的基本养老保险费由政府承担。

基本养老保险基金出现支付不足时,政府给予补贴。

新型农村社会养老保险实行个人缴费、集体补助和政府补贴相结合。

(二)缴费方式

用人单位应当按照国家规定的本单位职工工资总额的比例缴纳基本养老保险费。职工应当按照国家规定的本人工资的比例缴纳基本养老保险费,并记入个人账户。

所谓按比例缴纳是按照上月本单位职工工资总额和职工本人实际工资来确定缴费规模。企业缴纳的基本养老保险费不得超过企业工资总额的20%,个人缴费不得低于本人缴费工资的4%,并从1998年起,每两年提高一个百分点,最终达到本人缴费工资的8%。

个人基本养老保险账户的规模按照本人缴费工资的11%建立,职工个人缴费全部计入个人账户,其余部分由企业缴费中划入,随着个人缴费比例的提高,企业缴费划入个人账户部分最终逐步降至3%。

无雇工的个体工商户、非全日制从业人员参加基本养老保险的,应当按照国家规定的比例缴纳基本养老保险费,并按照规定分别记入基本养老保险社会统筹基金和个人账户。

(三)"老人老办法"原则

国有企业、事业单位职工参加基本养老保险前视同缴费年限期间应当缴纳的基本养老保险费由政府承担。基本养老保险基金出现支付不足时,政府给予补助。由于人口老龄化的提早到来,对于可能出现的基本养老保险基金支付亏空,明确了政府补助的责任,以保障基本养老保险基金的安全性。

(四)禁止"退保"

个人账户的养老金不得提前支取,每年参考同期银行存款利率和物价指数确定记账利率,免征利息税。个人死亡的,个人账户的养老金余额可以继承。

三、基本养老保险待遇

参加基本养老保险的个人,达到法定退休年龄时累计缴费满十五年的,按月领取基本养老金。参加基本养老保险的个人,达到法定退休年龄时累计缴费不足十五年的,可以缴费至满十五年,按月领取基本养老金;也可以转入新型农村社会养老保险或者城镇居民社会养老保险,按照国务院规定享受相应的养老保险待遇。

参加基本养老保险的个人,因病或者非因工死亡的,其遗属可以领取丧葬补助金和抚恤金;在未达到法定退休年龄时因病或者非因工致残完全丧失劳动能力的,可以领取病残津贴。所需资金从基本养老保险基金中支出。

国家建立基本养老金正常调整机制。根据职工平均工资增长、物价上涨情况,适时提高基本养老保险待遇水平。

四、跨地区转移

基本养老保险关系不能转移接续,成为制约我国社会保险事业发展的突出问题。由于无法转移接续,跨地区就业劳动者的缴费年限不能累计计算,致使很多劳动者不能享受基本养老保险待遇,造成劳动者参保积极性不高,有的地方甚至出现了大量农民工退保,对基本养老保险的推行带来不利影响。因此《社会保险法》规定,个人跨统筹地区就业的,其基本养老保险关系随本人转移,缴费年限累计计算。

国务院办公厅转发的人力资源社会保障部、财政部《城镇企业职工基本养老保险关系转移接续暂行办法》(国办发〔2009〕66号,人力资源社会保障部《关于贯彻落实国务院办公厅转发城镇企业职工基本养老保险关系转移接续暂行办法的通知》(人社部发〔2009〕187号)《关于印发城镇企业职工基本养老保险关系转移接续若干具体问题意见的通知》(人社部发〔2010〕70号)《人力资源社会保障部办公厅关于职工基本养老保险关系转移接续有关问题的函》(人社厅函〔2013〕250号)和人社部规〔2016〕5号人力资源社会保障部《关于城镇企业职工基本养老保险关系转移接续若干问题的通知》对养老保险关系的跨地区转移作出了具体规定。

五、养老保险待遇损失案件的司法处理

《最高人民法院关于审理劳动争议案件适用法律若干问题的解释》(三)(法释〔2010〕12号)第一条规定:劳动者以用人单位未为其办理社会保险手续,且社会保险经办机构不能补办

导致其无法享受社会保险待遇为由，要求用人单位赔偿损失而发生争议的，人民法院应予受理。但是具体该如何计算养老保险待遇损失的金额，成了司法实践中裁判者面临的一个难题。对此，按照民法原理，有可得利益损失之说和已失利益损失之说。所谓可得利益损失，即如果单位已经参加养老保险并按时缴纳养老保险费，劳动者将获得多少养老金，作为损失数额。而已失利益损失之说，是指劳动者为获得养老保险金而已经付出的利益，即每月缴纳的养老保险费，其累计数额作为养老金损失计算依据。具体到养老保险待遇赔偿之诉中，具体如何适用法律未做明确规定，各地司法实践大相径庭，需要最高人民法院出台新的司法解释统一全国的司法裁判标准。（详细内容请参考本章末尾延伸阅读文章：养老待遇的损失赔偿现状。）

【案例4-3】

原告王某，被告重庆市A水务局、重庆市A区B街道办事处。

原告王某于1980年被聘用到某水库从事管理工作，2001年11月原A市农机水电局将某水库管理权移交给原B镇人民政府。2008年5月7日重庆市A区（原A市）B镇人民政府以B府发〔2008〕67号文件，决定对原告予以辞退。原告在被告处工作期间，未参加社会保险，未签订劳动合同。2008年11月4日，原告向重庆市A区劳动争议仲裁委员会申请仲裁，要求重庆市A区B街道办事处（原B镇）补足最低工资、支付解除劳动关系经济补偿金、支付未签订劳动合同双倍工资、补办社会保险及住房公积金，仲裁委员会裁决由重庆市A区B街道办事处支付原告解除劳动关系经济补偿金13 440元。原告不服仲裁，2009年4月14日向重庆市A区人民法院起诉，经调解重庆市A区B街道办事处支付原告经济补偿费20 000元，原告自愿放弃其他诉讼请求。2011年4月，原告向被告重庆市A区B街道办事处申请解决养老保险问题，办事处回复建议原告通过司法途径解决。2012年8月2日，原告向重庆市A区劳动人事争议仲裁院申请仲裁，要求两被告支付养老保险赔偿金276 000元，仲裁院认为仲裁申请不符合受理条件而不予受理。另查明，原告江某的户口为农村居民家庭户口。

原告认为因被告没有为原告办理社会保险，导致原告达到退休年龄后无法享受社会保险待遇。现请求人民法院判决被告支付未依法为原告参加养老保险的赔偿金276 000元。重庆市A区水务局辩称，原告与我单位不存在包括劳动关系的任何关系。原告的赔偿请求超过了诉讼时效，其损失计算没有相应的法律规定，应驳回诉讼请求。重庆市A区B街道办事处辩称，原告在2008年申请仲裁，2009年调解，原告是知晓其权利受到侵害的，现在起诉已超过诉讼时效。未给原告办理养老保险，是因为当时原告不符合办理的条件。原告作为临聘人员，与我们之间只是劳务关系，而非劳动合同关系，双方的纠纷已经解决完毕。原告要求的276 000元没有相应的法律规定，应驳回原告的诉讼请求。

一审法院认为，原告王某的户口系农村居民家庭户口，《重庆市农民工养老保险试行办法》自2007年7月1日起开始施行，而原告在该办法施行前已年满55岁的法定退休年龄，故原告未能办理基本养老保险、领取养老保险金的责任不在被告重庆市A区B街道办事处，故原告的诉讼请求不予支持。遂依照《中华人民共和国民事诉讼法》第六十四条的规定，判决驳回原告的诉讼请求。

宣判后，王某不服一审判决，向重庆市第五中级人民法院上诉称：重庆市A区水务局、重庆市A区B街道办事处应当为其办理养老保险，即使因为超龄不能办理，也应进行补偿。请求依法改判。

重庆市A区水务局、重庆市A区B街道办事处认为，原判认定事实清楚，适用法律正确，请求驳回上诉，维持原判。

重庆市第五中级人民法院审理查明的事实与一审法院查明的事实相同。重庆市第五中级人民法院认为，上诉人王某的户口系农村居民家庭户口，且《重庆市农民工养老保险试行办法》2007年7月1日开始施行时其已年满55岁的法定退休年龄，不符合办理基本养老保险的条件，上诉人王某未能办理基本养老保险并领取养老保险金的责任不在重庆市A区B街道办事处。故上诉人王某的上诉请求不能成立，故驳回上诉，维持原判。

【案例4-4】

原告张某原属县乡公路养护农工，因符合继聘条件，于2000年4月1日与被告A县公路管理局签订一份《县乡公路养护季节工聘用合同书》，约定：被告聘用原告为县乡公路养护季节工；实施定期和不定期工作方法，定期工作日为每月15天，不定期工作由被告根据路况和实际需要另行下达给原告；工资由被告结合相关责任制考核标准按月予以核发；原告在聘用期间必须遵守被告规章制度，服从被告领导及工程技术指导；聘用期限为2000年4月1日至2001年4月1日。聘用合同签订后，原告被安排县乡公路西湾养护道班工作。此后，双方未签订其他聘用合同。2009年，另一公路养护农工郑某向A县人大常委会就要求养老保险及有关待遇进行信访。2009年7月15日，A县人大常委会将信访件转被告处理。2009年8月12日，被告答复称：关于补办社会养老、医疗保险问题，被告曾多次向有关部门了解情况，由于大部分农工年龄都超过50周岁，且属于半工半农性质，因政策原因无法办理相关养老保险手续；被告将继续努力向上级有关部门反映努力予以解决。2014年12月15日，原告向A县劳动人事争议仲裁委员会申请仲裁，要求被告为原告补缴自工作之日起的社会养老保险。2015年1月15日，A县劳动人事争议仲裁委员会作出裁决，驳回原告的仲裁请求。另查明，被告未为原告缴纳社会保险。

法院认为，根据《中华人民共和国劳动合同法》第六十八条、第七十二条第二款规定：非全日制用工是指以小时计酬为主，劳动者在同一用人单位一般平均每日工作时间不超过四小时，每周工作时间累计不超过二十四小时的用工形式；非全日制用工劳动报酬结算支付周期最长不得超过十五日。从原、被告签订的聘用合同书来看，原告是按天计酬，定期工作日为每月15天，且工资按月结算。虽然聘用合同到期后双方未签订新的聘用合同，但原告工作时间及计酬方式仍未改变。故被告主张原告为非全日制用工缺乏事实和法律依据，不予支持。为劳动者缴纳社会保险是用人单位的法定义务，但应当受两年诉讼时效的限制。故原告主张的社会养老保险费补缴期限起始日期应为其向劳动争议仲裁委员会申请仲裁之日向前推两年，即2012年12月15日。因此，被告应按规定为原告补缴2012年12月15日至2014年12月14日的养老保险中应由被告承担的部分。原告申请劳动争议仲裁之日后的养老保险补缴争议，原告可依法另行主张。据此，依照《中华人民共和国劳动法》第七十二条、《中华人民共和国社会保险法》第十二条之规定，判决：一、被告A县公路管理局于本判决生效之日起十五日内为原告张某补缴2012年12月15日至2014年12月14日的社会养老保险，缴纳费用由原、被告双方按A县社会保险经办机构核定的标准各自承担。

第三节　基本医疗保险

一、医疗保险的概述

（一）医疗保险的概念

医疗保险是指根据法律规定，通过强制性社会保险，由国家、雇主（用人单位）和个人共同建立起医疗保险基金，为个人接受医疗保险服务提供医疗费用补偿的一种社会保险制度。从广义上讲，疾病保险包括医疗服务和医疗津贴，因而医疗保险是其组成部分；但从狭义讲，疾病保险仅指医疗津贴，与医疗保险所提供的医疗服务显然不同。国际上将医疗津贴称为疾病津贴或生活补助，我国称为病假工资。

（二）医疗保险的特点

1. 交叉性

医疗保险与其他保险之间的交叉性较大，其他保险形式中，也都包含着对发生疾病的医疗费补偿和疾病津贴的内容。如养老保险待遇项目中包含着医疗费用待遇，而工伤保险待遇中也包含着工伤医疗费用和津贴，失业保险中有失业期间的医疗补助金等。

2. 补充性

也就是说，其他保险形式所不能涵盖的风险（非工伤范畴的疾病，非生育、失业和养老期间的疾病），只能通过医疗保险和疾病保险实现保障。正是有了医疗保险和疾病保险的兜底作用，社会保险制度才在保障功能的发挥上表现出严密性和充分性。

3. 普遍性

医疗保险和疾病保险的范围是整个社会公民，不限于单位职工，不限于城市居民。正是基于医疗保险和疾病保险的覆盖面宽广的特点，在某种意义上，我们也可以将这种保险形式看成是一种社会福利。

二、基本医疗保险的基本内容

（一）基本医疗保险的种类

（1）职工基本医疗保险。

（2）城镇居民基本医疗保险。

（3）新型农村合作医疗。

（二）缴费方式

（1）职工应当参加职工基本医疗保险，由用人单位和职工共同缴纳基本医疗保险费。

（2）用人单位应当按照国家规定的本单位职工工资总额的比例缴纳基本医疗保险费。（用人单位缴费率控制在职工工资总额的6%左右。）

（3）职工应当按照国家规定的本人工资的比例缴纳基本医疗保险费。（职工缴费率一般为本人工资收入的2%，个人缴费全部计入个人账户。）

（4）城镇居民基本医疗保险和新型农村合作医疗实行家庭缴费和政府补助相结合。缴费和补助标准由省、自治区、直辖市人民政府规定。

（5）享受最低生活保障的人、丧失劳动能力的重度残疾人、低收入家庭60周岁以上的老年人等所需家庭缴费部分，由政府给予补助。

(6)职工及其所在用人单位已经缴纳基本医疗保险费的，职工的医疗费用按照国务院有关规定从基本医疗保险基金中支付。

(7)职工退休时累计缴费达到国家规定年限的，退休后不缴纳基本医疗保险费，按照国家规定享受基本医疗保险待遇。

(三)城乡待遇标准的地方化

(1)城镇居民基本医疗保险和新型农村合作医疗的待遇标准由省、自治区、直辖市人民政府规定。

(2)省、自治区、直辖市人民政府根据实际情况，可以将城镇居民基本医疗保险和新型农村合作医疗统一标准，合并实施。

(四)支付范围

(1)符合国家规定的基本医疗保险药品目录、诊疗项目、医疗服务设施标准以及急诊、抢救的医疗费用从基本医疗保险基金中支付。

(2)基本医疗保险药品目录、诊疗项目、医疗服务设施标准以及医药费用结算管理办法，按照国家有关规定执行。

(五)不纳入基本医疗基金支付范围

(1)应当从工伤保险基金中支付的。

(2)应当由第三人负担的。

(3)应当由公共卫生负担的。

(4)在境外就医的。

医疗费用依法应当由第三人负担，第三人不支付或者无法确定第三人的，由基本医疗保险基金先行支付。基本医疗保险基金先行支付后，有权向第三人追偿。

(六)管理服务机制

(1)社会保险经办机构根据社会保险管理服务的需要，可以与医疗机构、药品经营单位签订服务协议。

(2)医疗机构应当为参保人员提供合理、必要的医疗服务，保护参保人员的合法权益。

(七)跨地区转移

个人跨地区就业的，其基本医疗保险关系随本人转移，缴费年限累计计算。

第四节　工伤保险

一、工伤保险概念与特征

(一)工伤保险概念

工伤保险又称为职业伤害保险，是指劳动者在生产、工作过程中，由于意外事故负伤、致残、死亡，或者患职业病，造成本人及家属收入中断，从工伤保险基金中获得必要的医疗费、康复费、生活费、经济补偿等必要费用的一种社会保险制度。目前，我国的工伤保险适用广义的工伤概念，将职业病作为工伤保险的一项内容，为工伤保险所吸纳。

(二)工伤保险的特征

(1)工伤保险对象范围包括全体职工，不论劳动合同期限的长短，不论何种用工形式的职工，也不论是正式职工、临时工、学徒工还是试用期职工，都平等地享受工伤保险待遇。

修订后《工伤保险条例》第二条规定，中华人民共和国境内的企业、事业单位、社会团体、民办非企业单位、基金会、律师事务所、会计师事务所等组织和有雇工的个体工商户（以下称用人单位）应当依照本条例规定参加工伤保险，为本单位全部职工或者雇工（以下称职工）缴纳工伤保险费。中华人民共和国境内的企业、事业单位、社会团体、民办非企业单位、基金会、律师事务所、会计师事务所等组织的职工和个体工商户的雇工，均有依照本条例的规定享受工伤保险待遇的权利。

用人单位依照本条例规定应当参加工伤保险而未参加的，由社会保险行政部门责令限期参加，补缴应当缴纳的工伤保险费，并自欠缴之日起，按日加收万分之五的滞纳金；逾期仍不缴纳的，处欠缴数额 1 倍以上 3 倍以下的罚款。

应当参加工伤保险而未参加工伤保险的用人单位职工发生工伤的，由该用人单位按照本条例规定的工伤保险待遇项目和标准支付费用。

(2)工伤保险的责任具有赔偿性。工伤保险是基于对工伤职工的赔偿责任而设立的一种社会保险制度，其他社会保险是基于对职工生活困难的帮助和补偿责任而设立的。

(3)工伤保险实行无过错责任原则，无论工伤事故的责任归于用人单位还是职工个人或第三人，用人单位均应承担保险责任。

(4)工伤保险不同于养老保险等险种，劳动者不缴纳保险费，全部费用由用人单位负担，即工伤保险的投保人为用人单位。

(5)工伤保险待遇相对优厚，标准较高，但因工伤事故的不同而有差别。工伤职工达到退休年龄并办理退休手续后，停发伤残津贴，按照国家有关规定享受基本养老保险待遇。基本养老保险待遇低于伤残津贴的，由工伤保险基金补足差额。

(三)工伤保险法

《工伤保险条例》自 2004 年 1 月 1 日施行以来，对维护工伤职工的合法权益，分散用人单位的风险，规范和推进工伤保险工作，发挥了积极作用。全国参加工伤保险的职工由条例实施前的 4 575 万人增至 2010 年 9 月的 1.58 亿人，其中农民工 6 131 万人。

《工伤保险条例》实施至 2009 年底，认定工伤 420 万人，享受工伤医疗待遇 1 080 万人次，享受伤残津贴和工亡抚恤待遇 434 万人。

近年，随着我国经济社会的发展，工伤保险制度面临一些新情况、新问题，例如，事业单位、社会团体、民办非企业单位等组织的职工工伤政策不明确，工伤认定范围不够合理，工伤认定、鉴定和争议处理程序复杂、时间冗长，一次性工伤死亡补助金和一次性伤残补助金标准偏低等，这些问题都需要从制度层面加以解决、完善。2009 年 7 月 24 日国务院法制办公布《国务院关于修改〈工伤保险条例〉的决定（征求意见稿）》，在充分征求社会各界意见后，2010 年底国务院公布了《国务院关于修改〈工伤保险条例〉的决定》，新《工伤保险条例》自 2011 年 1 月 1 日起施行。

新《工伤保险条例》主要修改了下述几个方面：一是扩大了工伤保险的适用范围；二是调整了工伤认定范围；三是简化了工伤认定、鉴定和争议处理程序；四是提高了部分工伤待遇标准；五是减少了由用人单位支付的待遇项目，增加了由工伤保险基金支付的待遇项目等。

2005 年，原劳动保障部、原人事部、民政部和财政部联合发布《关于事业单位、民间非营利组织工作人员工伤有关问题的通知》,对参照《公务员法》管理和不属于财政拨款的两类事业单位、社会团体、民办非企业单位等组织的工作人员的工伤待遇作了明确规定。但对这两类之外的其他事业单位、社会团体、民办非企业单位以及基金会、律师事务所、会计师事务所等组织的工作人员的工伤待遇问题未作规定,交由省级地方政府规定。但多数地方未作规定,规定的情形也不统一。

为了解决这部分职工的工伤政策不明确、不统一的问题,《工伤保险条例》扩大了工伤保险的适用范围,将不参照《公务员法》管理的事业单位、社会团体以及民办非企业单位、基金会、律师事务所、会计师事务所等组织纳入工伤保险适用范围。2011 年 1 月 1 日新《工伤保险条例》施行后,企业、事业单位、社会团体、民办非企业单位、基金会、律师事务所、会计师事务所等组织和有雇工的个体工商户都需参加工伤保险。

二、工伤保险的内容

(一)缴纳主体

职工应当参加工伤保险,根据雇主责任原则由用人单位缴纳工伤保险费,职工不缴纳工伤保险费。

(二)差别费率

国家根据不同行业的工伤风险程度确定行业的差别费率,并根据工伤保险费使用、工伤发生率等情况在每个行业内确定若干费率档次。行业差别费率及行业内费率档次由国务院社会保险行政部门制定,报国务院批准后公布施行。

国务院社会保险行政部门应当定期了解全国各统筹地区工伤保险基金收支情况,及时提出调整行业差别费率及行业内费率档次的方案,报国务院批准后公布施行。

(三)缴费方式

用人单位应当按照本单位职工工资总额和社保经办机构确定的费率档次来缴纳工伤保险费。

对难以按照工资总额缴纳工伤保险费的行业,其缴纳工伤保险费的具体方式,由国务院社会保险行政部门规定。

企业破产的,在破产清算时依法拨付应当由单位支付的工伤保险待遇费用。

(四)工伤的认定

《社会保险法》第三十六条规定:“职工因工作原因受到事故伤害或者患职业病,且经工伤认定的,享受工伤保险待遇……”《工伤保险条例》第十四条规定:职工有下列情形之一的,应当认定为工伤:

1)在工作时间和工作场所内,因工作原因受到事故伤害的;工作时间前后在工作场所内,从事与工作有关的预备性或者收尾性工作受到事故伤害的;

2)在工作时间和工作场所内,因履行工作职责受到暴力等意外伤害的;

3)患职业病的;

4)因工外出期间,由于工作原因受到伤害或者发生事故下落不明的;

5)在上下班途中,收到非本人主要责任的交通事故或者城市轨道交通、客运轮渡、火车事故伤害的;

6）法律、行政法规规定应当认定为工伤的其他情形。

据此，一般工伤认定均必须具备工作原因、工作时间、工作场所三大要素。但对于三要素间的关系，法律法规并未作出明确规定，在实践中争议较大。结合《社会保险法》和《工伤保险条例》的规定，工作原因是认定工伤的充分条件，应该是工伤认定的核心要素。只要是工作原因，就足以认定工伤，即使不在通常意义的工作时间、工作场所内。工作场所、工作时间是工伤认定的辅助要素，它们的作用，一方面是进一步强调工作原因，另一方面是在工作原因无法查明时，用以推定是否属于工作原因。在工伤认定中，工作原因不仅是认定工伤的充分条件，而且还应是认定工作场所、工作时间的核心标准。一般来说，一旦具备工作原因，其所涉及的时间和区域就是工作时间和工作场所。

现有法律法规对"三工"的规定比较原则，针对实践中的各种复杂情况，工伤认定可以考虑以下三个原则：一是应当考虑是否履行工作职责、是否受用人单位指派、是否与工作职责有关、是否基于用人单位的正当利益等因素；二是对工作时间的认定应当考虑是否属于因工作所需的时间；三是对工作场所的认定则应当考虑是否属于因工作涉及的区域以及自然延伸的合理区域。

因此实践中以下情形应当认定为工伤：职工在工作时间和工作场所内受到伤害，用人单位或者社会保险行政部门没有证据证明是非工作原因导致的；职工参加用人单位组织或者受用人单位指派参加其他单位组织的活动受到伤害的；在工作时间内，职工来往于多个与其工作职责相关的工作场所之间的合理区域因工受到伤害的；其他与履行工作职责相关，在工作时间及合理区域内受到伤害的。

【案例4-5】

2008年9月3日，胡某开始在袁氏公司做杂工，职责为防火防盗。2012年1月24日，胡某在公司露天废铁堆码货场值班，因天气寒冷，欲生火取暖，在使用废钢剪切机剪切木柴时，不慎被机器砸伤右手。2013年8月20日，胡某向区人社局提出工伤认定申请。9月25日，区人社局作出工伤认定举证通知书，袁氏公司于10月8日领取该举证通知书。10月25日，区人社局作出工伤认定中止审理决定书，后于12月14日作出工伤认定恢复审理决定书恢复审理。12月17日，区人社局前往胡某工作地点查看现场并拍照，照片显示：现场为露天货场，有一工棚，一面靠墙，其余三面无遮挡。同日，区人社局对胡某进行调查，并制作劳动和社会保险工伤认定调查笔录。2013年12月30日，区人社局认定胡某受伤属工伤，并将认定工伤决定书送达袁氏公司和胡某。袁氏公司不服，向市人社局提起行政复议。在市人社局复议维持该决定书后，袁氏公司诉至重庆市江北区法院，要求撤销认定工伤决定书。

重庆市江北区人民法院经审理认为，袁氏公司向胡某提供的工作条件、工作环境极其恶劣，胡某因严寒劈柴生火取暖的行为源自其正当生理需求，亦是为履行工作职责采取的必要措施。其在此过程中受到伤害，符合《工伤保险条例》第十四条第一款（一）项规定的"因工作原因受到事故伤害"的情形，应当认定为工伤，故驳回袁氏公司的诉讼请求。

袁氏公司不服，提起上诉。重庆市第一中级人民法院驳回上诉，维持原判。

评析：我国《工伤保险条例》第十四条、第十五条和第十六条对应当认定为工伤、视同工伤和不得认定或视同工伤的情形作了详细规定。其中，第十四条第一款第（一）项规定，职工在工作时间和工作场所内,因工作原因受到事故伤害的,应当认定为工伤。就该规定而言,工作时间、工作地点和工作原因是工伤认定的主要因素。因工作时间和工作地点皆具一定的延伸性和扩展性,在工作时间前后、因工外出期间或者在上下班途中皆有被认定为工伤的可能性。故又以工作原因最为关键。本案中,各方当事人对袁氏公司与胡某存在事实劳动关系,且胡某在工作时间、工作场所内受伤的事实并无异议,争议焦点在于胡某受伤是否因工作原因造成。

在工作时间和工作场所内,因工作环境恶劣,劳动者为了正常履行工作职责,采取必要措施保障自身正当生理需求,受到事故伤害的,即使劳动者自身行为存在过错,仍属因工作原因受伤,不影响工伤认定。本案中,胡某需要在严冬夜晚值守工地十余小时,用工单位本应保证其正当生理需求和安全健康,但工作场所之工棚三面透风,在无其他方式可取暖的情况下,胡某剪切木柴生火取暖,即使自身有过错,其本意也是为了保障自身正当生理需求,以正常履行工作职责,故其受伤应属因工作原因。(案例来源:子非鱼说劳动法微信公众号,作者重庆市江北区人民法院付鸣剑、王明辉、江朝丽。)

【案例4-6】

曾女士是江苏人,找了一家清洁服务公司的工作。虽然公司是上海的,但她被安排在老家的一家公司上班。公司为员工提供了食堂,平时大家都在食堂吃饭,公司员工说通常都是11点到12点吃饭休息的。2015年2月曾女士受姐姐邀请,去她家吃午饭,因为母亲住在姐姐家,她心想不太远,又可以探望母亲,就答应了。到了饭点,她便骑着电瓶车去了。

下午13: 25分左右,她在返回公司的路上,在交叉路口与一辆轿车发生碰撞,不料就这样曾女士因抢救无效死亡了。交警认定曾女士没有责任。但向人保局申请工伤认定时,曾女士的女儿小徐拿到了一张不予认定工伤的决定书。小徐不理解,明明是工作日,也是为了去上班,应该是在上班途中发生的交通意外,怎么不算工伤呢。于是发生了纠纷,她最后选择起诉。

人保局认为,曾女士是涉案公司的员工,该公司给员工提供了食堂进行就餐,意味着已经提供了合理且必要的条件满足员工午餐的基本生理需求。原告仍外出至其他地方就餐,此行为属于因私外出,不属于在上下班途中的情形。

法院经审理后认为,曾女士作为员工的主体身份没有争议,本案焦点在“上下班途中”的认定上。分析相关法律规定及法理,构成工伤事故的上班途中不仅应考虑员工离开始发地的时间、事故发生地点,还应从员工离开单位的目的等进行综合考量。本案中一方面曾女士离开单位的直接目的是去其姐姐家吃饭,同时看望其母亲,都属于其个人原因。另一方面,根据用工单位证明,其午餐及休息时间为中午11点至11点半,而事故发生时间为下午13: 25时许,此时间超过午休时间两小时,显然不在合理时间范围内。综上,法院认为曾女士发生事故不符合法定的认定工伤或视同工伤的情形。

(案例来源:新浪上海12月7日文章,访问时间2016年12月11日 http://sh. sina. com. cn/news/2016 - 12 - 07/detail-ifxyiayq2586470. shtml)

【案例4-7】

2012年2月28日下午,张某与同事一同参加上海某医疗器械有限公司(以下简称“医疗公司”)举办的羽毛球比赛赛前训练,训练期间身体出现不适,随即被送往医院救治,经诊断为脑梗死(椎基底动脉系统),肺部感染、呼吸衰竭2型、电解质紊乱及肝功能异常,于2012年3月19日经抢救无效死亡。2013年2月26日,上海外服北京分公司向朝阳人保局提出工伤认定申请,并提交了《工伤认定申请表》、身份证复印件、诊断证明书、入院记录、住院病案、死亡医学证明书等材料。朝阳人保局于同日向申请人作出《工伤认定一次性告知书》,告知应补交的材料,申请人当日进行补交。2013年2月26日,朝阳人保局作出《工伤认定申请受理决定书》,并分别向各方进行送达。2013年4月25日,根据卢某、申请人上海外服北京分公司提交的材料以及调查核实的情况,朝阳区人保局作出被诉不予认定工伤决定,并于次日向卢某和上海外服北京分公司送达。

2013年4月25日,朝阳人保局作出京朝人社工伤认(1050F0241232)号《不予认定工伤决定书》(以下简称被诉不予认定工伤决定),认定张某系上海外服北京分公司的员工。双方签有劳动合同,上海外服北京分公司将张某派遣到医疗公司工作,并为其缴纳了工伤保险。2012年2月28日下午,张某与同事一同参加公司举办的羽毛球比赛的赛前训练,训练期间突发疾病,随即被送往医院抢救,于2012年3月19日经抢救无效死亡。张某受到的伤害,不符合《工伤保险条例》第十四条、第十五条认定工伤或者视同工伤的情形,现决定不予认定或视同工伤。

卢某不服上述具体行政行为,诉至一审法院。一审法院经审理认为:依据《工伤保险条例》的规定,县级以上地方各级人民政府社会保险行政部门负责本行政区域内的工伤保险工作。上海外服北京分公司的注册地点在朝阳区,故朝阳区人保局作为本行政区域内的工伤保险主管部门对涉案工伤认定申请具有审查并作出认定的法定职责。根据《工伤保险条例》第十五条第(一)项的规定,职工在工作时间和工作岗位,突发疾病死亡或者在48小时之内经抢救无效死亡的,视同工伤。本案中,朝阳人保局调取的证据能够证明张某于2012年2月28日下午,在与同事参加公司组织的羽毛球比赛赛前训练活动中突发疾病,被医院诊断为脑部梗塞,后经抢救无效于2012年3月19日死亡的事实。张某从发病到死亡的时间达21天,不符合《工伤保险条例》的上述规定,不能被认定为视同工伤,同时张某的情形亦不符合《工伤保险条例》中应当认定为工伤的其他情形,朝阳人保局根据上述事实对张某作出不予认定工伤决定符合《工伤保险条例》的规定,予以支持。卢某关于朝阳人保局适用法律错误的主张没有事实和法律依据,不予支持。关于卢某所持朝阳人保局认定事实错误,主张张某系在参加单位组织的体育活动中意外摔倒、在打球过程中用力过猛扭伤脖子致脑梗塞后抢救无效死亡的诉讼意见。

判决维持了朝阳人保局于2013年4月25日作出的被诉不予认定工伤决定。

卢某不服一审判决,提出上诉。二审法院驳回上诉,维持一审判决。

【案例4-8】

因超过招工年龄,王某甲无法到当地一煤矿公司上班。于是王某甲想到冒用其弟王某乙名字的办法。2000年7月,王某甲以“王某乙”的名义到煤矿公司实习。同年11月,其被招聘到煤矿公司从事采煤工作。2004年7月至2012年7月期间,煤矿公司为“王某乙”购买了工伤保险。

2012年7月的一天,王某甲驾驶摩托车在下班途中发生车祸死亡,经当地人力资源和社会保障局认定其为工伤死亡。后因姓名问题,2014 年 9 月,王某甲亲属李某等人向当地人力资源和社会保障局申请将原工伤认定决定书中"王某乙"更改为"王某甲"。2015 年 1 月,王某甲的亲属向当地工伤保险管理部门申请王某甲的工伤死亡保险待遇。工伤保险管理部门审核认为,工伤保险实行实名制,既然工伤保险是以"王某乙"的名义购买,表明王某甲并未参加工伤保险,故核定不予支付一次性丧葬补助金、一次性工亡补助金及供养亲属抚恤金。

王某甲的亲属认为,相关部门已经认定王某甲为工伤死亡,王某甲所在的工作单位亦实际为其参保,工伤保险管理部门理应给予王某甲工伤死亡保险待遇,遂诉至重庆市某区人民法院。

法院经审理后认为,根据相关法律规定,用人单位应当为本单位职工缴纳工伤保险费。本案中,煤矿公司根据王某甲提供的"王某乙"的身份信息,以"王某乙"名义为王某甲缴纳工伤保险费,其真实意思表示应理解为投保对象实际为该公司职工王某甲,而不是与公司不具备劳动关系的王某乙,即王某甲与社会保险行政部门之间在事实上成立了工伤保险关系。本案中,王某甲已经相关部门认定为工伤死亡,煤矿公司亦为其缴纳了工伤保险费,故工伤保险管理部门应对王某甲核定工伤死亡保险待遇。据此,当地工伤保险管理部门在庭审过程中改变了原具体行政行为,原告遂撤回了诉讼。

《工伤认定办法》规定,与用人单位存在劳动关系的证明材料包括事实劳动关系的证明材料。也就是说,工伤保险法律规定中的职工是指与用人单位存在劳动关系的各种劳动者,这其中当然包括了事实劳动关系。本案中,王某甲虽然冒用他人身份,但与煤矿公司之间建立了事实劳动关系,属于《工伤保险条例》规定的法律意义上的职工,故其工伤死亡的情形符合工伤死亡保险待遇的范畴。

根据《工伤保险条例》第十五条的规定,职工有下列情形之一的,视同工伤:

1)在工作时间和工作岗位,突发疾病死亡或者在 48 小时之内经抢救无效死亡的;

2)在抢险救灾等维护国家利益、公共利益活动中受到伤害的;

3)职工原在军队服役,因战、因公负伤致残,已取得革命伤残军人证,到用人单位后旧伤复发的。

修订后的《工伤保险条例》关于在上下班途中受到机动车事故伤害认定为工伤的情形限定为非本人主要责任的机动车事故。此种情形下的工伤认定要看职工在交通事故中的责任承担情况。职工步行、骑自行车、自驾车上下班途中,在必须经过的路段发生交通事故而受伤,且交警部门认定是劳动者主要责任、全部责任之外的,都属工伤。因此,交警部门作出的事故责任认定成为是否认定工伤的关键因素。

第八次全国法院民事商事审判工作会议(民事部分)纪要中关于社会保险与侵权责任的关系问题明确,被侵权人有权获得工伤保险待遇或者其他社会保险待遇的,侵权人的侵权责任不因受害人获得社会保险而减轻或者免除。根据社会保险法第三十条和四十二条的规定,被侵权人有权请求工伤保险基金或者其他社会保险支付工伤保险待遇或者其他保险待遇。用人单位未依法缴纳工伤保险费,劳动者因第三人侵权造成人身损害并构成工伤,侵权人已经赔偿的,劳动者有权请求用人单位支付除医疗费之外的工伤保险待遇。用人单位先行支付工伤保险待遇的,可以就医疗费用在第三人应承担的赔偿责任范围内向其追偿。

职工上下班途中受到非本人主要责任的机动车事故伤害和工作过程中受到机动车事故伤

害,既认定为工伤又属于交通事故,那么是否可以获得工伤和交通事故的双重赔偿在实践中法院有不同的判例。

【案例4-9】

原告系被告下属单位彬县公路管理段清洁工,2009年3月1日10时许,在312国道KM1624+850 m处上班过程中,由于陕D28228和陕D39911两车追尾,将正在清扫卫生的原告碰倒致伤,经彬县公安局交通警察大队认定,陕D28228车驾驶员刘某负事故的全部责任,原告无责任。原告受伤后在彬县县医院抢救治疗后,2009年4月28日经陕西省咸阳市司法医学鉴定中心鉴定,原告残疾程度为六级。后原告向彬县人民法院起诉,要求陕D28228车车主赵某及其保险公司人保财险咸阳市秦都支公司赔偿其医疗费、残疾生活补助费等349 600元。2009年7月20日彬县人民法院作出〔2009〕彬民初字第00280号民事判决书,判决原告医疗费、误工费、护理费、住院伙食补助费、营养费、交通费、住宿费、复印费、残疾生活补助费、残疾辅助器具费、精神损害抚慰金共计293 028.16元,由赵某赔偿173 028.16元,人保财险咸阳市秦都支公司赔偿120 000元。

2010年1月22日彬县人力资源和社会保障局作出彬劳社伤险认决字〔2010〕01号工伤认定决定书,认定原告2009年3月1日上班时因车辆交通事故造成其伤残为工伤。同年4月19日咸阳市劳动能力鉴定委员会认定原告劳动功能障碍等级为五级,生活自理障碍等级为部分级护理。后原告又以工伤待遇为由,向彬县劳动争议仲裁委员会提出请求,要求陕西省咸阳公路管理局赔偿其停工留薪期工资福利待遇。2010年7月27日彬县劳动争议仲裁委员会作出彬劳仲案字〔2010〕第01号裁决书,裁决:陕西省咸阳公路管理局支付原告9个月停工留薪期待遇6 390元、一次性伤残补助金11 360元、第二次住院期间的医疗费和伙食补助费1 893.30元、劳动能力鉴定费260元,驳回原告要求陕西省咸阳公路管理局支付其一次性工伤医疗补助金、一次性伤残就业补助金和生活护理费的请求。

2010年8月11日原告不服彬劳仲案字〔2010〕第01号裁决书,向彬县人民法院起诉。

陕西省彬县人民法院审理认为,由于原、被告约定原告在被告处劳动期限为2008年4月1日至2009年3月31日,说明原、被告之间已建立劳动合同关系。原告因第三人侵权造成损害,且构成工伤,其既是工伤事故中的受伤职工,又是侵权行为的受害人,用人单位和侵权人均应当依法承担各自所负赔偿责任,即使该劳动者已从其中一方先行获得赔偿,亦不能免除或减除另一方的赔偿责任。因此此案应适用工伤保险赔偿,原告有权同时获得工伤保险赔偿和人身侵权赔偿,即双份赔偿。故被告认为其只对第三人造成的损害承担未赔部分的补偿责任之理由,不能成立。原告在工作中遭受交通事故,被评定为工伤,依法应享受工伤医疗待遇。停工留薪期一般不超过12个月,在停工留薪期内,原工资福利待遇不变,由所在单位按月支付。法院作出如下判决。

(1)被告陕西省咸阳公路管理局支付原告12个月的停工留薪期工资8 520元。

(2)被告陕西省咸阳公路管理局支付原告一次性伤残补助金11 360元。

(3)被告陕西省咸阳公路管理局支付原告第二次住院期间医疗费1 563.30元及住院生活补助费210元,共计1 773.30元。

(4)被告陕西省咸阳公路管理局支付原告停工留薪期护理费10 950元,并从2010年3月

1 日起按 2009 年度职工月平均工资 2 524.42 元的 30% 即 757.33 元逐月支付原告生活护理费。

(5)被告陕西省咸阳公路管理局支付原告一次性工伤医疗补助金 60 586 元、一次性伤残就业补助金 60 586 元。

(6)驳回原告其他诉讼请求。

(案例根据中国法院网案例改编)

【案例 4-10】

2010 年 8 月 1 日,冯女士入职到重庆市四通环卫有限公司(以下简称四通公司)工作,在公路上打扫清洁。同年 12 月 29 日,她在南岸区四公里枢纽站外打扫清洁时,被一辆公交车撞伤,住院 87 天,花了 7 万多元医疗费。肇事方重庆冠忠公共交通集团有限公司(下称冠忠集团公司)支付了这笔费用。

重庆市南岸区人力资源和社会保障局认定其为工伤,重庆市劳动鉴定委员会鉴定其为八级伤残。2011 年 8 月 11 日,冯女士和冠忠集团公司达成赔偿协议:除了 7 万多元医疗费,冠忠集团公司另外一次性赔偿 4 万余元。

事故发生后,冯女士和四通公司解除了劳动关系。2012 年 5 月 31 日,冯女士将四通公司起诉到法院,称她在工作时间、工作地点、因工作原因被撞伤,属于工伤,要求四通公司一次性支付工伤待遇 9 万余元。

法院审理认为,劳动者在工作中发生了交通事故,如果该交通事故又属于工伤,劳动者既可以选择交通事故索赔,也可以选择工伤事故索赔。但是,如果劳动者已获得交通事故责任方的民事赔偿,用人单位不再支付工伤保险待遇。如果交通事故得到的赔偿少于工伤赔偿,用人单位则应赔偿差额部分。

承办法官称,他们根据相关赔偿标准,计算出冯女士的工伤赔偿总额应为 15.1 万余元。冠忠集团公司在交通事故赔偿中,支付的赔偿和医疗费总金额为 11.4 万余元。两者相差 3.6 万余元。

最后,重庆市南岸区法院一审判决四通公司赔偿差额部分的工伤赔偿金 3.6 万余元。冯女士不服提起上诉,二审驳回上诉,维持原判。

(材料来源:工伤赔偿法律网)

2006 年 1 月 20 日重庆市高级人民法院发布《关于审理工伤赔偿案件若干问题的意见》规定,类似上班途中或工作过程中遭遇车祸的第三人造成的工伤案件,为保证分配公平,采取差额互补的工伤赔偿方式。即受伤职工已获得肇事者支付的足额民事赔偿时,工伤保险经办机构及用人单位不再支付其工伤保险待遇;而当民事赔偿金额低于工伤保险待遇时,则由保险机构及用人单位补足差额部分。

《社会保险法》第四十二条规定,由于第三人的原因造成工伤,第三人不支付工伤医疗费用或者无法确定第三人的,由工伤保险基金先行支付。工伤保险基金先行支付后,有权向第三人追偿。据此,《社会保险法》的立法精神应理解为交通事故和工伤竞合时,不支持劳动者获得双重赔偿,劳动者可根据具体情况选择行使其中之一请求权,请求第三人赔偿或者请求获得工伤保险待遇。因此,重庆市高级人民法院的规定更符合现行《社会保险法》的精神。

这种情况建议工伤的劳动者直接走工伤赔偿程序。因如果选择交通事故赔偿,若交通事故赔偿责任方没有足额的机动车商业保险,可能因为转移财产或者偿还能力不足等原因无法执行。而工伤赔偿是由国家的工伤保险基金和用人单位共同支付,后者显然更有保障一些。另外如果按照交通事故赔偿来计算伤残赔偿金,赔偿金额比工伤赔偿金额可能要少。因为交通事故的人身损害伤残鉴定等级要比工伤的伤残鉴定等级严格。交通事故适用的鉴定标准是《人体损伤残疾程度鉴定标准(试行)》,而工伤适用的鉴定标准则是《劳动能力鉴定——职工工伤与职业病致残等级分级》。工伤鉴定出的八级伤残在交通事故中可能被鉴定为十级伤残,工伤赔偿计算出的总金额就要高。劳动者死亡的情况下,一般工伤赔偿比交通事故赔偿的金额大,交通事故赔偿还要区分劳动者是否为城市常住人口来作为赔偿依据。因此,劳动者遇到类似情况,建议先向劳动部门请求认定为工伤,然后启动工伤赔偿程序。

(五)不认定为工伤的情形

有下列情形之一的,导致职工本人在工作中伤亡的,不得认定为工伤或者视同工伤:

(1)故意犯罪的;

(2)醉酒或者吸毒的;

(3)自残或者自杀的。

关于工伤的认定,2011 年 1 月 1 日修订后的《工伤保险条例》实施后,各地在工伤认定领域出现了一些性新情况,为保护劳动者的权益,2014 年 4 月 21 日由最高人民法院审判委员会第 1613 次会议通过《最高人民法院关于审理工伤保险行政案件若干问题的规定》(以下简称《规定》),自 2014 年 9 月 1 日起施行。该《规定》对双重劳动关系、劳务派遣、指派、转包和挂靠关系、工作场所、工作时间、因工外出期间和上下班途中情形下的工伤认定进行了明确,同期发布了工伤认定的几个指导性行政案例。

职工与两个或两个以上单位建立劳动关系,工伤事故发生时,职工为之工作的单位担责;劳务派遣单位派遣的职工在用工单位工作期间因工伤亡的,派遣单位担责;单位指派到其他单位工作的职工因工伤亡的,指派单位担责;用工单位违反法律、法规规定将承包业务转包给不具备用工主体资格的组织或者自然人,该组织或者自然人聘用的职工从事承包业务时因工伤亡的,用工单位担责;个人挂靠其他单位对外经营,其聘用的人员因工伤亡的,被挂靠单位担责。

“工作原因、工作时间和工作场所”是工伤认定中最核心的问题。《规定》确定了三个原则:一是对“工作原因”的认定应当考虑是否履行工作职责、是否受用人单位指派、是否与工作职责有关、是否基于用人单位的正当利益等因素;二是对“工作时间”的认定应当考虑是否属于因工作所需的时间;三是对“工作场所”的认定则应当考虑是否属于因工作涉及的区域以及自然延伸的合理区域。在此基础上,《规定》明确,社会保险行政部门认定下列情形为工伤的,人民法院应予支持:①职工在工作时间和工作场所内受到伤害,用人单位或者社会保险行政部门没有证据证明是非工作原因导致的;②职工参加用人单位组织或者受用人单位指派参加其他单位组织的活动受到伤害的;③在工作时间内,职工来往于多个与其工作职责相关的工作场所之间的合理区域因工受到伤害的;④其他与履行工作职责相关,在工作时间及合理区域内受到伤害的,都应该认定为工伤。

“因工外出期间”属于“工作时间”的一种特殊情形。《规定》列举了三种认定工伤的情形,包括职工受用人单位指派或者因工作需要在工作场所以外从事与工作职责有关的活动期间;职工受用人单位指派外出学习或者开会期间;职工因工作需要的其他外出活动期间。只要不属于职工从事与工作或者受用人单位指派外出学习、开会无关的个人活动受到伤害的,原则上应当认定为工伤。

《规定》列了四种情形为法定"上下班途中":①在合理时间内往返于工作地与住所地、经常居住地、单位宿舍的合理路线的上下班途中;②在合理时间内往返于工作地与配偶、父母、子女居住地的合理路线的上下班途中;③从事属于日常工作生活所需要的活动,且在合理时间和合理路线的上下班途中;④在合理时间内其他合理路线的上下班途中。

【案例4-11】

(一)基本案情

南通六建公司系国基电子(上海)有限公司A7厂房工程的承包人,其以《油漆承揽合同》的形式将油漆工程分包给自然人李某某,约定李某某所雇人员应当接受南通六建公司管理。李某某又将部分油漆工程转包给自然人王某某,王某某招用张成兵进行油漆施工。李某某和王某某均无用工主体资格,也无承揽油漆工程的相应资质。2008年3月10日,张成兵在进行油漆施工中不慎受伤。11月10日,松江区劳动仲裁委员会裁决确定张成兵与南通六建公司之间存在劳动关系,但该裁决书未送达南通六建公司。12月29日,张成兵提出工伤认定申请,并提交了劳动仲裁裁决书。上海市松江区人力资源和社会保障局立案审查后,认为张成兵受伤符合工伤认定条件,且南通六建公司经告知,未就张成兵所受伤害是否应被认定为工伤进行举证。上海市松江区人力资源和社会保障局遂于2009年2月19日认定张成兵受伤为工伤。南通六建公司不服,经复议未果,遂起诉请求撤销上海市松江区人力资源和社会保障局作出的工伤认定。

(二)裁判结果

经上海市松江区人民法院一审,上海市第一中级人民法院二审认为,根据劳社部发〔2005〕12号《劳动和社会保障部关于确立劳动关系有关事项的通知》第四条规定,建筑施工、矿山企业等用人单位将工程(业务)或经营权发包给不具备用工主体资格的组织或自然人,对该组织或自然人招用的劳动者,由具备用工主体资格的发包方承担用工主体责任。本案中,南通六建公司作为建筑施工单位将油漆工程发包给无用工主体资格的自然人李某某,约定李某某所雇用的人员应服从南通六建公司管理。后李某某又将部分油漆工程再发包给王某某,并由王某某招用了上诉人张成兵进行油漆施工。上海市松江区人力资源和社会保障局依据上述规定及事实认定上诉人与被上诉人具有劳动关系的理由成立。根据《工伤保险条例》规定,张成兵在江苏南通六建建设集团有限公司承建的厂房建设项目中进行油漆施工不慎受到事故伤害,属于工伤认定范围。据此,维持上海市松江区人力资源和社会保障局作出被诉工伤认定的具体行政行为。

(案例来源:中国法院网指导案例)

【案例4-12】

(一)基本案情

原告何培祥系原北沟镇石涧小学教师,2006年12月22日上午,原告被石涧小学安排到新沂城西小学听课,中午在新沂市区就餐。因石涧小学及原告居住地到城西小学无直达公交车,原告采取骑摩托车、坐公交车、步行相结合方式往返。下午15:40左右,石涧小学邢汉民、何继强、周恩宇等开车经过石涧村大陈庄水泥路时,发现何培祥骑摩托车摔倒在距离石涧小学二三百米的水泥路旁,随即送往医院抢救治疗。12月27日,原告所在单位就何培祥的此次伤害事故向被告江苏省新沂市劳动和社会保障局提出工伤认定申请,后因故撤回。2007年6月,原告就此次事故伤害直接向被告提出工伤认定申请。经历了两次工伤认定,两次复议,两次诉讼后,被告于2009年12月26日作出职工工伤认定,认定:何培祥所受机动车事故伤害虽发生在上下班的合理路线上,但不是在上下班的合理时间内,不属于上下班途中,不认定为工伤。原告不服,向新沂市人民政府申请复议,复议机关作出复议决定,维持了被告作出的工伤认定决定。之后,原告诉至法院,请求撤销被告作出的工伤认定决定。

(二)裁判结果

经江苏省新沂市人民法院一审,徐州市中级人民法院二审认为:上下班途中的"合理时间"与"合理路线",是两种相互联系的认定属于上下班途中受机动车事故伤害情形的必不可少的时空概念,不应割裂开来。结合本案,何培祥在上午听课及中午就餐结束后返校的途中骑摩托车摔伤,其返校上班目的明确,应认定为合理时间。故判决撤销被告新沂市劳动和社会保障局作出的职工工伤认定;责令被告在判决生效之日起60日内就何培祥的工伤认定申请重新作出决定。

(案例来源:中国法院网指导案例)

【案例4-13】

(一)基本案情

孙立兴系中力公司员工,2003年6月10日上午受中力公司负责人指派去北京机场接人。其从中力公司所在天津市南开区华苑产业园区国际商业中心(以下简称商业中心)八楼下楼,欲到商业中心院内开车,当行至一楼门口台阶处时,孙立兴脚下一滑,从四层台阶处摔倒在地面上,经医院诊断为颈髓过伸位损伤合并颈部神经根牵拉伤、上唇挫裂伤、左手臂擦伤、左腿皮擦伤。孙立兴向园区劳动局提出工伤认定申请,园区劳动局于2004年3月5日作出工伤认定决定书,认为没有证据表明孙立兴的摔伤事故是在工作场所、基于工作原因造成的,决定不认定为工伤。

(二)裁判结果

经天津市第一中级人民法院一审,天津市高级人民法院二审认为,该案焦点问题是孙立兴摔伤地点是否属于工作场所和是否由于工作原因。《工伤保险条例》规定,职工在工作时间和工作场所内,因工作原因受到事故伤害,应当认定为工伤。该规定中的"工作场所",指职工从事职业活动的场所,在有多个工作场所的情形下,还应包括职工来往于多个工作场所之间的必经区域。本案中,位于商业中心八楼的中力公司办公室,是孙立兴的工作场所,而其完成去机场接人的工作任务需驾驶的汽车,是其另一处工作场所。汽车停在商业中心一楼的门外,孙立兴要完成开车任务,必须从商业中心八楼下到一楼门外停车处,故从商业中心八楼到停车处是孙立兴来往于两个工作场所之间的必经的区域,应当认定为工作场所。园区劳动局认为孙立兴摔伤地点不属于其工作场所,将完成工作任务的必经之路排除在工作场所之外,既不符合立法本意,也有悖于生活常识。孙立兴为完成开车接人的工作任务,从位于商业中心八楼的中力公司办公室下到一楼,并在一楼门口台阶处摔伤,系为完成工作任务所致。上诉人园区劳动局以孙立兴不是开车时受伤为由,认为孙立兴不属于"因工作原因"摔伤,理由不能成立。故判决撤销被告园区劳动局所作的工伤认定决定书,限其在判决生效后60日内重新作出具体行政行为。

(案例来源:中国法院网指导案例)

【案例4-14】

(一)基本案情

2013年12月23日,吴亚海在上海温和足部保健服务部(以下简称"服务部")工作时突发疾病,当日送同济医院救治,医院抢救后告知家属救治无望,家属得知救治无望后陪同吴亚海一起乘坐急诊救护车回老家,在回老家的途中吴亚海死亡。医院出具死亡医学证明显示,吴亚海的死亡时间为2013年12月24日,也就是突发疾病的次日,死亡地点为急诊救护车上。

吴亚海死亡后,服务部不认可与吴亚海存在劳动关系。家属申请劳动仲裁,2014年8月19日,上海市普陀区劳动人事争议仲裁委员会作出普劳人仲(2014)办字第2570号裁决书,认定吴亚海与服务部自2012年12月20日至2013年12月24日存在劳动关系。

2014年10月13日,吴亚海家属向上海市普陀区人力资源和社会保障局申请工伤认定,人社局于2014年10月22日受理,经调查认为,吴亚海的死亡符合《工伤保险条例》第十五条第一款第(一)项规定,属于"在工作时间和工作岗位,突发疾病死亡或者在48小时之内经抢救无效死亡",并于2014年12月19日认定视同工伤。

服务部不服,提起行政诉讼,请求法院撤销人社局作出的工伤认定结论。

吴亚海突发疾病抢救无效回家途中死亡应否认定工伤。具体来说,吴亚海家属在得知救治无望的情况下,陪同吴亚海乘坐急诊救护车回老家途中死亡,是否属于家属主动放弃治疗导致死亡而非抢救无效死亡。

(二)裁判结果

上海市普陀区人民法院一审认可人社局的工伤认定结论,驳回了服务部的诉讼请求;服务部不服上诉至上海市第二中级人民法院,上海市第二中级人民法院驳回上诉,维持原判。

(三)裁判理由

人社局具有作出被诉工伤认定的法定职权。人社局受理吴亚海家属的工伤认定申请后,依法进行了调查,于法定期限内作出被诉工伤认定决定并送达双方当事人,行政程序合法。

人社局依据服务部员工的调查笔录及吴亚海的病历材料、居民死亡医学证明书等证据,认定吴亚海于2013年12月23日工作时突发疾病,当日送同济医院救治,次日死亡的事实,证据充分、事实清楚。

人社局依据《工伤保险条例》第十五条第一款第(一)项、《上海市工伤保险实施办法》第十五条第一款第(一)项之规定,认定吴亚海因病死亡的情形属于视同工伤,适用法律正确。

关于服务部认为吴亚海死亡系家属主动放弃治疗运送其回乡而导致,不属于《工伤保险条例》第十五条第一款第(一)项规定的"突发疾病死亡或者在48小时之内经抢救无效死亡"的情形的意见,本院认为,从吴亚海发病后被送至同济医院治疗直至在救护车上死亡,其始终未脱离医疗机构的治疗抢救状态,其家属始终未有拒绝接受救治的意思表示,故服务部的主张不能成立。

据此,二审法院依照《中华人民共和国行政诉讼法》第八十九条第一款第(一)项的规定,判决如下:驳回上诉,维持原判。

案例启示:

如果劳动者在工作中突发疾病,不要主动放弃治疗,否则可能不被认定为工伤;如果医疗机构认定救治无望,不要自行把劳动者运送回家,因为自行运送将导致脱离医疗机构的治疗抢救状态,之后发生的死亡很有可能不被认定为工伤。

(案例来源:《最高人民法院公报》2017年第4期016号)

(六)工伤认定的程序及劳动能力鉴定

1. 工伤认定

职工发生事故伤害或者按照职业病防治法规定被诊断、鉴定为职业病,所在单位应当自事故伤害发生之日或者被诊断、鉴定为职业病之日起30日内,向统筹地区社会保险行政部门提出工伤认定申请。遇有特殊情况,经报社会保险行政部门同意,申请时限可以适当延长。

用人单位未按前款规定提出工伤认定申请的,工伤职工或者其直系亲属、工会组织在事故伤害发生之日或者被诊断、鉴定为职业病之日起1年内,可以直接向用人单位所在地统筹地区劳动保障行政部门提出工伤认定申请。①

用人单位未在规定的时限内提交工伤认定申请,在此期间发生符合本条例规定的工伤待遇等有关费用由该用人单位负担。

提出工伤认定申请应当提交下列材料:

工伤认定申请表、与用人单位存在劳动关系(包括事实劳动关系)的证明材料、医疗诊断证明或者职业病诊断证明书(或者职业病诊断鉴定书)。工伤认定申请表应当写明包括事故发生的时间、地点、原因以及职工伤害程度等基本情况。

社会保险行政部门受理工伤认定申请后,根据审核需要可以对事故伤害进行调查核实,用人单位、职工、工会组织、医疗机构以及有关部门应当予以协助。职业病诊断和诊断争议的鉴定,依照职业病防治法的有关规定执行。对依法取得职业病诊断证明书或者职业病诊断鉴定书的,社会保险行政部门不再进行调查核实。

职工或者其近亲属认为是工伤,用人单位不认为是工伤的,由用人单位承担举证责任。

社会保险行政部门应当自受理工伤认定申请之日起60日内作出工伤认定的决定,并书面通知申请工伤认定的职工或者其近亲属和该职工所在单位。

---

① 2018年1月1日实施的《浙江省工伤保险条例》第十二条规定受伤劳动者或者劳动者家属、工会组织申请工伤认定可以自自事故伤害发生之日或者被诊断、鉴定为职业病之日起一年内直接向工伤认定部门申请工伤认定,不需单位在规定的期限内未申请这一条件。

社会保险行政部门对受理的事实清楚、权利义务明确的工伤认定申请,应当在15日内作出工伤认定的决定。

作出工伤认定决定需要以司法机关或者有关行政主管部门的结论为依据的,在司法机关或者有关行政主管部门尚未作出结论期间,作出工伤认定决定的时限中止。

2. 劳动能力鉴定

职工发生工伤,经治疗伤情相对稳定后存在残疾、影响劳动能力的,应当进行劳动能力鉴定。劳动能力鉴定是指劳动功能障碍程度和生活自理障碍程度的等级鉴定。劳动功能障碍分为十个伤残等级,最重的为一级,最轻的为十级。生活自理障碍分为三个等级:生活完全不能自理、生活大部分不能自理和生活部分不能自理。

劳动能力鉴定由用人单位、工伤职工或者其近亲属向设区的市级劳动能力鉴定委员会提出申请,并提供工伤认定决定和职工工伤医疗的有关资料。省、自治区、直辖市劳动能力鉴定委员会和设区的市级劳动能力鉴定委员会分别由省、自治区、直辖市和设区的市级社会保险行政部门、卫生行政部门、工会组织、经办机构代表以及用人单位代表组成。设区的市级劳动能力鉴定委员会应当自收到劳动能力鉴定申请之日起60日内作出劳动能力鉴定结论,必要时,作出劳动能力鉴定结论的期限可以延长30日。劳动能力鉴定结论应当及时送达申请鉴定的单位和个人。

申请鉴定的单位或者个人对设区的市级劳动能力鉴定委员会作出的鉴定结论不服的,可以在收到该鉴定结论之日起15日内向省、自治区、直辖市劳动能力鉴定委员会提出再次鉴定申请。省、自治区、直辖市劳动能力鉴定委员会作出的劳动能力鉴定结论为最终结论。

自劳动能力鉴定结论作出之日起1年后,工伤职工或者其近亲属、所在单位或者经办机构认为伤残情况发生变化的,可以申请劳动能力复查鉴定。

(七)工伤保险待遇及给付

因工伤发生的下列费用,按照国家规定从工伤保险基金中支付:

(1)治疗工伤的医疗费用和康复费用;

(2)住院伙食补助费;

(3)到统筹地区以外就医的交通食宿费;

(4)安装配置伤残辅助器具所需费用;

(5)生活不能自理的,经劳动能力鉴定委员会确认的生活护理费;

(6)一次性伤残补助金和一至四级伤残职工按月领取的伤残津贴;

(7)终止或者解除劳动合同时,应当享受的一次性医疗补助金;

(8)因工死亡的,其遗属领取的丧葬补助金、供养亲属抚恤金和因工死亡补助金;

(9)劳动能力鉴定费。

因工伤发生的下列费用,按照国家规定由用人单位支付:

(1)治疗工伤期间的工资福利;

(2)五级、六级伤残职工按月领取的伤残津贴;

(3)终止或者解除劳动合同时,应当享受的一次性伤残就业补助金。

(八)工伤职工享受工伤保险待遇的例外

工伤职工有下列情形之一的,停止享受工伤保险待遇:

(1)丧失享受待遇条件的;

(2)拒不接受劳动能力鉴定的;

(3)拒绝治疗的。

(九)其他事项

用人单位分立、合并、转让的,承继单位应当承担原用人单位的工伤保险责任;原用人单位已经参加工伤保险的,承继单位应当到当地经办机构办理工伤保险变更登记。

用人单位实行承包经营的,工伤保险责任由职工劳动关系所在单位承担。

职工被借调期间受到工伤事故伤害的,由原用人单位承担工伤保险责任,但原用人单位与借调单位可以约定补偿办法。

企业破产的,在破产清算时依法拨付应当由单位支付的工伤保险待遇费用。

职工被派遣出境工作,依据前往国家或者地区的法律应当参加当地工伤保险的,参加当地工伤保险,其国内工伤保险关系中止;不能参加当地工伤保险的,其国内工伤保险关系不中止。

职工再次发生工伤,根据规定应当享受伤残津贴的,按照新认定的伤残等级享受伤残津贴待遇。

(十)工伤保险待遇的绝对保障

职工所在用人单位未依法缴纳工伤保险费,发生工伤事故的,由用人单位支付工伤保险待遇。用人单位不支付的,从工伤保险基金中先行支付。

从工伤保险基金中先行支付的工伤保险待遇应当由用人单位偿还。用人单位不偿还的,社会保险经办机构可以追偿。

【案例4-15】

2002年9月2日,申某向重庆市某区劳动人事局递交职业病认定申请,自称2000年8月起在某鞋业公司做鞋帮工,2002年3月起,出现头晕无力、面色苍白等症状导致无法工作,2002年7月26日,在重庆市职业病防治院被确诊为职业性慢性重度苯中毒。重庆市某区劳动人事局经过调查,于2002年9月28日认定申某伤残性质为工伤。某鞋业公司不服,申请行政复议,要求撤销该工伤认定书。

某鞋业公司认为:首先,虽然申某曾在该鞋业公司工作,但在2002年3月即离开了该鞋业公司,双方已不存在劳动关系。某区劳动人事局在2002年9月作出的工伤认定书中仍把申某列为鞋业公司单位职工,与事实不符。其次,申某离开申请人处是2002年3月,申请工伤认定是2002年9月,在此期间,申请人无法了解申某的去向和工作单位,申某也没有充分证据证明其未在有害环境中工作,申某在离开申请人处后患病原因不明,不能将责任推给申请人。

重庆市某区劳动人事局经审查认为:在申某提出工伤认定申请后,该局即电话要求申请人提出工伤报告和相关材料,但申请人以种种理由推脱。2002年9月18日,该局到申请人单位进行调查取证,申请人单位不予合作,也不准申请人单位职工向该局提供任何相关证明材料。2002年8月5日,重庆市职业病防治院对申请人单位进行调查,作出“有毒有害作业工人劳动卫生调查表”和“空气中有毒物质检验报告单”,证明申请人单位空气中苯的浓度超出国家标准,而苯正是职业性重度苯中毒的病因。根据申某提供的病历和血液室化验报告单等证明材料，申某在2002年3月2日在当地医院被诊断为增生性贫血伴骨髓受损，2002年4月24日在重医附一院被诊断为“慢性再障”，2002年7月26日，在重庆市职业病防治院被确诊为职业性慢性重度苯中毒。申某是在申请人处工作期间因工作环境中接触职业性有害因素造成职业病的，事实清楚，证据充分。申请人未能提供工伤报告和相关材料予以反驳造成申某患职业病的事实，应当依法予以认定，并由申请人承担工伤责任。

（材料来源：http://jobzd.cn/policy/paianshuofa/20061211/34535.html）

【案例4-16】

魏某是一位只有21岁的河南籍姑娘，2007年只身一人到郑州市某区打工，同年9月进入该区一童车厂工作。2007年11月23日上午8时许魏某在工作中因他人操作不当导致右手中指、无名指、小指被钢丝绳截断。事故发生后厂方将魏某送往医院救治，仅为魏某支付了部分医疗费，对其他费用拒绝支付并拖欠魏某将近一个月的工资。

魏某多次与厂方交涉未果，向劳动保障行政部门申请工伤认定时，除了录音外，无法提供其他任何证据资料。其间魏某也曾通过信访途径，用信函将此情况反映给了省里几位主要领导。劳动保障行政部门到厂里进行调查，而厂方则矢口否认认识魏某，并举出种种证据证明自己的说法。2008年1月魏某向该区仲裁委提出申诉，2月1日，该区劳动争议仲裁委员会向魏某送达了不予受理案件通知书。

2008年2月15日，魏某将厂方诉到该区法院，经法院审理，认定双方存在劳动关系并判决厂方支付拖欠魏某的各种费用。此时魏某将这份判决书提供给劳动保障行政部门，由于有新的证据出现又加之仍在工伤认定的期限内，最终作出了魏某所受伤害属于工伤的决定。

（材料来源：http://www.hazzzyq.cn/html/ff8080811fc51402011fc64112a50003/2009030216501828.html）

（十）准工伤的处理

工伤保险条例规定，无营业执照或者未经依法登记、备案的单位以及被依法吊销营业执照或者撤销登记、备案的单位的职工受到事故伤害或者患职业病的，用人单位使用童工造成童工伤残、死亡的，由该单位向伤残职工、童工或者童工和死亡职工的近亲属给予一次性赔偿，赔偿标准不得低于《工伤保险条例》规定的工伤保险待遇。伤残职工、童工或者童工和死亡职工的近亲属就赔偿数额与单位发生争议的，按照处理劳动争议的有关规定处理。

【案例4-17】

龚某开办一塑料炼油厂，但未进行工商注册登记。2012年2月，龚某招收罗某为其工厂做工，同年7月5日晚上11时许，罗某在上班时被烧伤，后伤情经鄱阳饶州司法鉴定中心鉴定为九级伤残。为此，罗某向县劳动人事仲裁委员会申请劳动仲裁。劳动人事争议仲裁委员裁决龚某支付罗某各项工伤待遇7万余元。龚某不服诉至法院。

庭审中，龚某认为其与罗某之间是雇佣关系，其开办的塑料炼油厂未进行工商注册登记没有营业执照，不符合劳动法规定的用人单位用工主体资格，其炼油厂与罗某不能形成劳动关系，只能与罗某形成雇佣关系。

法院认为，双方存在劳动关系。首先，劳动者作为非法用工关系中的相对方，并不存在任何过错，不应因非法用工主体的违法行为而导致他们不受《劳动法》的保护；其次，未办理营业执照进行经营的非法用工主体虽然形式上不符合用人单位的条件，但实质上已构成个体工商户或企业的实质要件；最后，非法用工主体由于违反工商登记的规定，应受到行政处罚，但行政违法行为不影响其民事行为的效力。如果是形式上的差别导致适用不同的法律，对劳动者显然不公平。《工伤保险条例》明确规定，无营业执照或者未经依法登记、备案的单位以及被依法吊销营业执照或者撤销登记、备案的单位的职工受到事故伤害或职业病的，按劳动争议的有关规定处理，即对于非法用工关系中所涉工伤已由行政法规明确规定按劳动争议处理。这种关系仍然应当由《劳动法》调整而不是由《中华人民共和国民法通则》调整。该案中被告在龚某开办的塑料炼油厂工作，在工作中接受安排和管理，接受该厂支付的劳动报酬，现被告在工作中受伤，与塑料炼油厂构成事实上的劳动关系应该享受工伤待遇。

据此，法院依据《工伤保险条例》《社会保险法》《非法用工单位伤亡人员一次性赔偿办法》相关规定作出判决：原告龚某赔偿被告罗某各项工伤待遇及损失 76 040.50 元。

（材料来源：中国法院网）

第五节　失业保险

一、失业与失业保险概述

（一）失业

失业是指具有劳动能力并有劳动意愿的劳动者得不到劳动机会或者就业后又失去工作的状态。失业是现代经济运行的必然产物。已经就业的劳动者失业是指由于非本人原因失去工作岗位和机会。失业包括全部失业和部分失业、短期失业和长期失业、青年失业和其他失业等。失业人员是指在劳动年龄内有劳动能力，目前无工作，并以某种方式正在寻找工作的人员。失业人员包括就业转失业的人员和新生劳动力中未实现就业的人员。

（二）失业保险

失业保险是指国家通过建立失业保险基金，对因失业而暂时中断生活来源的劳动者在法定期间内给予物质帮助，以维持其基本生活需要的一项社会保险制度。

失业保险以失去劳动机会为前提，只适用于失业的劳动者，而且必须是非自愿性失业。失业保险待遇不能永远享有，只能在法定期限内享有。超过法定期限，即使没有实现就业，也不再享受失业保险待遇。如我国规定劳动者领取失业保险金的最长期限为 24 个月。失业保险待遇只能保障失业劳动者的基本生活需要，一般都将失业保险待遇水平控制在社会救济水平和当地的最低工资标准之间，待遇水平比较低。

失业保险通过预先筹集的失业保险基金，对因失业而失去生活来源的劳动者提供基本生活保障方面的经济援助，以帮助失业人员渡过难关，实现劳动力再生产。

二、失业保险的主要内容

（一）缴费主体

职工应当参加失业保险，由用人单位和职工共同缴纳失业保险费。

（二）缴费方式

（1）用人单位应当按照国家规定的本单位职工工资总额的比例缴纳失业保险费。

(2)职工应当按照国家规定的本人工资的比例缴纳失业保险费。

(三)领取条件

失业人员符合下列条件的,可以从失业保险基金中领取失业保险金:

(1)失业前本人及其所在用人单位已经按照规定缴纳失业保险费满1年的;

(2)非因本人意愿中断就业的;

(3)已经进行失业登记,并有求职要求的。

(四)支付水平

(1)累计缴费时间满1年不足5年的,领取失业保险金的期限最长为12个月。

(2)累计缴费时间满5年不足10年的,领取失业保险金的期限最长为18个月。

(3)累计缴费时间10年以上的,领取失业保险金的期限最长为24个月。

(4)重新就业后,再次失业的,缴费时间重新计算,领取失业保险金的期限与前次失业应当领取而尚未领取失业保险金的期限合并计算,最长不得超过24个月。

(五)保金标准

失业保险金的标准,由省、自治区、直辖市人民政府根据个人失业前12个月的月平均缴费工资和赡养系数确定,但是失业保险金不得低于城镇居民最低生活保障标准。

(六)医疗问题

(1)失业人员在领取失业保险金期间参加职工基本医疗保险,享受基本医疗保险待遇。

(2)失业人员应当缴纳的基本医疗保险费从失业保险基金中支付。

(七)死亡待遇

(1)失业人员在领取失业保险金期间死亡的,参照当地对在职职工死亡的规定,向其遗属一次性发给丧葬补助金和抚恤金。

(2)个人死亡同时符合领取基本养老保险一次性丧葬补助金、工伤保险丧葬补助金和失业保险丧葬补助金条件的,其遗属只能选择领取其中的一项。

(八)具体程序

(1)用人单位应当及时为失业人员出具终止或者解除劳动关系的证明,并将失业人员的名单自终止或者解除劳动关系之日起15日内告知社会保险经办机构。

(2)失业人员应当持本单位为其出具的终止或者解除劳动关系的证明,及时到指定的公共就业服务机构办理失业登记。

(3)失业人员凭失业登记证明和个人身份证明到社会保险经办机构办理领取失业保险金的手续。

(4)失业保险金领取期限自办理失业登记之日起计算。

(九)例外情形

失业人员在领取失业保险金期间有下列情形之一的,停止领取失业保险金,并同时停止享受其他失业保险待遇:

(1)重新就业的;

(2)应征服兵役的;

(3)移居境外的;

(4)享受基本养老保险待遇或者达到法定退休年龄的;

(5)无正当理由,拒不接受当地人民政府指定的部门或者机构介绍的工作或者提供的培训的。

(十)跨地区转移

个人跨地区就业的,其失业保险关系随本人转移,缴费年限累计计算。

第六节　生育保险

一、生育保险概述

(一)生育保险的概念

生育保险是国家通过立法,对怀孕、分娩的女职工给予生活保障和物质帮助的一项社会政策。其宗旨在于通过向职业妇女提供生育津贴、医疗服务和产假,帮助她们恢复劳动能力,重返工作岗位。生育保险提供的生活保障和物质帮助通常由现金补助和实物供给两部分组成。现金补助主要是指给予生育妇女的生育津贴,有些国家还包括一次性现金补助或家庭津贴。实物供给主要是指提供必要的医疗保健、医疗服务以及孕妇、婴儿需要的生活用品等,提供的范围、条件和标准主要根据本国的经济实力而确定。生育保险是为了维护女职工的基本权益,减少和解决女职工在孕产期以及流产期间因生理特点造成的特殊困难,使她们在生育和流产期间得到必要的经济收入和医疗服务,保障她们及时恢复健康,回到工作岗位。

(二)生育保险的地位

生育保险最初不是作为一种独立的社会保险出现的,而是作为疾病保险的一部分。直到1994年7月5日通过的《中华人民共和国劳动法》,才明确将生育保险作为劳动者的五大社会保险之一。1994年12月14日原国家劳动部发布《企业职工生育保险试行办法》,将生育保险作为一种独立的社会保险予以实施。

二、生育保险的主要内容

(一)缴纳主体

职工应当按照国家规定参加生育保险,由用人单位缴纳生育保险费,职工不缴纳生育保险费。

(二)缴费方式

用人单位应当按照国家规定的本单位职工工资总额的比例缴纳生育保险费。

(三)享受待遇的主体

(1)用人单位已经缴纳生育保险费的,其职工和未就业的配偶享受生育保险待遇,所需资金从生育保险基金中支付。

(2)生育保险待遇包括生育医疗费用和生育保险津贴。

(四)生育医疗费用主要组成

(1)生育的医疗费用(包括检查、接生、手术、住院、药品、计划生育手术费用等)。

(2)计划生育的医疗费用。

(3)法律、法规规定的其他项目费用。

(五)享受生育保险津贴的法定情形

(1)女职工生育按照国家规定享受产假。2012年4月18日施行的《女职工劳动保护特别规定》规定，女职工生育享受98天产假，其中产前可以休假15天；难产的，增加产假15天；生育多胞胎的，每多生育1个婴儿，增加产假15天。又根据计划生育相关法律法规中规定，晚婚晚育职工还可以在98天的产假之外，另外再延长30天的产假。女职工怀孕未满4个月流产的，享受15天产假；怀孕满4个月流产的，享受42天产假。

（2）享受计划生育手术休假。

（3）法律、法规规定的其他情形。

生育保险津贴按照职工所在用人单位上年度职工月平均工资计发，从生育保险基金中支付。

（六）简化社会保险缴纳及支付的层次

省、自治区、直辖市人民政府根据实际情况，可以将生育保险与职工基本医疗保险合并实施。

人力资源和社会保障部《人力资源和社会保障事业发展“十三五”规划纲要》提出，“将生育保险和基本医疗保险合并实施”，国家发展改革委员会《关于2016年深化经济体制改革重点工作的意见》也提出，要“研究制定医疗保险和生育保险合并实施试点方案”。生育保险与医疗保险合并实施的推进思路是保留险种、保障待遇、统一管理、降低成本。

第七节　社会保险费的征缴和社会保险基金的监管

一、社会保险费的征缴

（一）用人单位的社保缴纳登记义务

（1）国家机关、社会团体、企业、事业单位、民办非企业单位、个体经济组织等用人单位应当在成立之日起30日内凭营业执照、登记证书或者单位印章，向当地社会保险经办机构申请办理社会保险登记。社会保险经办机构应当自收到申请之日起15日内予以审核，发给社会保险登记证件。

（2）工商行政管理部门、民政部门和机构编制管理机关应当及时向社会保险经办机构通报用人单位的成立、撤销情况，公安机关应当及时向社会保险经办机构通报个人的出生、死亡以及户口登记、迁移、注销等情况，实现社会保险有关信息的共享。

（3）用人单位应当自用工之日起30日内为其职工向社会保险经办机构申请办理社会保险登记。

（4）无雇工的个体工商户、非全日制从业人员应当向社会保险经办机构申请办理社会保险登记。

（5）国家建立全国统一的个人社会保障号码。个人社会保障号码为公民身份号码。

（二）自行申报制度

（1）社会保险费应当由用人单位自行申报、按时足额缴纳，非因不可抗力等法定事由不得缓缴、减免。

（2）职工应当缴纳的社会保险费由用人单位代扣代缴，用人单位应当按月将缴纳社会保险费的明细情况告知本人。

（3）无雇工的个体工商户、非全日制从业人员可以直接向社会保险费征收机构申报、缴纳社会保险费。

（三）用人单位不按规定申报和缴纳社会保险费时的处理措施

（1）用人单位不按规定申报应缴纳的社会保险费数额的，由社会保险费征收机构按照该单位上月缴费额的110%确定应缴数额。缴费单位补办申报手续后，由社会保险费征收机构按规定结算。

（2）用人单位未按时足额缴纳社会保险费的，社会保险费征收机构可以向银行和其他金融机构了解参加社会保险的用人单位的账户账号，银行和其他金融机构应当予以协助。

（四）对逾期不缴纳或不补足社会保险费的强制措施

（1）用人单位未办理社会保险登记的，由社会保险费征收机构核定其应缴纳的社会保险费。用人单位不缴纳或者未足额缴纳社会保险费的，由社会保险费征收机构责令其限期缴纳或者补足。

（2）用人单位逾期不缴纳或者未补足应当缴纳的社会保险费的，社会保险费征收机构经其主管部门同意，可以书面通知其开户银行在其账户中划扣社会保险费。用人单位账户余额少于应当缴纳的社会保险费的，社会保险费征收机构可以要求该单位提供担保，签订延期缴费协议。

（3）用人单位未足额缴纳社会保险费且未提供担保的，社会保险费征收机构可以申请人民法院扣押、查封其价值相当于应当缴纳社会保险费的财产，以拍卖所得抵缴社会保险费。

（4）企业符合企业破产法定情形，不能按时缴纳社会保险费的，社会保险费征收机构可以向人民法院提出企业破产清算的申请。

二、社会保险基金

（一）社会保险基金的建账、核算、统筹范围

（1）社会保险基金包括基本养老保险基金、基本医疗保险基金、工伤保险基金、失业保险基金和生育保险基金。各项社会保险基金按照社会保险险种分别建账、分账核算，不得相互挤占或者调剂使用。

（2）社会保险基金的核算，执行国家统一的会计制度。

（3）社会保险基金专款专用，任何组织和个人不得侵占或者挪作他用。

（4）基本养老保险基金实行省级统筹，逐步实行全国统筹。其他社会保险基金实行省级统筹的时间、步骤，由国务院规定。（全国人民代表大会法律委员会透露，国务院对此已列出时间表：2009年底，在全国范围全面实现省级统筹，2012年实行全国统筹。）

至今，基本养老保险基金仍未实现全国统筹，养老保险基金的征缴工作存在很多地方性政策，但职工的基本养老关系跨省转移的通道已经打开。读者在遇到这类问题时需加以注意。

（二）维持社会保险基金收支平衡的处理方式

（1）社会保险基金通过预算实现社会保险基金的收支平衡。

（2）县级以上人民政府应当在社会保险基金入不敷出时，给予补助。

（3）社会保险基金按照统筹层次设立预算。社会保险基金预算按照社会保险项目分别编制。

（4）统筹地区的社会保险基金预算、决算草案，由统筹地区社会保险行政部门编制，经同级财政部门审核,报本级人民政府批准。

(5)全国社会保险基金预算、决算草案,由国务院社会保险行政部门编制,经国务院财政部门审核,报国务院批准。

(三)社会保险基金的专户存管、投资运营和信息公开

(1)社会保险基金存入财政专户,具体管理办法由国务院规定。

(2)社会保险基金在保证安全的前提下,按照国务院有关规定通过投资运营实现保值增值。

(3)社会保险经办机构应当定期向社会公布社会保险基金的收入、支出、结余和收益情况。

三、社会保险经办

(一)社会保险经办机构

(1)统筹地区设立社会保险经办机构。社会保险经办机构根据工作需要,经所在地的社会保险行政部门和机构编制管理机关批准,可以在本统筹地区设立分支机构,在社区、街道、乡镇设立工作站点,形成社会保险服务网络。

(2)社会保险经办机构的人员经费和经办社会保险发生的基本运行费用、管理费用,由同级财政部门按照国家有关规定予以保障。

(二)社会保险经办机构的职权和义务

(1)社会保险经办机构通过业务经办、统计、调查获取社会保险工作所需的数据,有关单位和个人应当及时、如实提供。

(2)社会保险经办机构应当及时为参加社会保险的用人单位建立档案,完整、准确地记录参加社会保险的人员、缴费等社会保险数据,妥善保管登记、申报的原始凭证和支付结算的会计凭证。

(3)社会保险经办机构应当及时、完整、准确地记录参加社会保险的个人缴费、领取社会保险待遇等权益记录,并根据个人要求,将个人权益记录单免费寄送本人。

(4)用人单位和个人可以免费向社会保险经办机构查询、核对其缴费和领取社会保险待遇记录,要求社会保险经办机构提供社会保险咨询等相关服务。

四、社会保险监督

(一)社会保险行政部门的权利义务

(1)县级以上人民政府社会保险行政部门应当加强对用人单位和个人遵守社会保险法律、法规情况的监督检查。

(2)社会保险行政部门实施监督检查时,被检查的用人单位、个人应当如实提供与社会保险有关的资料,不得拒绝检查或者谎报、瞒报。社会保险行政部门应当为缴费的用人单位和个人保密。

(3)社会保险行政部门对社会保险基金的收支、管理和投资运营情况进行监督检查,履行下列职责:

1)受理并查处举报事项;

2)发现社会保险基金管理使用存在问题的,应当提出整改建议,向有关行政部门提出处理建议;

3)定期向社会公布社会保险基金检查结果。

(4)社会保险行政部门实施社会保险监督检查,有权采取下列措施:

1)查阅、记录、复制与社会保险基金收支、管理和投资运营相关的资料,对可能被转移、隐匿或者灭失的资料予以封存;

2)询问与调查事项有关的单位和个人,要求其对与调查事项有关的问题作出说明、提供有关证明材料;

3)对隐匿、转移、侵占社会保险基金的行为予以制止并责令改正。

(二)社会保险监督委员会的组成和职责

(1)统筹地区人民政府应当成立由参加社会保险的用人单位代表、个人代表以及工会代表、法律专家、精算专家等组成的社会保险监督委员会,掌握、分析社会保险基金的收支、管理和投资运营情况,对社会保险工作提出咨询意见和建议,实施社会监督。

(2)社会保险经办机构应当按季度向社会保险监督委员会汇报社会保险基金的收支、管理和投资运营情况。社会保险监督委员会可以聘请会计师事务所对社会保险基金的收支、管理和投资运营情况进行年度审计和专项审计。审计结果应当向社会公开。

(三)个人和组织的举报和投诉权

(1)任何组织或者个人有权对违反社会保险法律、法规的行为进行举报、投诉。

(2)社会保险行政部门、社会保险费征收机构、社会保险经办机构和财政部门、审计机关对属于本部门、本机构职责范围的举报、投诉,应当及时核实、处理、答复;对不属于本部门、本机构职责范围的,应当及时通知有权处理的部门、机构处理。

第八节　法律责任

一、用人单位的法律责任

(1)用人单位不办理社会保险登记的,由社会保险行政部门责令限期改正;逾期不改正的,对用人单位处应缴社会保险费数额 1 倍以上 3 倍以下的罚款,对其直接负责的主管人员和其他直接责任人员处 500 元以上 3 000 元以下的罚款。

(2)用人单位不按期缴纳或者少缴社会保险费的,由有关主管部门责令限期补缴欠缴数额,并自欠缴之日起,按日加收万分之五的滞纳金;逾期仍不缴纳的,处欠缴数额 2 倍以上 5 倍以下的罚款。

(3)以欺诈、伪造证明材料或者其他手段骗取社会保险基金支出的,由社会保险行政部门责令退回骗取的社会保险金,处骗取金额 2 倍以上 5 倍以下的罚款;属于社会保险服务机构的,解除服务协议;直接负责的主管人员和其他直接责任人员有执业资格的,吊销其执业资格。

二、个人的法律责任

以欺诈、伪造证明材料或者其他手段骗取社会保险待遇的,由社会保险行政部门责令退回骗取的社会保险金,处骗取金额 2 倍以上 5 倍以下的罚款。

三、社会保险经办机构及其工作人员的法律责任

(1)社会保险经办机构及其工作人员有下列行为之一的,由社会保险行政部门责令改正;给社会保险基金、用人单位或者个人造成损失的,依法承担赔偿责任;对直接负责的主管人员和其他直接责任人员依法给予处分。

1)未按照规定履行参加社会保险法定职责的。

2)未按照规定将社会保险基金存入财政专户的。

3)克扣或者拒不按时支付社会保险待遇的。

4)丢失或者篡改缴费记录、领取社会保险待遇记录等社会保险数据、权益记录的。

5)泄露用人单位或者个人信息的。

6)有违反社会保险法律、法规的其他行为的。

(2)社会保险费征收机构擅自更改社会保险费缴费基数、费率,导致少收或者多收社会保险费的,由有关主管部门责令其追缴应缴的社会保险费或者退还不应缴纳的社会保险费;对直接负责的主管人员和其他直接责任人员依法给予处分。

(3)挪用社会保险基金的,由社会保险行政部门、财政部门、审计机关责令追回被挪用的资金;有违法所得的,没收违法所得;对直接负责的主管人员和其他直接责任人员依法给予处分。

(4)国家机关工作人员在社会保险管理、监督工作中滥用职权、玩忽职守、徇私舞弊的,依法给予处分。

(5)违反本法规定,构成犯罪的,依法追究刑事责任。

四、社会保险缴纳主体发生争议时的救济渠道

(1)用人单位或者个人认为社会保险费征收机构的行为侵害自己合法权益的,可以依法申请行政复议或者提起行政诉讼。

(2)个人对社会保险经办机构不依法支付社会保险待遇或者侵害其他社会保险权益的行为,可以依法申请行政复议或者提起行政诉讼。

《劳动法》第二十七条规定,用人单位和劳动者必须依法参加社会保险,缴纳社会保险费。《社会保险费征缴暂行条例》第二十六条规定,缴费单位逾期拒不缴纳社会保险费、滞纳金的,由劳动保险行政部门或者税务机关申请人民法院依法强制征缴。因此,缴纳社会保险费的义务主体是用人单位和劳动者个人,收缴单位是社会保险机构。在法律上,缴纳社会保险费是国家行政法规规定的一种强制性行政义务,反映的是国家社会保险征缴部门与缴费主体(用人单位和劳动者)之间的一种管理与被管理的行政关系,并非劳动争议案件当事人之间的民事关系。用人单位不缴纳社会保险费,违反的是国家行政管理法,不仅损害了劳动者的利益,还损害了国家利益即整个社会保障制度。在社会保险费的行政关系中,劳动者仅是国家规定的享有期待权利的收益人,而非征缴关系中的实际权利主体,劳动者和用人单位之间并不因此而形成债的关系。对已参加社会保险统筹的用人单位和劳动者,因用人单位欠缴社会保险费引发的纠纷,不应作为劳动争议案件予以受理,而应通过行政途径或行政诉讼解决,用人单位欠缴劳动者社会保险费的情况不属于人民法院民事诉讼案件受理范围。

(3)个人与所在用人单位发生社会保险争议的,可以依法申请仲裁、提起诉讼。用人单位

侵害个人社会保险权益的，个人也可以要求社会保险行政部门或者社会保险费征收机构依法处理。

思考练习

一、单项选择题

1. 根据国务院发布的《关于建立统一的企业职工养老保险制度的决定》规定，个人缴费年限累计满(　　)的，退休后按月发给基本养老金。

A. 10 年　　B. 15 年　　C. 20 年　　D. 25 年

2. 按国家最新规定，国家建立城镇职工基本医疗保险制度，基本医疗保险费由用人单位和职工共同缴纳，其中职工缴费率一般为本人工资收入的(　　)。

A. 2%　　B. 4%　　C. 6%　　D. 8%

3.《失业保险条例》规定，城镇企业、事业单位职工应按照本人工资的(　　)缴纳失业保险费。

A. 1%　　B. 2%　　C. 3%　　D. 4%

4. 因工致残依劳动能力丧失的程度不同，分为 10 级，其中(　　)级为大部分丧失劳动能力。

A. 1 ~ 4　　B. 5 ~ 6　　C. 7 ~ 8　　D. 9 ~ 10

5. 社会保险关系的各方主体是特定的，被保险人特定为(　　)。

A. 用人单位　　B. 职工　　C. 用人单位和职工　　D. 专门的保险机构

6. 根据我国有关法律规定，劳动者领取失业保险金的最长期限为(　　)。

A. 6 个月　　B. 12 个月　　C. 24 个月　　D. 36 个月

7. 失业人员失业前所在单位和本人按照规定累计缴费时间 10 年以上的，领取失业保险金的期限最长为(　　)个月。

A. 6　　B. 12　　C. 18　　D. 24

8. 工伤保险的缴费主体是(　　)。

A. 职工　　B. 雇主　　C. 用人单位　　D. 地方政府

9. 我国工伤医疗期根据轻伤和重伤不同情况确定，需要延长医疗期的，也不得超过(　　)。

A. 12 个月　　B. 18 个月　　C. 24 个月　　D. 36 个月

10. 根据《失业保险条例》的有关规定，按照规定参加失业保险，所在单位和本人已按照规定履行缴费义务满(　　)的，失业人员方可领取失业保险金。

A. 半年　　B. 一年　　C. 两年　　D. 三年

二、多项选择题

1. 社会保险主要包括(　　)。

A. 养老保险　　B. 医疗保险　　C. 失业保险　　D. 生育保险

E. 工伤保险

2. 劳动者在(　　)情形下，依法享受社会保险待遇。

A. 生育　　B. 负伤　　C. 工伤　　D. 失业和退休

3. 下列情形中的(　　)应认定为工伤。

A. 职工小王在从事厂长指派的运输工作时负伤

B. 职工小张在从事维护国家利益的抢险活动中负伤

C. 职工李某在因工出差期间因突发中风造成偏瘫

D. 职工陈某在下班后坐公司班车回家途中发生车祸负伤

4. 职工由于下列情形中的(　　)造成负伤的,不应认定为工伤。

A. 犯罪或违法　　B. 自杀或自残　　C. 斗殴

D. 在下班的规定时间和必经路线上,发生本人有部分责任的道路交通机动车事故的

5.《失业保险条例》第十五条规定,失业人员在领取失业保险金期间有下列情形中的(　　)的,停止领取失业保险金,并同时停止享受其他失业保险待遇。

A. 本人死亡的　　B. 应征服兵役的

C. 移居境外的　　D. 享受基本养老保险待遇的

E. 被判刑收监执行或者被劳动教养的

6. 职工由于下列情形中的(　　)负伤的,应认定为工伤。

A. 在本单位工作岗位工作时不慎摔伤

B. 在上班的规定时间和必经路线上,发生非本人主要责任的交通事故的

C. 从事抢险、救灾、救人等维护国家、社会和公众利益活动的

D. 因履行职责招致人身伤害的

三、案例分析题

1. 某工厂工人吴某,正在车间自己的岗位上工作时,同车间吊车工林某为赶进度,违章使用三角皮带超载起吊钢材,皮带断裂,钢材下落,致使吴某左大腿粉碎性骨折。

问:本案是否应作工伤认定?

2. 职工张某驾驶机动车为单位送货途中,一小孩突然横穿马路,张某立即刹车,小孩由于过度惊慌而摔倒,但未造成任何伤害。张某出于人道精神,上前扶起小孩,此时小孩家长及几名亲友冲过来,不由分说将张某殴打致残。

问:张某能否被认定为工伤?

延伸阅读

养老保险待遇的损失赔偿现状

作者:兰军伟,陕西金镝律师事务所,陕西省律师协会劳动与社会保障法委员会委员 。

养老保险待遇,是国家和社会根据一定的法律法规,为解决劳动者在达到国家规定的解除劳动义务的劳动年龄界限,或因老年丧失劳动能力而退出劳动岗位后的基本生活而建立的一种社会保险制度。

其保障范围应当涵盖全体劳动者。根据《社会保险法》规定,我国的养老保险分为基本养老保险、新型农村社会养老保险和城市居民社会养老保险,其中基本养老保险由用人单位和职

工共同缴纳养老保险费，其他无雇工的个体工商户、未在用人单位参加基本养老保险的非全日制从业人员以及其他灵活就业人员可以参加基本养老保险，由个人缴纳基本养老保险费。所以，正常的全日制用工关系下，用人单位为劳动者购买养老保险，以保障劳动者在达到法定退休年龄时享受基本养老保险是用人单位的法定义务，如未履行该义务，导致劳动者未能享受基本养老保险待遇的，应承担赔偿责任。这一点，在《最高人民法院关于审理劳动争议案件适用法律若干问题的解释(三)》(以下简称"司法解释三")第一条的规定中也予以明确，但是具体该如何计算养老保险待遇损失的金额，成了司法实践中裁判者面临的一个难题。本文将通过对各地典型司法判例的裁判口径的检索，分析讨论《司法解释三》第一条在养老保险待遇损失方面的适用规则，以期对法律的理解更加准确透彻。

一、养老保险待遇损失赔偿之诉的受案范围

依据《中华人民共和国劳动法》第一百条，《中华人民共和国社会保险法》第六十一条、六十二条、六十三条和八十六条，《社会保险费征缴暂行条例》第二十六条等规定，用人单位必须为劳动者依法办理社会保险；社会保险从办理登记、缴费、发放社保费用到监督检查等事项均明确规定了由社会保险行政部门负责和管理。社会保险行政部门对缴费单位缴纳社会保险费的情况有监督、检查并强制征缴的职能。由此可见，对社会保险费的征缴应是社会保险行政部门的职权，社会保险行政部门与缴费义务主体之间是一种管理与被管理的行政法律关系，因用人单位欠缴或者拒绝缴纳社会保险费引发的纠纷，应当纳入行政救济途径，由社会保险行政部门进行处理，不属于人民法院民事案件的受案范围。对此问题，全国各地人民法院基本已经达成共识，即劳动者要求用人单位为其补办、补缴社保费用的社保纠纷不属于人民法院的受案范围，劳动者应向社保行政部门申请督促解决。因此，当前人民法院处理的社会保险争议仅限于《司法解释三》第一条规定的赔偿损失之诉，养老保险争议亦是如此。

二、养老保险待遇损失赔偿之诉的时效及裁审衔接问题

(一)各地裁判观点

1、江苏省扬中市人民法院〔2016〕苏1182民初1534号陈某与镇江市绿日车辆配件有限公司、江苏绿扬生物电子工程有限公司养老保险待遇纠纷一审民事判决书载明：2016年3月7日，原告就本案劳动争议申请仲裁。同日，扬中市劳动人事争议仲裁委员会以"不属于本委受案范围"，作出扬劳人仲不字〔2016〕第18号不予受理案件通知书。二审法院认为：因用人单位未为劳动者依法缴纳社会保险费，劳动者主张达到法定退休年龄后养老保险待遇损失赔偿的，仲裁时效自达到退休年龄之日起开始计算。

2、浙江省宁波市中级人民法院〔2015〕浙甬民一终字第591号吴某与象山县石浦镇人民政府劳动争议二审民事判决书载明：吴某经与石浦镇政府多次协商未果，并于2015年3月9日向象山县劳动人事争议仲裁委员会申请仲裁，该委以吴某已超过法定退休年龄，申请劳动仲裁的主体不适格为由，作出象劳仲不字〔2015〕第0027号不予受理案件通知书。二审法院认为：上诉人出生于1955年9月13日，其法定退休时间是2005年9月13日。此时上诉人应当知道其参加基本养老保险并享受养老保险金等权利已经受到侵害。上诉人于2015年3月9日申请劳动争议仲裁要求被上诉人按照15年的养老保险费缴费标准赔偿其养老保险待遇损失，显然已经超过仲裁申请时效。

3、重庆市第五中级人民法院〔2014〕渝五中法民终字第05876号汪某与重庆医科大学附属第一医院社会保险纠纷二审民事判决书载明:2014年2月20日,汪某因社会保险纠纷与重医附一院发生争议,向重庆市渝中区劳动人事争议仲裁委员会申请仲裁,渝中劳仲不字第〔2014〕第48号《不予受理案件通知书》载明:“……经审查,你的仲裁申请不符合受理条件,本委决定不予受理。理由如下:根据《中华人民共和国劳动争议调解仲裁法》第二十七条第一款之规定,你所提请求,已超过仲裁时效……”二审法院认为:本案上诉人于2012年12月达到法定退休年龄时无法享受养老保险待遇,业已知晓权利受到侵害,其于2014年2月方提起仲裁主张权利,相关诉讼请求已经超过1年仲裁时效期间。上诉人虽主张其提交办理社保所需资料及被上诉人签收资料并告知等待回复的行为构成诉讼仲裁时效的中断,但其对于前述事由并未举示相关证据予以证明,对其仲裁时效中断的主张,本院不予采信。

4、陕西省西安市中级人民法院陕01民终6381号王某与中国人民解放军第四军医大学劳动争议二审民事裁定书载明:后王某向陕西省劳动争议仲裁委员会提起其与四医大关于失业保险金的仲裁请求。2015年8月26日,该委以王某的仲裁请求不属于劳动争议的受案范围为由下发了陕劳仲不字〔2015〕82号不予受理通知书。后王某不服该通知书遂诉至法院。本案审理过程中,王某要求四医大向其支付养老保险金161 772.00元,医疗保险金36 287.4元,工伤保险金1 257.3元,生育保险金1 257.3元。原审法院认为:已生效的陕劳仲案字〔2014〕586号裁决书明确裁决了四医大应按照国家、陕西省的有关规定向王某补缴1997年3月至2013年1月的基本养老保险、基本医疗保险、工伤保险、失业保险和生育保险。现王某就同一事实诉至法院,要求四医大向其赔偿失业保险金26 640元、养老保险金161 772.00元、医疗保险金36 287.4元、工伤保险金1 257.3元、生育保险金1 257.3元,王某的诉讼请求显然违反了“一事不再理”原则,根据法律规定原审法院对王某的起诉予以驳回。二审法院认定:本案中,上诉人王某主张被上诉人四医大未给其办理失业保险手续,要求单位承担赔偿责任。因社会保险经办机构不能补办是本案受理的必要条件,王某不能提供相关证据,故王某的起诉应予驳回。王某其余请求未经过仲裁前置程序,本院不予处理。原审法院以王某的诉讼请求违反“一事不再理”原则驳回王某的起诉,该理由错误,本院予以纠正。

通过以上四个案例可以看出,人民法院在养老保险待遇损失赔偿之诉中均认为劳动争议申请仲裁的时效期间为一年,从当事人知道或者应当知道其权利被侵害之日起计算。且前三个案例中均经历了劳动争议仲裁程序,仲裁委均以超过法定退休年龄为由不予受理;第四个西安市案例中法院以诉讼请求未经仲裁前置程序不予处理。当然也有个别案例未经仲裁程序而被人民法院按照普通侵权诉讼处理,比如本人办理的高淑凤诉陕西省人民医院养老保险待遇损失赔偿一案。

(二)适用规则

通过各地裁判案例的观点研究可以得出。

1、养老保险待遇损失赔偿之诉在人民法院看来依然属于劳动争议的范畴,应该按照《劳动争议调解仲裁法》的规定先进行劳动仲裁程序;未经仲裁前置程序直接起诉的不予受理,已经受理的也会依法驳回。

2、养老保险待遇损失赔偿之诉属于劳动争议,自然要遵守劳动仲裁一年时效之规定,且时效起算点从劳动者达到法定退休年龄时无法享受养老保险待遇之时起算。而不能按照一般民事侵权案件,适用普通时效即2年之规定。如此,诉讼费也就只收取10元。

三、养老保险待遇损失赔偿之诉的举证责任

劳动者要求用人单位赔偿社会保险待遇损失,根据《司法解释三》第一条规定应具备三个前提条件,一是用人单位未为劳动者办理社保手续并缴纳社保费;二是社会保险经办机构不能补办;三是劳动者达到法定退休年龄无法享受社会保险待遇而产生损失。以上三项待证事实中,仅第一项单位未依法缴纳社会保险较容易证明,其余两项对劳动者来说均有一定难度。

(一)各地裁判观点

1、湖北省武汉市中级人民法院〔2016〕鄂01民终5503号童某与武汉市祥龙摩擦材料有限责任公司劳动争议二审民事判决书中法院认为:祥龙摩擦材料公司未足额为童某缴纳社会保险,但童某未举证证明其属于不能补缴社会保险的情形,亦未举证证明祥龙摩擦材料公司未缴纳社会保险而使其遭受的损失,故童某要求祥龙摩擦材料公司为其补缴社会保险或支付补偿的诉讼请求不属于人民法院审理劳动争议案件的审理范围,对童某的该项诉讼请求不予处理。

2、湖南省高级人民法院〔2014〕湘高法民再终字第28号倪某与益阳市劳动职业中专学校劳动争议纠纷民事再审判决书中法院认为:本案倪某并不能提供证据证明社保机构已不能补办社保手续,以及如不能补办社保所造成损失数额的事实。因此,原判不审理倪某要求职业学校赔偿社保损失并无不当。

3、西安市中级人民法院〔2015〕西中民二终字第00393号杨某与中共陕西省委党校劳动争议纠纷一案二审民事判决书中法院认为:现上诉人以被上诉人未为其缴纳在职期间的社会保险为由,要求被上诉人支付其社会保险损失91 385.85元,因上诉人未能提供证据证明其无法享受社会保险待遇,亦无证据证明因被上诉人无法为其缴纳社会保险而对其造成的实际损失,故其该项诉请,不能成立,本院不予支持。

上述三个司法判例中均将社会保险经办机构不能补办和劳动者达到法定退休年龄无法享受社会保险待遇而产生损失的举证责任分配给了劳动者一方,但劳动者均不能完成该举证义务,因此均以败诉告终。

(二)适用规则

通过各地裁判案例的观点研究可以得出以下适用规则:劳动者提起养老保险待遇损失之诉必须能够举证证明用人单位未为劳动者办理社保手续且社会保险经办机构不能补办及达到法定退休年龄无法享受社会保险待遇而产生损失的损失金额,否则不能完成举证义务将面临败诉风险。另外,笔者认为人民法院在审理此类案件时不要苛责于劳动者举证证明社会保险部门不能补缴之义务,而可以考虑依职权向社会保险经办机构调查取证,或致函确认涉案社会保险争议是否可以补办、补缴,如此更能妥善化解矛盾,构建和谐司法。

四、养老保险待遇损失赔偿之诉的赔偿金计算规则

养老金损失该如何计算?对此,按照民法原理,有可得利益损失之说和已失利益损失之说。所谓可得利益损失,即如果单位已经参加养老保险并按时缴纳养老保险费,劳动者将获得多少养老金,作为损失数额。而已失利益损失之说,是指劳动者为获得养老保险金而已经付出的利益,即每月缴纳的养老保险费,其累计数额作为养老金损失计算依据。具体到养老保险待遇赔偿之诉中,具体如何适用法律未做明确规定,各地司法实践大相径庭。

1、《重庆市高法院民一庭关于用人单位未为劳动者办理社会保险手续，且社会保险经办机构不能补办导致劳动者无法享受社会保险待遇的，用人单位应如何赔偿损失的通知》：劳动者以用人单位未为其办理社会保险手续，且社会保险经办机构不能补办导致其无法享受社会保险待遇为由，要求用人单位赔偿损失的，按以下原则处理：如劳动者在同一用人单位工作年限满15年的，则参照劳动者达到法定退休年龄前一年的重庆市退休职工社会月平均养老金标准的70%确定劳动者的损失，由用人单位按月赔付；如劳动者在同一用人单位连续工作不满15年的，则以劳动者在用人单位的实际工作年限除以15年，再乘以其达到法定退休年龄前一年的重庆市退休职工月社会平均养老金标准的70%确定劳动者的损失，由用人单位按月赔付。

2、《安徽省高级人民法院〈关于审理劳动争议案件若干问题的指导意见〉》（皖高法〔2015〕34号）第二十四条　对劳动者依据《最高人民法院（关千审理劳动争议案件适用法律若干问题的解释（三）》第一条的规定起诉要求用人单位赔偿损失的，人民法院应根据不同社会保险险种，判决用人单位按缴费标准或待遇标准补偿劳动者相应损失。用人单位所在地设区的市级人民政府相关劳动政策对基本社会保险有明确补偿标准的，人民法院可以按该标准判决。社会保险待遇损失难以界定的，人民法院可委托社会保险机构核定。

3、《北京市高级人民法院、北京市劳动争议仲裁委员会关于劳动争议案件法律适用问题研讨会会议纪要》关于用人单位未按规定为农民工缴纳养老保险费的问题：为便于劳动仲裁部门和法院在案件审理中更及时准确地计算相应赔偿数额，市人力资源和社会保障局职工养老保险处、社会保险基金管理中心联合开发了计算农民工养老保险损失赔偿金的计算机程序软件，供仲裁员和法官在办案时参考使用。

4、《广州市劳动争议仲裁委员会、广州市中级人民法院关于劳动争议案件研讨会会议纪要》（穗劳仲会纪〔2011〕2号）36……劳动者无法享受社会保险待遇的具体损失数额不明确的，可由当事人向社会保险经办机构及相关单位申请核定；劳动争议仲裁委员会和人民法院如认为有需要，也可以委托社会保险经办机构及相关单位对有关费用进行核定。重庆市第五中级人民法院〔2014〕渝五中法民终字第5306号罗某与綦江县石壕兴隆煤矿养老保险待遇纠纷二审民事判决书中即函请重庆市綦江区社会保险局根据原告的诉讼请求、本案事实以及相关政策进行计算。

5、江苏省南通市中级人民法院〔2015〕通中民终字第00286号赵某与南通利市达纺织有限公司劳动争议二审民事判决书中法院认为：劳动者超过法定退休年龄请求用人单位赔偿养老保险待遇损失，且经社会保险经办机构审核确定不能补缴或继续缴纳养老保险费的，自该用人单位依法应当为劳动者办理社会保险之日起，如果劳动者在用人单位连续工作未满十五年，用人单位应按照每满一年发给相当于一个月当地上一年度职工月平均工资标准一次性支付劳动者养老保险待遇赔偿。如果劳动者在用人单位连续工作满十五年，用人单位应按统筹地区社会保险经办机构核定的，以当地最低社会保险缴费基数为缴费基准，并按其应当缴费年限确定养老金数额，按月支付劳动者养老保险待遇，并随当地企业退休人员养老金水平调整而调整。

6、河南省郑州市中级人民法院〔2016〕豫01民终10355号王某与郑州高新技术产业开发区管理委员会市政管理局劳动争议二审民事判决书中认为：原告在被告处工作20年零4个月，其在职期间的实际工资收入低于郑州市社会平均工资的60%，对于原告养老保险损失的计算标准，该院酌定按照上年度统筹区域企业离退休人员月平均基本养老金的60%计算。2015年5月至2015年12月期间，按照2014年度郑州市企业离退休人员月平均基本养老金2 165元/月的60%计算，原告应得的养老保险损失为10 392元（2 165元/月×60%×8个月）。对于2016年度的养老保险损失，被告应当按照2015年度郑州市企业离退休人员月平均基本养老金2 413元/月的60%，即1 447.8元/月的标准按月支付给原告。2017年度之后的养老保险损失，因郑州市人力资源和社会保障局尚未公布标准，暂无法计算，在上年度郑州市企业离退休人员月平均基本养老金领取标准公布后一个月内，被告应当按照该标准的60%向原告按月支付当年度的养老保险待遇损失。

通过以上各地法院司法裁判观点可以看出，对社会保险待遇损失金额的计算没有相对统一的态度，各地结合本地区实际情况自行确定损失的计算方式，所以导致出现了明显的同案不同判现象。有学者建议最高人民法院与国家社保、人事、财政、民政和司法等行政管理部门协商，制定社会保险费用和社会保险待遇司法鉴定确定制度。即在社保管理部门抽调政治业务素质好的人员组建社保鉴定机构，经过相关部门批准登记后专门从事用人单位和劳动者对应缴社会保险费用的分摊数额，以及劳动者应享受的社会保险待遇数额的计算确定。人民法院审理此类案件时，根据需要委托专门的鉴定机构解决此类问题。此意见不失为一种有益的探索，值得相关部门关切和采纳。

五、结语

近几年来，各地人民法院陆续不再受理的社会保险补缴争议，导致劳动者社会保险权益丧失了直接的司法救济；但随着《司法解释（三）》的施行，关于社会保险待遇损失赔偿争议越来越多，因社会保险涉及政策繁杂，所以审理难度也在增大，一定程度地影响了人民法院的审判效率和司法公信力。如何恰当的理解和适用司法解释之规定，对维护劳动者合法权益和建立司法公信力至关重要。

在最高人民法院尚无新的劳动争议司法解释出台前，各省、自治区、直辖市劳动人事仲裁委员会应当与高级人民法院，或各地级市劳动人事争议仲裁委与中级人民法院，共同根据现行法律及司法解释，总结实践经验，制定社会保险争议案件审理工作规范等规范性文件，细化规范，统一裁判标准，合理约束仲裁员及审判员的自由裁量权，避免导致出现“同案不同判”甚至自相矛盾现象或劳动人事仲裁委员会与人民法院的裁判结果不一致的结果，严重影响司法权威和司法公信力。

（转自微信公众号：子非鱼说劳动法，2016年12月6日推送文章）

文书实例

重庆市奉节县人民法院
民事判决书

〔2009〕奉法民初字第56号

原告：李某，男，生于1957年5月17日，汉族，农民，住奉节县大树镇兰靛村。

委托代理人:叶某,重庆A律师事务所律师。

被告:奉节县大树镇某煤矿。

代表人:冯某,矿长(投资人)。

委托代理人:唐某,重庆B律师事务所律师。

原告李某与被告奉节县大树镇某煤矿劳动争议一案,本院于2008年12月10日立案受理,依法由审判员刘某独任审理,于2009年2月24日公开开庭进行了审理,由于案情复杂转入普通程序组成合议庭,于2009年5月7日再次公开开庭进行了审理。原告李某及其委托代理人叶某、被告奉节县大树镇某煤矿的代表人冯某及其委托代理人唐某等均到庭参加诉讼。本案现已审理终结。

原告李某诉称:1998年3月,我到被告单位工作,一直未订立劳动合同。2008年7月底,被告突然无故解除本人劳动关系,且不给予任何补偿。工作期间,被告一直不为我申报缴纳社会养老保险。同年8月8日,我向奉节县劳动争议仲裁委员会申请仲裁,要求被告给付2008年1月至7月的双倍工资,经济补偿及赔偿金,并赔偿失业保险损失,为原告缴纳社会保险费,该委员会不予受理。故诉至法院,现要求确认我与被告奉节县大树镇某煤矿之间的事实劳动关系成立,并为我依法缴纳养老保险。

被告奉节县大树镇某煤矿辩称:原告在诉状上是要求的经济补偿,现在变更了诉讼请求,要求确认与我方的劳动关系,这项主张应当先行仲裁,然后才能诉讼。另外原告要求被告为其缴纳养老保险的请求,没有法律依据。故应当驳回原告的诉讼请求。

原告李某为了支持自己的主张,举示的证据有:①身份证复印件;②被告的工商登记,证明双方的主体资格;③不予受理通知书,证明原告的请求已通过仲裁,相关的请求不需再行仲裁;④证明材料,证明原告与被告存在劳动关系及入矿时间;⑤律师调查专用证明,证明被告只给原告参加了工伤保险,没有参加养老保险和失业保险,并证明双方之间有劳动关系。被告质证认为,对证据①、②无异议,对证据③、④有异议,对证据⑤有异议,但是给原告参加工伤保险是事实,不能证明双方就有劳动关系。本院审查认为,证据①、②证实原、被告的身份,予以采信;证据③作为双方争议已经过仲裁的依据采信;证据④证明的事实无其他旁证印证,不能作为证明原告进入被告煤矿开始时间的证据采信;证据⑤证明的内容均盖有相关单位的公章,被告亦未举证对抗,予以采信。

被告奉节县大树镇某煤矿为了支持自己的主张,举示的证据有:①该矿的营业执照及代码证,证明该矿是2003年10月13日成立的个人独资企业;②会议记录;③通知;④1号文件;⑤6次会议记录,证明被告已主动要求与原告签订劳动合同,原告不来签订,其责任在原告;⑥6份调查笔录,证明原告不愿签订劳动合同,原告领取的工资里面包含了养老、失业、医疗保险的费用;⑦社保局给被告发出的通知,证明农民工的养老保险缴纳是按主管部门下的指标交的,现在我矿已超标了,我们现在保的是管理人员。原告质证认为,被告的代表人经营该矿之前,是其父亲办矿,现在的矿与以前的矿是继承关系,劳动关系也是一样的,由于原告得病了,不能胜任原来的工作,双方口头解除合同。证据⑦是违法的,参加养老保险是每个人的权利。本院审查认为,对证据①予以采信,证据②~⑦予以参考。

经审理认定的证据以及双方当事人的陈述可以证明以下事实:2003年10月15日,被告奉节县大树镇某煤矿以个人独资企业的身份开始营业,注册号:奉工商50023620000××××

×－×－×，投资人冯某，企业住所在奉节县大树镇某村×社。截至2008年7月，原告在被告处务工，原告务工期间一直未与被告签订劳动合同。2008年期间，被告为原告参加了工伤保险。2008年8月6日，原告向奉节县劳动争议仲裁委员会申请仲裁，要求被告支付解除劳动关系经济补偿金、赔偿金，赔偿失业保险损失，并缴纳养老保险费。同年9月12日，奉节县劳动争议仲裁委员会给原告发出了不予受理通知书，理由是未提交被告的用人主体资格证明。2008年12月9日，原告诉讼至本院，要求被告支付解除劳动关系经济补偿金、赔偿金，赔偿失业保险损失，并缴纳养老保险费。审理过程中，原告变更诉讼请求为要求确认原、被告之间是否存在劳动关系，并要求被告为其缴纳养老保险费。

本院认为，截至2008年7月，原告在被告处务工，被告为原告参加了工伤保险，被告认可这一事实，证明原、被告双方2008年7月前存在事实劳动关系，本院予以确认。被告辩称原告变更的请求应先行仲裁的理由。因原告的请求与起诉时的请求具有不可分性，应视为已经过仲裁程序，故被告的理由本院不予采纳。原告要求被告为其缴纳务工期间养老保险的诉讼请求，可找相关行政部门处理，不属本案调整范围。为了保护当事人的合法权益，依照《中华人民共和国民法通则》第五条、《中华人民共和国劳动合同法》第七条的规定，判决如下：

一、原告李某与被告奉节县大树镇某煤矿之间的劳动关系成立；

二、驳回原告的其他诉讼请求；

三、案件受理费10元，由被告承担。

如不服本判决，可在判决书送达之日起十五日内，向本院递交上诉状，并按对方当事人的人数提出副本，持预交上诉费10元（款直汇重庆市第二中级人民法院）的汇款凭证，上诉于重庆市第二中级人民法院。

审判长　刘天勇
审判员　袁柱华
审判员　余正善
二〇〇九年六月八日
书记员　方　晏

（材料来源：奉节法院网）

第五章　劳动合同制度

案例回放

曹先生于2009年2月11日收到了一份信息公司的面试通知,随后分别参加了该信息公司组织的笔试和技术主管当场面试,获得了通过。2009年2月16日,曹先生接到信息公司的"入职通知书"和"体检通知书",按照公司的规定提交了个人入职材料、工资卡账号以及原公司的离职证明,同月18日,曹先生按照公司的要求参加了医院的入职体检。体检后两日,信息公司通知曹先生不予录用。

曹先生认为,信息公司的行为侵犯了自己的合法权益,故诉到法院,请求判决信息公司按照劳动法的规定录用他,并要求信息公司返还其体检费用100元及交通费600元。另外曹先生还要求信息公司赔偿因没有录用他而对他造成的精神损失10万元。

法庭上,信息公司表示不能同意曹先生的诉讼请求。信息公司主张根据公司的招聘管理规定,公司招聘员工需经过人员增补申请、筛选、初试(包括笔试和面试)、复试、行政人事部门考核后,最终再由总裁室确定考核意见及是否录用。总裁室考核录用后,再通知应聘人员办理入职手续,双方签订劳动合同。曹先生通过复试后,公司总裁室综合考虑曹先生的各项优缺点,最终决定不予录用。公司的招聘程序完全符合法律和公司规章制度的规定,信息公司对曹先生不负有录用义务。但鉴于曹先生在应聘过程中存在合理费用的支出,信息公司愿意补偿曹先生的100元体检费及合理的交通费。由于信息公司与曹先生并未建立劳动关系,因此信息公司认为曹先生无权要求公司支付任何经济补偿,更不同意支付曹先生10万元精神损失的诉讼请求。

法院经审理认为,用人单位依法享有自主用人的权利。信息公司享有对应聘员工是否录用的决定权,在曹先生面试及体检后,信息公司对曹先生决定不予录用并无不当,对于曹先生要求信息公司录用他的诉讼请求,法院没有支持。但曹先生在应聘过程中支付的体检费和交通费属于合理费用,法院支持曹先生要求信息公司返还100元体检费的诉讼请求。由于曹先生没有提供相关交通费支出的证据,因此,法院没有支持曹先生要求信息公司返还交通费的诉讼请求。曹先生要求信息公司赔偿10万元精神损失明显缺乏相关法律依据,法院没有支持曹先生要求的10万元精神损失赔偿。最后,法院判决信息公司向曹先生支付体检费100元,驳回了曹先生其他诉讼请求。

(材料来源:中国法院网)

理论要点

第一节　劳动合同概述

一、劳动合同的概念

(一)劳动合同的概念

《劳动法》第十六条规定:"劳动合同指劳动者与用人单位确立劳动关系、明确双方权利和义务的协议。建立劳动关系应当订立劳动合同。"劳动合同是确立劳动关系的法律形式,是产生劳动法律关系的法律事实。我们一般所说的劳动合同有狭义和广义之分,狭义的劳动合同仅指为建立劳动法律关系而签订的合同,而广义的劳动合同除前者外,还包括集体合同。为了完善劳动合同制度,明确劳动合同双方当事人的权利和义务,保护劳动者的合法权益,构建和发展和谐稳定的劳动关系,我国还制定了专门的《劳动合同法》。

劳动合同具有诺成、有偿、双务的特性。劳动合同主体一方是劳动者,另一方是用人单位,具有特定性。双方在实现劳动过程中具有支配与被支配、领导与服从的从属关系。劳动合同内容具有权利与义务的统一性和对应性,劳动者与用人单位均享有一定的权利并履行相应的义务。但劳动者的权利与用人单位的义务并非完全重合,一般来讲,劳动者的权利有些来源于法律的强制规定,如社会保险方面。劳动合同涉及第三人的利益,如社会保险的受益人可以是劳动者本人,也可以是其生前供养的(直系)亲属;劳动者工资的最低标准除了能满足本人基本生活需要之外,还包括能满足其法定赡养的亲属的基本生活需要。

劳动合同兼有自愿性与强制性。虽然劳动法规定订立和变更劳动合同,应当遵循平等自愿、协商一致的原则,但民事法律中的契约自由、意思自治原则并不完全适用于劳动合同,因为劳动合同的必要条款中有些是法定标准性条款,如工时、工资、劳动保护、社会保险都有法定的最低或最高标准,并不完全由双方约定。

(二)劳动合同不同于劳务合同

劳动合同是劳动者与用人单位确立劳动关系、明确双方权利和义务的协议;劳务合同是平等主体的公民之间、法人之间、公民与法人之间,以提供劳务为内容而签订的协议。两者有着性质上的区别。第一,两者的法律性质不同。劳动合同是确立劳动关系的依据,属于劳动法的范畴,而劳务合同是建立民事、经济法律关系的依据,属于民法、经济法的范畴。第二,两者对合同主体要求不同。劳动合同的主体一方是劳动者,另一方是用人单位;劳务合同的主体既可以都是公民,也可以都是法人,或者是公民与法人,劳务合同对主体没有特殊要求。第三,两种合同主体的地位不同。劳动合同签订后,劳动者便成为用人单位的一员;劳务合同的主体之间并不存在这种隶属关系。第四,合同的内容不同。劳动合同的一方当事人——用人单位要为劳动者提供符合国家规定的劳动条件和劳动保护用品;劳务合同无须规定这方面的内容。第五,确定报酬的原则不同。在劳动合同中,用人单位按照劳动的数量和质量及国家的有关规定给付劳动报酬,体现按劳动分配的原则;而劳务合同中的劳务价格是按等价有偿的市场原则支付。

二、订立劳动合同的原则

《劳动合同法》第三条规定:"订立劳动合同,应当遵循合法、公平、平等自愿、协商一致、诚实信用的原则。"

(一)合法原则

合法是劳动合同有效的前提条件。所谓合法就是劳动合同的形式和内容必须符合法律、法规的规定。

(1)劳动合同的形式要合法。如除非全日制用工外,劳动合同需要以书面形式订立,这是本法对劳动合同形式的要求。如果是口头合同,当双方发生争议,法律不承认其效力,用人单位要承担不订书面合同的法律后果,如《劳动合同法》第八十二条规定:"用人单位自用工之日起超过一个月但不满一年未与劳动者订立书面劳动合同的,应当支付劳动者二倍的应得劳动报酬。"

(2)劳动合同的内容要合法。《劳动合同法》第十七条规定了劳动合同的九项内容。有些内容,相关的法律、法规都有规定,用人单位和劳动者必须在法律规定的限度内作出具体规定,如关于劳动合同的期限,什么情况下应当订立固定期限,什么情况下应当订立无固定期限,应当符合本法的规定;关于工作时间,不得违反国家关于工作时间的规定;关于劳动报酬,不得低于当地最低工资标准;还有劳动保护,不得低于国家规定的劳动保护标准等。如果劳动合同的内容违法,劳动合同不仅不受法律保护,当事人还要承担相应的法律责任。

【案例5-1】

吴女士系马鞍山一药房正式员工,上班已3年多。2008年10月31日,吴女士在工作大厅内与同事发生争执。事后,吴女士收到了公司的解聘书,理由是她违反了公司规章制度第二十七条的规定:"严禁公司员工之间吵架,一经发现核实后,将给予辞退处理。"吴女士不服,该案经劳动仲裁后,进入司法程序。

评析:公司可以制定本单位的规章制度,员工也有遵守的义务,但是,公司的规章制度应符合法律规定,且不得违背社会公德和公平原则。同事之间遇到问题,发生分歧和争执乃正常现象,且并没有产生影响公司的严重后果,因此公司辞退吴女士的理由不能成立。单位单方面解除与吴女士的劳动合同,应当支付赔偿金。因此,法院最终判决该公司支付吴女士赔偿金8 800元。

(材料来源:中国法院网)

(二)公平原则

公平原则是指劳动合同的内容应当公平、合理。就是在符合法律规定的前提下,劳动合同双方公正、合理地确立双方的权利和义务。有些合同内容,相关劳动法律、法规往往只规定了一个最低标准,在此基础上双方自愿达成协议,就是合法的,但有时合法的未必公平、合理。如同一个岗位,两个资历、能力都相当的人,工资收入差别很大,或者能力强的收入比能力差的还低,就是不公平。再比如用人单位提供少量的培训费用培训劳动者,却要求劳动者订立较长的服务期,而且在服务期内不提高劳动者的工资或者不按照正常工资调整机制提高工资。这些虽然不违反法律的强制性规定,但都不合理、不公平。此外,还要注意的是用人单位不能滥用优势地位,迫使劳动者订立不公平的合同。

公平原则是社会公德的体现,将公平原则作为劳动合同订立的原则,可以防止劳动合同当事人尤其是用人单位滥用优势地位,损害劳动者的权利,有利于平衡劳动合同双方当事人的利益,有利于建立和谐稳定的劳动关系。

【案例5-2】

刘某原系某药物技术公司职工,双方于2005年2月24日签订了劳动合同,期限自当日至2008年2月24日。同日双方签订《保密与同业禁止协议》,约定在劳动关系存续期间,刘某不得在其他同类或竞争性企业兼职,不得自行成立或参与其他企业与该药物技术公司竞争;刘某在双方劳动关系存续期间或者终止后,不得抢夺该药物技术公司客户,亦不得以不正当竞争手段引诱该药物技术公司的其他雇员离职。但该协议未约定刘某在遵守上述约定义务的情况下可以享受的相关权利。刘某于2007年1月19日离职,公司未向其支付竞业禁止补偿金,并以要求刘某支付竞业禁止违约金30万元为由向北京市劳动争议仲裁委员会提出申诉,该委经审理,驳回了公司的申诉请求。该公司以同样的诉求向法院提起诉讼。

评析:该药物技术公司与刘某签订的《保密与同业禁止协议》是劳动合同的附件,双方当事人的权利与义务应当平等。但该协议仅约定了刘某的义务,并未约定刘某在遵守上述约定义务的情况下可以享受的相关权利,公司亦未举证证明曾向刘某支付竞业禁止补偿金以及在刘某在职期间向其支付的工资中包含有竞业禁止补偿金。因此法院认为,该协议内容显失公平,对刘某不具有约束力,判决驳回了该公司的诉讼请求。

(材料来源:中国法院网)

(三)平等自愿

平等自愿原则包括两层含义,一是平等原则,一是自愿原则。

所谓平等原则就是劳动者和用人单位在订立劳动合同时在法律地位上是平等的,没有高低、从属之分,不存在命令和服从、管理和被管理关系。只有地位平等,双方才能自由表达真实的意思。当然在订立劳动合同后,劳动者成为用人单位的一员,受用人单位的管理,处于被管理者的地位,用人单位和劳动者的地位是不平等的。这里讲的平等,是法律上的平等,形式上的平等,在我国劳动力供大于求的形势下,多数劳动者和用人单位的地位实际上做不到平等。但用人单位不得用优势地位,在订立劳动合同时附加不平等的条件。

所谓自愿原则是指订立劳动合同完全是出于劳动者和用人单位双方的真实意志,是双方协商一致达成的,任何一方不得把自己的意志强加给另一方。自愿原则包括订不订立劳动合同由双方自愿,与谁订立劳动合同由双方自愿,合同的内容双方自愿约定等。根据自愿原则,任何单位和个人不得强迫劳动者订立劳动合同。

(四)协商一致

协商一致就是用人单位和劳动者要对合同的内容达成一致意见。合同是双方意思表示一致的结果,劳动合同也是一种合同,也需要劳动者和用人单位双方协商一致,达成合意,一方不能凌驾于另一方之上,不得把自己的意志强加给对方,也不能强迫、命令、胁迫对方订立劳动合同。在订立劳动合同时,用人单位和劳动者都要仔细研究合同的每项内容,进行充分的沟通和协商,解决分歧,达成一致意见。只有体现双方真实意志的劳动合同,双方才能忠实地按照合同约定履行。现实中劳动合同往往由用人单位提供格式合同文本,劳动者只需要签字就行了。

格式合同文本对用人单位的权利规定得比较多,比较清楚,对劳动者的权利规定得少,规定得模糊。这样的劳动合同就很难说是协商一致的结果。因此,在使用格式合同时,劳动者要认真研究合同条文,对自己不利的要据理力争。

【案例5-3】

25岁的小王是大连理工大学软件学院的学生。大四那年,小王被学院安排到上海的一家软件公司进行实习。2010年9月,软件公司拿出了"实习协议书"的格式合同,与小王及大连软件学院签订了三方协议,协议约定小王的实习期为2010年9月23日至2011年6月30日,实习期间软件公司向小王支付实习补贴费每月1 500元;小王实习结束后与软件公司签订为期三年的劳动合同,否则将赔偿软件公司违约金18 000元。2010年11月,小王、软件公司与大连软件学院又签订了"就业协议书",备注栏内软件公司写下"小王在实习结束后与软件公司签订为期三年的劳动合同,否则将赔偿违约金18 000元。"

鉴于小王良好的实习表现,实习期满后,软件公司提出与小王签订三年的劳动合同,月薪4 000元。然而,软件公司给出的待遇却大大低于小王的心理价位,并且小王非常不满意软件公司的培训制度。深思熟虑后,小王回绝了软件公司的入职邀请,拒绝签订劳动合同。

与小王协商不成后,软件公司遂以违约为由将小王诉至浦东新区法院,要求其支付协议书中约定的违约金18 000元。

法院经审理后认为,原、被告及大连软件学院签订的"实习协议书"是原告提供的格式文本,其中关于被告应于实习结束后与原告签订为期三年的劳动合同,否则应赔偿原告违约金的内容显然加重了被告的责任、排除了被告自主择业的权利,亦违反了民事活动所应遵循的公平原则,该部分内容应属无效;对于之后三方签订的"就业协议书"的备注栏内有关服务期承诺及违约责任等内容,同样有违公平原则,有损学生自主择业的权利,不能作为追究违约责任的依据。据此,法院遂作出判决驳回了原告公司的诉讼请求。

(材料来源:中国法院网)

(五)诚实信用

诚实信用就是在订立劳动合同时要诚实,讲信用。如在订立劳动合同时,双方都不得有欺诈行为。根据《劳动合同法》第八条的规定,用人单位招用劳动者时,应当如实告知劳动者工作内容、工作条件、工作地点、职业危害、安全生产状况、劳动报酬以及劳动者要求了解的其他情况;用人单位有权了解劳动者与劳动合同直接相关的基本情况,劳动者应当如实说明。双方都不得隐瞒真实情况。现实中,有的用人单位不告诉劳动者职业危害,或者提供的工作条件与约定的不一样等;也有劳动者提供假文凭的情况,这些行为都违反了诚实信用原则。此外,现实中还有的劳动者与用人单位订立了劳动合同,劳动者找到别的工作后,就悔约,不到用人单位工作,这也违反了诚实信用原则。诚实信用是合同法的一项基本原则,也是劳动合同法的一项基本原则,它也是一项社会道德原则。

【案例5-4】

北京某绿化工程公司通过建筑英才网招聘和面试,于2008年2月根据王某提交的土建工程师证书,录用王某为土建工长,双方口头约定其月工资为2 500元。2008年7月5日,该公司以王某严重违反用人单位的规章制度,严重失职,给用人单位造成重大损害为由,与王某解除劳动合同。王某到公司应聘时只有24岁,考虑其年轻没有经验,不想录用,但因其提交了土建工程师资格证书,才聘任其为土建工长。但王某不能胜任工作,应报的报表不上报,造成石材浪费,工程不能按时完工,工人的工资无法发放。2008年10月9日,王某户口所在地的市职称改革工作领导小组办公室证明王某的工程师证书为假证书。

评析:该绿化工程公司在建筑英才网发布的招聘信息虽然没有要求应聘土建施工员必须具备土建工程师资格,但是王某违反诚信原则,提供假的土建工程师资格证书,以欺诈手段促使该公司在违背真实意思的情况下优先聘用其为土建工长,双方形成事实劳动合同关系,而且在劳动合同履行过程中证明其不能胜任土建工长工作,因此该公司与王某之间的事实劳动合同无效。

(本案例根据中国法院网案例改编)

《中华人民共和国劳动法》第十八条规定:下列劳动合同无效:(二)采取欺诈、威胁等手段订立的劳动合同。无效的劳动合同,从订立的时候起,就没有法律约束力。《中华人民共和国劳动合同法》第二十六条规定:下列劳动合同无效或部分无效:(一)以欺诈、胁迫的手段或者乘人之危,使对方在违背真实意思的情况下订立或者变更劳动合同的。

实践中,劳动者在订立劳动合同时提供了虚假的证件或信息所订立的劳动合同是否一定无效,也要看个案的具体案情。

【案例5-5】

王某于2006年1月9日入职星之光公司工作,双方于2014年1月6日签订无固定期限劳动合同,约定王某的岗位为管理部科长。

2015年11月公司向某理工学院进行查询王某学历情况,同年11月11日该院教务处回复《关于王某学历的调查报告》:“档案室存档的高考录取审批表中无此人录取信息;我校1998年也无电子商务专业;教育部学籍学历平台中无此人学历信息”;附件包括1995年入学的江苏籍学生名单。

2015年11月17日公司向公司工会提交《解雇理由通知书》,公司工会表示同意。当日公司向王某邮寄《书面警告记录》、《解除劳动合同通知书》,其中《解除劳动合同通知书》载明因王某学历欺诈及已收到三次书面警告,按照公司规定与其解除劳动合同。

王某向劳动人事争议仲裁委员会申诉要求公司支付违法解除劳动合同赔偿金,2016年3月3日仲裁委员会裁决公司支付违法解除劳动合同赔偿金279 606.67元。

公司对裁决不服,向法院提起诉讼。公司起诉后持一审法院调查令向人才市场调查,人才市场出具加盖全国高等学校信息咨询与就业指导中心公章的《中国高等教育学历证书查询结果通知》:“姓名:王某……证书编号:1029021998＊＊＊＊＊查询结果:此学历证书系伪造。根据……的规定,对此证书予以没收”。

一审法院认为,王某以虚假学历证书至公司处应聘,有违诚实信用原则。虽然公司未能提供证据证实其在招聘时要求应聘者必须具备专科以上学历,但王某在应聘资料中提交专科毕业证书,足以证实其将学历作为应聘的有利条件之一,以期许得到公司的认可。公司最终同意录用被告,必然与其学历有着密不可分的联系。公司、王某于2006年订立的劳动合同自始无效,之后双方虽然签订过数份劳动合同,但王某的欺诈事实始终存在,双方基于王某的欺诈行为所订立的劳动合同均无效。王某无权基于无效劳动合同向公司主张赔偿金。

王某不服一审判决,提起上诉。

苏州中院经审理认为,公司解除与王某劳动合同理由有二,第一个理由是王某受到书面警告累计三次,但公司未能提供证据证实,故公司作出的警告处罚不当,其第一个解雇理由不成立。

关于第二个解雇理由王某学历欺诈问题。劳动者在应聘、订立劳动合同时未如实披露信息并不必然构成欺诈。当用人单位在招聘录用时只是把学历作为一般要件或者无特别要求,则不应以劳动者提供虚假学历为由认定双方签订的劳动合同无效。

本案公司未能提供证据证明其在招聘管理部资材担当科长职位时对学历有特别要求,也未提供证据证明其是由于王某提供了大专学历才与王某签订了劳动合同,双方于2006年1月9日第一次签订的劳动合同书也未体现学历方面的要求。王某在应聘时提供了虚假大专学历虽有违诚信,但鉴于公司员工守则是从2008年开始实施,故不能认定其违反了员工守则的有关规定。

王某陈述其从2006年1月9日入职公司至2015年11月17日被解雇期间工作能力一直是匹配工作岗位的,公司没有提供王某考核不称职或能力不匹配岗位的证据,而结合当事人双方之后又续签四次劳动合同的事实可以印证公司对王某的资历和工作能力的认可。

王某在2008年3月20日已经取得成人高等教育专科学历,且无论有无大专学历,王某是胜任工作的,故也不能认定在双方于2014年1月6日订立无固定期限劳动合同时王某存在以欺诈手段使公司在违背真实意思情况下订立劳动合同。

诚信、公平都是民法的基本原则。员工有如实提供入职信息的诚信义务,用人单位对员工的资历亦有注意审查之义务,故虚假学历对劳动合同效力的影响应有一个合理期限,不宜在劳动关系持续很长时间后仍作为劳动合同无效或者解除合同的事由。

本案王某提供虚假学历未达到欺诈的程度,并且没有给公司造成损失,也没有达到违背公司真实意思的程度。公司在王某入职近十年时,以其当初入职时学历虚假为由解除劳动合同不当,可以认定公司违法解除劳动合同。一审认定双方自2006年起历次订立的劳动合同均为无效不妥。

故中院判决撤销原判,判令公司支付王某违法解除劳动合同赔偿金202 336元。

(案例来源:根据劳动法库公众号案例改编)

三、劳动规章制度

(一)建立完善劳动规章制度的义务

用人单位履行制定规章制度义务时,要严格执行国家法律、法规的规定,保障劳动者的劳动权利,督促劳动者履行劳动义务。劳动规章制度主要内容包括工作时间、休息休假、劳动安全卫生、职工培训、劳动纪律、劳动定额管理以及违反的后果等。

用人单位直接涉及劳动者切身利益的规章制度违反法律、法规规定的,由劳动行政部门责令改正,给予警告;给劳动者造成损害的,用人单位应当承担赔偿责任。

(二)劳动规章制度的制定和异议程序

根据《劳动合同法》的规定,规章制度制定也是劳资双方共同决定的事项,需要经过民主程序，最后通过平等协商程序确定。但是，规章制度制定时对劳资双方“共决”的要求比较低。《劳动合同法》第四条规定：“用人单位在制定、修改或者决定有关劳动报酬、工作时间、休息休假、劳动安全卫生、保险福利、职工培训、劳动纪律以及劳动定额管理等直接涉及劳动者切身利益的规章制度或者重大事项时，应当经职工代表大会或者全体职工讨论，提出方案和意见，与工会或者职工代表平等协商确定。”从这一规定可以看出，企业制定规章制度时需要将企业起草的规章制度草案交由职工代表大会或者全体职工讨论，而不是由职工代表大会或者全体职工“讨论通过”；员工讨论后，让员工提意见和方案，最后由企业和工会或职工代表通过平等协商确定。《最高人民法院关于审理劳动争议案件适用法律若干问题的解释》(2001)第十九条规定，用人单位根据《劳动法》第四条之规定，通过民主程序制定的规章制度，不违反国家法律、行政法规及政策规定，并已向劳动者公示的，可以作为人民法院审理劳动争议案件的依据。

在规章制度实施过程中，工会或者职工认为用人单位的规章制度不适当的，有权向用人单位提出，通过协商作出修改完善。

用人单位应当将直接涉及劳动者切身利益的规章制度和重大事项决定公示，或者告知劳动者。根据《最高人民法院关于审理劳动争议案件适用法律若干问题的解释(二)》(法释[2006]6号)第十六条的规定，用人单位制定的内部规章制度与集体合同或者劳动合同约定的内容不一致，劳动者请求优先适用合同约定的，人民法院应予支持。因此，司法实践中应以劳动者要求优先适用规章制度还是劳动合同约定为使用前提。

【案例5-6】

王小姐于2003年12月29日进入某外资公司工作，合同期3年。双方签订的劳动合同中约定，每年年底，公司将对其进行业绩考评，并根据考评的结果发放当年的年终奖。2005年12月，该公司人事经理召集部分职工代表，经过充分协商、讨论，制定了新的年终奖制度，并通过公司的公告栏进行了公示。新制度规定，从2006年1月1日起，公司将根据员工的工作时间实行年底双薪制度，即只要当年工作时间满12个月，且至当年12月31日仍在职的员工，就可以获得年底双薪作为奖励。旧的年终考评奖励制度将不再执行。2006年11月28日，公司通知王小姐，双方的劳动合同将于12月28日终止，公司将不再与其续签劳动合同。王小姐应允，但要求公司按劳动合同约定支付她当年的年终考评奖金，公司只同意按照王小姐的实际工作时间，支付王小姐12月份的工资，按照新的年终双薪制度，拒绝支付王小姐任何年终奖金。王小姐认为，虽然新的规章制度实行年底双薪制度，但是自己和单位的劳动合同签订在前，而规章制度更改在后，单位仍应该按照双方劳动合同的约定履行义务。况且，自己也为公司干满了一年。公司方认为，虽然公司和王小姐在劳动合同中约定了年终考评奖金，但是公司已采用了新的年终双薪制度来代替旧的年终考评奖金制度，并将新制度纳入了规章制度中，公司还公示了《关于实行新的年终奖制度的通知》。王小姐早已知道，但从来没有提过任何反对意见，应该视为对新制度的默认。而根据新的规定，只有当年工作时间满12个月，并且至当年12月31日仍在职的员工，才可以获得年底双薪作为奖励。由于王小姐不符合当年12月31日仍在职的员工条件，因此不同意支付王小姐任何年终奖金。双方争议不下，王小姐将公司告到劳动争议仲裁委员会，仲裁委支持公司的意见，驳回王小姐的仲裁请求，王小姐不服，诉至法院。法院审理后认为，虽然单位以规章制度的方式对年终奖励制度进行了变更，并且程序合法有效；

但由于年终考评奖励制度属于双方当事人协商签订的劳动合同条款，而规章制度虽经民主协商程序，但属于用人单位单方制定的，因此其效力应低于合同条款。法院最终支持了王小姐的诉讼请求。

（本案例根据中国法院网案例改编）

四、三方机制

三方机制是指政府（通常以劳动部门为代表）、雇主和工人之间，就制定和实施经济和社会政策而进行的所有交往和活动。即由政府、雇主组织和工会通过一定的组织机构和运作机制共同处理所涉及劳动关系的问题，如劳动立法、经济与社会政策的制定、就业与劳动条件、工资水平、劳动标准、职业培训、社会保障、职业安全与卫生、劳动争议处理以及对产业行为的规范与防范等。

三方机制应当由三方组成，即由代表政府的劳动行政部门、代表职工的地方总工会和代表用人单位的企业代表组织（企业联合会、企业家协会、商会等）组成。

根据工会法和本法的规定，三方机制解决的是劳动关系方面的重大问题。如劳动就业、劳动报酬、社会保险、职业培训、劳动争议、劳动安全卫生、工作时间和休息休假、集体合同和劳动合同等。

【案例5-7】

罗某于2003年12月6日与九洲四维签订了自2004年1月1日起至2018年8月25日止的无固定期限劳动合同。2005年8月25日罗某经民主选举当选为被告公司工会主席，并得到市总工会的批准。2006年9月至2007年12月期间因九洲四维制定、颁发一系列损害职工权益的制度且裁员既不给职工经济补偿，也不通知工会或与工会协商，罗某曾多次在总经理办公会上提出异议和意见。在2007年度总经理办公会议记录中，罗某曾多次在会上为一线职工的奖金、工资、福利提出意见，为此罗某与九洲四维负责人之间产生矛盾。自2008年1月2日至10日，罗某一直在九洲四维处正常上班。2008年1月10日，九洲四维以辞退方式与罗某办理了离职手续。同日，九洲四维向劳动保障行政部门出具了“解除（终止）劳动合同证明书”。九洲四维在为罗某办理完辞退离职手续后，除发给罗某元月份的工资2 059元外，没有向罗某支付经济补偿或赔偿金，也没有发给其2007年度年终奖。2008年2月，罗某向市劳动争议仲裁委员会申请仲裁，劳动争议仲裁委员会于2008年3月25日作出裁决认为，该公司解除罗某的劳动合同违法，应向罗某补发加班工资，支付经济赔偿金13.5万元。罗某和九洲四维均不服劳动仲裁，于2008年4月11日向法院提起诉讼。

法院审理认为：罗某、九洲四维签订的无固定期劳动合同系双方真实意思表示，合法有效，应受法律保护。在劳动合同履行过程中，罗某作为九洲四维的工会主席多次为一线职工的奖金、工资、福利提出意见，属于正常履行职务的行为，九洲四维以辞退方式提前解除与罗某的劳动合同关系，但未举证证明原告存在《中华人民共和国劳动法》第二十五条规定的情形，九洲四维的行为同时违反了《中华人民共和国劳动合同法》和《中华人民共和国工会法》的有关规定，因此属于违法解除劳动合同行为。依据相关法律，法院依法作出一审判决：九洲四维应向罗某支付2006年10月至2007年12月期间每周六的加班工资等补偿费、经济赔偿金等共计178 502.4元。

（本案例根据中国法院网案例改编）

工会是劳动者的代言人，应当帮助、指导劳动者与用人单位依法订立和履行劳动合同，并且与用人单位建立集体协商机制，在履行劳动合同的过程中发挥维护劳动者合法权利的法定职能。工会主要工作内容包括对用人单位履行劳动合同、集体合同的情况进行监督；用人单位违反劳动法律、法规和劳动合同、集体合同的，工会有权提出意见或者要求纠正；劳动者申请仲裁、提起诉讼的，工会依法给予支持和帮助；用人单位违反集体合同，侵犯职工劳动权益的，工会可以依法要求用人单位承担责任；因履行集体合同发生争议，经协商解决不成的，工会可以依法申请仲裁、提起诉讼。

第二节　劳动合同的订立

劳动合同的订立是指劳动者和用人单位经过相互选择和平等协商，就劳动合同条款达成协议，从而确立劳动关系和明确相互权利、义务的法律行为。

《劳动合同法实施条例》第四条规定："劳动合同法规定的用人单位设立的分支机构，依法取得营业执照或者登记证书的，可以作为用人单位与劳动者订立劳动合同；未依法取得营业执照或者登记证书的，受用人单位委托可以与劳动者订立劳动合同。"按照《最高人民法院关于适用中华人民共和国民事诉讼法若干问题的意见》，依法取得营业执照或者登记证书的分支机构属于《中华人民共和国民事诉讼法》第四十九条规定的其他组织，是指合法成立、有一定的组织机构和财产，但又不具备法人资格的组织，包括：①法人依法设立并领取营业执照的分支机构；②中国人民银行、各专业银行设在各地的分支机构；③中国人民保险公司设在各地的分支机构。依法取得营业执照或者登记证书的分支机构具有用工主体资格，可以作为用人单位与劳动者订立劳动合同，可以直接作为劳动合同中的甲方（用人单位）。未依法取得营业执照或者登记证书的分支机构，只能受用人单位委托与劳动者订立劳动合同，即劳动合同中的用人单位只能是设立该分支机构的单位，不能将分支机构直接列为用人单位。

一、劳动关系建立

（一）劳动合同的订立原则

劳动合同的订立是劳动关系确立的重要标志，但劳动关系的确立并不是以劳动合同的订立时间为起点的。《劳动合同法》规定用人单位与劳动者自用工之日起建立劳动关系。用人单位应当建立职工名册备查。职工名册，应当包括劳动者姓名、性别、公民身份号码、户籍地址及现住址、联系方式、用工形式、用工起始时间、劳动合同期限等内容。

订立劳动合同双方互负如实告知义务，用人单位告知义务是如实告知劳动者工作内容、工作条件、工作地点、职业危害、安全生产状况、劳动报酬，以及劳动者要求了解的其他情况；用人单位有权了解劳动者与劳动合同直接相关的基本情况，劳动者应当如实说明。

用人单位招用劳动者，不得扣押劳动者的居民身份证和其他证件，不得要求劳动者提供担保或者以其他名义向劳动者收取财物。

在实践中，有些用人单位为防止劳动者在工作中给用人单位造成损失，不赔偿就不辞而别的情况，便利用自己的强势地位，在招用劳动者时要求劳动者提供担保或者向劳动者收取风险抵押金，这是一种不合法的行为。

用人单位违法向劳动者收取财物的情况主要有两种:一种是建立劳动关系时收取风险抵押金等项费用,对不交者不与其建立劳动关系,对交者在建立劳动关系后又与其解除劳动关系且不退还风险抵押金等项费用;另一种是建立劳动关系后全员收取风险抵押金等项费用,对不交者予以开除、辞退或者下岗。因此,无论是在建立劳动关系之前,还是在建立劳动关系之后,只要用人单位招用劳动者,即不得要求劳动者提供担保或以其他名义向劳动者收取财物。

在劳动者中确实有少数违法乱纪分子利用工作条件的便利,损害用人单位的利益。同时由于他们流动性较大,不易于管理和索赔,导致个别用人单位只能通过收取风险抵押金、抵押物或扣押身份证等方式来避免损失,这样做是不合法的。如果用人单位想要避免劳动者给单位造成损失,不承担赔偿责任就离职的风险,应当通过加强内部管理来解决,而不能简单地采用收取抵押金(物)的错误方式。

(二)劳动合同订立的时限与形式

建立劳动关系,应当订立书面劳动合同。已建立劳动关系,未同时订立书面劳动合同的,应当自用工之日起一个月内订立书面劳动合同(《劳动合同法》施行前已建立劳动关系,尚未订立书面劳动合同的,应当自《劳动合同法》法施行之日起一个月内订立)。

(三)劳动内容约定不明确的处理规定

用人单位未在用工的同时订立书面劳动合同,与劳动者约定的劳动报酬不明确的,新招用的劳动者的劳动报酬应当按照集体合同规定的标准执行;没有集体合同或者集体合同未作规定的,用人单位应当对劳动者实行同工同酬。

劳动合同对劳动报酬和劳动条件等标准约定不明确,引发争议的,用人单位与劳动者可以重新协商;协商不成的,适用集体合同规定;没有集体合同或者集体合同未规定劳动报酬的,实行同工同酬;没有集体合同或者集体合同未规定劳动条件等标准的,适用国家有关规定。

(四)法律责任

用人单位违反《劳动合同法》有关建立职工名册规定的,由劳动行政部门责令限期改正;逾期不改正的,由劳动行政部门处 2 000 元以上 2 万元以下的罚款。用人单位提供的劳动合同文本未载明本法规定的劳动合同必备条款或者用人单位未将劳动合同文本交付劳动者的,由劳动行政部门责令改正;给劳动者造成损害的,应当承担赔偿责任。

用人单位自用工之日起超过一个月不满一年未与劳动者订立书面劳动合同的,应当向劳动者每月支付二倍的工资。

(1)自用工之日起一个月内,经用人单位书面通知后,劳动者不与用人单位订立书面劳动合同的,用人单位应当书面通知劳动者终止劳动关系,无须向劳动者支付经济补偿,但是应当依法向劳动者支付其实际工作时间的劳动报酬。当然,这里用人单位需举证证明已经书面通知劳动者签订合同,而劳动者不签订书面劳动合同,因此,用人单位应当具有证据意识,在书面通知送达时应当有劳动者的签收证据或其他可证明已经向劳动者送达书面通知的证据。

(2)用人单位自用工之日起超过一个月不满一年未与劳动者订立书面劳动合同的,应当依照《劳动合同法》第八十二条的规定向劳动者每月支付二倍的工资,并与劳动者补订书面劳动合同;劳动者不与用人单位订立书面劳动合同的,用人单位应当书面通知劳动者终止劳动关系,并依照《劳动合同法》第四十七条的规定支付经济补偿。

(3)用人单位向劳动者每月支付二倍工资的起算时间为用工之日起满一个月的次日,截止时间为补订书面劳动合同的前一日。《劳动合同法》规定，建立劳动关系，应当订立书面劳动合同，如果不能够在建立劳动关系同时订立书面劳动时，法律给予一个月的宽限期。用人单位需在一个月的时间内与劳动者订立书面劳动合同，一个月的宽限期是法律赋予用人单位的期限，因此，宽限期内用人单位可不支付二倍工资。

(4)《劳动合同法》第十四条第三款规定："用人单位自用工之日起满一年不与劳动者订立书面劳动合同的，视为用人单位与劳动者已订立无固定期限劳动合同"。用人单位自用工之日起满一年未与劳动者订立书面劳动合同的，自用工之日起满一个月的次日至满一年的前一日应当向劳动者支付十一个月的"二倍工资"，并视为自用工之日起满一年的当日已经与劳动者订立无固定期限劳动合同，应当立即与劳动者补订书面劳动合同。

【案例5-8】

农民工王某于2007年9月4日到某公司从事跟单员工作，双方未签订书面劳动合同。工作以后，王某即要求与该公司签订劳动合同，但该公司一直未给予回应。王某工作期间，该公司支付了王某2007年10月至2008年2月的工资，汇入王某的银行卡。2008年3月26日王某离开被告公司，并于2008年9月8日申请劳动仲裁，劳动争议仲裁委员会以超过时效为由不予受理。王某遂于2008年9月向人民法院提起诉讼，请求被告支付其未签订书面合同的二倍工资4 800元、支付赔偿金2 720元、支付解除合同补偿金1 600元。

法院经审理认为：2008年1月1日起施行的《中华人民共和国劳动合同法》规定，用人单位自用工之日起超过一个月不满一年未与劳动者订立书面劳动合同，应当向劳动者每月支付二倍的工资。故被告应支付原告2008年2月至3月两个月的二倍工资计3 200元，同时支付原告2008年3月工资1 600元。

（本案例根据中国法院网案例改编）

用人单位非因故意未及时与劳动者签订书面劳动合同，后经与劳动者协商一致补签劳动合同后，是否应当向劳动者支付二倍工资。

《劳动合同法》第82条这样规定是因为签订书面劳动合同是劳动关系的直接确认，劳动者权益受到侵害时有劳动合同作为维权依据。其立法的根本目的保护劳动者的合法权益，而非鼓励劳动者利用用人单位的疏忽获取劳动报酬之外的额外利益。因此，如果用人单位一方没有故意拖延签订劳动合同的主观恶意，双方此后补签的劳动合同条款为双方协商一致的结果，没有劳动者被欺诈、胁迫或趁人之危的情形出现，并且补签的劳动合同能够真实地记载劳资双方履行劳动关系的情况，如劳动报酬、工作岗位、工时制度等，那么补签的劳动合同能够起到维护劳动者维权利益的作用，那么也就实现了立法目的。因此补签的劳动合同，能够证明签订劳动合同的真正日期，有利于劳动者更好地维护自己的权益，根据《民法通则》的相关规定，如果补签行为是在平等自愿、协商一致的基础上达成的共识，只要不违反法律法规的规定，符合民法关于当事人意思自治的原则，就是有效的，"补签劳动合同"不应付双倍工资①。

用人单位违反《劳动合同法》规定，扣押劳动者居民身份证等证件的，由劳动行政部门责令限期退还劳动者本人，并依照有关法律规定给予处罚。

---

① 王林清《劳动争议裁诉标准与规范》人民法院出版社2014年10月

用人单位违反本法规定,以担保或者其他名义向劳动者收取财物的,由劳动行政部门责令限期退还劳动者本人,并以每人500元以上2 000元以下的标准处以罚款;给劳动者造成损害的,应当承担赔偿责任。

劳动者依法解除或者终止劳动合同,用人单位扣押劳动者档案或者其他物品的,依照前款规定处罚。

用人单位招用与其他用人单位尚未解除或者终止劳动合同的劳动者,给其他用人单位造成损失的,应当承担连带赔偿责任。

二、劳动合同期限

《劳动合同法》第十二条规定:"劳动合同分为固定期限劳动合同、无固定期限劳动合同和以完成一定工作任务为期限的劳动合同。"

(一)固定期限劳动合同

固定期限劳动合同,是指用人单位与劳动者约定合同终止时间的劳动合同。具体是指劳动合同双方当事人在劳动合同中明确规定了合同效力的起始和终止的时间。劳动合同期限届满,劳动关系即告终止。如果双方协商一致,还可以续订劳动合同,延长期限。固定期限的劳动合同可以是较短时间的,如半年、1年、2年,也可以是较长时间的,如5年、10年,甚至更长时间。不管时间长短,劳动合同的起始和终止日期都是固定的。具体期限由当事人双方根据工作需要和实际情况确定。

固定期限的劳动合同适用范围广,应变能力强,既能保持劳动关系的相对稳定,又能促进劳动力的合理流动,使资源配置合理化、效益化,是实践中运用较多的一种劳动合同。对于那些常年性工作,要求保持连续性、稳定性的工作,技术性强的工作,适宜签订较为长期的固定期限劳动合同。对于一般性、季节性、临时性、用工灵活、职业危害较大的工作岗位,适宜签订较为短期的固定期限劳动合同。

(二)无固定期限劳动合同

1. 无固定期限劳动合同的概念

无固定期限劳动合同是指用人单位与劳动者约定无确定终止时间的劳动合同。由于缺乏对无固定期限劳动合同制度的正确认识,不少人认为无固定期限劳动合同是"铁饭碗"、"终身制",认为无固定期限劳动合同一经签订就不能解除。因此,很多劳动者把无固定期限劳动合同视为"护身符",千方百计要与用人单位签订无固定期限劳动合同。另一方面,用人单位则将无固定期限劳动合同看成了"终身包袱",想方设法逃避签订无固定期限劳动合同的法律义务。

这里所说的无确定终止时间,是指劳动合同没有一个确切的终止时间,劳动合同的期限长短不能确定,但并不是没有终止时间。只要没有出现法律规定的条件或者双方约定的条件,双方当事人就要继续履行劳动合同规定的义务。一旦出现了法律规定的情形,无固定期限劳动合同也同样能够解除。如劳动者有《劳动合同法》第三十九条规定的情形之一出现时,用人单位就可以解除劳动合同。用人单位有《劳动合同法》第三十八条规定的情形之一时,劳动者就可以解除劳动合同。由此可见,无固定期限合同并不是没有终止时间的"铁饭碗",只要符合法律规定的条件,劳动者与用人单位都可以依法解除劳动合同。

另外,有很多错误观点认为无固定期限劳动合同是不能变更的"死合同"。无固定期限劳动合同和其他类型的合同一样，也适用劳动法与劳动合同法的协商变更原则。按照劳动法的规定，用人单位与劳动者协商一致，可以变更劳动合同约定的内容。除了劳动合同期限以外，双方当事人还可以就工作内容、劳动报酬、劳动条件和违反劳动合同的赔偿责任等方面协商，进行变更。在变更合同条款时，应当按照自愿、平等原则进行协商，不能采取胁迫、欺诈、隐瞒事实等非法手段，同时还必须注意变更后的内容不违法，否则，这种变更是无效的。

订立无固定期限的劳动合同，劳动者可以长期在一个单位或部门工作。这种合同适用于工作保密性强、技术复杂、工作又需要保持人员稳定的岗位。这种合同对于用人单位来说，有利于维护其经济利益，减少频繁更换关键岗位的关键人员而带来的损失。对于劳动者来说，也有利于实现长期稳定职业，钻研业务技术。

2. 几种订立无固定期限合同的情形

(1)用人单位与劳动者协商一致，可以订立无固定期限劳动合同。

(2)有下列情形之一，劳动者提出或者同意续订、订立劳动合同的，除劳动者提出订立固定期限劳动合同外，应当订立无固定期限劳动合同。

1)劳动者已在该用人单位连续工作满 10 年的。

签订无固定期限劳动合同的劳动者必须在同一单位连续工作了 10 年以上，是这个情形的最基本的内容。具体是指劳动者与同一用人单位签订的劳动合同的期限不间断达到 10 年。法律作这样的规定，主要是为了维持劳动关系的稳定。如果一个劳动者在该用人单位工作了 10 年，就能说明他已经能够胜任这份工作，而用人单位的这个工作岗位也确实需要保持人员的相对稳定。在这种情况下，如果劳动者愿意，用人单位应当与劳动者订立无固定期限劳动合同，维持较长的劳动关系。连续工作满 10 年的起始时间，应当自用人单位用工之日起计算，包括劳动合同法施行前的工作年限。

劳动者非因本人原因从原用人单位被安排到新用人单位工作的，劳动者在原用人单位的工作年限合并计算为新用人单位的工作年限。原用人单位已经向劳动者支付经济补偿的，新用人单位在依法解除、终止劳动合同计算支付经济补偿的工作年限时，不再计算劳动者在原用人单位的工作年限。也就是说，在适用无固定期限劳动合同时，连续工作年限应当包括劳动者在原用人单位的工作年限，但在适用解除、终止劳动合同经济补偿时，原单位已支付的经济补偿应当扣减。

2)用人单位初次实行劳动合同制度或者国有企业改制重新订立劳动合同时，劳动者在该用人单位连续工作满 10 年且距法定退休年龄不足 10 年的。

1986 年 7 月，我国决定改革国有企业的劳动用工制度，自 1986 年 10 月 1 日起，国有企业在新招收工人中普遍推行劳动合同制。随着劳动法合同法的施行，劳动合同制度在各类企业当中广泛推行。国有企业改制在 20 世纪 80 年代中期开始，在 20 世纪 90 年代成为国有企业改革的核心内容，企业通过改变企业形态，改变企业股权结构，改变企业的基本制度，转变为符合自身特点的企业资产组织形式。在推行劳动合同制度前，或是在国有企业进行改制前，用人单位的有些职工已经在本单位工作了很长时间。推行新的制度以后，很多老职工难以适应这种新型的劳动关系，一旦让其进入市场，确实存在着竞争力弱难以适应的问题，年龄的局限又使其没有充足的条件来提高改进，应当说这是由于历史的原因造成的。他们担心的不仅是能否与原单位签订劳动合同的问题，还存在着虽然签了劳动合同但期限很短，在其尚未退休前合同到期却没有用人单位再与其签订劳动合同的问题。我们在制定法律和政策的同时,应当考虑那些给国家和企业作出过很多贡献的老职工的利益。因此,对于已在该用人单位连续工作满10年并且距法定退休年龄不足10年的劳动者,在订立劳动合同时,允许劳动者提出签订无固定期限劳动合同。如果一个劳动者已在该用人单位满10年,但距离法定退休年龄超过10年,则不属于本项规定的情形。

3)连续订立二次固定期限劳动合同,且劳动者没有《劳动合同法》第三十九条和第四十条第(一)项、第(二)项规定的情形,续订劳动合同的。

这一项之所以这样设计,就是为了解决劳动合同短期化的问题。根据规定,用人单位在与劳动者签订一次固定期限劳动合同后,再次签订固定期限的劳动合同时,就意味着下一次只要劳动者提出或者同意续订劳动合同,就必须签订无固定期限的劳动合同。企业为了不签订无固定期限的劳动合同,但又能同时保持用工的稳定性,防止因频繁更换劳动力而加大用工成本,就会延长每一次固定期限劳动合同的期限,从而解决了合同短期化的问题。如果劳动者此时向用人单位提出订立无固定期限劳动合同,用人单位应当与其订立无固定期限劳动合同,不得拒绝,双方应当在合法、公平、平等自愿、协商一致、诚实信用的基础上订立无固定期限劳动合同。这里的"公平、诚实信用"的原则,又破解了用人单位一个规避无固定期限劳动合同的"绝招"。实践中有些用人单位使出如下招数:当劳动者提出签订无固定期限劳动合同,用人单位并不拒绝,但是,用人单位提出对工作岗位、劳动报酬等进行调整,比如降职降薪,让劳动者无法接受,显然违背了该原则,用人单位的行为将可能被确认为无效行为。当然,如果在公平、诚实信用的原则下还不能达成协议,用人单位与劳动者可以重新协商;协商不成的,适用集体合同规定;没有集体合同或者集体合同未规定的,适用国家有关规定。

4)视为订立。用人单位自用工之日起满一年不与劳动者订立书面劳动合同的,视为用人单位与劳动者已订立无固定期限劳动合同。

地方各级人民政府及县级以上地方人民政府有关部门为安置就业困难人员提供的给予岗位补贴和社会保险补贴的公益性岗位,其劳动合同不适用于劳动合同法有关无固定期限劳动合同的规定以及支付经济补偿的规定。

3. 无固定期限合同签订中的几个实务问题①

(1)劳动者符合签订无固定期限劳动合同条件,但已经与用人单位签订了固定期限劳动合同,在固定期限劳动合同履行过程中劳动者又要求用人单位重新签订无固定期限劳动合同。因劳动合同法对此问题该如何处理并无明确规定,各地对该问题处理方法和裁判规则也不尽相同。上海市高级人民法院《关于审理劳动争议案件若干问题的解答》(2002年)在"劳动者在同一用人单位连续工作满10年后,双方原签有固定期合同,劳动者提出变更为无固定期限劳动合同的,如何处理"的解答中认为,根据法律规定,用人单位应当与劳动者签订无固定期劳动合同,而仅签订有固定期限劳动合同的,劳动者在合同期限内提出变更为无固定期限劳动合同的,人民法院应当予以支持。湖北省高级人民法院《关于审理劳动争议案件若干问题的意见》(试行)(2004年)规定用人单位依法应当与劳动者签订无固定期限劳动合同,但签订的是有固定期限的劳动合同,劳动者要求变更为无固定期限劳动合同的,人民法院应当予以支

① 微信公众号劳动法库2016年12月7号推送文章,作者德恒(深圳)律师事务所律师沈威

持。广东省高级人民法院、广东省劳动人事争议仲裁委员会《关于审理劳动人事争议案件若干问题的座谈会纪要》(粤高法〔2012〕284 号第 17 条规定,劳动者虽然符合《劳动合同法》第十四条第二款规定的可签订无固定期限劳动合同的条件,但与用人单位签订了固定期限劳动合同,在该固定期限劳动合同履行过程中又请求与用人单位重新签订无固定期限劳动合同的,不予支持。

(2)劳动合同因劳动者处于职业病诊断期、观察期、患病或非因工负伤的医疗期,或者因孕产哺乳期的法定情形续延导致劳动者工作年限满 10 年的,是否应强制签订无固定期限合同?实务中,各地法院对此问题的处理原则均不尽相同。上海市高级人民法院、上海市人保局《关于适用<劳动合同法>若干问题的意见》(沪高法[2009]73 号)第四条规定,合同期限的顺延只是为了照顾劳动者的特殊情况,对劳动合同终止的时间进行了相应的延长,而非不得终止。《劳动合同法》第四十条也明确规定:“劳动合同期满,有本法第四十二条规定情形之一的,劳动合同应当延续至相应的情形消失时终止。”在法律没有对终止的情况做出特别规定的情况下,不能违反法律关于合同终止的有关规定随意扩大解释,将订立无固定期限合同的后果纳入其中。因此,法定的顺延事由消失时,合同自然终止。、广东省高级人民法院、广东省劳动人事争议仲裁委员会《关于审理劳动人事争议案件若干问题的座谈会纪要》(粤高法〔2012〕284 号)第 18 条规定:劳动合同期限届满后,因符合《劳动合同法》第四十二条第(一)、(三)、(四)项规定情形而续延,致使劳动者在同一用人单位连续工作满十年,劳动者提出签订无固定期限劳动合同的,应予支持。浙江省高级人民法院民一庭《关于审理劳动争议纠纷案件若干疑难问题的解答》(2012)第五条规定劳动合同期满,因劳动者有下列情形之一而续延,因此达到劳动者在同一用人单位连续工作满 10 年,劳动者提出订立无固定期限劳动合同的,用人单位应当与劳动者订立无固定期限劳动合同:从事接触职业病危害作业的劳动者未进行离岗前职业健康检查,或者疑似职业病病人在诊断或者医学观察期间的;患病或者非因工负伤,在规定的医疗期内的;女职工在孕期、产期、哺乳期的。江苏省高级人民法院、江苏省劳动争议仲裁委员会《关于审理劳动争议案件的指导意见》(苏高法审委〔2009〕47 号)第九条规定:劳动合同期限届满后,因下列情形而续延,致使劳动者在同一用人单位连续工作满十年,劳动者提出订立无固定期限劳动合同的,应予支持:(一)从事接触职业病危害作业的劳动者未进行离岗前职业健康检查,或者疑似职业病病人在诊断或者医学观察期间的;(二)患病或者非因工负伤,在规定的医疗期内的;(三)女职工在孕期、产期、哺乳期的。从上述规定可以看出,劳动合同因法定情形续延导致劳动者工作年限超 10 年是否强制签订无固定期限合同问题,在实务中,除上海高院外,各地法院主流观点还是倾向于支持劳动者提出订立无固定期限劳动合同的要求。支持劳动者提出订立无固定期限劳动合同的要求,既有利于建立稳定的劳动关系,保障企业生产经营的顺利进行,也有利于保障特殊群体劳动者的就业权。

4. 法律责任

用人单位违反本法规定不与劳动者订立无固定期限劳动合同的,自应当订立无固定期限劳动合同之日起向劳动者每月支付二倍的工资。

(三)以完成一定工作任务为期限的劳动合同

以完成一定工作任务为期限的劳动合同,是指用人单位与劳动者约定以某项工作的完成为合同期限的劳动合同。某一项工作或工程开始之日,即为合同开始之时,此项工作或工作完毕,合同即告终止。

一般在以下几种情况下,用人单位与劳动者可以签订以完成一定工作任务为期限的劳动合同:为完成单项工作任务而与劳动者订立劳动合同的,以项目承包方式完成承包任务订立劳动合同的,因季节原因需临时用工的以及其他双方约定的以完成一定工作任务为期限的劳动合同的。

以完成一定工作任务为期限的劳动合同或者劳动合同期限不满3个月的,不得约定试用期。目前不少农民工与建筑施工队都签订这类劳动合同。

第三节　劳动合同的内容和效力

劳动合同是劳动者与用人单位确立劳动关系、明确双方权利和义务的协议。劳动合同一方面从形式上确立劳动关系,为劳动者获得劳动报酬、休息休假、社会保险等各项法定权益奠定基础;另一方面又从内容上具体约定了劳动者的工资、工作内容、工作时间等权益,为劳动者实现劳动保障权益提供了依据。同时,劳动合同也根据实际需要记载用人单位合法权益的内容,从而维护用人单位的合法权益。

一、劳动合同必备条款

劳动合同的必备条款是指法律规定的劳动合同必须具备的内容。在法律规定了必备条款的情况下,如果劳动合同缺少此类条款,应以国家法律、法规的规定补充。《劳动合同法》第十七条第一款规定了以下必备的内容。

(一)双方当事人

用人单位的名称、住所和法定代表人或者主要负责人及劳动者的姓名、住址和居民身份证或者其他有效证件号码两项内容。这是为了明确劳动合同中双方的主体资格,确定劳动合同的当事人,劳动合同中必须具备这一项内容。

(二)劳动合同期限

劳动合同期限是双方当事人相互享有权利、履行义务的时间界限,即劳动合同的有效期限。劳动合同期限可分为固定期限、无固定期限和以完成一定工作任务为期限。签订劳动合同主要是建立劳动关系,建立劳动关系必须明确期限的长短。劳动合同期限与劳动者的工作岗位、内容、劳动报酬等都有紧密关系,更与劳动关系的稳定紧密相关。合同期限不明确则无法确定合同何时终止,如何给付劳动报酬、经济补偿等,引发争议。因此一定要在劳动合同中加以明确双方签订的是何种期限的劳动合同。

(三)工作内容和工作地点

工作内容即劳动者具体从事什么种类或者内容的劳动,这里的工作内容是指工作岗位和工作任务或职责。这一条款是劳动合同的核心条款之一,是建立劳动关系的极为重要的因素。它是用人单位使用劳动者的目的,也是劳动者通过自己的劳动取得劳动报酬的缘由。劳动合同中的工作内容条款应当规定的明确具体,便于遵照执行。如果劳动合同没有约定工作内容或约定的工作内容不明确,用人单位将可以自由支配劳动者,随意调整劳动者的工作岗位,这样就难以发挥劳动者所长,也很难确定劳动者的劳动报酬,使劳动关系极不稳定,因此这一条款是必不可少的。

工作地点是劳动合同的履行地,是劳动者从事劳动合同中所规定的工作内容的地点,它关系到劳动者的工作环境、生活环境以及劳动者的就业选择,劳动者有权在与用人单位建立劳动关系时知悉自己的工作地点,所以这也是劳动合同中必不可少的内容。

(四)工作时间和休息休假

工作时间是指劳动者在企业、事业、机关、团体等单位中,必须用来完成其所担负的工作任务的时间,一般由法律规定。劳动者在一定时间内(工作日、工作周)应该完成工作任务,以保证最有效地利用工作时间,不断地提高工作效率。这里的工作时间包括工作时间的长短、工作时间方式的确定,如是8小时工作制还是6小时工作制,是日班还是夜班,是正常工时还是实行不定时工作制,或者是综合计算工时制。在工作时间上的不同,对劳动者的就业选择、劳动报酬等均有影响,因此成为劳动合同不可缺少的内容。

休息休假是指企业、事业、机关、团体等单位的劳动者按规定不必进行工作,而自行支配的时间。休息休假的权利是每个国家的公民都应享受的权利。《劳动法》第三十八条规定:"用人单位应当保证劳动者每周至少休息一日。"休息休假的具体时间根据劳动者的工作地点、工作种类、工作性质、工龄长短等各有不同,用人单位与劳动者在约定休息休假事项时应当遵守劳动法及相关法律、法规的规定。

(五)劳动报酬

劳动合同中的劳动报酬是指劳动者与用人单位确定劳动关系后,因提供了劳动而取得的报酬。劳动报酬是满足劳动者及其家庭成员物质文化生活需要的主要来源,也是劳动者付出劳动后应该得到的回报。因此,劳动报酬是劳动合同中必不可少的内容。劳动合同中有关劳动报酬条款的约定,要符合我国有关最低工资标准的规定。《劳动合同法》第三十条规定,用人单位拖欠或者未足额发放劳动报酬的,劳动者可以依法向当地人民法院申请支付令,人民法院应当依法发出支付令。

(六)社会保险

社会保险是政府通过立法强制实施,由劳动者、劳动者所在的工作单位或社区以及国家三方面共同筹资,帮助劳动者及其亲属在遭遇年老、疾病、工伤、生育、失业等风险时,防止收入的中断、减少和丧失,以保障其基本生活需求的社会保障制度。社会保险由国家成立的专门性机构进行基金的筹集、管理及发放,不以营利为目的。一般包括医疗保险、养老保险、失业保险、工伤保险和生育保险。社会保险强调劳动者、劳动者所在用人单位以及国家三方共同筹资。体现了国家和社会对劳动者提供基本生活保障的责任。劳动者所在用人单位的缴费,使社会保险资金来源避免了单一渠道,增加了社会保险制度本身的保险系数。由于社会保险由国家强制实施,因此成为劳动合同不可缺少的内容。用人单位为员工缴纳社会保险是法律规定的用人单位必须承担的强制性义务,因此,用人单位与员工所订劳动合同中如果有关不缴纳社会保险费的约定,应当属于无效的约定。

【案例5-9】

刘某于2009年4月10日到昌乐县某纺织有限公司工作,双方签订了为期3年的劳动合同。在工作期间,单位没有为刘某缴纳社会保险费。2010年5月16日,刘某辞职后诉至昌乐县劳动人事争议仲裁委员会,要求公司为其补缴工作期间的社会保险费。

庭审中,公司出具了刘某书写的声明,刘某在声明中表示自愿放弃由公司为其办理社会保险的权利,同时要求公司把应承担的社会保险费随工资发给自己认为不存在欠缴社会保险费的行为仲裁委经审理认为,刘某作出的书面声明,违反了《劳动法》第七十二条"用人单位和劳动者必须依法参加社会保险,缴纳社会保险费"的规定。《劳动合同法》第十七条规定,社会保险是国家通过立法建立的劳动者在年老、患病、生育、伤残、失业时从社会获得物质帮助和服务的制度,具有强制性和法定性,用人单位和劳动者必须执行法律、法规有关社会保险的有关规定。参加社会保险既是劳动者和用人单位的权利,也是用人单位的义务,是国家的强制性规定。公司将社会保险费发给刘某,是为了逃避缴纳社会保险的义务。虽刘某书面声明自愿放弃缴纳社会保险,但这种声明属无效声明。这类协议在社保经办机构那里是没有法律效力的,如果社保机构查出用人单位没有参保的话,用人单位一样要承担补缴和被罚款的处罚。

最后,仲裁委裁决该公司为刘某补缴工作期间的社会保险费,缴纳数额以社保经办机构核定为准,刘某自己承担个人缴纳部分。

(材料来源:中国法院网)

(七)劳动保护、劳动条件和职业危害防护

劳动保护是指用人单位为了防止劳动过程中的安全事故,采取各种措施来保障劳动者的生命安全和健康。在劳动生产过程中,存在着各种不安全、不卫生因素,如不采取措施加以保护,将会发生工伤事故。如矿井作业可能发生瓦斯爆炸、冒顶、片帮、水火灾害等事故;建筑施工可能发生高空坠落、物体打击和碰撞等。所有这些,都会危害劳动者的安全健康,妨碍工作的正常进行。国家为了保障劳动者的身体健康和生命安全,通过制定相应的法律和行政法规、规章,规定劳动保护;用人单位也应根据自身的具体情况,规定相应的劳动保护规则,以保证劳动者的健康和安全。

劳动条件主要是指用人单位为使劳动者顺利完成劳动合同约定的工作任务,为劳动者提供必要的物质和技术条件,如必要的劳动工具、机械设备、工作场地、劳动经费、辅助人员、技术资料、工具书以及其他一些必不可少的物质、技术条件和其他工作条件。

职业危害是指用人单位的劳动者在职业活动中,因接触职业性有害因素如粉尘、放射性物质和其他有毒、有害物质等而对生命健康所引起的危害。根据《职业病防治法》第三十条的规定,用人单位与劳动者订立劳动合同时,应当将工作过程中可能产生的职业病危害及其后果、职业病防护措施和待遇等如实告知劳动者,并在劳动合同中写明,不得隐瞒或者欺骗。

(八)法律、法规规定应当纳入劳动合同的其他事项

其他事项略。

二、劳动合同约定条款

对于某些事项,法律不做强制性规定,由当事人根据意愿选择是否在合同中约定,劳动合同缺乏这种条款不影响其效力。我们可以将这种条款称为法定可备条款。法定可备条款是指法律明文规定的劳动合同可以具备的条款。劳动合同的某些内容是非常重要的,关系到劳动者的切身利益,但是这些条款不是在每个劳动合同中都应当具备的,所以法律不能把其作为必备条款,只能在法律中特别的予以提示。《劳动合同法》第十七条规定:"劳动合同除前款规定的必备条款外,用人单位与劳动者可以协商约定试用期、培训、保守商业秘密、补充保险和福利待遇等其他事项。"这里所规定的"试用期、培训、保守商业秘密、补充保险和福利待遇"都属于法定可备条款。

(一)试用期的约定

试用期是指用人单位对新招收的职工进行思想品德、劳动态度、实际工作能力、身体情况等进行进一步考察的时间期限。《劳动合同法》规定劳动合同期限不满三个月的,不得约定试用期;劳动合同期限三个月以上不满一年的,试用期不得超过一个月;劳动合同期限一年以上不满三年的,试用期不得超过二个月;三年以上的固定期限和无固定期限的劳动合同,试用期不得超过六个月;以完成一定工作任务的劳动合同,不得约定试用期;同一用人单位与同一劳动者只能约定一次试用期;试用期应包含在合同期限内。如果劳动合同仅约定试用期,试用期不成立,该期限为劳动合同期限。劳动者在试用期的工资不得低于本单位相同岗位最低档工资的80%或者不得低于劳动合同约定工资的80%,并不得低于用人单位所在地的最低工资标准。

在试用期问题上,需要强调以下几点。第一,试用期是一个约定的条款,如果双方没有事先约定,用人单位就不能以试用期为由解除劳动合同。第二,劳动者在试用期间应当享有全部的劳动权利。第三,劳动合同法关于试用期的规定体现了劳动合同双方当事人权利义务的大体平等。如关于劳动合同的解除中规定,劳动者在试用期内可以通知用人单位解除劳动合同;劳动者在试用期期间被证明不符合录用条件的,用人单位也可以解除劳动合同。第四,有的用人单位为了规避法律,约定试岗、适应期、实习期,这些都是变相的试用期,其目的无非是为了将劳动者的待遇下调,方便解除劳动合同。为了保护劳动者的合法权益,应当明确这些情形按照试用期对待。

在试用期中,除劳动者有《劳动合同法》第三十九条和第四十条第(一)项、第(二)项规定的情形外,用人单位不得解除劳动合同。用人单位在试用期解除劳动合同的,应当向劳动者说明理由。这意味着用人单位在试用期中,要解除与劳动者的劳动合同,必须有证据、有理由,证明劳动者哪些方面不符合录用条件,为什么不合格。如果用人单位恶意使用劳动者,不尽应尽的义务,劳动者诉诸法律时,用人单位要承担败诉的风险。

用人单位违反本法规定与劳动者约定试用期的,由劳动行政部门责令改正;违法约定的试用期已经履行的,由用人单位以劳动者试用期满月工资为标准,按已经履行的超过法定试用期的期间向劳动者支付赔偿金。

(二)培训与服务期的约定

用人单位为劳动者提供专项培训费用,对其进行专业技术培训的,可以与该劳动者订立协议。

能够约定服务期的培训是有严格的条件的。用人单位对劳动者进行必要的职业培训不可以约定服务期。《劳动法》规定,用人单位应当建立职业培训制度,按照国家规定提取和使用职业培训经费,根据本单位实际,有计划地对劳动者进行职业培训。从事技术工种的劳动者,上岗前必须经过培训。劳动者有接受职业技能培训的权利。按照国家规定,用人单位必须按照本单位工资总额的一定比例提取培训费用,用于对劳动者的职业培训,这部分培训费用的使用不能作为与劳动者约定服务期的条件。

如果用人单位对劳动者进行的是专业技术培训,则可以与该劳动者订立协议,约定服务期。比如从国外引进一条生产线、一个项目,必须有能够操作的人,为此,把劳动者送到国外去培训,回国以后做这个工作,这种培训就是此处所指的专业技术培训。

培训的形式可以是脱产的,半脱产的,也可以是不脱产的。不管是否脱产,只要用人单位在国家规定提取的职工培训费用以外,专门花费较高数额的钱送劳动者去进行定向专业培训的,就可以与该劳动者订立协议,约定服务期。

劳动合同期满,但是用人单位与劳动者约定的服务期尚未到期的,劳动合同应当续延至服务期满;双方另有约定的,从其约定。

用人单位与劳动者约定服务期的,不影响按照正常的工资调整机制提高劳动者在服务期期间的劳动报酬。

(三)保密与竞业限制的约定

保密是指劳动者在履行劳动合同过程中以及劳动合同解除或终止后保守用人单位的商业秘密和与知识产权相关的保密事项。竞业限制是指在解除或者终止劳动合同后,劳动者不得到与本单位生产或者经营同类产品、从事同类业务的有竞争关系的其他用人单位,不得自己开业生产或者经营同类产品、从事同类业务。

商业秘密是指不为公众所知悉、能为权利人带来经济利益,具有实用性并经权利人采取保密措施的技术信息和经营信息。因此商业秘密包括两部分:非专利技术和经营信息。商业秘密和其他知识产权(专利权、商标权、著作权等)相比,有着以下特点。第一,商业秘密的前提是不为公众所知悉,而其他知识产权都是公开的,对专利权甚至有公开到相当程度的要求。第二,商业秘密是一项相对的权利。商业秘密的专有性不是绝对的,不具有排他性。如果其他人以合法方式取得了同一内容的商业秘密,他们就和第一个人有着同样的地位。商业秘密的拥有者既不能阻止在他之前已经开发掌握该信息的人使用、转让该信息,也不能阻止在他之后开发掌握该信息的人使用、转让该信息。第三,商业秘密能使经营者获得利益,获得竞争优势,或具有潜在的商业利益。第四,商业秘密的保护期不是法定的,取决于权利人的保密措施和其他人对此项秘密的公开。一项技术秘密可能由于权利人保密措施得力和技术本身的应用价值而延续很长时间,远远超过专利技术受保护的期限。

对负有保密义务的劳动者,用人单位可以在劳动合同或者保密协议中与劳动者约定竞业限制条款,并约定在解除或者终止劳动合同后,在竞业限制期限内按月给予劳动者经济补偿。竞业限制期限不得超过两年。竞业限制的人员范围限于用人单位的高级管理人员、高级技术人员和其他知悉用人单位商业秘密的人员。实际上限于知悉用人单位商业秘密和核心技术的人员,不可能面对每个劳动者,每人给一份经济补偿金企业也无力承受。竞业限制的地域范围原则上应当以能够与用人单位形成实际竞争关系的地域为限。

劳动者违反本法规定解除劳动合同,或者违反劳动合同中约定的保密义务或者竞业限制,给用人单位造成损失的,应当承担赔偿责任。

2013 年 2 月 1 日起施行的《最高人民法院关于审理劳动争议案件适用法律若干问题的解释(四)》规定,若劳动合同或者保密协议中约定了竞业限制,但未约定解除或者终止劳动合同后给予劳动者经济补偿,劳动者履行了竞业限制义务,要求用人单位按照劳动者在劳动合同解除或者终止前十二个月平均工资的 30% 按月支付经济补偿的,人民法院应予支持。月平均工资的 30% 低于劳动合同履行地最低工资标准的,按照劳动合同履行地最低工资标准支付。

在竞业限制期限内,用人单位请求解除竞业限制协议时,人民法院应予支持。在解除竞业限制协议时,劳动者请求用人单位额外支付劳动者三个月的竞业限制经济补偿的,人民法院应予支持。

【案例5-10】

李先生原是某商贸公司的销售总监,主要工作内容为公司带领销售团队销售办公设备、劳保用品、办公用品,针对客户群体为北京市场企业客户及全国范围内的政府客户。离职前,李先生月基本工资为税前7万余元(合计每年约85万元),且另有不定额奖金,年终奖金不超过税后15万元。劳动合同约定,双方在合同终止后一年的竞业限制期间内,除非商贸公司在合同终止前书面弃权通知,李先生应履行竞业限制义务;竞业限制期间,李先生不得直接或间接向其公司或其关联公司生产或销售相似产品的任何竞争者提供保密信息或实体工作、被雇佣、聘用、提供实体服务,或在该等实体中持有任何利益或权益等。

商贸公司在竞业限制期间内按月向李先生支付竞业限制经济补偿金,月度金额相当于合同终止前一个月基本工资金额的三分之一。如李先生违反竞业限制义务,则应当向公司支付竞业限制补偿金总额3倍的违约金。

李先生离职次月,商贸公司即按照(税前)每月23 640元的标准向李先生转账支付了竞业限制补偿金,但工资卡账户提示李先生的收款账户异常以致交易失败,当月商贸公司向李先生另一个银行账户转账支付了相应款项并成功。去年5月,商贸公司再次向李先生银行账户支付竞业限制补偿金时,账户又提示收款账户异常,交易失败。不久后,商贸公司还收到了李先生转账退回的补偿金。

为此,商贸公司曾先后两次分别向李先生的户籍地和劳动合同中留存的居住地邮寄函件,要求提供银行账号或现场领取竞业限制补偿金,但两次均被拒收。此后数月,商贸公司坚持向李先生银行账户内转账支付款项,但均因收款账户异常,未能成功转账。

商贸公司发现,李先生离职后入职竞争对手处,违反了竞业限制约定义务。为此,商贸公司向法院起诉,要求李先生支付违约金85万元。诉讼中商贸公司提交了竞争对手官方网站及微信公众号的一篇文章作为证据,显示李先生作为该公司公共事业部全国负责人参会并发表了主题演讲。

法院审理后认为,双方存有竞业限制约定,李先生作为企业高级管理人员,应诚实信用地履行双方所约定竞业限制义务;商贸公司已经按照约定支付了竞业限制补偿金,而李先生有躲避接收、怠于接收竞业限制补偿金的明显主观意愿;商贸公司所提举证据,足以证明李先生离职后存有违反竞业限制义务情形。结合上述情况,法院认为李先生存有违反竞业限制约定的主观故意。

最后,法院基于双方所确认李先生离职前12个月平均工资数额,判定李先生应依法向商贸公司支付违约金,经核算为85万余元。判决后,李先生提起上诉。二审终审判决,驳回李先生的上诉,维持原判。

(案例来源:子非鱼说劳动法微信公众号)

(四)违约金的约定

违约金是指合同当事人约定在一方不履行合同时向另一方支付一定数额的货币。这种民事责任形式只有在合同当事人有约定或法律有直接规定时才能适用,当事人一方不能自行规定违约金。

根据《劳动合同法》规定,除了可以在培训服务期和竞业限制约定中约定劳动者违约金责任外,其他情况下不得约定由劳动者承担的违约金。

劳动者违反服务期约定的,应当按照约定向用人单位支付违约金。违约金的数额不得超过用人单位提供的培训费用。用人单位要求劳动者支付的违约金不得超过服务期尚未履行部分所应分摊的培训费用。培训费用包括用人单位为了对劳动者进行专业技术培训而支付的有凭证的培训费用、培训期间的差旅费用以及因培训产生的用于该劳动者的其他直接费用。这里需注意培训费用里面不应当包括培训期间向劳动者支付的工资。

劳动者违反竞业限制约定的,应当按照约定向用人单位支付违约金。

对用人单位违约时向劳动者支付违约金的情形,《劳动合同法》并未作出违约行为的限制,即只要有出现违约的可能情形,都可以约定违约金责任。

【案例5-11】

1980年10月,刚满16岁的陈某因补员到重庆某集团公司上班,从事喷漆工作。不久,陈某就先后考取该集团职工大学大专、湖南大学大学本科,之后又分别在1994年和1997年考取重庆大学的硕士研究生和博士研究生。2001年5月,该集团公司将陈某送入清华大学作博士后研究,学习费用和科研项目均由该集团公司提供,直至2003年6月结束博士后工作站的研究。陈某在职期间曾担任公司重点项目的副总设计师及该集团汽车研究院某工程所副所长。该集团与陈某在1996年1月签订的“委托培养博士研究生协议书”上约定:陈某学习期满回单位工作后,服务期限为10年;若在服务期满前离开公司须赔偿从“委托培养研究生”至“委托培养博士研究生”期间的所有费用(包括工资、学习等费用),另加违约金5 000元。2003年8月,双方再次签订“协议书”约定:违约责任赔偿金额按该集团《人才流动管理办法》执行。

2005年7月,陈某以应邀参加美国一个研究项目为由,书面向公司提出辞职,同时要求解除劳动关系,并于8月26日离开公司。同年10月,该集团即向重庆市劳动争议仲裁委员会申请仲裁,要求陈某支付委托培养博士基本赔偿费用160万元、出国基本赔偿费用60万元等合计310余万元的巨额赔偿。最后此案上诉到重庆市第一中级人民法院。

重庆市第一中级人民法院经审理认为:陈某的辞职确系违约,给公司造成了一定损失,但如果完全按照约定进行判决则对劳动者陈某有失公平。一方面,对于劳动者违反劳动合同约定的行为应当追究必要的违约责任,要充分维护企业的合法权益;而另一方面,在判决劳动者承担责任的同时,也要考虑劳动者的经济负担能力。

承办法官认为,陈某在服务期未满10年的情况下离开公司构成违约,应按《人才流动管理办法》执行赔偿金额。但是,如果本案完全按照约定进行判决,则对劳动者陈某有失公平之处,理由如下:①公司先后三次派陈某出国,其目的都是公司为了经营发展需要而作出的决定,而非陈某基于个人目的实施的行为,因此要求陈某承担出国基本赔偿费60万元及出国差旅费用，显失公平；②根据《人才流动管理办法》的规定，由公司出资在国内大专院校学习后获得博士学位，服务期为20年，而陈某与公司签订的“协议书”约定的服务期为10年，且陈某按照协议已经在公司服务的期限为4年，因此要求陈某承担20年服务期所对应的基本赔偿费160万元以及其攻读博士期间的全部工资、奖金、补贴、培训费等费用，有失公平。最后，二审遂改判：陈某支付公司委托培养博士的基本赔偿费48万元，另承担5万余元的诉讼费。

（本案例根据中国法院网案例改编）

【案例5-12】

案情概要

罗某于2010年4月15日入职V公司并签定书面劳动合同，先后任公司产品研发中心产品主管、产品研发中心开发二部副经理等职，末份劳动合同为自2014年4月15日起的无固定期限劳动合同。

2010年12月8日，罗某与V公司签订了《竞业禁止协议》，该协议第2条第3款约定：无论因何种原因从甲方离职，离职后2年内，在中国范围内，不得在与甲方有竞争关系的行业、企业内工作；第2条第4款约定：不论因何种原因从甲方离职，离职后2年内，在中国范围内，不得自办与甲方有竞争关系的企业，或者从事与甲方商业秘密有关的产品的生产；协议第3条第1款第1项约定：自乙方离职之日起第一年，甲方按月支付乙方竞业禁止补偿费，标准为甲方离职前12个月的月平均工资的百分之二十五，乙方离职后次月开始支付……；协议第4条第1款约定：乙方不履行本协议约定义务的，应当承担违约责任，违约金需一次性向甲方支付，违约金额为乙方离开甲方之日上年度薪酬总额的3倍。

2016年3月9日，罗某提出离职，公司批准，双方劳动关系于当日解除。2016年3月至2017年3月，V公司每月支付罗某竞业限制经济补偿1,840.39元，合计23,925.07元。

后V公司得知，罗某的妻子王某是A公司的法定代表人与股东，该公司设立于2015年12月3日，与V公司经营范围重合、存在竞争关系，V公司因此认为罗某在离职后有违反竞业限制约定的行为，于2017年5月23日申请仲裁，请求：1、罗某即停止违反竞业限制行为，并按照约定继续履行竞业限制义务；2、罗某支付V公司违约金298,800元及返还已付补偿金23,925.07元。

案件结果

仲裁：1.停止违反竞业限制约定的行为，继续履行竞业限制义务；2.支付违反竞业限制违约金71,775.21元；

一审：1.停止违反竞业限制约定的行为，继续履行竞业限制义务；2.支付违反竞业限制违约金298,800.00元；

二审：驳回上诉，维持原判。

争议焦点

罗某是否违反竞业限制义务，以及员工违约后竞业限制补偿金是否可以主张返还？

案件评析

《劳动合同法》第二十三条限定了竞业限制的人员范围，即：竞业限制适用于高级管理人员、高级技术人员和其他负有保密义务的人员。本案中罗某作为产品研发部门的管理人员，可以接触、掌握V公司的产品规格、工艺等机密信息,理应遵守保密义务,避免利益冲突的发生,因此V公司可以与罗某约定竞业限制义务;而根据合同的相对性原理,该等竞业限制义务一般情况下应仅限于罗某本人。本案的特殊性在于,在认定罗某存在违背竞业限制的行为时,主要依据为罗某的妻子A公司担任法定代表和股东,A公司和V公司经营范围重合、存在竞争关系,即因罗某妻子经营竞争关系的A公司构成了罗某违反竞业限制的行为。法院认为,在夫妻婚姻关系存续期间,1. 罗某妻子进行投资、收益的行为,可以推定罗某参与的投资经营行为;2. 罗某不可避免的会共享其掌握的信息、渠道等,继而影响V公司的经营;3. 夫妻一方的收益一般均用于家庭生活,罗某亦可从中受益,该公司的经营状况及经营成果和罗某也密不可分。基于此,认为罗某所应遵守的竞业限制约定理应延申至对于家庭成员的约束。最终法院认定罗某违反了与V公司的竞业限制约定,并承担支付违约金等责任。

对于员工亲属从事竞业行为的性质认定,虽然存在一定法律风险,但为了防止发生争议无约定可循,建议用人单位与员工签订竞业限制协议时,可将竞业限制的对象范围适当扩大,如约定员工的近亲属设立或开展竞争业务的行为视同员工违法竞业限制义务。

另外,本案法院并未支持V公司要求罗某返还已付竞业限制补偿金的主张。实践中,已付竞业限制补偿金是否应当返还,存在一定的争议,目前大多依据竞业限制协议约定执行。本案中,V公司未在竞业限制协议中明确约定"如罗某出现违纪行为,应将竞业限制补偿金返还给公司"等相关内容,因此,法院认为V公司要求返还补偿金的主张缺少合同依据,遂未与支持。该判决理由具有一定的参考意义,因此,建议用人单位在与劳动者订立竞业限制协议时,在违约金的设置上可将返还竞业限制补偿金作为违约金的组成部分。

【案例5-13】

2002年11月,纪某进入厦门一家生产电控设备的高科技公司工作。2004年,纪某跟公司签订了为期5年的合同,纪某承诺若日后离开公司,在3年内不从事与原公司同类或相关行业的工作,否则将支付违约金5万元;而公司则承诺,对于遵守竞业禁止约定的劳动者,公司会在合同期满后给予一次性补助。

2004年底,纪某被公司派到福建莆田开拓业务。2007年4月,纪某向公司提出离职申请,并声称要"回乡创业"。公司人事部门签署了"尊重个人选择"的意见,并提出,纪某须遵守约定,不在同行业工作。

不久,纪某投身于另一家公司在莆田继续从事电控设备销售业务,该公司与纪某原供职的公司是竞争对手。原公司遂向厦门当地劳动仲裁部门提起仲裁,要求纪某赔偿损失,并最终诉至法院。

厦门市中级法院指出,纪某违反合同约定,提前解除合同给原公司造成经济损失,并从事与原公司竞争的业务,泄露原公司商业秘密,依法应承担法律责任。

法院最后判决,纪某赔偿因到与原公司同类或相关行业工作的违约金5万元、因泄露商业秘密造成原公司经济损失的违约金3万元。

(本案例根据中国法院网案例改编)

三、劳动合同生效

劳动合同由用人单位与劳动者协商一致,并经用人单位与劳动者在劳动合同文本上签字或者盖章生效。

(一)劳动合同的成立和生效

劳动合同成立与劳动合同生效是既有联系又有区别的两个法律概念。劳动合同的成立是指用人单位与劳动者达成协议而建立劳动合同关系。当事人双方就劳动合同内容协商一致，劳动合同即告成立。劳动合同依法成立，就具有法律效力，即在双方当事人之间形成劳动法律关系，对双方当事人产生法律约束力。非依法律规定或者征得对方同意，任何一方不得擅自变更或者解除劳动合同，否则就要承担法律责任。

劳动合同的生效是指具备有效要件的劳动合同按其意思表示的内容产生了法律效力。劳动合同的具体生效时间，当事人可以在劳动合同中约定，没有约定的，应当自双方签字之日起生效。在大多数情况下，劳动合同成立和生效是在同时的。

但是，劳动合同成立，并不意味着劳动合同一定生效，劳动合同是劳动关系的表现形式，有的情况下劳动关系已建立，但并没有签订劳动合同；有的情况下劳动合同已生效，但并没有实际用工，劳动关系尚未建立，有时二者之间会有一个时间差。

因此，违反劳动合同可以分为两种情况。一种是违反已经履行的劳动合同。这时劳动关系已建立，违反劳动合同约定，就要承担违法责任。另一种就是违反已生效但尚未履行的劳动合同。这时劳动关系尚未建立，劳动合同法没有对在这种情况下违反劳动合同的责任作出规定，这就需要合同双方在订立劳动合同时约定。这时劳动合同约定了违约责任的，按约定办；没有约定违约责任的，就无从承担责任。因此，在订立劳动合同时，双方应当在合同中约定违约责任。

(二)劳动合同生效的条件

劳动合同的双方当事人必须具备法定的资格。行为能力是签订合同的任何一方必须有法律上认可的签订劳动合同的资格。一个 10 岁的小孩不具备与单位签订劳动合同的行为能力，因为法律上认为一个 10 岁的小孩根本不能够认识到签订劳动合同的真正含义。通常，年满 16 周岁、精神正常的人是具有签订劳动合同的行为能力的。

劳动合同的内容和形式必须合法，不得违反法律的强制性规定或者社会公共利益。所谓强制性规定就是当事人不能约定，只能按照法律规定办的权利义务。如《劳动合同法》第十九条规定，劳动合同期限三个月以上不满一年的，试用期不得超过一个月。在这种情况下即使双方在合同中约定了一个月以上的试用期，也是违反法律规定的，该条款将视为无效。

劳动合同需由用人单位与劳动者协商一致订立。订立劳动合同的双方必须意思表示真实，任何一方采用欺诈、胁迫等手段与另一方签订的劳动合同是无效的。

(三)劳动合同的无效

一般合同一旦依法成立，就具有法律拘束力，无效的劳动合同是指由当事人签订成立而国家不予承认其法律效力的劳动合同。无效合同即使其成立，也不具有法律拘束力，不发生履行效力。

1. 劳动合同无效的情形

根据《劳动合同法》第二十六条规定，导致劳动合同无效有以下几方面的原因。

(1)订立劳动合同因采取欺诈、威胁等手段而无效。

欺诈是指当事人一方故意制造假象或隐瞒事实真相，欺骗对方，诱使对方形成错误认识而与之订立劳动合同。欺诈的种类很多，比如在没有履行能力的情况下，签订合同。如根据劳动法的规定，从事特种作业的劳动者必须经过专门培训并取得特种作业资格，应聘的劳动者并没有这种资格，提供了假的资格证书；再如行为人负有义务向他方如实告知某种真实情况而故意不告知的情形，如一家小型化工企业招聘三班倒的化工工人，所以不能用孕妇，但有的妇女来应聘，故意隐瞒其已怀孕的情况，应聘上岗后不久就提出已经怀孕不能倒班上岗等。采取欺诈手段订立的劳动合同是无效的。威胁是指当事人以将要发生的损害或者以直接实施损害相威胁，一方迫使另一方处于恐怖或者其他被胁迫的状态而签订劳动合同，可能涉及生命、身体、财产、名誉、自由、健康等方面。

【案例5-14】

北京一家生活用品公司与杨女士签订劳动合同后，发现杨女士的毕业证书系伪造，随即将其诉至法院。

原告生活用品公司诉称，2008 年 11 月 28 日，原告与被告签订劳动合同，约定被告任该公司培训部副经理，月工资 4 000 元，合同期为一年。合同签订当天，被告入职开始工作，2009 年 3 月 26 日，原告公司接到被告的请假单，之后被告再未到岗工作，属于旷工。原告后来发现，签订合同时，被告向原告公司提供的学历为某大学英语教育专业本科文凭，但经原告公司与该大学联系得知，被告的毕业证系伪造。因此，原告公司认为被告存在欺诈行为，根据我国劳动合同法的规定，双方的劳动合同应属无效。故诉至法院，请求判令确认双方劳动合同无效，并拒绝支付被告 2009 年 3 月 1 日至 5 月 11 日的工资 4 625. 07 及 25% 经济补偿金 1 156. 27 元和被告解除劳动合同的经济补偿金 1 604. 71 元。

被告杨女士辩称，原告所述劳动合同签订情况及岗位属实，但被告工资除基本工资外还有通信费 130 元、交通费 60 元及每天的餐费 7 元。被告在原告公司上班至 2009 年 3 月底，因身体状况请假，未再上班，但被告通过电话、短信的形式向原告公司总经理及部门主管请假。被告的毕业证书是真实的，签订合同时被告向原告提交了该学校毕业证复印件，原告并未询问被告大学证书的情况，双方并未对被告的学历要求进行约定，因此，被告学历真伪对劳动合同的效力并无影响，且大学档案馆无权对毕业证的真伪进行鉴定。因原告拒绝提供劳动条件，2009 年 10 月 21 日，双方在仲裁庭开庭时被告依法向原告送达解除劳动通知书，在此之前，被告并未收到过原告的解除劳动合同通知。另外，被告上班期间还存在加班的情况。因此，要求原告公司支付 2009 年 3 月工资 3 954. 38 元及 25% 的经济补偿金 988. 60 元；支付 2009 年 4 月 1 日至 10 月 21 日期间的工资 30 355. 08 元及 25% 的经济补偿金 7 588. 77 元；支付加班费 5 993. 86 元，解除劳动合同的经济补偿金 4 336. 44 元。

法院经审理认为，根据我国劳动合同法的规定，以欺诈等手段使对方在违背真实意思的情况下订立的劳动合同，由仲裁机构或者人民法院确认无效。本案中，双方在签订劳动合同时，被告在明知其毕业证书系伪造的情况，仍然向原告出示该证书，使原告陷入错误认识与其签订了劳动合同，因此，法院确认双方签订劳动合同应属无效。劳动合同被确认无效后，劳动者已付出劳动的，用人单位应当向劳动者支付劳动报酬。2009 年 4 月 1 日之后，被告并未向原告提供劳动，因此，原告将被告工资发放至 2009 年 3 月，故被告要求原告公司支付 2009 年 3 月工资 3 954. 38 元的请求，法院予以支持。被告要求原告公司支付 25% 的经济补偿金、加班费及解除劳动合同经济补偿金的请求，于法无据，法院不予支持。最终法院判决：双方劳动合同无效，生活用品公司仅需向杨女士支付2009年3月的工资。

（材料来源：中国法院网）

(2)用人单位免除自己的法定责任、排除劳动者的权利的劳动合同无效。

这属于禁止用人单位同劳动者约定的内容，也是合同的一般原则。通常表现为，劳动合同简单化，法定条款缺失，仅规定劳动者的义务，有的甚至规定“生老病死都与企业无关”，“用人单位有权根据生产经营变化及劳动者的工作情况调整其工作岗位，劳动者必须服从单位的安排”等霸王条款。

实践中出现较多的是造成劳动者人身伤害的免责条款。对于人身的健康和生命安全，法律是给予特殊保护的，并且从整体社会利益的角度来考虑，如果允许免除用人单位对劳动者人身伤害的责任，那么就无异于纵容用人单位利用合同形式对劳动者的生命进行摧残，这与保护公民的人身权利的宪法原则是相违背的。劳动者合同权利的放弃，如果与劳动法的维权宗旨相悖，劳动者放弃权利的行为应当受到限制。例如，目前煤矿这种高危行业用工，不经任何培训，没有任何技术，来了就签劳动合同，出事故死了给点钱就完事了，而劳动者又在高工资的引诱下自愿在用人单位不负责生命安全的合同上签字，这种情况下，劳动者放弃劳动保护权的行为，即便出于自愿，亦应认定无效。

(3)劳动合同因违反国家法律、行政法规的强制性规定而无效。

法律、行政法规包含强制性规定和任意性规定。强制性规定排除了合同当事人的意思自治，即当事人在合同中不得任意排除法律、行政法规强制性规定的适用，如果当事人约定排除了强制性规定，则构成无效情形。这里主要指国家制定的关于劳动者最基本劳动条件的法律、法规，包括《最低工资法》《工作时间法》《劳动安全与卫生法》等，其目的是改善劳动条件，保障劳动者的基本生活，避免伤亡事故的发生。

还应当特别注意的是构成无效情形只限于违反了法律和行政法规，不能任意扩大范围。实践中存在的将违反地方行政管理规定的合同都认为无效是不妥当的。

2. 劳动合同的部分无效

无效的合同可分部分无效合同和全部无效合同。部分无效合同是指有些合同条款虽然违反法律规定，但并不影响其他条款效力的合同。有些劳动合同就内容看，不是全部无效，而是部分无效，即劳动合同中的某一部分条款不发生法律效力。

在部分无效的劳动合同中，无效条款如不影响其余部分的效力，其余部分仍然有效，对双方当事人有约束力。有如下两层意思。

(1)如果认定合同的某些条款无效，该部分内容与合同的其他内容相比较，应当是相对独立的，该部分与合同的其他部分具有可分性，也就是本条所说的，合同无效部分不影响其他部分的效力。如果部分无效的条款与其他条款具有不可分性，或者当事人约定某合同条款为合同成立生效的必要条款，那么该合同的部分无效就会导致整个合同的无效，而不能确认该部分无效时，另一部分合同内容又保持其效力。

(2)如果合同的目的是违法的，或者根据诚实信用和公平原则，剩余部分的合同内容的效力对当事人已没有任何意义或者不公平合理的，合同应全部确认为无效。

部分无效的劳动合同通常表现为，如未经批准不得辞职、加班不给加班费、工作受伤自己负责等。

在司法实践中,不能任意扩大无效或者部分无效劳动合同的范围,特别要防止用人单位利用这一条款随意解雇劳动者。如劳动者在应聘时隐瞒了一些事实,向用人单位提供了不实的个人资料等,认定时就有个度的问题,劳动者实际能力行就可以了,不能算作无效甚至部分无效都构不成。实践中大部分情况是部分无效,如用人单位免除自己的法定责任、排除劳动者的权利的劳动合同。

3. *劳动合同无效的确认及处理*

劳动合同的无效只有劳动争议仲裁机构和人民法院才有权确认,其他任何部门或者个人都无权认定无效劳动合同。

劳动合同无效后,其一般原理是,双方约定的权利义务自始不存在,即从订立之日起到确认无效时止,法律对双方订立的权利义务关系不予保护。但这并不是说,法律不保护这种无效的事实劳动关系。由于劳动力支出的不可恢复性,因此,劳动合同无效后,不能采取返还财产、恢复原状的无效处理措施,而应对事实劳动关系存在期间劳动者的劳动按照法律规定予以补偿。《劳动合同法》第二十八条规定:“劳动合同被确认无效,劳动者已付出劳动的,用人单位应当向劳动者支付劳动报酬。劳动报酬的数额,参照本单位相同或者相近岗位劳动者的劳动报酬确定。”同时,对由于用人单位的原因订立的无效合同,对劳动者造成损害的,还应承担赔偿责任。劳动合同无效后,自宣布无效之日起,事实劳动关系终止。

第四节　劳动合同的履行和变更

劳动合同的履行是指劳动合同的双方当事人按照合同约定完成各自义务的行为。劳动合同的变更是指劳动合同依法订立后,在合同尚未履行或者尚未履行完毕之前,经用人单位和劳动者双方当事人协商同意,对劳动合同内容作部分修改、补充或者删减的法律行为。

一、双方应当履行的义务

用人单位应当履行劳动合同中约定的义务,应当按照劳动合同约定和国家规定,向劳动者及时足额支付劳动报酬。用人单位拖欠或者未足额支付劳动报酬的,劳动者可以依法向当地人民法院申请支付令,人民法院应当依法发出支付令。用人单位应当严格执行劳动定额标准,不得强迫或者变相强迫劳动者加班。用人单位安排加班的,应当按照国家有关规定向劳动者支付加班费。

《劳动合同法》规定,用人单位有下列情形之一的,由劳动行政部门责令限期支付劳动报酬、加班费或者经济补偿;劳动报酬低于当地最低工资标准的,应当支付其差额部分;逾期不支付的,责令用人单位按应付金额 50% 以上 100% 以下的标准向劳动者加付赔偿金:①未按照劳动合同的约定或者国家规定及时足额支付劳动者劳动报酬的;②低于当地最低工资标准支付劳动者工资的;③安排加班不支付加班费的;④解除或者终止劳动合同,未依照本法规定向劳动者支付经济补偿的。

用人单位有下列情形之一的,依法给予行政处罚;构成犯罪的,依法追究刑事责任;给劳动者造成损害的,应当承担赔偿责任:①以暴力、威胁或者非法限制人身自由的手段强迫劳动的;②违章指挥或者强令冒险作业危及劳动者人身安全的;③侮辱、体罚、殴打、非法搜查或者拘禁劳动者的;④劳动条件恶劣、环境污染严重,给劳动者身心健康造成严重损害的。

劳动者应当履行劳动合同中约定的义务,但劳动者拒绝用人单位管理人员违章指挥、强令冒险作业的,不视为违反劳动合同,不属于拒绝履行劳动合同义务的行为。

二、特殊情况下劳动合同的履行

用人单位变更名称、法定代表人、主要负责人或者投资人等事项,不影响劳动合同的履行。用人单位发生合并或者分立等情况,原劳动合同继续有效,劳动合同由承继其权利和义务的用人单位继续履行。

三、协商一致变更

劳动合同在履行过程中,因双方或一方的情况变化,双方可对合同协商变更。对此,使用劳动合同订立的原则,即用人单位与劳动者应当在平等自愿的前提下协商一致,既可以变更劳动合同约定的内容。同时《劳动合同法》规定,变更劳动合同,应当采用书面形式,变更后的劳动合同文本由用人单位和劳动者各执一份。

四、用人单位调岗

劳动合同变更的原则上须协商一致,但有时用人单位因不满劳动者的工作表现,以单位有用工自主权单方提出变更,往往想通过调岗达到降薪的目的。劳动者认为单位是通过此手段逼迫劳动者辞职,于是产生劳动纠纷。

实践中,仲裁机关和法院对此首先承认用人单位的用工自主权,允许用人单位根据员工表现和企业的生产经营情况调整岗位和薪酬。同时,为了防止用人单位滥用权利,将证明调岗调薪的合理性的证明责任分配给了用人单位。一般说来,用人单位可以从劳动合同约定、规章制度、劳动者表现、岗位任职条件、岗位薪酬制度以及用人单位客观情况的变化等方面来证明调岗调薪的合理性。

现行法律法规给调岗设置了严密的“法定规则”,即以协商一致为原则,法定情形调岗为例外。劳动法规定的除了协商一致外可以调岗的情形主要有以下几种。

(一)医疗期满调岗

《劳动合同法》第40条规定,“有下列情形之一的,用人单位提前三十日以书面形式通知劳动者本人或者额外支付劳动者一个月工资后,可以解除劳动合同:(一)劳动者患病或者非因工负伤,在规定的医疗期满后不能从事原工作,也不能从事由用人单位另行安排工作的……”按照该规定调岗需要满足医疗期满;从能从事员工作;新工作安排合理的条件。

(二)不胜任调岗

《劳动合同法》第40条规“(二)劳动者不能胜任工作,经过培训或者调整工作岗位,仍不能胜任工作的;…”也即,在劳动者不胜任的情况下,用人单位可以安排调整工作岗位。

(三)孕期调岗

《女职工劳动保护特别规定》第6条规定,“女职工在孕期不能适应原劳动的,用人单位应当根据医疗机构的证明,予以减轻劳动量或者安排其他能够适应的劳动”,这为孕期调岗提供了法律依据。

(四)职业禁忌及健康损害调岗

《职业病防治法》第36条规定:“用人单位不得安排未经上岗前职业健康检查的劳动者从事接触职业病危害的作业;不得安排有职业禁忌的劳动者从事其所禁忌的作业;对在职业健康检查中发现有与所从事的职业相关的健康损害的劳动者,应当调离原工作岗位,并妥善安置。”第57条“用人单位对不适宜继续从事原工作的职业病病人,应当调离原岗位,并妥善安置”。职业禁忌及职业健康损害的情况下,企业具有法定义务将员工调离职业损害岗位。

(五)脱密期调岗

原劳动部《关于企业职工流动若干问题的通知》(劳部发(1996)355号)第二条“用人单位与掌握商业秘密的职工在劳动合同中约定保守商业秘密有关事项时,可以约定在劳动合同终止前或该职工提出解除劳动合同后的一定时间内(不超过六个月),调整其工作岗位,变更劳动合同中相关内容”。根据该条规定,如承担保密义务的员工与用人单位在劳动合同中明确约定了脱密期,则可以根据该条规定,在脱密期调整工作岗位。

(六)推定认可调岗

《最高人民法院关于审理劳动争议案件适用法律若干问题的解释(四)》第11条规定:“变更劳动合同未采用书面形式,但已经实际履行了口头变更的劳动合同超过一个月,且变更后的劳动合同内容不违反法律、行政法规、国家政策以及公序良俗,当事人以未采用书面形式为由主张劳动合同变更无效的,人民法院不予支持。”根据该司法解释规定,员工岗位变更后超过一个月,即视为已经认可调岗。

用人单位调岗首先注意适用的法律依据或合同依据,调岗前应当先衡量一下调岗的依据是否存在及效力如何。在实务中,企业通常约定的调岗情形有:1)符合劳动合同约定的员工身体状况不符合岗位要求、用人单位的经营情况发生异常等情形出现时,用人单位可以调岗;2)在员工违纪达到一定程度时,企业规章制度规定了降职降薪的处罚方式;3)很多企业存在关于利益冲突即近亲属或夫妻间不能同在公司重要利益相关部门任职的规定,否则单位有调整岗位的权利。以上规定没有违反法律的强制性规定的情况下,在具体案例中,可能作为裁判案件的依据或参考。

其次,调岗行为本身也需要具备如下条件:1)调岗的必要性,即出现了特定情形,可能是用人单位原因如业务外包、机构撤销等,也可能是员工原因如身体状况、工作能力、人际关系等原因,致使企业不得不对员工进行调岗;2)调岗行为的合理性,即所调整的岗位符合员工本身的教育背景、技能、薪酬或职级,不具有惩罚性或者侮辱性;3)调岗经过了必要的程序,用人单位单方调整前,最好先与员工进行协商,调岗过程中充分听取员工意见,最好也能征询工会意见,最后的调岗结果以书面形式告知员工。因此,用人单位对员工进行调岗时,符合上述法定的或者非法定的条件,注意到调岗时应当注意的情形,并能够提供充分的证据,则发生纠纷时单位可被视为合理地行使了用工自主权,若争议进入仲裁或者诉讼程序,才能被仲裁机构或法院支持。

第五节　劳动合同的解除和终止

劳动合同的解除是指劳动合同签订以后,尚未履行完毕之前,由于一定事由的出现,提前终止劳动合同的法律行为。劳动合同的解除可分为两大类型:双方解除和单方解除。

一、协商一致解除合同规定

用人单位与劳动者协商一致,可以解除劳动合同。

二、劳动者单方解除劳动合同规定

(一)提前通知解除劳动合同规定

劳动者提前30日以书面形式通知用人单位,可以解除劳动合同。劳动者在试用期内提前

3 日通知用人单位,可以解除劳动合同。

无论是劳动者还是用人单位在解除劳动合同时,都必须以书面形式告知对方。因为这一时间的确定直接关系到解除预告期的起算时间,也关系到劳动者的工资等利益,所以必须采用慎重的方式来表达。

(二)随时通知解除劳动合同规定

如果出现了法定的事由,劳动者无须向用人单位预告就可通知用人单位解除劳动合同。由于劳动者行使特别解除权往往会给用人单位的正常生产经营带来很大的影响,所以,立法在平衡保护劳动者与企业合法利益的基础上对此类情形作了具体的规定,只限于在用人单位有过错行为的情况下允许劳动者行使特别解除权。具体有以下几种情况。

1. 未按照劳动合同约定提供劳动保护或者劳动条件的

保护劳动者在劳动过程中的生命健康安全是用人单位的基本责任和义务。用人单位为劳动者提供相应的劳动保护是对劳动者基本利益的维护。《劳动合同法》第十七条规定劳动保护和劳动条件是劳动合同的必备条款,即提供劳动保护和劳动条件是用人单位应尽的义务,如果用人单位未按照国家规定的标准或劳动合同的规定提供劳动条件,致使劳动安全、劳动卫生条件恶劣,严重危害职工的身体健康,并得到国家劳动部门、卫生部门的确认,劳动者可以与用人单位解除劳动合同。

2. 未及时足额支付劳动报酬的

在劳动者已履行劳动义务的情况下,用人单位应按劳动合同约定或国家法律、法规规定的数额、日期及时足额支付劳动报酬,禁止克扣和无故拖欠劳动者劳动收入。支付劳动报酬也是劳动合同所规定的必备条款,用人单位未按照劳动合同约定及时足额支付劳动报酬,就是违反劳动合同,也是对劳动者合法权益的侵犯,劳动者有权随时告知用人单位解除劳动合同。

3. 未依法为劳动者缴纳社会保险费的

《劳动法》第七十二条规定:“用人单位和劳动者必须依法参加社会保险,缴纳社会保险费。”社会保险具有国家强制性,用人单位应当依照有关法律、法规的规定,负责缴纳各项社会保险费用,并负有代扣代缴本单位劳动者社会保险费的义务。如果用人单位未依法为劳动者缴纳上述社会保险费,那么就是对劳动者基本权利的侵害,劳动者可以与用人单位解除劳动合同。

4. 用人单位的规章制度违反法律、法规的规定,损害劳动者权益的

(1)用人单位的规章制度违反了法律、法规的规定。首先,规章制度的内容要合法。即内容不得违反国家宪法、劳动法、劳动合同法及其他法律、法规的规定,也不得与劳动合同与集体合同的内容相冲突。其次,规章制度的制定和公布的程序要合法。一是要经过一定的民主程序;二是应当公示。职工作为规章制度的遵守者,有权了解规章制度的内容,法律不要求职工遵守一个自己不知晓或无法知晓的规章制度。

(2)损害了劳动者的权益。

只有同时具备以上两点要求,劳动者才可以以此为由通知用人单位解除劳动合同。

5. 因《劳动合同法》第二十六条第一款规定的情形致使劳动合同无效的

《劳动合同法》第二十六条第一款规定了劳动合同无效或者部分无效的几种情况。无效的劳动合同从订立的时候起就没有法律约束力,劳动者可以不予履行,对已经履行的,给劳动

者造成损害的,用人单位还应承担赔偿责任。

6. 法律、行政法规规定劳动者可以解除劳动合同的其他情形

现行法律规定的其他情形主要有如下几种。

(1)用人单位以暴力、威胁或者非法限制人身自由的手段强迫劳动者劳动的。

"暴力"是指对劳动者实施捆绑、拉拽、殴打、伤害等行为。"威胁"是指对劳动者施以暴力或者其他强迫手段。"非法限制人身自由"是指采用拘留、禁闭或其他强制方法非法剥夺或限制他人按照自己的意志支配自己身体活动的行为。人身自由是公民各种自由权利当中的一项基本权利,是公民参加社会活动和享受其他权利的先决条件。我国公民的人身自由受宪法和法律的保护,《宪法》第三十七条规定:"中华人民共和国公民的人身自由不受侵犯。任何公民,非经人民检察院批准或者决定或者人民法院决定,并由公安机关执行,不受逮捕。禁止非法拘禁和以其他方法剥夺或者限制公民的人身自由……"企业强迫劳动者劳动,如把劳动者非法拘禁在特定的场所,强迫其劳动,不让他出来,是严重侵犯劳动者人身权利的行为,是非法的,劳动者有权随时解除劳动合同,而无须事先告知用人单位。

(2)用人单位违章指挥、强令冒险作业危及劳动者人身安全的。

对于用人单位不顾及劳动者的人身安全,对从事危险作业,如采矿工人、高空作业人员等,在没有安全防护的情况下,强令劳动者进行作业的行为,劳动者有权拒绝并撤离作业场所,并可以立即解除劳动合同。

《劳动合同法实施条例》第二十六条规定:"用人单位与劳动者约定了服务期,劳动者依照《劳动合同法》第三十八条的规定解除劳动合同的,不属于违反服务期的约定,用人单位不得要求劳动者支付违约金。"

三、用人单位单方解除劳动合同规定

(一)随时解除劳动合同规定

用人单位在劳动者有下列情况之一出现时,有权解除劳动合同,而无须征得他人的意见,也不必履行特别的程序,更不存在经济补偿问题。根据《劳动合同法》第三十九规定,劳动者有下列情形之一的,用人单位可以解除劳动合同。

1. 在试用期间被证明不符合录用条件的

(1)要求用人单位所规定试用期的期间符合法律规定。

(2)是否在试用期间。试用期间的确定应当以劳动合同的约定为准;若劳动合同约定的试用期超出法定最长时间,则以法定最长时间为准;若试用期满后仍未办理劳动者转正手续,则不能认为还处在试用期间,用人单位不能以试用期不符合录用条件为由与其解除劳动合同。

(3)对是否合格的认定。劳动者是否符合录用条件,是用人单位在试用期间,单方与劳动者解除劳动合同的前提条件。如果没有这个前提条件,用人单位无权在试用期内单方解除劳动合同。一般情况下应当以法律、法规规定的基本录用条件和用人单位在招聘时规定的知识文化、技术水平、身体状况、思想品质等条件为准。

(4)对于劳动者在试用期间不符合录用条件的,用人单位必须提供有效的证明。如果用人单位没有证据证明劳动者在试用期间不符合录用条件,用人单位就不能解除劳动合同,否则,需承担因违法解除劳动合同所带来的一切法律后果。所谓证据,实践中主要看两方面:一是用人单位对某一岗位的工作职能及要求有没有作出描述;二是用人单位对员工在试用期内

的表现有没有客观的记录和评价。

2. 严重违反用人单位的规章制度的

(1)规章制度的内容必须是符合法律、法规的规定,而且是通过民主程序公之于众。

(2)劳动者的行为客观存在,并且是属于“严重”违反用人单位的规章制度。何为“严重”,一般应根据劳动法规所规定的限度和用人单位内部的规章制度依此限度所规定的具体界限为准。如违反操作规程,损坏生产、经营设备造成经济损失的,不服从用人单位正常工作调动,不服从用人单位的劳动人事管理,无理取闹,打架斗殴,散布谣言损害企业声誉等,给用人单位的正常生产经营秩序和管理秩序带来损害。

(3)用人单位对劳动者的处理是按照本单位规章制度规定的程序办理的,并符合相关法律、法规规定。

3. 严重失职,营私舞弊,给用人单位造成重大损害的

劳动者在履行劳动合同期间,没有按照岗位职责履行自己的义务,违反其忠于职守、维护和增进用人单位利益的义务,有未尽职责的严重过失行为或者利用职务之便谋取私利的故意行为,使用人单位有形财产、无形财产遭受重大损害,但不够刑罚处罚的程度。例如,因粗心大意、玩忽职守而造成事故,因工作不负责而经常产生废品、损坏工具设备、浪费原材料或能源等。用人单位可以与其解除劳动合同。

4. 劳动者同时与其他用人单位建立劳动关系,对完成本单位的工作任务造成严重影响,或者经用人单位提出,拒不改正的

劳动者同时与其他用人单位建立劳动关系,即我们通常所说的“兼职”。我国有关劳动方面的法律、法规虽然没有对“兼职”做禁止性的规定,但作为劳动者而言,完成本职工作,是其应尽的义务。从事兼职工作,在时间上、精神力上必然会影响到本职工作。作为用人单位来讲,对一个不能全心全意为本单位工作,并严重影响到工作任务完成的人员,有权与其解除劳动合同。但劳动者的兼职没有影响其完成本单位的工作任务的,用人单位则不能解除与劳动者的劳动合同。

5. 劳动者以欺诈、胁迫的手段或者乘人之危,使用人单位在违背真实意思的情况下订立或者变更劳动合同的

《劳动合同法》第二十六条第(一)项规定:“以欺诈、胁迫的手段或者乘人之危,使对方在违背其真实意思的情况下订立或者变更的劳动合同”属于无效或部分无效劳动合同。任何一方利用任何一种行为手段而使对方在违背真实意思的情况下订立或者变更劳动合同,均违反了意思自治的基本原则,是被法律所禁止的,因此自然允许利益受损者解除与当事人之间的合同关系。

6. 被依法追究刑事责任的

根据《劳动部关于贯彻执行〈中华人民共和国劳动法〉若干意见》第二十九条的规定,“被依法追究刑事责任”是指:被人民检察院免予起诉的、被人民法院判处刑罚的、被人民法院依据《刑法》第三十二条免予刑事处分的。劳动者被人民法院判处拘役、三年以下有期徒刑缓刑的,用人单位可以解除劳动合同。

在试用期中,除劳动者有本法第三十九条和第四十条第(一)项、第(二)项规定的情形外,用人单位不得解除劳动合同。用人单位在试用期解除劳动合同的,应当向劳动者说明理由。

(二)提前通知解除劳动合同规定

用人单位根据劳动合同履行中客观情况的变化而解除劳动合同。这里的客观情况既包括用人单位的,也有劳动者自身的原因。前者可能是由于经营上的原因发生困难,亏损或业务紧缩;也可能因为市场条件、国际竞争、技术革新等造成工作条件的改变而导致使用劳动者数量下降。后者则是由于原本胜任的工作在用人单位采取自动化或新生产技术后不能胜任,或者是因为身体原因不能胜任。有下列情形之一的,用人单位提前30日以书面形式通知劳动者本人或者额外支付劳动者1个月工资后,可以解除劳动合同。

(1)劳动者患病或者非因工负伤,在规定的医疗期满后不能从事原工作也不能从事由用人单位另行安排的工作的。

根据劳动部颁发的《企业职工患病或非因工负伤医疗期规定》第二条的规定:“医疗期是指企业职工因患病或非因工负伤停止工作治病休息不得解除劳动合同的时限。”这里的医疗期是指劳动者根据其工龄等条件,依法可以享受的停工医疗并发给病假工资的期间,而不是劳动者病伤治愈实际需要的医疗期。劳动者患病或者非因工负伤,有权在医疗期内进行治疗和休息,不从事劳动。但在医疗期满后,劳动者就有义务进行劳动。如果劳动者由于身体健康原因不能胜任工作,用人单位有义务为其调动岗位,选择他力所能及的岗位工作。如果劳动者对用人单位重新安排的工作也无法完成,说明劳动者履行合同不能,用人单位需提前30日以书面形式通知其本人或额外支付劳动者1个月工资后,解除劳动合同。以便劳动者在心理上和时间上为重新就业做准备。

(2)劳动者不能胜任工作,经过培训或者调整工作岗位,仍不能胜任工作的。

这里所谓“不能胜任工作”是指不能按要求完成劳动合同中约定的任务或者同工种、同岗位人员的工作量。但用人单位不得故意提高定额标准,使劳动者无法完成。劳动者没有具备从事某项工作的能力,不能完成某一岗位的工作任务,这时用人单位可以对其进行职业培训,提高其职业技能,也可以把其调换到能够胜任的工作岗位上,这是用人单位负有的协助劳动者适应岗位的义务。如果单位尽了这些义务,劳动者仍然不能胜任工作,说明劳动者不具备在该单位的职业能力,单位可以在提前30日书面通知的前提下,解除与该劳动者的劳动合同。需要注意的是用人单位不能随意调动劳动者工作岗位或提高工作强度,借口劳动者不能胜任工作而解除劳动合同。

(3)劳动合同订立时所依据的客观情况发生重大变化,致使劳动合同无法履行,经用人单位与劳动者协商,未能就变更劳动合同内容达成协议的。

这是情势变更原则在劳动合同中的体现。这里的“客观情况”是指履行原劳动合同所必要的客观条件,因不可抗力或出现致使劳动合同全部或部分条款无法履行的其他情况,如自然条件、企业迁移、被兼并、企业资产转移等,使原劳动合同不能履行或不必要履行的情况。发生上述情况时,为了使劳动合同能够得到继续履行,必须根据变化后的客观情况,由双方当事人对合同进行变更的协商,直到达成一致意见,如果劳动者不同意变更劳动合同,原劳动合同所确立的劳动关系就没有存续的必要,在这种情况下,用人单位也只有解除劳动合同。

此外根据规定,用人单位因劳动者的非过失性原因而解除合同的还应当给予劳动者相应的经济补偿。

（三）裁减人员解除劳动合同规定

1. 经济性裁员的原因

经济性裁员是用人单位行使解除劳动合同权的主要方式之一。凡是实行劳动合同制的国家，都或多或少允许用人单位在一定条件下解除劳动合同，其原因是法律赋予了企业经营自主权。我国劳动合同法允许一定条件下用人单位进行经济性裁员，其原因也是企业享有经营自主权。我国《宪法》第十六条、第十七条规定了国有企业、集体经济组织在法律规定的范围内有权自主经营；第十一条第二款规定国家保护个体经济、私营经济等非公有制经济的合法权利和利益。我国实行社会主义市场经济，与社会主义市场经济相适应的是现代企业制度。现代企业制度中企业是独立经济主体，自主经营，自负盈亏，因此享有经营自主权是现代企业的应有内容。企业的经营自主权不仅包括生产自主权，也包括用人自主权。用人自主权是企业经营自主权的重要内容，企业可以根据企业的实际需要招用人员，也可以裁减人员。如果企业在生产经营困难等情况下不能裁减人员，那么企业的经营自主权就没有办法落实，也会使企业背上冗员的包袱，无法适应社会主义市场经济的要求，不利于进行公平竞争。《劳动法》第二十七条规定，用人单位濒临破产进行法定整顿期间或者生产经营状况发生严重困难，确需裁减人员的，可以裁减人员。

【案例5-15】

王某是某汽车销售公司的职员，2013 年加入该公司从事汽车销售工作。在工作过程中，王某工作经常拖沓敷衍，公司领导也曾多次指出，要求其改正，但王某仍然我行我素。因此，虽然王某在连续两年年终考核中都能完成工作任务，但公司领导对王某的考核结论都是不合格。2016 年 5 月，公司最终向王某下达了辞退函，提前一个月解除与王某的劳动合同。王某一怒之下将公司诉至仲裁委，认为公司解除劳动合同没有合法依据，要求公司承担违法解除劳动合同的赔偿金。仲裁委裁决用人单位属于违法解除劳动合同，应当支付赔偿金。

用人单位以劳动者不胜任工作解除劳动合同需要符合哪些条件？本案中单位有年终考核，劳动者在年终考核时被评定不合格，而且也提前一个月履行了解除劳动合同的通知义务，这样做是否合法？

评析：

《劳动合同法》第四十条第（二）项规定，劳动者不能胜任工作的，经调岗或培训后仍不能胜任工作的，用人单位可以解除劳动合同。根据该条规定，用人单位只有在证明劳动者存在二次“不胜任工作”的情况下，才能解除劳动合同。用人单位应对上述各步骤承担举证责任并向仲裁委提供相应的证据材料。而在该案件中，用人单位没有明确王某的岗位职责，其据以解除的依据仅仅是单位的年终考核，而这个考核结论最终由单位领导决定，因此不具有提前公示性和客观性；同时，该单位也无证据证明其对王某进行了调岗或培训后，王某仍不能胜任工作。用人单位的解除行为应认定为违法解除，劳动者有权按照《劳动合同法》第四十八条的规定要求继续履行劳动合同；劳动者不要求继续履行劳动合同或劳动合同已经无法继续履行的，劳动者也可选择要求用人单位支付违法解除的赔偿金。

【案例 5-16】

王某等 26 名职工与某商场签订了劳动合同,在劳动合同履行中,该商场以经营亏损为由,于 2000 年 5 月辞退王某等 26 名职工。王某等人遂向当地劳动保障局的劳动保障监察机构举报,请示纠正该商场的错误行为,维护自己的权益。劳动保障监察机构在接到王某等人的举报后,经多次深入调查取证,查明该商场不具备企业经济性裁减人员的法定条件,又违反了企业经济性裁减人员法定程序,在此前提下,单方解除王某等 26 名职工的劳动合同,属违约行为,并责令该商场限期改正。该商场在劳动保障监察机构规定的期限内撤销了辞退王某等 26 名职工的决定,恢复了王某等人的工作,补发王某等人的工资并为其补缴了社会保险费。

评析:《劳动法》第二十七条规定:"用人单位濒临破产进行法定整顿期间或者生产状况发生严重困难,确需裁减人员的,应当提前三十日向工会或全体职工说明情况,听取工会或者职工的意见,经向劳动行政部门报告后,可以裁减人员。"根据《劳动法》和《企业经济性裁减人员规定》(劳部发〔1994〕447 号)的有关规定,用人单位在裁减人员时应当遵循下列原则。①原因法定原则。这是指用人单位裁减人员必须出于法律规定的原因。用人单位只有以下两种情况才可裁减人员:第一,用人单位濒临破产,被人民法院宣告进入法定整顿期间;第二,用人单位的生产经营发生严重困难,达到当地政府规定的严重困难企业标准。②程序合法原则。这是指用人单位裁减人员时必须经过法律所规定的程序。第一,提前 30 日向工会或者全体职工说明情况,并提供有关生产经营状况的资料;第二,提出裁减人员方案,内容包括:被裁减人员名单,裁减时间及实施步骤,符合法律、法规规定和集体合同约定的被裁减人员经济补偿办法;第三,将裁减人员方案征求工会或者全体职工的意见,并对方案进行修改和完善;第四,向当地劳动行政部门报告裁减人员方案以及工会或者全体职工的意见,并听取劳动行政部门的意见;第五,由用人单位正式公布裁减人员方案,与被裁减人员办理解除劳动合同手续,按照有关规定向被裁减人员本人支付经济补偿金,出具裁减人员证明书。某商场解除王某等 26 名职工劳动合同时不具备上述法定条件,也未履行法定程序,严重违反经济性裁员有关法律规定,侵害了王某等 26 名职工的合法权益。劳动保障监察机构依法对某商场作出责令限期改正的决定是完全正确的。

(本案例根据劳动合同法网案例改编)

2. 经济性裁员的内涵

经济性裁员就是指企业由于经营不善等经济性原因,解雇多个劳动者的情形。对经济性裁员应从以下几个方面进行理解。

(1)经济性裁员属于用人单位解除劳动合同的一种情形。在市场经济中,用人单位直接面对的是市场竞争,为更好地适应市场需求,使企业保持一定的活力,用人单位必须在用人方面形成"能上能下"、"能进能出"的体制。为此,《劳动合同法》规定,在满足一定条件下,用人单位可以单方解除还未到期的固定期限劳动合同以及无固定期限劳动合同。经济性裁员是用人单位出于经营方面考虑,单方解除劳动合同的方式。尽管名为经济性裁员,其实质是用人单位单方解除劳动合同的一种方式。在经济性裁员中,由于是用人单位单方解除劳动合同,且劳动者并没有过错,因此用人单位应当依法向劳动者支付经济补偿。

(2)进行经济性裁员的主要原因是经济性原因,而不是劳动者个人原因。这些经济性原因大致可以分为三大类:一是企业因为经营发生严重困难或者依照破产法规定进行重整的;二是企业为了寻求生存和更大发展,进行转产、重大技术革新,经营方式调整的;三是兜底条款,其他因劳动合同订立时所依据的客观经济情况发生重大变化,致使劳动合同无法履行的。

(3)经济性裁员只发生在企业中。《劳动合同法》规定的用人单位的范围比较广,包括各类企业、个体经济组织、民办非企业单位等组织。经济性裁员只能发生在企业中,只有企业才有可能进行经济性裁员。

(4)构成经济性裁员必须要一次性解除法定数量的劳动合同。在《劳动合同法》的制定过程中,经济性裁员究竟要一次性裁减多少人才是合适的,一直是讨论的热点。经济性裁员的人数标准太低,用人单位容易利用解除条件较为宽泛的经济性裁员进行解除劳动合同,对劳动者不利。如果一次性解雇较多劳动者,又将会给社会带来不稳定因素。因此,《劳动合同法》规定一次性裁减人员 20 人以上或者裁减不足 20 人但占企业职工总人数 10% 以上的,才是经济性裁员。

3. 进行经济性裁员必须满足法定条件

根据《劳动合同法》第四十一条规定,经济性裁员作为用人单位单方解除劳动合同的一种方式,必须满足法定条件。这些法定条件包括实体性条件和程序性条件,只有同时具备了实体性条件之一和全部的程序性条件,才是合法有效的经济性裁员。

(1)实体性条件。《劳动合同法》规定,在四种情形下用人单位可以进行经济性裁员。

1)依照《中华人民共和国企业破产法》规定进行重整。依照《中华人民共和国企业破产法》的规定,在三种情形下,债务人或者债权人可以向人民法院申请对债务人进行重整:一是企业法人不能清偿到期债务,并且资产不足以清偿全部债务;二是企业法人不能清偿到期债务,并且明显缺乏清偿能力的;三是企业法人不能清偿到期债务,并且有明显丧失清偿能力可能的。

另外,根据《中华人民共和国企业破产法》第七十条第二款的规定,债权人申请对债务人进行破产清算的,在人民法院受理破产申请后、宣告债务人破产前,债务人或者出资额占债务人注册资本 10% 以上的出资人,可以向人民法院申请重整。《中华人民共和国企业破产法》设置重整制度,主要目的就是使用人单位根据企业重整的经营方案、债权的调整和清偿方案以及其他有利于企业重整的方案在内的重整计划,继续经营并清偿债务,避免用人单位进入破产清算程序,使经营失败的企业有可能通过重整而得到复苏、振兴的机会。在重整过程中,用人单位可根据实际经营情况,进行经济性裁员。

2)生产经营发生严重困难。市场经济中的企业无时不面临着激烈竞争,一旦对市场需求判断失误或者决策偏差等,企业的生产经营可能就会发生困难。在用人单位的生产经营发生严重困难时,应允许用人单位通过各种方式进行自救,而不是进一步陷入破产、关闭的绝境。在用人单位的生产经营发生严重困难时,裁减人员、缩减员工规模是一项较有效的缓减措施,从全局看,对用人单位的劳动者群体是有利的,但涉及特定劳动者的权益,应慎重处理。因此,《劳动合同法》在允许用人单位在生产经营发生困难时采取经济性裁员的措施,但同时要求用人单位要慎用该手段,"困难"两字前加了"严重"的限制。

3)企业转产、重大技术革新或者经营方式调整,经变更劳动合同后,仍需裁减人员。在企业生产经营过程中,企业为了寻求生存和更大发展,必然要进行结构调整和整体功能优化,这些方式包括企业转产、重大技术革新和经营方式调整。企业转产、重大技术革新或者经营方式调整并不必然导致用人单位进行经济性裁员,如企业转产的,从事原工作岗位的劳动者可以转到转产后的工作岗位。为了更好地保护劳动者合法权益,同时引导用人单位尽量不使用经济性裁员,《劳动合同法》要求企业转产、重大技术革新或者经营方式调整,只有在变更劳动合同后,仍需要裁减人员,才可进行经济性裁员。

4)其他因劳动合同订立时所依据的客观经济情况发生重大变化,致使劳动合同无法履行的。如有些企业为了防治污染进行搬迁需要经济性裁员的,也应允许用人单位进行经济性裁员。

(2)程序性条件。为了尽量缓减经济性裁员对劳动者和整个社会的安定团结造成的冲击,《劳动合同法》延续了《劳动法》关于经济性裁员的程序性规定,要求用人单位进行经济性裁员必须履行一套法定程序。这些法定程序是有顺序的,须全部履行。

1)必须裁减人员20人以上或者裁减不足20人但占企业职工总数10%以上的。用人单位如果裁减人员人数不足法定标准,就不能以经济性裁员的实体条件为由成批解除劳动合同,只能按照《劳动合同法》第三十六条、第三十九条、第四十条的规定单个解除劳动合同。经济性裁员的时间标准就是一次性裁员。

2)必须提前30日向工会或者全体职工说明情况,并听取工会或者职工的意见。由于经济性裁员涉及较多劳动者的权益,为便于工会和劳动者了解裁减人员方案及裁减理由,获得工会和劳动者对经济性裁员行为的理解和认同,用人单位必须提前30日向工会或者全体职工说明情况,并听取工会或者职工的意见。

3)裁减人员方案向劳动行政部门报告。用人单位经向工会或者全体职工说明情况,听取工会或者职工的意见,对原裁减人员方案进行必要修改后,形成正式的裁减人员方案。按照1994年劳动部《企业经济性裁减人员》规定第四条规定,裁减人员方案的内容包括:被裁减人员名单,裁减时间及实施步骤,符合法律、法规规定和集体合同约定的被裁减人员经济补偿办法。该裁减人员方案需要向劳动行政部门报告,以使劳动行政部门了解裁减情况,必要时采取相应措施,防止出现意外情况,监督经济性裁员合法进行。这里的"报告"性质上属于事后告知,不是事前许可或者审批。当然,有的企业出于各种考虑,自愿提前与劳动行政部门报告协商,法律并不禁止。

4. 进行经济性裁员必须遵循社会福利原则

根据实际情况,经济性裁员中裁减的人数不定,在裁减一部分劳动者时,就涉及裁减哪些劳动者的问题。经济性裁员不能只考虑用人单位的需求,必须遵循社会福利原则,即经济性裁员中还要考虑社会因素,优先保护对用人单位贡献较大、再就业能力较差的劳动者。劳动合同法规定经济性裁员中优先留用人员时,主要从劳动合同期限和保护社会弱势群体角度出发。《劳动合同法》第四十一条规定了三类优先留用人员,即:与本单位订立较长期限的固定期限劳动合同的;与本单位订立无固定期限劳动合同的;家庭无其他就业人员,有需要扶养的老人或者未成年人的。

与本单位订立较长期限的固定期限劳动合同和订立无固定期限劳动合同的人员,主要是考虑劳动者对劳动合同的有较长期限的预期,法律应对这种预期予以相应保护。优先留用家庭无其他就业人员,有需要抚养的老人或者未成年人的劳动者,主要是考虑这类劳动者对工作的依赖性非常强，一份工作关系到一个家庭的基本生活，不能将其随意推向社会，对这类社会弱势群体法律应给予相应保护。三类优先留用的劳动者之间并没有谁优先的顺序，用人单位可以根据实际需要予以留用。

5. 重新招用人员的，被裁减人员具有优先就业权

《劳动法》第二十七条规定："用人单位依据本条规定裁减人员，在六个月内录用人员的，应当优先录用被裁减的人员。"之所以赋予被裁减人员优先就业权，主要出于三方面考虑：一是被裁减人员并不是因为个人有违法违纪违规的行为而被解除劳动合同的，是因为用人单位经营出现严重困难等情况服从大局而被解除劳动合同的，因此在用人单位生产经营正常后，重新招用人员时，应优先照顾被裁减的劳动者；二是被裁减人员对用人单位比较熟悉，技术也熟练，对用人单位而言并不完全是负担；三是可以有效防止用人单位以经济性裁员为借口，随意裁减劳动者。

同时，为更好地保护被裁减人员的合法权益，《劳动合同法》第四十一条增加规定了用人单位有通知被裁减人员的义务，以使被裁减人员慎重考虑，及时行使优先就业权。

优先招用被裁减人员对被裁减人员是一种保护，但同时却是对其他未就业者是一种限制。为了更好地平衡被裁减人员、未就业者及用人单位的合法权益，劳动合同法对被裁减人员的优先就业权作了限制，即强调在同等条件下的优先权。如果被裁减人员各方面条件与其他劳动者的条件没有明显差距的，用人单位应当优先招用被裁减的人员。

【案例5-17】

原告孟某诉称：2005年1月1日其与被告本溪某粮库签订一份为期三年的劳动合同。劳动合同履行期间，某粮库以"经济性裁员"提前一年解除了劳动合同。其提出异议并多次要求某粮库解决因"经济性裁员"引发的劳动争议。

一审庭审中，孟某提出的诉讼请求为：一、继续履行劳动合同一年（2007年1月1日至2007年12月31日）；二、某粮库支付继续履行劳动合同期间的工资6 960元，加付该工资数额25%的赔偿金1740元，交纳继续履行劳动合同期间的社会保险费；三、自劳动合同期满之日起（2008年1月1日）签订无固定期限劳动合同；四、某粮库支付应签订无固定期限劳动合同期间（2008年1月1日至2011年11月30日）的工资31170元，加付该工资数额25%的赔偿金7 792.5元，交纳应签订无固定期限劳动合同期间（2008年1月1日至2011年11月30日）的社会保险费。

一审二审和中级人民法院再审均驳回了原告的诉讼请求，后辽宁省高院再审认为：

经济性裁员涉及企业经营自主权，同时更涉及劳动者劳动的权利，我国法律对经济性裁员的实质条件及程序条件有严格的规定。《中华人民共和国劳动法》第二十七条第一款规定，用人单位濒临破产进行法定整顿期间或者生产经营状况发生严重困难，确需裁减人员的，应当提前30日向工会或者全体职工说明情况，听取工会或者职工的意见，经向劳动行政部门报告后，可以裁减人员。"生产经营发生严重困难确需裁减人员"是企业经济性裁员的实质条件。1994年9月5日，劳动部《关于〈中华人民共和国劳动法〉若干条文的说明》第27条规定："生产经营状况发生严重困难的界定，需要根据地方政府的规定进行。"1995年1月1日施行的劳动部《企业经济性裁减人员的规定》第2条规定："用人单位濒临破产，被人民法院宣告进入法

定整顿期间或生产经营发生严重困难,达到当地政府规定的严重困难企业标准,确需裁减人员的,可以裁员。”根据以上规定,认定企业生产经营发生严重困难,应以达到当地政府规定的严重困难企业的标准来界定。本溪市劳动和社会保障局、地方税务局、财政局、经济委员会、国资委2006年3月27日《关于对于无能力缴纳社会保险困难企业进行认定的通知》(本劳社发(2006)33号)规定,困难企业审核认定标准有两个,一是企业进入破产清算程序,另一个是企业停止经营活动一年以上且全体人员连续6个月以上时间停发工资。本案中,某粮库未提供证据证明火连寨粮库2006年末经济性裁员前已经停止经营活动一年以上。据此,应认定火连寨粮库于2006年12月经济性裁员未达到“生产经营发生严重困难确需裁减人员”的经济性裁员的实质条件。

根据《中华人民共和国劳动法》第二十七条第一款的规定,用人单位经济性裁员,应当提前30日向工会或者全体职工说明情况,听取工会或者职工的意见,经向劳动行政部门报告后,可以裁减人员。劳动部《企业经济性裁员规定》第四条规定,用人单位确需要裁减人员,应按下列程序进行:(一)提前三十日向工会或全体职工说明情况,并提供有关生产经营状况的资料;(二)提出裁减人员方案,内容包括:被裁减人员名单,裁减时间及实施步骤,符合法律、法规规定和集体合同约定的被裁减人员经济补偿办法;(三)将裁减人员方案征求工会或全体职工的意见,并对方案进行修改和完善;(四)向当地劳动行政部门报告裁减人员方案以及工会及全体职工的意见,并听取劳动行政部门的意见;(五)由用人单位正式公布裁减人员方案,与被裁减人员办理解除劳动合同手续,按照有关规定向被裁减人员本人支付经济补偿金,出具裁减人员证明书。本案中,某粮库主张当时火连寨粮库召开了职工代表大会讨论了方案,但只提交一份由工会盖章的决议,无会议记录及职工代表签字,且孟某等均否认开了职代会,不能认定火连寨粮库将裁员方案交由职工代表大会征求意见。另也无征求工会对裁员方案意见的证据;某粮库虽提交了火连寨粮库向本溪市劳动和社会保障局报送的《关于火连寨国家粮食储备库提前解除返聘人员劳动合同工作方案的报告》,但未提交本溪市劳动和社会保障局相关回复,不能证明当时火连寨粮库向劳动行政部门进行了报告及听取了意见;某粮库未提供正式公布方案的证据。综上,火连寨粮库2006年12月经济性裁员不符合《中华人民共和国劳动法》规定的实质条件,在程序上亦不完善存在瑕疵,应当认定火连寨粮库2006年12月经济性裁员违法。

最终辽宁省高级人民法院作出裁判:

一、撤销本溪市中级人民法院(2013)本审民再字第21号民事判决、(2012)本民三终字第133号民事判决及本溪市某区人民法院(2011)溪民一初字第271号民事判决;

二、本溪某粮备库于本判决发生法律效力之日起三十日内给付孟某6 761元;

三、驳回孟某其他诉讼请求。

(四)禁止解除劳动合同规定

《劳动合同法》第四十二条规定了在6类法定情形下,禁止用人单位根据《劳动合同法》第四十条、第四十一条的规定单方解除劳动合同,这实际上是法律对用人单位单方解除权的限制。

1. 从事接触职业病危害作业的劳动者未进行离岗前职业病健康检查,或者疑似职业病病人在诊断或者医学观察期间的受到职业病威胁的劳动者以及职业病人是社会弱势群体，非常需要国家的关怀和法律的保障，因此职业病防治法的一个重要特点是以保护劳动者的合法权益为基本出发点，给予劳动者法律保障。根据《职业病防治法》第三十二条规定，对从事接触职业病危害的作业的劳动者，用人单位应当按照国务院卫生行政部门的规定组织上岗前、在岗期间和离岗时的职业健康检查，并将检查结果如实告知劳动者。对未进行离岗前职业健康检查的劳动者不得解除或者终止与其订立的劳动合同。第四十九条规定，用人单位在疑似职业病病人诊断或者医学观察期间，不得解除或者终止与其订立的劳动合同。值得一提的是，对于这两类情况，根据职业病防治法的规定和劳动合同法的精神，用人单位一般不得单方解除劳动合同。

2. 在本单位患职业病或者因工负伤并被确认丧失或者部分丧失劳动能力的

职业病是劳动者在生产劳动及其职业活动中，接触职业性有害物质引起的疾病。因工负伤，顾名思义是因工作遭受事故伤害的情形。无论是职业病还是因工负伤，都与用人单位有关，由于工作条件、安全制度或者劳动保护制度不尽完善而发生职业病或者因工负伤，用人单位作为用工组织者和直接受益者理应承担相应责任。同时，一旦发生职业病或者因工负伤，都可能造成劳动者丧失或者部分丧失劳动能力，如果此时允许用人单位解除劳动合同，将会给劳动者的医疗、生活等带来困难，因此劳动合同法规定在本单位患职业病或者因工负伤并被确认丧失或者部分丧失劳动能力的，用人单位不得解除劳动合同。

3. 患病或者非因工负伤，在规定的医疗期内的

所谓医疗期，是指企业职工因患病或非因工负伤停止工作治病休息不得解除劳动合同的时限。医疗期一般为 3 个月到 24 个月，以劳动者本人实际参加工作年限和在本单位工作年限为标准计算具体的医疗期。

4. 女职工在孕期、产期、哺乳期的

我国宪法和法律一贯重视对女职工的权益保护。《妇女权益保障法》第二十七条规定，任何单位不得因结婚、怀孕、产假、哺乳等情形，降低女职工的工资，辞退女职工，单方解除劳动（聘用）合同或者服务协议。但是，女职工要求终止劳动（聘用）合同或者服务协议的除外。所谓孕期，是指妇女怀孕期间。产期，是指妇女生育期间，产假一般为 90 天。哺乳期，是指从婴儿出生到 1 周岁之间的期间。

5. 在本单位连续工作满 15 年，且距法定退休年龄不足 5 年的

考虑到老职工对于企业的贡献较大，再就业能力较低，政府和社会都比较关注这部分弱势群体，因此劳动合同法加强了对老职工的保护。

6. 法律、行政法规规定的其他情形

对用人单位不得解除劳动合同规定的理解需注意以下两个方面：一是禁止的是用人单位单方解除劳动合同，并不禁止劳动者与用人单位协商一致解除劳动合同；二是用人单位不得根据《劳动合同法》第四十条、第四十一条解除劳动合同，即使劳动者具备了本条规定的 6 种情形之一，用人单位仍可以根据《劳动合同法》第三十九条的规定解除。

在试用期中，《劳动合同法》第三十九条规定的试用期内不符合录用条件和有严重违纪、违法行为和第四十条规定的劳动者患病或者非因工负伤，在规定的医疗期满后不能从事原工作，也不能从事由用人单位另行安排的工作和劳动者不能胜任工作，经过培训或者调整工作岗位，仍不能胜任工作的情形外，用人单位不得解除劳动合同。

(五)工会在解除劳动合同过程中的作用

用人单位单方解除劳动合同,应当事先将理由通知工会。用人单位违反法律、行政法规规定或者劳动合同约定的,工会有权要求用人单位纠正。用人单位应当研究工会的意见,并将处理结果书面通知工会。

(六)法律责任

用人单位违反本法规定解除劳动合同的,应当依照《劳动合同法》第四十七条规定的经济补偿标准的二倍向劳动者支付赔偿金。

【案例5-18】

王某与北京某客运公司签订了1998年9月至2002年9月的5年期劳动合同,劳动合同履行至2002年8月时王某被确诊为患有肾结石,需手术治疗。王某在9月份住院期间收到公司向其下发的终止劳动合同通知书。王某将客运公司诉上法庭,要求撤销公司终止劳动合同通知书。

评析:依据《企业职工患病或非因工负伤医疗期规定》之规定,企业职工患病或非因工负伤,需要停止工作医疗时,根据本人实际参加工作年限和本单位工作年限,给予3个月至24个月的医疗期。依据该规定及王某的工作年限,王某应享受的医疗期为3个月。从本案事实来看,王某的医疗期尚未届满而其劳动合同期限已届满,依据《北京市劳动合同规定》第四十四条,劳动者在规定的医疗期内或者女职工在孕期、产期、哺乳期内,劳动合同期限届满时,用人单位应将劳动合同的期限延续至医疗期满为止。故此,客运公司于王某医疗期内所作出的终止劳动合同决定无效,法院依法予以撤销。

(材料来源:劳动合同法网)

四、劳动合同终止

劳动合同终止是指劳动合同的法律效力依法被消灭,即劳动关系由于一定法律事实的出现而终结,劳动者与用人单位之间原有的权利义务不再存在。但是,劳动合同终止,原有的权利义务不再存在,并不是说劳动合同终止之前发生的权利义务关系消灭,而是说合同终止之后,双方不再执行原劳动合同中约定的事项,如用人单位在合同终止前拖欠劳动者工资的,劳动合同终止后劳动者仍可依法请求法律救济。

(一)劳动合同终止与解除的区别

(1)阶段不同。劳动合同终止是劳动合同关系的自然结束,而解除是劳动合同关系的提前结束。

(2)结束劳动关系的具体内容不同。劳动合同终止的条件中,约定条件主要是合同期满的情形,而法定条件主要是劳动者和用人单位主体资格的消灭。劳动合同解除的条件中,约定条件主要是协商一致解除合同情形,而法定条件是一些违法违纪违规等行为。

(3)预见性不同。劳动合同终止一般是可以预见的,特别是劳动合同期满终止的,而劳动合同解除一般不可预见。

(4)适用原则不同。劳动合同终止受当事人意思自治的程度多一点,一般遵循民法的原则和精神,而解除受到法律约束的程度较高,更多的体现社会法的性质和国家公权力的介入,体现对劳动者的倾斜保护。

（二）劳动合同终止的情形

《劳动合同法》第四十四条对劳动合同终止的情形作明确规定。

1. *劳动合同期满*

劳动合同期满主要适用于固定期限劳动合同和以完成一定工作任务为期限的劳动合同两种情形。劳动合同期满，除依法续订劳动合同的和依法应延期的以外，劳动合同自然终止，双方权利义务结束。根据劳动和社会保障部的规定，劳动合同的终止时间，应当以劳动合同期限最后1日的24时为准。实践中，对于劳动合同期满后，劳动者仍在原用人单位工作，原用人单位未表示异议的，但也未办理终止或者续订劳动合同的，该如何处理？按照劳动合同法的规定，劳动合同期满自然终止，原劳动合同消灭。如果劳动者仍在原用人单位工作，用人单位未表示异议的，应视为一个新劳动合同的开始。考虑到用人单位续签劳动合同的实际情况，以及在这种情形下劳动者也有一定责任，所以可依照《劳动合同法》第十条的规定，在前一劳动合同终止之日后劳动者提供劳动的第1天起1个月内订立书面劳动合同，否则用人单位就要承担《劳动合同法》第十四条第四款、第八十一条的法律责任。至于后一劳动合同的内容除了期限应视为与原劳动合同一致。

2. *劳动者已开始依法享受基本养老保险待遇*

我国劳动者开始依法享受基本养老保险待遇的条件大致有两个，一是劳动者达到法定退休年龄的；二是个人缴费年限累计满15年或者个人缴费和视同缴费年限累计满15年。根据有关政策和法律规定，职工达到退休年龄（男60岁，女50岁，女干部55岁）、工龄年限（连续工龄满10年）和身体健康状况的条件，即可以申请退休。从批准退休的第二个月开始，停发工资，按照工龄及其他条件支付个人工资一定比例的退休金，直至退休人员死亡。

该规定在目前的环境下适用是存在障碍的，根据国家有关规定，只有累计缴纳养老保险费15年以上的，劳动者才可能享受基本养老保险待遇，由于实践中执法不严，相当一部分用人单位根本就没有参加社会保险，假如劳动者已经55岁以上，如果现在开始缴纳养老保险，达到享受基本养老保险待遇的条件时可能年龄已经70有余了，但根据我国一直沿用的法定退休年龄规定，社保机构一般是不可能再接受超过法定退休年龄的劳动者缴纳养老保险费的，这就会导致一部分劳动者无法享受基本养老保险待遇，导致劳动合同无法终止的尴尬局面。《劳动合同法实施细则》第二十一条规定，劳动者达到法定退休年龄的，劳动合同终止。本条规定劳动者达到法定退休年龄时尚不能依法享受基本养老保险待遇的，用人单位可以终止劳动合同，实践中更具有操作性。

3. *劳动者死亡，或者被人民法院宣告死亡或者宣告失踪*

在劳动领域中，公民死亡、被人民法院宣告失踪或者宣告死亡的，之前签订的劳动合同因为缺乏一方主体而归于消灭。

4. *用人单位被依法宣告破产*

根据企业破产法的规定，用人单位一旦被依法宣告破产，就进入破产清算程序，用人单位的主体资格即将归于消灭，因此用人单位一旦进入被依法宣告破产的阶段，意味着劳动合同一方主体资格必然消灭，劳动合同归于终止。

5. *用人单位被吊销营业执照、责令关闭、撤销或者用人单位决定提前解散*

所谓吊销营业执照，是指剥夺被处罚用人单位已经取得的营业执照，使其丧失继续从事生产或者经营的资格；所谓责令关闭，是指行为人违反了法律、行政法规的规定，被行政机关作出了停止生产或者经营的处罚决定，从而停止生产或者经营；所谓被撤销，是指由行政机关撤销有瑕疵的公司登记。用人单位被依法吊销营业执照、责令关闭或者被撤销，已经不能进行生产或者经营，应当解散，以该用人单位为一方的劳动合同终止；所谓用人单位决定提前解散，是指在股东会或者股东大会决议解散，或者公司合并或者分立需要解散，或者持有公司全部股东表决权10%以上的股东，请求人民法院解散公司的情形下，用人单位提前于公司章程规定的公司终止时间而解散公司的。

6. 法律、行政法规规定的其他情形

用人单位与劳动者不得在《劳动合同法》第四十四条规定的劳动合同终止情形之外约定其他的劳动合同终止条件。

（三）劳动合同期满不得终止的情形。

《劳动合同法》第四十二条规定了用人单位不得解除劳动合同的情形。如果劳动者有《劳动合同法》第四十二条规定的情形的，劳动合同期满时，用人单位必须将劳动合同延续到相应的情形消失时才能终止。

（1）从事接触职业病危害作业的劳动者未进行离岗前职业健康检查，劳动合同期满的，必须等到进行了职业健康检查后，劳动合同才能终止；

（2）疑似职业病病人在诊断或者医学观察期间，劳动合同期满的，必须等到排除了职业病、确认了职业病或者医学观察期间结束，劳动合同才能终止；

（3）在本单位患职业病，劳动合同期满的，必须等到职业病治愈，劳动合同才能终止，如果职业病不能治愈，劳动合同就不能终止；

（4）因工负伤并被确认丧失劳动能力，劳动合同期满的，必须等到劳动能力全部恢复，劳动合同才能终止，如果劳动能力不能全部恢复，劳动合同就不能终止；

（5）患病或者非因工负伤在医疗期内，劳动合同期满的，必须等到医疗期满后才能终止劳动合同；

（6）女职工孕期、产期、哺乳期满后，劳动合同才可以终止；

（7）在本单位连续工作满15年，且距法定退休年龄不足5年的，如果劳动合同期满，由于这种工作年限的情况不可能消失，因此就不能终止劳动合同。

但是，《劳动合同法》第四十二条第（二）项规定，对劳动者患职业病或者因工负伤并被确认部分丧失劳动能力的情形作了例外规定，在这种情形下，适用工伤保险条例的规定。

五、经济补偿金支付规定

（一）经济补偿的性质

经济补偿是一种企业承担社会责任的主要方式之一，在我国失业保险制度建立健全过程中，经济补偿可以有效缓减失业者的焦虑情绪和生活实际困难，维护社会稳定，形成社会互助的良好社会氛围。经济补偿不同于经济赔偿，不是一种惩罚手段。经济补偿是国家调节劳动关系的一种经济手段，引导用人单位长期使用劳动者，谨慎行使解除权利和终止权利。劳动法规定，用人单位单方解除劳动合同，依法支付经济补偿。用人单位为了减少成本，避免支付经济补偿，就不会随意解除劳动合同，从而达到稳定劳动关系的目的。劳动合同法基本延续了劳动法关于用人单位单方解除劳动合同支付经济补偿的规定，同时增加规定劳动合同期满，用人单位依法支付经济补偿。这一增加规定有利于解决短期劳动合同普遍化的问题。实践中,短期劳动合同一年一签的情况比较普遍,用人单位为了规避关于解除劳动合同支付经济补偿的规定,通过签订短期劳动合同,到劳动合同终止时,再结束劳动关系。《劳动合同法》通过规定劳动合同终止,用人单位依法支付经济补偿,可以防止用人单位钻法律的空子,按照企业实际需求,签订劳动合同。

(二)经济补偿的范围

根据《劳动合同法》第四十六条规定,有下列情形之一的,用人单位应当向劳动者支付经济补偿。

(1)有《劳动合同法》第三十八条情形的,用人单位支付经济补偿。

因用人单位未按照劳动合同约定提供劳动保护或者劳动条件;未及时足额支付劳动报酬;未依法为劳动者缴纳社会保险费;用人单位的规章制度违反法律、法规的规定,损害劳动者权益;用人单位在订立劳动合同中欺诈劳动者致使劳动合同无效以及法律、行政法规规定劳动者可以解除劳动合同的其他情形下,劳动者提出解除劳动合同的。

(2)双方协商一致解除劳动合同,但是由用人单位提出解除动议的,用人单位支付经济补偿。

(3)用人单位依照《劳动合同法》第四十条规定解除劳动合同的。

劳动者患病或者非因工负伤,在规定的医疗期满后不能从事原工作,也不能从事由用人单位另行安排的工作的;或劳动者不能胜任工作,经过培训或者调整工作岗位,仍不能胜任工作的;或劳动合同订立时所依据的客观情况发生重大变化,致使劳动合同无法履行,经用人单位与劳动者协商,未能就变更劳动合同内容达成协议的。这种情形系用人单位提出解除劳动合同的。

《劳动合同法实施条例》第二十三条规定:"用人单位依法终止工伤职工的劳动合同的,除依照《劳动合同法》第四十七条的规定支付经济补偿外,还应当依照国家有关工伤保险的规定支付一次性工伤医疗补助金和伤残就业补助金。"

(4)用人单位依照《劳动合同法》第四十一条规定解除劳动合同的。

企业依照破产法规定进行重整;生产经营发生严重困难;企业转产、重大技术革新或者经营方式调整,经变更劳动合同后,仍需裁减人员的;或其他因劳动合同订立时所依据的客观经济情况发生重大变化,致使劳动合同无法履行时依照法律规定的程序解除劳动合同的。

【案例5-19】

孙某等人原系城建四公司员工。2008年,城建四公司因重组改制裁员,遂与孙某等人签订"解除劳动合同领取经济补偿金协议书",约定双方协商一致解除劳动合同,城建四公司依据《资产重组员工安置方案》(以下简称《安置方案》)及《解除劳动合同给予经济补偿金实施细则》的规定,向孙某等人支付一次性经济补偿金几千元到几万元不等。后双方在计算经济补偿时因对作为经济补偿金计算基数的月工资数额认识不一而发生纠纷。与此同时,张某等城建四公司部分职工则因城建四公司在以前的工程项目中向张某等人收取过几千到几万元不等的责任押金,但一直未予退还,因而也发生纠纷。于是,孙某等人与张某等人共310人集体向法院提起诉讼。

法院经审理后认为,根据《安置方案》,城建四公司应按2007年集团公司职工月平均工资标准计发经济补偿金。刊登在公司内部报章上的集团公司领导讲话中,提到了集团公司2007年人均工资,虽在标题下方标有“根据录音整理未经本人审阅”的字样,但因该讲话的文字稿件确系刊登在公司的内部报章上,且城建四公司并未提供其他相反证据予以推翻,故法院以该讲话中确定的2007年集团公司职工月平均工资3 705元作为孙某等人的经济补偿金的计算基数。同时,用人单位招用劳动者,不得扣押劳动者的居民身份证和其他证件,不得要求劳动者提供担保或者以其他名义向劳动者收取财物。张某等人要求城建四公司退还责任抵押金的要求也于法有据。

据此,法院终审判决支持了300多劳动者关于给付解除劳动合同的经济补偿金请求和返还风险抵押金的请求:城建四公司支付劳动者共计300余万元。

(材料来源:中国法院网)

(5)除用人单位维持或者提高劳动合同约定条件续订劳动合同,劳动者不同意续订的情况外,依照《劳动合同法》第四十四条第(一)项规定终止固定期限劳动合同的。

根据《劳动合同法》第四十四条第(一)项规定,劳动合同期满时,用人单位同意续订劳动合同,且维持或者提高劳动合同约定条件,劳动者不同意续订的,劳动合同终止,用人单位不支付经济补偿;如果用人单位同意续订劳动合同,但降低劳动合同约定条件,劳动者不同意续订的,劳动合同终止,用人单位应当支付经济补偿;如果用人单位不同意续订,无论劳动者是否同意续订,劳动合同终止,用人单位应当支付经济补偿。

《劳动合同法实施条例》第二十二条规定,以完成一定工作任务为期限的劳动合同因任务完成而终止的,用人单位应当依照《劳动合同法》第四十七条的规定向劳动者支付经济补偿。

(6)依照《劳动合同法》第四十四条第(四)项、第(五)项规定终止劳动合同的。

用人单位被依法宣告破产、被吊销营业执照、责令关闭、撤销或者用人单位决定提前解散而与劳动者解除劳动合同的。

(7)法律、行政法规规定的其他情形。

【案例5-20】

江西吉安红业实业有限公司是1999年11月15日在吉安市工商局注册的一家外资公司,原告刘某于2000年3月在该公司参加工作,但双方一直未签订劳动合同,公司也没有为员工办理社会保险。2006年起,公司订单减少。2007年9月29日,刘某出于对公司前景的担心,加上一直押存的一个月工资和本月应发工资共两个月的工资未结,刘某向公司提交了辞工书,公司同意职工的辞职申请,双方办理了工资结清手续。

后刘某向吉安市劳动争议仲裁委员会申诉,要求公司支付经济补偿金,补办养老保险。吉安市劳动争议仲裁委员会于2008年1月17日作出了仲裁裁决,裁决红业公司在裁决书生效之日起30日内补缴刘某自2000年8月至2007年9月在红业公司工作期间的养老保险费,但未支持刘某要求红业公司支付经济补偿金及额外经济补偿金的请求。后刘某以辞职非自愿为由,诉至法院,要求红业公司支付经济补偿金及额外经济补偿金33 720元并承担诉讼费用。

评析:本案原告系主动辞工,劳动者主动提出解除劳动合同的,用人单位可以不支付经济补偿金。

（材料来源：中国法院网）

（三）经济补偿金的计算

在劳动合同解除或者终止，用人单位依法支付经济补偿时，就涉及如何计算经济补偿的问题。计算经济补偿的普遍模式是：工作年限×每工作1年应得的经济补偿。劳动合同法及有关国家规定对工作年限及经济补偿标准作了明确的规定。

1. 计算经济补偿中的工作年限

劳动者在单位工作的年限，应从劳动者向该用人单位提供劳动之日起计算。如果由于各种原因，用人单位与劳动者未及时签订劳动合同的，不影响工作年限的计算。如果劳动者连续为同一用人单位提供劳动，但先后签订了几份劳动合同的，工作年限应从劳动者提供劳动之日起连续计算。如劳动者甲自2008年在某企业工作，期间劳动合同1年一签，一直工作到2012年。最后一份劳动合同期满后终止，用人单位依法支付经济补偿时，计算的工作年限应从2008年算起，共4年。如果劳动者为同一用人单位提供劳动多年，但间隔了一段时间，也先后签订了几份劳动合同，工作年限原则上应从劳动者提供劳动之日起连续计算，已经支付经济补偿的除外。总之，“在本单位工作的年限”的规定，不能理解为连续几个合同的最后一个合同期限，原则上应连续计算。当然，随着劳动合同法的实施，用人单位利用短期劳动长期用工的现象将会减少，这主要是劳动合同法规定了两个措施，一是连续签订两次固定期限劳动合同的，劳动者可以要求签订无固定期限劳动合同；二是劳动合同期满终止的，用人单位也要依法支付经济补偿。

2013年2月1日起施行的《最高人民法院关于审理劳动争议案件适用法律若干问题的解释（四）》规定，劳动者仍在原工作场所、工作岗位工作，劳动合同主体由原用人单位变更为新用人单位；用人单位以组织委派或任命形式对劳动者进行工作调动；因用人单位合并、分立等原因导致劳动者工作调动；用人单位及其关联企业与劳动者轮流订立劳动合同等劳动者非因本人原因从原用人单位被安排到新用人单位工作，原用人单位未支付经济补偿，劳动者依照《劳动合同法》第三十八条规定与新用人单位解除劳动合同，或者新用人单位向劳动者提出解除、终止劳动合同，在计算支付经济补偿或赔偿金的工作年限时，劳动者请求把在原用人单位的工作年限合并计算为新用人单位工作年限的，人民法院应予支持。

2. 计算标准

（1）经济补偿按劳动者在本单位工作的年限，每满一年支付一个月工资的标准向劳动者支付。六个月以上不满一年的，按一年计算；不满六个月的，向劳动者支付半个月工资的经济补偿。

（2）劳动者月工资高于用人单位所在直辖市、设区的市级人民政府公布的本地区上年度职工月平均工资三倍的，向其支付经济补偿的标准按职工月平均工资三倍的数额支付，向其支付经济补偿的年限最高不超过十二年。

（3）劳动者月工资是指劳动者在劳动合同解除或者终止前十二个月的平均工资。

（4）用人单位依照《劳动合同法》第四十条的规定，选择额外支付劳动者一个月工资解除劳动合同的，其额外支付的工资应当按照该劳动者上一个月的工资标准确定。当然，这里的工资属于总额的概念，既包括基本工资、还包括加班工资、津贴、补贴、奖金等工资性收入。

《劳动合同法实施条例》第二十七条规定：“劳动合同法第四十七条规定的经济补偿的月

工资按照劳动者应得工资计算,包括计时工资或者计件工资以及奖金、津贴和补贴等货币性收入。劳动者在劳动合同解除或者终止前12个月的平均工资低于当地最低工资标准的,按照当地最低工资标准计算。劳动者工作不满12个月的,按照实际工作的月数计算平均工资。”

《劳动合同法实施条例》第三十四条规定:“用人单位依照劳动合同法的规定应当向劳动者每月支付两倍的工资或者应当向劳动者支付赔偿金而未支付的,劳动行政部门应当责令用人单位支付。”本条新增加了用人单位未依法向劳动者每月支付两倍的工资或者未支付赔偿金的,劳动者在仲裁或者诉讼途径外还有行政救济途径,即可向劳动行政部门投诉,劳动行政部门应当责令用人单位支付。

(四)经济补偿金的法律适用

《劳动合同法》施行之日存续的劳动合同在本法施行后解除或者终止,依照《劳动合同法》法第四十六条规定应当支付经济补偿的,经济补偿年限自本法施行之日起计算;《劳动合同法》施行前按照当时有关规定,用人单位应当向劳动者支付经济补偿的,按照当时有关规定执行。

六、用人单位违法解除、终止劳动合同的法律后果

(1)用人单位违反《劳动合同法》规定解除或者终止劳动合同,劳动者要求继续履行劳动合同的,用人单位应当继续履行。

(2)劳动者不要求继续履行劳动合同或者劳动合同已经不能继续履行的,用人单位应当依照《劳动合同法》第八十七条规定支付赔偿金。《劳动合同法》第八十七条规定,用人单位违反本法规定解除或者终止劳动合同的,应当依照本法第四十七条规定的经济补偿标准的二倍向劳动者支付赔偿金。

支付了赔偿金的,不再支付经济补偿。赔偿金适用于用人单位违法解除劳动合同,经济补偿金适用于用人单位依法解除劳动合同,二者性质截然不同,不能同时适用。赔偿金的计算年限自用工之日起计算。

七、解除或者终止劳动合同后的义务

(一)用人单位的义务

1.用人单位有出具解除或者终止劳动合同证明的义务

用人单位出具的解除、终止劳动合同的证明,应当写明劳动合同期限、解除或者终止劳动合同的日期、工作岗位、在本单位的工作年限。

用人单位出具证明的时间是:在依法解除或者终止劳动合同的同时。规定用人单位有出具解除或者终止劳动合同证明的义务,主要是考虑便于劳动者办理失业登记。1999年国务院颁布的《失业保险条例》,城镇企业事业单位职工失业后,应当持本单位为其出具的终止或者解除劳动关系的证明,及时到指定的社会保险经办机构办理失业登记。根据失业保险条例的规定,用人单位出具的终止或者解除劳动关系证明是进行失业登记的必备条件,因此劳动合同法不仅将失业保险条例中城镇企业、事业单位应当及时为失业人员出具终止或者解除劳动合同的证明的义务,上升为法律义务,而且还规定了法律责任。在《劳动合同法》第八十八条中规定,用人单位违反本法规定未向劳动者出具解除或者终止劳动合同的书面证明,由劳动行政部门责令改正;给劳动者造成损失的,用人单位应当承担赔偿责任。

2. 用人单位有在15日内为劳动者办理档案和社会保险关系转移手续的义务

在实践中,用人单位扣留劳动者档案,不明确告知劳动者社会保险缴纳情况比较普遍,因此劳动合同法作了专门规定。首先,规定用人单位为劳动者办理档案和社会保险关系转移手续是用人单位的一项法定义务,用人单位必须依法履行;其次,为有关手续办理规定了时间限制,必须在依法解除或者终止劳动合同之日起15内办理完毕。《劳动合同法》第八十三条第三款规定,劳动者依法解除或者终止劳动合同,用人单位扣押劳动者档案或者其他物品的,由劳动行政部门责令限期退还劳动者本人,按每一名劳动者五百元以上两千元以下的标准处以罚款;给劳动者造成损害的,用人单位应当承担赔偿责任。

3. 用人单位有在办理交接手续时向劳动者支付经济补偿的义务

在劳动者办理交接手续的同时,用人单位应当及时支付经济补偿。劳动部《违反和解除劳动合同的经济补偿办法》第二条规定,对劳动者的经济补偿金,由用人单位一次性发给。如果用人单位不及时发给经济补偿的,《劳动合同法》第八十五条规定了法律责任:解除或者终止劳动合同,未依照本法规定向劳动者支付经济补偿的,由劳动行政部门责令限期支付经济补偿;逾期不支付的,责令用人单位按应付金额50%以上100%以下的标准向劳动者加付赔偿金。

4. 用人单位有对已经解除或者终止的劳动合同文本保存2年以上备查的义务

实践中,发生在劳动合同解除或者终止之后的一些劳动争议,往往因为时过境迁,劳动合同文本灭失,导致劳动合同的约定内容无从查证,法院难以判明事实,有时对劳动者极其不利。考虑到劳动合同文本是记载劳动合同双方权利义务的基本文件,用人单位有保留相关档案的义务,因此劳动合同法规定了用人单位有对已经解除或者终止的劳动文本保存2年以上备查的义务。

(二)劳动者的义务

1. 劳动者有按照双方约定,遵循诚实信用的原则办理工作交接的义务

劳动者在劳动合同解除或者终止时,不能一走了之,还必须履行相应的法律义务,即按照双方约定,遵循诚实信用的原则办理工作交接的义务。之所以规定劳动者有办理工作交接的义务,主要是考虑到用人单位的实际情况,为了保持用人单位相关工作的有序、顺利进行,不至于因为劳动者换人后有关工作前后衔接不上,影响正常的生产经营。工作交接主要包括公司财产物品的返还、资料的交接等。

2. 赔偿损失的义务

因劳动者本人原因给用人单位造成经济损失的,用人单位可以按照劳动合同的约定要求其赔偿经济损失。

3. 保护商业秘密的义务

【案例5-21】

2001年7月28日,金普斯北京分公司与何某签订无固定期限的劳动合同,其中双方对保护商业秘密、竞业禁止义务作出约定,在劳动关系结束后的12个月内,在中国境内何某应不参与任何与金普斯北京分公司的业务及相关业务有直接(间接)竞争关系的雇佣或者其他经营活动,何某有权在不竞争期间每月获得不低于前12个月平均月工资50%的补偿。

2006年6月23日,双方签订英文文本的“友好离职协议”,次日,双方解除了劳动合同。6月27日,何某向北京市劳动争议仲裁委员会申诉,要求金普斯北京分公司支付竞业禁止补偿金及25%的经济补偿金,并赔偿失业救济金损失。经劳动仲裁后,何某不服,诉至法院。

金普斯北京分公司辩称,在解除劳动合同时双方签订的“友好离职协议”明确约定,何某离职后不需再遵守竞业禁止义务,故该公司无义务支付竞业禁止经济补偿金。然而,何某主张“友好离职协议”中“友好协议”项下约定的聘用函即指劳动合同,故在劳动合同中约定的竞业禁止的权利义务对双方仍有约束力,金普斯北京分公司则主张双方未签订过聘用函,劳动合同解除后的权利义务仅包括“友好离职协议”中约定的内容。

法院经审理认为,双方当事人签订的劳动合同约定,解除劳动合同后何某应当遵守竞业禁止义务,金普斯北京分公司应依照约定每月支付何某不低于前12个月平均月工资50%的补偿。此约定不违反有关劳动法律、法规,为有效条款。2006年6月23日双方解除劳动合同后,何某如约遵守了竞业禁止义务,故金普斯北京分公司应支付何某每月不低于前12个月平均月工资50%的补偿。另外,关于双方签订的“友好离职协议”中“除本离职协议书中或者聘用函中相关内容作出的规定”的理解,“聘用函”与劳动合同在英文中确实非同一词语,但是“聘用”一词具有建立劳动关系的含义,何某主张“聘用函”即指劳动合同,符合一般人的理解;又考虑到“友好离职协议”为金普斯北京分公司起草,且双方均未出具协议约定的“聘用函”,法院采信何某的解释,故作出上述判决。

(材料来源:中国法院网)

思考练习

一、单项选择题

1. 用人单位自(　　)起即与劳动者建立劳动关系。

A. 用工之日　　B. 签订合同之日

C. 上级批准设立之日　　D. 劳动者领取工资之日

2. 用人单位招用劳动者,(　　)扣押劳动者的居民身份证和其他证件,不得要求劳动者提供担保或者以其他名义向劳动者收取财物。

A. 可以　　B. 不应　　C. 应当　　D. 不得

3.《劳动合同法》规定,建立劳动关系,(　　)订立书面劳动合同。

A. 可以　　B. 应当　　C. 需要　　D. 无须

4. 已经建立劳动关系,未同时订立书面劳动合同的,应当自用工之日起(　　)内订立书面劳动合同。

A. 15日　　B. 1个月　　C. 2个月　　D. 3个月

5. 无固定期限劳动合同,是指用人单位与劳动者约定无确定(　　)时间的劳动合同。

A. 解除　　B. 续订　　C. 终止　　D. 中止

6. 以下属于劳动合同必备条款的是(　　)。

A. 劳动报酬　　B. 试用期　　C. 保守商业秘密　　D. 福利待遇

7. 劳动合同期限一年以上不满三年的,试用期不得超过(　　)。

A. 一个月　　B. 二个月　　C. 半个月　　D. 六个月

8. 劳动者在试用期的工资不得低于本单位相同岗位最低档工资或者劳动合同约定工资的(　　),并不得低于用人单位所在地的最低工资标准。

A. 30%　　B. 50%　　C. 60%　　D. 80%

9. 劳动者违反竞业限制约定的,应当按照约定向用人单位支付(　　)。

A. 违约金　　B. 赔偿金　　C. 补偿金　　D. 损失费

10. 劳动合同被确认无效,劳动者已付出劳动的,用人单位(　　)向劳动者支付劳动报酬。

A. 可以　　B. 不必　　C. 应当　　D. 不得

11. 劳动者拒绝用人单位管理人员违章指挥、强令冒险作业的,(　　)违反劳动合同。

A. 视为　　B. 有时视为　　C. 不视为　　D. 部分视为

12. 致使劳动合同终止的情形包括:(　　)。

①劳动合同期满;②用人单位法定代表人死亡;③劳动者被人民法院宣告失踪;④劳动者死亡或者被人民法院宣告死亡;⑤用人单位被依法宣告破产;⑥用人单位发生严重经营困难;⑦劳动者开始依法享受基本养老保险待遇;⑧法律、行政法规规定的其他情形。

A. ①②④⑥⑦⑧　　B. ①③④⑤⑥⑧　　C. ②③④⑤⑦⑧　　D. ①③④⑤⑦⑧

13. 职工患病,在规定的医疗期内劳动合同期满时,劳动合同(　　)。

A. 即时终止　　B. 续延半年后终止

C. 续延一年后终止　　D. 续延到医疗期满时终止

14. 劳动合同终止后,用人单位应当在(　　)内为劳动者办理档案和社会保险关系转移手续。

A. 7 日　　B. 15 日　　C. 1 个月　　D. 3 个月

15. 用人单位(　　),劳动者可以立即解除劳动合同,不需事先告知用人单位。

A. 未按照劳动合同约定提供劳动保护或者劳动条件的

B. 未及时足额支付劳动报酬的

C. 以暴力、威胁或者非法限制人身自由的手段强迫劳动者劳动的

D. 规章制度违反法律、法规的规定,损害劳动者权益

16. 劳动者月工资高于用人单位所在直辖市、设区的市级人民政府公布的本地区上年度职工月平均工资三倍的,向其支付经济补偿的标准按职工月平均工资三倍的数额支付,向其支付经济补偿的年限最高不超过(　　)年。

A. 2　　B. 5　　C. 10　　D. 12

17. 劳动者(　　),用人单位不可以解除劳动合同。

A. 在试用期间被证明不符合录用条件的

B. 患病或非因工负伤,在规定的医疗期内的

C. 严重违反用人单位的规章制度的

D. 被依法追究刑事责任的

18. 劳动者可以随时解除劳动合同的法定情形是,用人单位(　　)。

A. 变更名称、法定代表人、主要负责人　　B. 发生合并或者分立

C. 变更投资人　　　　D. 未依法为劳动者缴纳社会保险费

二、多项选择题

1. 以下关于试用期的表述，正确的是（　　）。

A. 试用期不超过1年

B. 试用期期限应当包含在劳动合同期限中

C. 试用期的具体期限可以协商，但最长不超过6个月

D. 试用期是用人单位和劳动者相互了解而约定的考察期

2. 订立劳动合同应遵循的原则有（　　）。

A. 合法原则　　B. 平等自愿原则　　C. 诚实信用原则　　D. 协商一致原则

3. 下列（　　）情况下，劳动合同终止。

A. 劳动合同期限届满　　B. 劳动者被除名、开除、劳动教养或判刑

C. 劳动者完全丧失劳动能力　　D. 劳动者死亡

4. 下列（　　）情况下，用人单位应当支付劳动者经济补偿金。

A. 由用人单位提出解除劳动合同，因合同双方协商一致而解除

B. 因合同双方约定的终止条件出现而终止

C. 劳动者在试用期间被证明不符合录用条件的

D. 用人单位濒临破产进行法定整顿期间确需裁减人员的

5. 劳动合同无效的确认权在（　　）。

A. 用人单位上级主管部门　　B. 企业劳动争议委员会

C. 劳动争议仲裁委员会　　D. 人民法院

6. 下列情形中，用人单位不得解除劳动合同的有（　　）。

A. 职工李某因工负伤而丧失劳动能力

B. 职工王某因盗窃自行车一辆而被公安机关行政处罚

C. 职工徐某与他人同居怀孕

D. 职工张某被派往境外逾期未归

7. 用人单位在（　　）情况下解除劳动合同，必须提前30天以书面形式通知劳动者。

A. 在试用期间被证明不符合录用条件的

B. 劳动者患病或非因工负伤，医疗期满后不能从事原工作，也不能从事由用人单位另行安排的工作的

C. 劳动者不能胜任工作，经过培训或者调整工作岗位，仍不能胜任工作的

D. 严重违反劳动纪律的

8. 根据《劳动合同法》第四十二条规定，劳动者有下列（　　）情形之一的，用人单位不得解除劳动合同。

A. 劳动者在用人单位连续工作已经满10年

B. 患职业病或者因工负伤并被确认丧失或者部分丧失劳动能力的

C. 患病或者负伤，在规定的医疗期内的

D. 女职工在孕期、产期、哺乳期内的

9. 根据《劳动合同法》第三十八条规定，有下列情形之一的，劳动者可以立即解除劳动合

同(　　),不需事先告知用人单位。

A. 用人单位以暴力、威胁或者非法限制人身自由的手段强迫劳动者

B. 用人单位违章指挥、强令冒险作业危及劳动者人身安全的

C. 用人单位未按照劳动合同约定支付劳动报酬或者提供劳动条件

D. 用人单位的条件低于同行业其他单位的待遇

10. 用人单位在与劳动者订立劳动合同时,不得(　　)。

A. 扣押劳动者的居民身份证和其他证件

B. 不得要求劳动者提供担保

C. 以其他名义向劳动者收取财物

D. 要求劳动者进行身体健康检查

三、案例分析题

1. 王某,中专电脑专业毕业,于2006年10月9日,与江苏省徐州市某区某电脑公司签订劳动合同,被聘为技术员,聘期两年。双方当事人在劳动合同中约定了竞业禁止:合同解除或终止后,王某三年内不得在本地区从事与该公司相同性质的工作,如违约,王某须一次性赔偿电脑公司经济损失10万元。因电脑公司拖欠王某2007年9月、10月两个月的工资,2007年11月15日,王某向区劳动争议仲裁委员会申请仲裁,要求解除劳动合同;补发两个月工资1 500元,给付经济补偿3 200元;确认劳动合同中的竞业禁止约定条款无效。

问:双方所订劳动合同竞业禁止约定条款效力如何?

2. 2006年3月9日,周小姐进入上海某人力资源公司工作,担任人事助理一职。2007年3月,公司为周小姐支付了培训费800元,经过2个月的学习考核,周小姐获得了上海市人才中介员从业资格证书。

同年8月,公司对周小姐作出解除劳动合同的处理决定,周小姐在次月也签收了退工单等处理决定。因双方对是否该返还"从业证书"存在分歧意见,公司在2009年2月申请劳动仲裁,被劳动仲裁委以该争议不属仲裁范围,而不受理。遂公司又起诉到法院称,周小姐在公司工作期间所获人才中介员从业资格证书,是由公司支付培训费用,经学习考试后所获得,后因她在工作中有擅自推荐等违规行为,于2008年8月底被开除。但周小姐在离职时擅自带走了人才中介员证书,导致公司的2008年年检未予通过,要求判令周小姐返还该人才中介"从业证书"。而周小姐除了对工作时间没有异议,对其余的之称均不予认可,声称人才中介员是工作身份证明,该公司无权要求返还。该公司遂把周小姐告上法院,要求返还由公司出资培训所获上海市人才中介员从业资格证书。

问:该公司是否有权要求周小姐返还人才中介员从业资格证书?

3. 案情介绍:林先生在A私营公司已经六年多了,月工资为1 500元。因为公司改变了经营范围,有几个岗位均不适合林先生工作,林先生在公司没有具体事情干,就打杂,哪里需要人手就去帮忙。公司出钱对林先生进行业务培训,可是林先生仍然不能适应工作的需要。赵经理找到林先生谈心。公司认真协商之后,要求与林先生协商解除劳动合同,林先生认为公司的提议有道理,故而同意与公司协议解除劳动合同。赵经理认为林先生是个好人,对公司有过贡献,觉得解除合同后有些过意不去,决定给林先生2 000元作为慰问金,林先生表示感谢公司的厚爱,非常满意地离开了公司。后来,林先生听朋友说根据国家的有关规定,可以得到公司

补助三个月的工资4 500元，林先生就去找赵经理协商不成，便一纸诉状将公司告上了劳动仲裁委员会。林先生的申请能否得到法律的支持呢？

问：(1)该企业解除与林先生的劳动合同是否合法？为什么？

(2)你认为本案应如何处理？

4. 案情介绍：2004年8月底，李小姐通过应聘进入上海某科技有限公司担任市场专员，月工资3 300元。公司为整顿纪律，于2005年年初经职工代表大会表决通过禁止上班时间使用聊天工具、观看电影、炒股的相关制度，并以备忘录形式告知员工，李小姐曾在备忘录上签字确认。公司领导发现李小姐在上班时间经常使用MSN进行私人聊天，主管几次提醒后没有改变。2005年6月，公司向李小姐发出“解除劳动关系通知书”，几天之后，公司向李小姐支付了当月工资及加班费用共计4 000余元。

问：公司单方解除劳动关系的行为是否合法？为什么？

5. 案情介绍：2004年7月7日，被告房产公司聘用原告丁某为建筑工地施工现场管理人员，双方签订的聘用合同约定：合同期限为2004年7月10日至同年10月31日；劳动报酬为每月工资总额1 200元、出差补助300元；其中变更、解除合同的条款约定，乙方(原告丁某)患病或非工伤经治疗不能从事原工作也不能从事另行安排工作时，甲方(被告房产公司)有权解除合同，但应提前30天以书面形式通知乙方；一方违约应给付对方3个月的工资总额计算的违约金等。原告丁某于2004年7月10日开始上班，同月23日在工作中不慎将腰扭伤致腰部旧病复发，被告房产公司派人将其送至淮安市第一人民医院就诊，后又将其送回江都家中，随后又到泰兴进行治疗、养伤，期间原告丁某共花去医疗、交通费用590.60元。2004年8月30日，被告房产公司派人将原告丁某在工地上的生活用品、工作器具及半个月劳动报酬750元(该笔钱被原告拒收)送回其江都住所。后原告丁某曾向某劳动争议仲裁委员会申请仲裁，该委员会于2004年9月6日以超出受理范围作出了不予受理通知。原告丁某遂起诉至法院，称被告房产公司单方解除合同是违约行为，要求被告房产公司依合同约定给付劳动报酬1 500元、医药费用及车旅费560.60元、违约金3 600元，并承担本案诉讼费用。

问：公司单方解除劳动关系的行为是否合法？为什么？

6. 案情介绍：原告于2000年4月受聘于被告泸州希望饲料公司从事销售工作，月工资1 437元。2006年11月29日，原告向被告提出辞职申请，双方解除劳动合同关系，并办理了移交手续。2007年1月，原告向劳动争议仲裁委员会申请仲裁，要求被告支付1年的经济补偿金1.5万余元，被裁决驳回，遂又诉至法院要求被告支付经济补偿金。

问：原告应否获得经济补偿金？为什么？

延伸阅读

常见的试用期陷阱剖析

“半年被‘试用’了三次，不签合同、不买保险、不发全薪……什么福利都没有。”广东某职业学院应届生齐同学初入职场，却连连遇上不良企业，试用期成为“白用期”。

据广州媒体报道，由于就业形势严峻，“试用合格方签劳动合同”目前成为不少招聘企业的不成文规定；至少三成找工作的大学生因求职心切，遭受过用人单位的各种“剥削”。

当前，找到工作的大中专毕业生，相当一部分逐步进入试用期。试用期，是用人单位和劳动者相互了解、适应的一个时期。但是，少数用人单位却利用劳动力市场供大于求、大中专毕业生求职心切的心理，屡屡设下试用期陷阱。对此，大中专毕业生要擦亮眼睛，警惕黑心的试用期陷阱，并依法维权。

陷阱一

口头约定一“试”了之

刚刚从南京师范学院毕业的小韩，通过参加招聘会被一家广告公司录用。按照口头约定，工作前3个月为试用期，公司要看他的表现来决定是否正式聘用他。

在单位，小韩踏踏实实工作，只要给了任务就能按时完成。3个月下来，小韩本以为自己可以轻松被该公司正式录用。谁料试用期一结束，经理却说他不称职。事后小韩得知，与他同一批进公司的员工，没一个通过试用期的“检验”。而后不久，该公司又新招了一批员工继续“试用”。

小韩想和公司理论，可试用期的一切都是口头约定的，由于没有书面劳动合同的约束，又缺乏有力的证据，小韩根本无法维护自己的权益。

【深度剖析】

不少大学生找工作时经常遇到这种情况，在与用人单位签订劳动合同之前，总会有个试用期。但令他们不解的是，往往试用期马上就要结束了，自己也被“炒”了。

我国《劳动合同法》第七条规定，用人单位自用工之日起即与劳动者建立劳动关系。第十条规定，建立劳动关系，应当订立书面劳动合同。已建立劳动关系，未同时订立书面劳动合同的，应当自用工之日起一个月内订立书面劳动合同。从这些规定可以看出，不论劳动合同是无固定期限的、有固定期限的，还是以完成一定工作为期限的，用人单位都应当在员工开始为其工作时就与劳动者签订劳动合同。在签订正式劳动合同之后，双方才可以约定试用期，而不是在试用期满后再签订劳动合同。

也就是说，没有正式合同便没有试用期。相当一部分用人单位利用大学生劳动法律知识匮乏的弱点，以试用期为由，不与其签订劳动合同，以达到随时解聘和在发生劳动争议时使大学生“空口无凭”的目的。因此，用人单位的这种做法，明显违反了《劳动合同法》的规定。

陷阱二

找借口试用期将满被辞退

某地一家翻译中心，因业务发展需要，聘用了5名大学毕业生做翻译员。小王等5名大学生到公司报到的那天，老板承诺试用3个月，试用期月薪250元(低于当地最低工资标准)，试用期满正式录用，月工资不少于3 000元。

在就业形势如此严峻的情况下，刚参加工作，试用期满就能有这样的薪水，小王等5名大学生非常满意。

为了得到老板的肯定，能被正式录用，他们加班加点不停地为公司赚钱。可是，在仅差10天就试用期满的时候，老板突然以“不适宜在本公司工作”为由，将5人全部辞退。

【深度剖析】

小王等5名大学生的遭遇，并非个案。许多大学生都遇到过这样的事。该翻译中心的做法，起码有两条明显违法。

一是试用期工资过低。《劳动合同法》第二十条规定，劳动者在试用期的工资不得低于本单位相同岗位最低档工资或者劳动合同约定工资的百分之八十，并不得低于用人单位所在地的最低工资标准。

二是随意辞退员工。《劳动合同法》第三十九条和第四十条，规定了劳动者在试用期间被证明不符合录用条件等六种情形，以及劳动者患病或者非因工负伤，医疗期满后，不能从事原工作也不能从事由用人单位另行安排的工作等三种情况。符合上述情况的，用人单位可以解除劳动合同，但是，应当提前三十日以书面形式通知劳动者本人。

而且，根据《最高人民法院关于审理劳动争议案件适用法律若干问题的解释》第十三条的规定，用人单位负有“员工不符合录用条件”的举证责任，也就是适用法律上的举证倒置原则。如果用人单位不能很好地证明，甚至根本没有任何合理的理由，就不能将小王等5名大学生辞退。

陷阱三

试用期“没完没了”

学习市场营销的大学毕业生小罗，说起她的遭遇时，显得“很受伤”。因为，她的试用期总是“没完没了”。

2009年初，她应聘到苏州市内一家化妆品公司工作，试用期一干就是6个多月。小罗要求公司结束试用期，但公司有关人员却表示，她虽然干了这么长时间，但销售业绩依然达不到公司的要求，因此还得“继续试用”，直到公司认为合格才能转正。

于是，小罗咬着牙继续干，就这么又干了2个月，公司还是以销售业绩为由不给她转正。无奈之下，小罗只能离开这家公司，另谋出路。

【深度剖析】

有些用人单位往往会说：“招聘者和应聘者之间是双向选择，只有通过试用期的考查，单位认为应聘者适合岗位需求后，才能签订正式的劳动合同，这很合情合理。”

但实际上，这是一个陷阱。因为，《劳动法》第二十一条规定：“劳动合同可以约定试用期。试用期最长不得超过六个月。”《劳动合同法》第十九条也规定：“劳动合同期限三个月以上不满一年的，试用期不得超过一个月；劳动合同期限一年以上不满三年的，试用期不得超过二个月；三年以上固定期限和无固定期限的劳动合同，试用期不得超过六个月。同一用人单位与同一劳动者只能约定一次试用期。”也就是说，试用期不能“没完没了”。

陷阱四

试用期内不享受工伤保险

毕业生小王应聘到某化工机械厂，签订了为期1年的劳动合同，合同约定试用期为一个月。

哪知“天有不测风云”，上班第8天，小王就因机械发生故障，手臂受伤了。小王因此住院治疗一个月，在住院治疗期间小王父母曾向厂方提出工伤待遇申请。但伤愈后，当小王找企业报销医疗费时，该厂不仅不按工伤支付全部医疗费用，还以误工为由只发给他基本生活费。其说法是小王试用期未满，不是企业正式职工，不能享受工伤保险待遇。

【深度剖析】

据了解,目前,有少部分用人单位以试用期是考查期或者试用期内没有正式建立劳动关系为由,在试用期内不给毕业生缴纳社会保险费(如养老、失业、医疗、工伤保险等)。

《劳动合同法》第十九条规定,试用期包含在劳动合同期限内。按照该法,尽管小王试用期未满,但自小王与该化工机械厂签订劳动合同之日起,劳动关系便已确立,成为该厂的职工。因此,小王在试用期内所享有的权利义务与试用期满后享有的权利义务是一致的。

我国《工伤保险条例》也规定,依法享受工伤保险待遇的职工范畴是所有与用人单位存在劳动关系的各种用工形式、各种用工期限的劳动者。因此,即使在试用期内,员工出现工伤,同样享受国家规定的各种工伤保险待遇。

为了防止掉入种种试用期的陷阱,业内有关专家给了求职大学生们四条建议:一是进入用人单位后,必须及时要求和单位签订劳动合同;二是试用期间要注意保留相关证据,如试用期间的劳动合同、工资单、考勤表等,凡是能够证明自己与单位存在劳动关系、工作起始日期、工作内容等的证据,都要保存好;三是求职时要先了解用人单位是否真有用人意向,不要被那些常年招人、常年换人的不法单位所蒙骗;四是一旦发现权益受到侵害,如不付报酬、薪金过低、工伤拒赔、违规延长试用期等,要及时向劳动监察部门举报或提起仲裁和诉讼,以便维护自己的合法权益。

(材料来源:http://www.laodonghetongfa.com.cn/news/2009-9-30/ChangJianDeShiYongJiXianJingPouSi.htm)

新员工入职处理不当引发的9个劳动争议案例

作者:虹口区劳动仲裁院 子非鱼说劳动法

案例1:规章制度要告知

案情简介

小丁于2011年12月1日进入某公司从事电工工作,双方签订了一份一年期的劳动合同,约定每月工资为3 000元。2012年3月小丁与其主管因工作琐事争吵并引发打架,小丁因此被公司口头警告。之后小丁就会出现与主管闹情绪、不服从主管工作安排的情况。公司根据2012年5月至8月期间的每日工程维修表、工程维修日记录表、监控查询明细等证据来证明小丁存在消极怠工、不服从主管的工作安排的情况,同时还根据《员工手册》中的条款:“侮辱、诽谤、恐吓、威胁、谩骂、殴打、危害上级、同事,或者相互打斗,或者做出不道德的流氓行为”、“无故不服从公司安排或者拒绝工作的行为”为理由,于2012年9月1日以小丁严重违反公司规章制度为由而通知其解除劳动合同并出具解除通知书。小丁对此不服,称其从未看到过《员工手册》,且不清楚里面的条款,将公司告上了区劳动人事争议仲裁委员会,要求公司支付违法解除劳动合同的赔偿金。

案件评析

用人单位解除员工的劳动合同都需要一个合理合法的理由,《劳动合同法》规定了用人单位可以解除劳动合同的情形之一是员工“严重违反用人单位的规章制度”,用人单位以此为由解除劳动合同,需要承担相应的举证责任,提供充分的证据。用人单位规章制度制定的程序要合法,即必须与工会或者职工代表平等协商确定,确定后的规章制度要向全体员工公示。同时用人单位规章制度的内容也要合法,不能与法律法规及政策性文件相抵触,同时也要合情合理。规章制度的程序和内容合法,是用人单位规章制度是否有效的前提条件。如何举证员工违反了规章制度,是用人单位在日常人力资源管理中就应当有所准备的,而不是到了要解除劳动合同时才临时去搜集各种证据,因为部分证据在平时不经意中可能已经灭失了。

小丁公司虽然制定有《员工手册》,但并未向所有员工尽到告知义务,也没有让员工阅读、签收。尽管小丁确与其主管发生了争执,但公司并没有及时向小丁发出严重违反公司规章制度的书面警告,而仅仅是对其进行了口头警告等处理措施,因此公司提供的证据不足以证明小丁严重违反公司的规章制度。公司不得不承担违法解除劳动合同的后果,仲裁委最终支持小丁的诉请。

案例 2:劳动者无法胜任工作,用人单位能否解除

案情简介

李某 2012 年 2 月进入一家机械制造公司工作,双方签订了为期三年的劳动合同,合同约定李某的工作岗位为磨具操作工,每月工资 3 000 元。2008 年 2 月单位安排李某参加了操作工培训,9 月又安排其参加培训。11 月 5 日单位因李某的工作能力无法达到生产要求,不能胜任工作岗位,经过培训仍不能胜任,故,向李某发出解除劳动合同的通知书,同时支付了李某未提前三十天解除劳动合同的一个月替代工资及解除劳动合同的经济补偿金。李某对单位的解除决定不服,向区劳动人事争议仲裁委员会申请仲裁,要求恢复劳动关系,并支付相应的工资。

在庭审中,单位辩称,因李某在工作中始终未完成单位的工作任务,2012 年 9 月单位又安排其参加培训,经培训后李某工作始终没有改进。鉴于李某始终无法达到生产要求,无法胜任工作,单位 2012 年 11 月 5 日解除了与李某的劳动合同,单位的决定符合法律规定,故不同意李某的请求。同时单位提供了对李某进行两次考核的任务表用以证明李某不胜任工作及李某签字的单位规章制度,该规章制度明确了员工的工作任务。

李某对单位提供的两次考核的任务表及规章制度的真实性予以认可,但称单位规定的工作任务的定额未与自己协商,故,自己对该工作任务不予认可。

仲裁委在查明事实后作出裁决:李某未完成单位的工作任务,经培训后仍未达到单位的生产任务,单位根据劳动合同法解除与李某的劳动合同,并无不当,故,对李某要求恢复劳动关系及支付工资的请求均不予支持。

案件评析

《劳动合同法》第四十条规定:"有下列情形之一的,用人单位提前三十日以书面形式通知劳动者本人或者额外支付劳动者一个月工资后,可以解除劳动合同……(二)劳动者不能胜任工作,经过培训或者调整岗位,仍不能胜任工作的;……"

单位依据上述条款作出解除劳动合同的决定,首先举证证明劳动者不能胜任工作。单位一般可以通过对劳动者进行工作考核来衡量劳动者是否能胜任工作。在工作考核中,单位须明确告知其工作要求及量化标准,让劳动者清楚自己在工作中应当达到什么程度。本案中单位已经能举证证明李某不能胜任工作的事实,并按照规章制度操作并无不当。

在用人单位能够证明劳动者不能胜任工作的情况下,单位应该安排劳动者进行培训或调整工作岗位,这里的培训是指与劳动者所从事岗位相关的工作培训,并不一定需要到专业的培训机构进行,只要单位能够举证证明其所安排的培训具有合理性即可,因此这也需要单位对培训做好记录并予以保存。对于调整岗位,单位应当举证证明其调岗的合理性,否则该岗位调整的行为不能成立。在单位对劳动者培训过调整岗位后,单位应当对劳动者再次进行工作考核以衡量劳动者是否能胜任工作,同时要做好证据保存。最后提醒单位,应用劳动合同法第四十条第二款之规定以不能胜任工作解除劳动合同,应提前三十日或支付劳动者一个月工资后,方可解除劳动合同。

案例3:违法约定试用期危害多

案情简介

2012年6月小林进入上海一家外贸公司,从事销售工作。入职时,双方签订过一份期限为2012年6月1日至2014年5月31日的劳动合同,约定月工资8 000元。其中试用期为2012年6月1日至日2012年10月31日,试用期工资为转正后工资的80%。外贸公司按照上述标准发放了小林在职期间的工资报酬。2013年3月,小李因个人原因辞职,并于同月向区劳动人事争议仲裁委员会提起仲裁申请,要求外贸公司按照其转正工资标准补足2012年8月1日至2012年10月31期间的工资差额。经审理查明,仲裁委根据双方劳动合同及银行进卡记录,支持了小林的请求。

案件评析

根据2008年1月1日起施行的《劳动合同法》规定:劳动合同期限3个月以上不满1年的,试用期不得超过1个月;劳动合同期限1年以上不满3年的,试用期不得超过2个月;3年以上固定期限和无固定期限的劳动合同,试用期不得超过6个月。在本案中,小林与外贸公司签订的《劳动合同》中关于试用期期限的约定明显违法。双方劳动合同期限为2年,根据法律规定,试用期不得超过2个月,但事实上双方约定的试用期为5个月,即其中的后3个月为违法约定,故小林完全有理由要求单位补足其外贸公司因违法约定试用期期限而产生的工资差额。

案例4:试用期亦不可随意解除

案情简介

王某于2013年1月5日进入本市一家机电公司工作,双方签订了一份期限为2013年1月5日至2013年12月31日的聘任合同。并约定了试用期1个月。2013年1月底左右公司以王某个人发展与公司未来发展规划不匹配原因为由要求其离职。之后,公司给了王某一份离职证明,该证明载明:"考虑公司未来发展规划与劳动者的个人发展并不匹配,公司提出在试用期解除劳动合同。"王某认为自己完全能胜任工作,公司在试用期以劳动者发展与公司未来发展规划不匹配解除劳动合同实属不当。之后王某向区劳动人事争议仲裁委员会申请了劳动仲裁,要求公司支付违法解除劳动合同赔偿金。

王某认为,自己工作认真努力、完全能胜任本职工作,只是自己的表现没有得到上级的认可。现虽然处于试用期,但公司不能以劳动者发展与公司未来发展规划不匹配解除劳动合同。公司则认为,双方在一个月的试用期,任何一方有权提前1天书面通知对方终止合同。而且公司认为王某与公司在工作气氛和人际关系方面不匹配,且王某对公司工作有异议,对工作开展有阻碍,公司属于正常解聘王某,并不违反法律的规定。

仲裁委依法作出裁决:对王某要求公司支付解除劳动合同赔偿金的请求予以支持。

案件评析

本案件争议焦点是，职工在试用期内，公司在行使单方解除权是否存在违法情形。

就本案而言，根据《劳动合同法》第三十九条第一款规定："劳动者有下列情形之一的，用人单位可以解除劳动合同：在试用期间被证明不符合录用条件的。"由此可见，用人单位要证明劳动者"不符合录用条件"，必须依据劳动者在试用期内的工作表现，并经过一定的考核程序、在一定的期限内做出结论，否则，试用期一旦届满即视为劳动者符合用人单位的"录用条件"。而本案中公司解除王某只是简单的表示试用期不符合录用条件且存在公司未来发展规划与申请人的个人发展并不匹配的情况，并未提供充分证据予以证明。

因此仲裁委员会经过开庭审理后认为，按照法律相关规定，王某处于试用期，公司所称王某试用期不符合录用条件且存在公司未来发展规划与申请人的个人发展并不匹配的情况依据不足，即公司上述解除行为缺乏法律依据，裁定公司赔偿王某违法解除劳动合同赔偿金。

案例5：托管经营是否需要支付双倍工资

案情简介

林某于2012年3月进入上海一家美甲店，从事店长工作。双方未签订过书面劳动合同，仅口头约定月基本工资为3000元，另加提成。因在职期间未足额领取工资报酬、未缴纳社会保险等，林某于2012年12月1日提出解除双方劳动关系，之后未再上班。并于同月向区劳动人事争议仲裁委员会提起仲裁申请，要求美甲店支付未签订书面劳动合同的双倍工资差额20040元及解除劳动合同的经济补偿金2750元等。经审理查明，美甲店于2012年1月与另一家美容管理公司签订过一份托管协议，其上载明：美甲店委托美容管理公司托管门店12个月，在托管期间美甲店支付美容管理公司托管费为总营业额5%，并由美容管理公司负责门店员工招聘、管理及工资等问题。最终，仲裁委根据美甲店提供的托管协议及双方陈述，确定林某与美甲店之间不存在劳动关系，故对林某的所有申诉请求不予支持。

案件评析

委托经营管理又称托管经营，即企业产权的所有者或其代表，通过签订契约的法律形式，在一定时期内将企业的经营权委托给具有较强经营管理能力，并能承担相应经营风险的另一法人或自然人，将进行有偿经营的经济行为。一般情况下，委托经营管理者与被托管人在托管协议中会就其现有及新近员工的劳动关系作出明确的书面约定。在本案中，美甲公司与美容管理公司就员工劳动关系已作出明确约定，并于法不悖，故理应作为判断的依据。但，如果托管协议或劳动合同中均未就员工劳动关系作出明确约定的，则应根据原劳动保障部《关于确立劳动关系有关事项的通知》第一条规定来判断劳动关系，即1、用人单位和劳动者是否符合法律、法规规定的主体资格；2、用人单位依法制定的各项劳动规章制度是否适用于劳动者，劳动者是否受用人单位的劳动管理，是否从事用人单位安排的有报酬的劳动；3、劳动者提供的劳动是否是用人单位业务的组成部分。

案例6：口头约定不签合同风险大

案情简介

2011年10月8日，A某经一熟悉朋友介绍进入B公司从事销售工作，双方口头约定每月工资3000元，进入公司伊始A就表示都是熟人介绍的，双方也不用签订合同，只要每月按时发放工资即可，B公司想既然A这么说了，所以双方就未签劳动合同。然而之后A某工作上的失误,以致双方出现了矛盾,2012 年 8 月 31 日 A 提出辞职,并于当日至到区劳动人事争议仲裁委员会提起申诉,要求 B 公司支付其 2011 年 11 月 8 日至 2012 年 8 月 31 日的双倍工资差额。

庭审中,A 某否认其曾向 B 公司提出过类似要求,最终,仲裁委支持了 A 某的诉讼请求。

案件评析

根据《劳动合同法》规定,用人单位自用工之日起超过一个月不满一年未与劳动者订立书面劳动合同的,应当向劳动者支付双倍工资的差额。另根据《关于适用〈劳动合同法〉若干问题的意见》规定,用人单位在员工入职超过一个月未与其签订劳动合同的,关于是否要支付其双倍工资,应当考虑用人单位是否已履行告知义务。如果用人单位已尽到告知义务或是劳动者拒绝签订的,那么用人单位则无须支付劳动者双倍工资差额。本案中,A 某入职后虽主动表示公司不用与其签订劳动合同,但在案件审理中 A 某却否认这一说法,表示系公司一直拒绝与其签订合同的,而公司也无证据证明系 A 某自己拒绝签订的。所以根据相关法律规定,B 公司应支付 A 某上述期间的双倍工资差额。如果 B 公司有证据证明是 A 某主动不要求签订合同的,那么此时公司则无须支付其双倍工资差额。

案例 7:企业是否应当与其订立无固定期限劳动合同

案情简介

王先生于 2003 年 1 月 1 日进入某贸易公司,入职后双方未签订过劳动合同。在《劳动合同法》颁布后,双方签订了一份期限为 2008 年 1 月 1 日至 2012 年 12 月 31 日的劳动合同。该合同期满前,公司表示愿意再续订一份五年期的劳动合同。王先生自认为已在公司连续工作满 10 年,根据《劳动合同法》,公司应签订无固定期限劳动合同。由此双方发生争议。

仲裁庭审中,王先生提出:根据《劳动合同法》第十四条第二款第一项之规定,公司应当与其签订无固定期限的劳动合同。公司则认为,《劳动合同法》颁布于 2008 年,王先生自 2008 年起未工作满十年,是否签订无固定期限劳动合同还应看公司是否有订立的意愿。

最终,王先生的请求得到仲裁委支持。

案件评析

《中华人民共和国劳动合同法》第十四条规定,用人单位与劳动者协商一致,可以订立无固定期限劳动合同。有下列情形之一,劳动者提出或者同意续订、订立劳动合同的,除劳动者提出订立固定期限劳动合同外,应当订立无固定期限劳动合同:(一)劳动者在该用人单位连续工作满十年的。

"连续工作满十年"的规定,应理解为从用工之日起计算,还是从《劳动合同法》实施后在本单位的工作年限呢?根据《劳动合同法实施条例》第九条特别规定:"劳动合同法第十四条第二款规定的连续工作满 10 年的起始时间,应当自用人单位用工之日起计算,包括劳动合同法施行前的工作年限"。显然本案中从王先生 2003 年 1 月 1 日入职计算,已连续工作满十年。同时根据《劳动合同法实施条例》第十一条的规定,即王先生提出订立无固定期限劳动合同的,公司就应当与其订立无固定期限劳动合同。因此王先生的请求得到仲裁委支持。

案例 8:第三次续订应订立无固定期限劳动合同

案情简介

2008 年 12 月王某进某公司工作,签订了一份劳动合同,合同期限为 2008 年 12 月 10 日至

2010年12月27日,2010年12月25日王某与公司第二次签订了劳动合同,约定的合同期限为2010年12月28日至2012年12月27日。2012年12月21日,双方就续订劳动合同事宜进行协商,公司提出签订固定期限劳动合同,王某则要求签订无固定期限劳动合同。在双方未达成一致意见的情况下,公司通知王某合同到期后不再续签,王某自12月22日开始可以不出勤。王某在公司工作至2012年12月21日,公司支付王某工资至12月底。2013年1月18日,公司以银行转账方式支付王某终止劳动合同的补偿金6 500元。王某于2013年3月16日申请劳动仲裁,要求公司支付违法终止劳动合同的赔偿金。

案件评析

本案的关键之处在于:员工符合签订无固定期限劳动合同的条件,用人单位是否必须与之签订?在员工提出签订无固定期限劳动合同的要求后,用人单位可否在固定期限劳动合同到期后与员工终止劳动关系?

2008年1月1日起实施的《劳动合同法》中第十四条第二款第一项明确规定:"用人单位与劳动者协商一致,可以订立无固定期限劳动合同。有下列情形之一,劳动者提出或者同意续订、订立劳动合同的,除劳动者提出订立固定期限劳动合同外,应当订立无固定期限劳动合同:(一)劳动者在该用人单位连续工作满十年的;……"此处,用词明确为"应当",在法律文件中,"应当"的表述属于强制性规定。这就意味着,在劳动者符合条件时,用人单位必须与之签订无固定期限劳动合同。

双方最后一份合同在2012年12月27日到期,此时,双方已连续签订二次固定期限劳动合同,符合与公司签订无固定期限劳动合同的条件。若公司提出与王某续签劳动合同,而王某又向公司提出签订无固定期限劳动合同的情况下,公司必须与其签订。公司未与之签订的行为违反法律的强制性规定,应视为双方之间已存在无固定期限劳动合同关系。现公司终止劳动合同的行为实质上属违法解除与王某的无固定期限劳动合同,公司应支付王某违法解除劳动合同的赔偿金。

案例9:合同到期需及时续订

案情简介

小刘大学毕业后,进入了一家装饰设计公司工作,双方签订了一份为期一年的劳动合同。工作满一年以后,双方续签一次。第二次合同期满后,小刘期待着能与公司签订无固定期限的劳动合同,但公司也并没有如去年一样通知他续签,仍旧照常安排他工作。小刘多次提出,公司都以各种理由推脱。催促半年无果后,小刘向区劳动人事争议仲裁委员会提起仲裁申请,要求公司与他签订劳动合同,并支付未签订合同期间的双倍工资。劳动争议仲裁委员会依法受理,开庭时,设计公司辩解称,双方是签订过劳动合同的,之后小刘的工作和薪资待遇等都是正常发放,所以公司从未要否认与小刘的劳动关系,双倍工资不适用于未及时续签合同的情形。

案件评析

绝大多数劳动者和用人单位原本并无"签订劳动合同"这一法律概念,甚至将"合同工"视作对劳动者的特殊待遇,劳动合同签订率极低。因此一旦发生劳资纠纷时,当企业不诚信时,劳动者的薪资、福利待遇甚至劳动关系等重要情况均难以确认,这一情况大大增加了劳动者的维权成本。2008年,我国首次以立法形式明确了用人单位必须与所聘用的劳动者签订书面劳动合同,否则将承担相应法律责任这一概念。《劳动合同法》中所规定的"建立劳动关系",并不单指用人单位与劳动者第一次建立新的劳动关系，书面劳动合同的期限应当涵盖劳动者的整个工作期间。在本案中，小刘与公司原劳动合同到期后，仍然继续从事原工作，领取原工资待遇，可视为双方都有意延续原合同，但这并不能免除签订劳动合同的法律义务，公司仍然应当在一个月内与小刘订立新合同。因此，装饰设计公司在原合同到期后，未及时与小刘续订，应当承担法律责任，向小刘支付未签订书面劳动合同期间内的双倍工资差额，同时因为双方已经签订过两次劳动合同，若小刘要求，公司还应当与他签订无固定期限的劳动合同。

结语

无规矩无以成方圆。对于企业来说，无论其规模大小，合理合法的规章制度是其经营管理自主权的体现，也是约束员工行为、科学管理的命脉所在。而从人力资源的角度来说，员工最注重的两大因素——公平与发展，其中的公平即是通过制度体现的。因此，依法制定有效规章制度对企业生存有重大意义，作为企业必须慎重对待。

（资料来源：微信公众号子非鱼说劳动法 2016 年 12 月 8 日推送文章）

文书实例

广东省佛山市中级人民法院
民事判决书

〔2004〕**佛中法民四终字第 131 号**

上诉人（原审被告）ABC 电机有限公司，住所地佛山市顺德区伦教街道办事处市良路鸡洲路段。

法定代表人叶某，董事长。

委托代理人李某，北京天元律师事务所律师。

委托代理人梁某，女，1974 年 3 月 24 日出生，汉族，住辽宁省营口市站前区少年宫里。

被上诉人（原审原告）潘某，女，1968 年 1 月 13 日出生，汉族，住佛山市顺德区大良街道办事处南一二电机厂古楼宿舍。

委托代理人林某，广东甲律师事务所律师。

原审被告顺德市 C 集团有限公司，住所地佛山市顺德区伦教街道办事处市良路鸡洲路段。

法定代表人谢某。

原审被告谢某，男，1953 年 5 月 6 日出生，汉族，住佛山市顺德区大良街道办事处绿田逢源路。

原审被告朱某，男，1964 年 2 月 29 日出生，汉族，住佛山市顺德区大良街道办事处绿田十三街。

原审被告罗某，男，1957 年 2 月 25 日出生，汉族，住佛山市顺德区容桂街道办事处翠湖山庄。

原审被告梁某，女，1953 年 11 月 10 日出生，汉族，住佛山市顺德区容桂街道办事处青年路。

原审被告冯某,男,1953 年 8 月 7 日出生,汉族,住顺德区大良街道办事处中区东建路。

上述六原审被告的委托代理人李某,广东乙律师事务所律师。

上诉人 ABC 电机有限公司(以下简称 B 公司)因劳动争议纠纷一案,不服佛山市顺德区人民法院〔2003〕顺法民一初字第 03839 号民事判决,向本院提起上诉。本院依法组成合议庭审理了本案,现已审理终结。

原审判决认定:潘某原是顺德市 C 电机有限公司(下称 C 公司)的员工,双方签订了劳动合同。合同期至 2003 年 4 月 30 日。2002 年 4 月,C 公司与美国的金纳科技亚洲控股公司合作经营 B 公司。B 公司成立后,全部接收了 C 公司原有员工,并与潘某变更劳动合同,合同期变更至 2003 年 4 月 30 日。2003 年 3 月 31 日,B 公司向潘某发出书面通知,提出续签劳动合同。2003 年 4 月 29 日,被告 B 公司发给潘某"劳动合同书",在原岗位和原待遇不变的情况下提出续签 1 年期限的劳动合同,并要求潘某于 2003 年 5 月 10 日前将签署后的"劳动合同书"交给 B 公司。同年 5 月 10 日潘某向 B 公司提交了签订无固定期限劳动合同和合同条款修改意见的书面要求,但 B 公司不同意。双方协商不成,未能重新签订劳动合同,而潘某在劳动合同期满后一直工作至 2003 年 5 月 15 日。B 公司于 2003 年 5 月 16 日发出公告,以潘某在规定时间内没有签订劳动合同为由,作出终止双方劳动关系的决定。其后,潘某要求 B 公司按规定支付劳动合同期满生活补助费,经协商解决未果。另查,C 公司于 1997 年 1 月 20 日成立,2003 年 9 月 27 日注销,C 公司与顺德市 C 集团有限公司(以下简称 C 集团)的股东均是谢某、冯某、梁某、罗某、朱某。潘某于 1984 年 4 月参加工作,工龄为 19.5 年。潘某前 12 个月的平均工资为 1 510.89 元。

原审判决认为:因用人单位的合并、兼并、合资、单位改变性质,法人改变名称等原因而改变工作单位的,其改变前的工作时间可以计算为"本单位的工作时间",所以,潘某在 C 公司的工作时间,应连续计算在 B 公司的工作时间内,潘某的工龄为 19.5 年,其提出与 B 公司签订无固定期限的劳动合同,是合法的要求。B 公司以潘某在规定时间内没有签订劳动合同为由,作出终止双方劳动关系的决定,是属于由用人单位解除劳动合同,应按潘某在本单位工作的年限,每满一年发给相当于一个月工资的经济补偿金,经济补偿金的工资标准是指企业正常生产情况下劳动者解除合同前 12 个月的月平均工资。而 B 公司未按规定给予潘某经济补偿金,除全额发给经济补偿金外,还须按该经济补偿金数额的 50% 支付额外经济补偿金。因此,潘某要求 B 公司支付经济补偿金和额外经济补偿金的诉讼请求合法,予以支持。但全额应依法计算,B 公司应支付给潘某的经济补偿金为 1 510.89 元 ×19 个月 =28 706.91 元,额外经济补偿金为 28 706.91 元 ×50% =14 353.46 元,合共 43 060.37 元。潘某要求 C 集团、谢某、冯某、梁某、罗某、朱某对上述款项承担连带清偿责任的主张,缺乏事实和法律依据,不予支持。B 公司认为不应该支付潘某经济补偿金的辩解缺乏事实和法律依据,不予采纳。依据《中华人民共和国劳动法》第二十条,劳动部关于《违反和解除合同的经济补偿办法》第八条、第十条、第十一条,《最高人民法院关于审理劳动争议案件适用法律若干问题的解释》第十六条第二款的规定,判决:一、B 公司于判决发生法律效力之日起 30 日内支付潘某经济补偿金 28 706.91 元、额外经济补偿金 14 353.46 元,合共 43 060.37 元;二、驳回潘某的其他诉讼请求。案件受理费 50 元,由 B 公司负担。

上诉人 B 公司不服上述判决,向本院提起上诉认为,一、一审判决遗漏重大案件事实。潘某在B公司处的工作时间仅为一年,从C公司成立到潘某离开也只不过5年的时间,因此,一审判决认定潘某19.5年的工龄显然与其在C公司与B公司合计的工作时间是具有相当差距的。潘某所谓19.5年的工龄实际包括了其在原A电机厂、C公司和B公司三家完全不同的企业法人合计的工作时间。原A电机厂是国有企业,C公司是由个人出资设立的有限责任公司,B公司则是由C公司和外方共同出资设立的中外合作经营公司,三个企业具有完全不同的企业法人资格。但是,一审判决对此事实予以回避。B公司认为,一审判决未能对潘某19.5年的工龄是如何构成予以查明,属于对于案件事实的重大遗漏,由此作出了错误的判决。二、一审判决认定潘某在C公司的工作时间可以连续计算为在B公司的工作时间是没有法律根据和错误的。B公司在一审过程中提交相应证据并多次强调,虽然C公司曾经作为B公司合作方之一,提供合作条件,并因此一度成为持有B公司20%股权的股东,但C公司早已将合作条件全部转让给C集团,C公司与B公司之间早已不再存在持股关系。因此,无论是过去还是现在,C公司与B公司均是完全不同、相互独立的企业法人。并且,C公司与B公司之间也并不存在企业法人的分立或者合并等法律意义上的同一企业法人延续的情形。因此,潘某主张其在C公司的工作时间应当计算为在B公司的连续工作时间是没有任何事实根据和法律根据的。一审判决认为,因用人单位的合并、兼并、合资、单位改变性质、企业法人改变名称等原因改变工作单位的,其改变前的工作时间可以计算为本单位的工作时间,所以潘某在C公司的工作时间,应连续计算在被告B公司的工作时间内。B公司认为,一审判决作出上述认定,显然是其参考了劳动部办公厅1996年2月15日给河北省劳动厅的《对〈关于终止或解除劳动合同计发经济补偿金有关问题的请示〉的复函》(劳办发[1996]33号)第四条的有关规定。对此,首先,劳动部办公厅仅仅是劳动部所设的内部机构,不具有发布具有普遍约束力的部委规章的权力,也不具有就法律、行政法规或部委规章进行解释的权力。其次,该33号复函本身仅仅是劳动部办公厅针对河北省劳动厅所请示情况的答复意见,并非针对所有问题发布的具有普遍约束力的规范性文件。再次,从复函内容本身可以看出,其所提及的"用人单位的合并、兼并、合资、单位改变性质、法人改变名称等原因",均是指用人单位企业法人主体资格延续或不变的情况,而本案中,原A电机厂、C公司和B公司均是相互独立的、根本不同的企业法人,其间也不存在由同一法人分立为两个法人,或者由两个法人合并为一个法人等企业法人主体资格延续的情况,故该33号复函第四条的规定并不适用于本案。综上,B公司认为,一审判决认定潘某在C公司的工作时间可以连续计算为在B公司的工作时间属于适用法律错误。三、一审判决认定潘某要求签订无固定期限劳动合同是合法要求并由此认定B公司终止双方劳动关系属于单方解除合同完全属于适用法律错误。(一)潘某根本不符合《劳动法》所规定的用人单位应当与劳动者签订无固定期限劳动合同的条件。我国《劳动法》第二十条规定:"劳动者在同一用人单位连续工作满十年以上,当事人双方同意续延劳动合同的,如果劳动者提出订立无固定期限的劳动合同,应当订立无固定期限的劳动合同。"从以上法律规定可以看出,我国《劳动法》规定的应当签订无固定期限合同的情形包括以下必要条件:1.劳动者在同一用人单位连续工作;2.劳动者在同一用人单位连续工作的时间达到十年以上;3.当事人双方同意续延劳动合同;4.劳动者提出签订无固定期限的劳动合同。本案中,B公司是2003年4月11日新设成立的中外合作经营有限责任公司,B公司与潘某之间劳动关系,从建立至终止不过一年的时间。如上所述,B公司与C公司之间并不存在法律意义上的企业法人合并或分立的情形,潘某在C公司工作后在B公司工作的经历并非为在同一用人单位连续工作。况且,C公司于1997年1月20日成立,即便是从C公司最初成立开始计算,潘某的工作时间也不满十年,其所主张应连续计算的工龄,实际上是在A电机厂、C公司、B公司三家不同企业法人的工作时间总合,而三家不同的企业法人均是相互独立,各不相干的,并非是企业法人的分立或者合并,并非是同一企业法人主体资格的不同形式的延续。根据B公司提供的证据所示,在潘某劳动合同约定的期限届满前,B公司就已经通知潘某办理劳动合同续签的有关事宜,并提出在保持原劳动条件和待遇不变的情况下签订一年期的劳动合同。但是,潘某拒绝按照B公司的要求续签劳动合同,并提出了签订无固定期限劳动合同等无理条件。B公司最终于2003年5月15日宣布终止双方劳动关系。因此,事实上B公司与潘某并未就续签劳动合同达成共识。综上,潘某仅在B公司工作一年,其在A电机厂、C公司、B公司工作的经历并非在同一用人单位连续工作,并且B公司与潘某双方并未同意续签劳动合同,因此,潘某要求签订无固定期限劳动合同是无理的,显然并不符合劳动法所规定的条件。一审判决简单错误地认定潘某在C公司的工作时间应连续计算为在B公司的工作时间,并以此为基础认定潘某关于签订无固定期限劳动合同的要求合法,这是完全错误的。(二)潘某与B公司之间劳动关系属于因为劳动合同期限届满而终止,一审判决认定双方劳动关系终止系因B公司单方解除劳动合同并由此判令B公司支付经济补偿金完全属于适用法律错误。我国《劳动法》第二十三条规定:“劳动合同期满或者当事人约定的劳动合同终止条件出现,劳动合同即行终止,用人单位可以不支付劳动者经济补偿金。国家另有规定的,可以从其规定。”《最高人民法院关于审理劳动争议案件适用法律若干问题的解释》第十六条第一款规定:“劳动合同期满后,劳动者仍在原用人单位工作,原用人单位未表示异议的,视为双方同意以原条件继续旅行劳动合同。一方提出终止劳动关系的,人民法院应当支持。”本案中,潘某与B公司签订的劳动合同约定的期限于2003年4月30日届满,但是在劳动合同约定的期限届满后,由于双方继续商议续签劳动合同的有关事宜,故潘某一直在B公司工作至2003年5月15日。由于双方未能达成一致意见,B公司于2003年5月16日发布公告宣布终止双方劳动关系。根据以上法律、法规和司法解释规定,首先,由于潘某根本不符合《劳动法》所规定的签订无固定期限劳动合同的条件,因此,潘某在原劳动合同约定期限届满后继续在B公司工作而与B公司形成的事实上的劳动关系不应视为无固定期限劳动关系,而应当视为按照原条件继续履行形成的事实劳动关系。其次,根据上述《劳动法》第二十三条、劳动部《关于贯彻执行〈中华人民共和国劳动法〉若干意见》第三十八条和《最高人民法院关于审理劳动争议案件适用法律若干问题的解释》第十六条第一款规定,在原劳动合同约定期限届满的情况下,由于双方未能就续签劳动合同达成一致意见,故B公司有权随时终止双方劳动关系而不构成单方解除劳动合同,并无须给予任何经济补偿或赔偿。因此,一审判决显然由于错误认定双方应签订无固定期限合同而错误适用《最高人民法院关于审理劳动争议案件适用法律若干问题的解释》第十六条第二款规定。综上所述请求:①撤销一审判决;②驳回潘某的全部诉讼请求;③判令潘某承担本案一审、二审全部诉讼费用。

上诉人B公司在二审期间提交了下列证据。

A电机厂和C公司的工商登记资料,证明三家企业是完全不同的公司。被上诉人潘某对证据的真实性没有异议,但对其证明内容有异议,因为工龄与工商登记的主体不同,C公司与B公司没有依据国家的有关规定给予补偿,根据规定工龄应合并一起计算。原审被告C集团、谢某、朱某、罗某、梁某、冯某对该证据没有异议。

被上诉人潘某答辩称,一、劳动部办公厅对《关于终止或解除劳动合同计发经济补偿有关问题的请示》的复函第三条指出:劳动合同制度实行以前原固定工在本单位的工作年限,应当作为计发补偿金的年限。第四条指出:因用人单位的合并、兼并、合资、单位改变性质、法人改变名称等原因而改变工作单位的,其改变前的工作时间可以计算为“在本单位的工作时间”。广东省劳动厅《关于如何确定职工本企业连续工作时间问题的复函》指出:企业分立前(含新成立)的工作时间,应计算作分立后单位的连续工作时间。劳动部和广东省劳动厅的上述规定,是有关职工工龄(连续工作时间)的政策性规定。潘某等17人原是A电机厂的职工,1997年1月A电机厂转制改名为C公司,2002年4月C公司与美国金纳科技亚洲控股公司组建成立B公司,潘某成为B公司的职工。在从A电机厂转为C公司再转为B公司职工的二次转变单位的过程中,潘某等17人没有得到任何经济补偿,依照劳动部和广东省劳动厅的上述规定,其在A电机厂和C公司的工作时间,可以作B公司的连续工作时间,一审判决认定潘某等17人的工作时间均超过10年是正确的。另在B公司与罗某、郭某、周某、黎某劳动争议一案中,从B公司与罗某等4人的终止劳动关系协议书可见,B公司支付经济补偿金数额实际上包含A电机厂、C公司期间的补偿,即B公司实际上是承认在A电机厂、C公司的工作时间应计算为潘某的连续工作时间。二、潘某等17人在2003年4月30日劳动合同期满后,一方面继续在原岗位工作,另一方面要求与B公司签订无固定期限的劳动合同,但遭到B公司的无理拒绝。其后潘某等17人在2003年5月15日联名投诉到伦教劳动所,但第二天就让B公司公告除名。《最高人民法院关于审理劳动争议案件适用法律若干问题的解释》第十六条第二款规定:“根据《劳动法》第二十条规定,用人单位应与劳动者签订无固定期限劳动合同而未签订的,视为双方之间存在无固定期限劳动合同关系”。一审判决依照《劳动法》第二十条和上述司法解释的规定,认定属于B公司单方解除劳动合同,并判令B公司承担经济补偿正确。三、与潘某同时被解雇的员工有400多人,他们中既有劳动合同未满提前解除的,也有合同期满而终止的,他们全部都得到了公司补偿,唯有潘某等17人在合同期满本应继续留用,但因行使《劳动法》第二十条所规定的权利,遭到B公司的除名,并拒绝补偿。B公司公告开除潘某等17人的行为,是漠视劳动者享有《劳动法》第二十条所规定的权利的行为。对此B公司必须承担责任。另外,本案即使按修改前的《广东省劳动合同管理规定》,B公司也应支付生活补偿费。综上,一审判决认定事实清楚,适用法律准确,请求二审法院予以维持。

被上诉人潘某在二审期间提交了下列证据。

一、关于办理签订劳动合同的指引,罗某等4人的劳动合同期满终止协议书,证明工龄的计算是B公司也认为应包括C电机厂和C公司的工龄。上诉人B公司、原审被告C集团、谢某、朱某、罗某、梁某、冯某认为不属于新证据,因是复印件,故对其真实性不予确认,对于罗某的劳动合同期满终止协议书,因B公司是代C公司给付工资,所以应该分开两段工龄计算。

二、C公司的章程,证明C公司的股份潘某都有出资认购,占有股份,所以C公司与B公司是有关系的。上诉人B公司、原审被告C集团、谢某、朱某、罗某、梁某、冯某对证据的真实性没有异议,这可证明A电机厂与C公司是两个完全独立的法人。

原审被告C集团、谢某、朱某、罗某、梁某、冯某答辩称:B公司上诉合理合法,请求二审法院依法予以改判。

原审被告C集团、谢某、朱某、罗某、梁某、冯某在二审期间没有提交新证据。

经审查,本院对原审判决认定的事实予以确认。

二审查明,C公司与C集团于2002年4月20日作出顺机字第〔2002〕001号《关于劳动关系变更的处理决定》,该决定第四条第二点规定:对于原有在C公司工作的劳动者,劳动合同尚未期满且剩余时间在一年以上的,由B公司继续履行,一年后B公司不愿继续履行而解除劳动合同的,则按照法规给予相应的经济补偿,其中劳动者在B公司工作部分由B公司补偿,在C公司工作部分由C公司补偿。第四点规定:劳动合同期满不再续签的,在未有新的劳动法规之前,按目前《广东省劳动合同管理规定》给予补偿,其中劳动者在B公司工作部分由B公司补偿,在C公司工作部分由C公司补偿,若有新法规定按新法规执行。第五条规定:如果出现第四条所规定的补偿情况,由C公司与C集团共同负责补偿及承诺执行。B公司在一审的庭审过程中对该决定表示没有异议。

本院认为:在有关法律、法规并未对劳动者连续工龄应如何计算作出规定的情况下,劳动部办公厅就劳动者改变工作单位时的工作年限计算问题向河北省劳动厅作出的复函可予参考适用。该复函第四条认为:因用人单位的合并、兼并、合资、单位改变性质、法人改变名称等原因而改变工作单位的,其改变前的工作时间可以计算为"在本单位的工作时间"。本案中,潘某原为A电机厂的职工,因A电机厂转制为C公司而又与美国的金纳科技亚洲控股公司合资成立B公司,因此,对于潘某在与B公司建立劳动关系后的工龄计算,应把在A电机厂、C公司的工作年限计算在内,B公司认为潘某的工龄不应连续计算缺乏法律依据,本院不予采纳。《中华人民共和国劳动法》第二十条规定:"劳动者在同一用人单位连续工作满十年以上,当事人双方同意续延劳动合同的,如果劳动者提出订立无固定期限的劳动合同,应当订立无固定期限的劳动合同。"本案中,潘某先后与A电机厂、C公司及B公司建立劳动关系,上述用人单位之间具有连续性,且依照有关规定潘某的工龄也应连续计算,因此,潘某在上述用人单位工作应视为在同一用人单位工作。因双方均同意续延劳动合同,只是对续延的期限有争议,现潘某的连续工作年限已达到10年以上,在其依照《中华人民共和国劳动法》第二十条的规定提出要求签订无固定期限的劳动合同时,作为用人单位的B公司应予同意,但B公司在双方未能达成协议时单方作出终止劳动关系的决定,依照《最高人民法院关于审理劳动争议案件适用法律若干问题的解释》第十六条第二款的规定,应视为B公司单方解除劳动合同。B公司认为潘某不符合签订无固定期限劳动合同条件的主张缺乏事实依据和法律依据,对此本院不予支持,B公司应按照潘某的连续工龄向其支付经济补偿金。

关于谢某、朱某、罗某、梁某、冯某及C集团应否承担责任的问题。从实体处理上看,根据C公司与C集团共同作出的《关于劳动关系变更的处理决定》规定,劳动者劳动合同期满不再续签的,应按有关法律、法规进行补偿,对于在C公司工作期间的部分由C公司补偿,在B公司工作期间的部分由B公司补偿,在出现需要补偿的情况时由C公司与C集团共同负责补偿及承诺执行。基于C公司在2003年9月27日已注销,其原股东为谢某、朱某、罗某、梁某、冯某,因此,对于B公司因与潘某终止劳动关系而导致的补偿金给付责任,潘某在B公司工作期间的补偿部分应由B公司承担,结合C公司与C集团在《关于劳动关系变更的处理决定》中第五条的规定,谢某、朱某、罗某、梁某、冯某及C集团须对该部分的补偿承担连带责任;对于在A电机厂、C公司工作期间的补偿部分,应由谢某、朱某、罗某、梁某、冯某及C集团共同承担。从程序处理上看,虽然谢某、朱某、罗某、梁某、冯某及C集团在仲裁过程中未被列为当事人,但本案讼争的争议已经过劳动仲裁程序,上述主体与本案具有密切利害关系,其在诉讼程序中被追加为当事人且须承担民事责任的,为减少当事人的讼累,法院应对此作出判决。潘某虽并未就谢某、朱某、罗某、梁某、冯某及C集团须承担责任提出上诉，但B公司基于原审判决其全额承担经济补偿金，并已就经济补偿金的给付问题提出上诉，该上诉涉及谢某、朱某、罗某、梁某、冯某及C集团应否承担经济补偿金给付责任的问题，而原审判决谢某、朱某、罗某、梁某、冯某及C集团无须承担责任确有错误。综上，原审判决认为潘某要求谢某、朱某、罗某、梁某、冯某及C集团承担责任缺乏依据不当，本院对此予以改判。潘某的工龄为19.5年，根据有关规定应按20年给付经济补偿金，但由于潘某对原审判决按照19年计算经济补偿金没有异议，这是对自己诉讼权利的处分，对此本院予以支持。由于双方对潘某在B公司工作一年没有异议，故B公司应向潘某支付的经济补偿金为1 510.89元(1 510.89元/月×1个月)，额外经济补偿金为755.45元(1 510.89元×50%)，并由谢某、朱某、罗某、梁某、冯某及C集团对此承担连带给付责任；谢某、朱某、罗某、梁某、冯某及C集团应向潘某支付的经济补偿金为2 7196.02元(1 510.89元/月×18个月)，额外经济补偿金为13 598.01元(27 196.02元×50%)。

综上所述，依照《中华人民共和国民事诉讼法》第一百五十三条第一款第(三)项的规定，判决如下：

一、撤销佛山市顺德区人民法院〔2003〕顺法民一初字第03839号民事判决第二项；

二、变更佛山市顺德区人民法院〔2003〕顺法民一初字第03839号民事判决第一项为：上诉人ABC电机有限公司应于本判决发生法律效力之日起十日内向被上诉人潘某支付经济补偿金1 510.89元及额外经济补偿金755.45元，顺德市C集团有限公司、谢某、朱某、罗某、梁某、冯某对上述应付款项承担连带责任；

三、顺德市C集团有限公司、谢某、朱某、罗某、梁某、冯某应于本判决发生法律效力之日起十日内向被上诉人潘某支付经济补偿金27 196.02元及额外经济补偿金13 598.01元；

四、驳回被上诉人潘某的其他诉讼请求。

一、二审案件受理费合共100元，由上诉人ABC电机有限公司负担50元，原审被告顺德市C集团有限公司、谢某、朱某、罗某、梁某、冯某负担50元。

本判决为终审判决。

审　判　长　许暖安
代理审判员　陈治艳
代理审判员　麦嘉潮
二〇〇四年六月二日
书　记　员　黄健晖

（材料来源：中国民商法律网）

第六章　特殊劳动合同制度

案例回放

1995 年，山东农民工徐某来到北京肯德基公司从事仓储搬运工作，10 年来企业始终未与徐某签订劳动合同。2004 年 6 月，公司人事部贴出一则通知，称“北京时代桥劳动事务咨询服务有限公司将为员工代发工资，并将为员工上保险，员工与该公司签订劳动合同，不签合同的员工公司将予以辞退……”2005 年 10 月 12 日，徐某在一次配货过程中忘记贴标签，公司便以“违反配货操作规程”为由将其退回时代桥公司。同日，时代桥公司与徐某解除劳动合同。徐某起诉要求肯德基支付自己的当月工资和 2 万元解除劳动合同的经济补偿金。2005 年 10 月 25 日，北京市农民工法律援助工作站受理了这起案件，之后以徐某代理人身份向北京市劳动争议仲裁委员会申请仲裁，要求肯德基支付徐某经济补偿金。2006 年 1 月 17 日，仲裁裁决：徐某与北京时代桥所签订的劳动合同合法有效，不存在欺骗和胁迫行为。现徐某以肯德基为被诉人主张权利，主体不对，驳回徐某的申诉。2006 年 1 月 25 日，徐某不服仲裁裁决，诉至北京市东城区人民法院。2006 年 6 月 12 日，一审法院作出判决：徐某与时代桥公司签订有劳动合同，确立了双方之间的劳动关系；后徐某作为时代桥公司的职员被派遣到肯德基工作，但在他和肯德基之间并没形成事实劳动关系。故判决驳回了徐某的诉讼请求。2006 年 6 月 26 日，徐某不服一审判决上诉到北京市第二中级法院。同时，为了寻求更多救济途径，北京市农民工法律援助工作站再次向徐某提供法律援助，于 2006 年 7 月 6 日向北京市西城区劳动争议仲裁委员会提出申诉，要求确认徐某与时代桥公司的劳动合同系受胁迫所签，属无效劳动合同。

就在二审上诉期间的 2006 年 8 月 2 日，律师接到肯德基公司中国总部法务长电话，明确表示肯德基公司在中国用工制度方面存在问题，其受中国区总裁指派，希望就案件和解以及肯德基公司用人制度等问题听取北京市农民工法律援助工作站的意见。2006 年 8 月 4 日上午，肯德基公司中国总部法务长等人员与北京市农民工法律援助工作站经过两个小时谈判，双方不仅就个案达成和解，还就整个肯德基公司用工制度改革进行了磋商。

2006 年 8 月 8 日，肯德基公司向中国十几家新闻媒体公开宣布了他们的决定：北京肯德基公司与徐某达成和解，最大限度保障农民工权益。原配销中心的派遣员工将转为北京肯德基公司直接聘用员工，并认可他们以前的年资。肯德基公司宣布从即日起，除特殊情况外在全国范围内停止使用劳务派遣新员工，新员工将直接与肯德基公司建立劳动关系。

2006 年 8 月 8 日，北京肯德基公司宣布与徐某达成和解后，徐某撤销上诉。

（材料来源：中国法院网）

理论要点

第一节　集体合同

一、集体合同制度的概念和特点

集体合同是指工会或职工代表代表全体职工与用人单位或其团体(即集体协商双方当事人)之间根据法律、法规的规定,就劳动报酬、工作时间、休息休假、劳动安全卫生、保险福利等事项,在平等协商一致的基础上签订的书面协议。之所以要作为专节的特别规定,是因为集体合同与劳动合同相比存在着明显不同,它们主要有以下区别。

(一)主体不同

集体合同主体比劳动合同主体广泛。集体合同主体一方是工会、工会团体(如行业工会)或职工代表,另一方主体为雇主或雇主团体;而劳动合同主体是特定的,仅限于劳动者和用人单位(即雇主)。

(二)目的不同

集体合同的目的是通过工会或者劳动者代表与用人单位谈判,平衡个体劳动者与用人单位的力量,保护劳动者的合法权益,协调、稳定劳动关系;而劳动合同的目的是建立劳动关系,明确双方权利义务。

(三)内容不同

集体合同所约定的条件是涉及所有劳动者的一般劳动条件、生活待遇、集体谈判的程序及民主管理的方式等;而劳动合同则仅涉及个别劳动者的特殊劳动条件。

(四)形式不同

签订集体合同需要提交职工代表大会或者全体职工讨论通过,由双方首席代表签字,必须采用书面形式,并报劳动行政部门批准;而劳动合同只需劳动者个人与用人单位协商签订,应当采用书面形式,但法律不排除口头形式的劳动合同,同时对事实劳动关系进行保护。

(五)效力不同

集体合同的效力高于劳动合同。根据我国《劳动法》第三十五条规定:“依法签订的集体合同对企业和企业全体职工具有约束力。职工个人与企业订立的劳动合同中劳动条件和劳动报酬等标准不得低于集体合同的规定。”

(六)适用范围不同

集体合同适用于签订集体合同的工会或劳动者代表所代表的全体劳动者;而劳动合同则适用于签订劳动合同的劳动者个人和用人单位。

(七)纠纷的处理方式不同

集体合同纠纷多为利益争议,且涉及范围较广,各国一般采取政府协同劳资各方协调处理的方式。在我国,根据《劳动法》第八十四条规定,因签订集体合同和履行集体合同发生的争议,采取两种不同的处理方式;而劳动合同争议则采用普通劳动争议处理方式。

二、集体合同制度的功能

集体合同盛行于现代各国，是因为在保护劳动者利益和协调劳动关系方面，集体合同具有劳动法规和劳动合同所无法取代的功能。

（一）集体合同可以弥补劳动立法的不足

（1）劳动法规定的关于劳动者利益的标准属于最低标准，按此标准进行保护只是法律所要求的最低水平，而立法意图并不是希望对劳动者利益的保护仅仅停留在最低水平上，但想要通过劳动立法的方式规定更高的标准又恐怕难以施行。通过集体合同，可以对劳动者利益作出高于法定最低标准的约定，从而使劳动者利益保护的水平能够实际高于法定最低标准。

（2）劳动法关于劳动者利益和劳动关系协调的规定可能比较原则，相对于复杂丰富的劳动关系而言难免有所疏漏。通过集体合同可以对这些共性问题作出约定，从而更具体地规范劳动关系，对劳动立法不完备起到补充作用。

（二）集体合同可以弥补劳动合同的不足

（1）在签订劳动合同时，因单个劳动者是相对弱者，不足以与用人单位抗衡，难免违心地接受用人单位提出的不合理条款。而由工会代表全体劳动者签订集体合同，就可以与用人单位平等协商，避免劳动者被迫接受不合理条款。

（2）劳动者之间因各自实力不同，在与用人单位签订劳动合同时的实际地位有差别，仅以劳动合同来确定劳动者的权利义务，就难免使有的劳动者遭受歧视，不能平等地享有权利和承担义务；通过集体合同可以确保在一定范围内，全体劳动者的权利和义务实现平等。

（3）劳动关系的内容包括工时、定额、工资、保险、福利、安全卫生等多个方面，若都由劳动合同具体规定，每个劳动合同的篇幅必将冗长，这对于劳动合同的签订和鉴证来说，都是难以承受的负担，也不利于劳动关系的及时确立；集体合同对劳动关系的主要内容作出了具体规定后，劳动合同只需要就单个劳动者的特殊情况作出约定即可。

三、集体合同的内容

集体合同的具体内容，可能涉及劳动关系的各个方面，也可能只涉及劳动关系的某个方面。《劳动合同法》第五十一条规定，企业职工一方与用人单位通过平等协商，可以就劳动报酬、工作时间、休息休假、劳动安全卫生、保险福利等事项订立集体合同。因此，企业职工一方与用人单位可以就劳动报酬、工作时间、休息休假、劳动安全卫生、保险福利等事项中的一项或者数项订立集体合同。例如，有关休息休假的规定，主要是指劳动者周休假、年休假、病事假、女职工生理病假和产假、婚丧假、探亲假、职工带薪休假、奖励假期等各类假日的期限、休假办法、休假待遇等项内容的约定，其中还应包括关于如何实施国家规定的劳动者休息休假制度的规定。又如集体合同中关于劳动安全卫生的规定，主要包括有关企业劳动条件、安全卫生设施、劳动安全卫生规程和标准、防护用品、职工健康检查、职业病防治以及企业应当采取的其他劳动保护措施等项内容的约定。

需要注意的是，一般来说，集体合同的内容比相关法律规定更具体更专业，但是比单个劳动合同更原则更具有一般性。单个劳动者在签订劳动合同时可以依据法律、法规和参照集体合同的相关规定，来约定更有利于自己的条款。例如，集体合同关于保险福利的规定，主要包括有关职工养老、待业、工伤、医疗、死亡的待遇和职工住房、生活供应、保健、文化、教育、娱乐设施等项内容的约定。由于劳动法实施后,我国的劳动保险以社会保险为主体,因此,集体合同对于劳动保险的约定,主要在于说明除国家基本社会保险外,企业将为职工建立哪些补充保险和提供哪些职工福利。

四、集体合同订立程序

(1)企业职工一方与用人单位通过平等协商订立集体合同。

(2)集体合同草案应当提交职工代表大会或者全体职工讨论通过。

(3)集体合同由工会代表企业职工一方与用人单位订立;尚未建立工会的用人单位,由上级工会指导劳动者推举的代表与用人单位订立。

(4)集体合同订立后,应当报送劳动行政部门;劳动行政部门自收到集体合同文本之日起15日内未提出异议的,集体合同即行生效。

五、专项集体合同

所谓专项集体合同,是指用人单位与劳动者根据法律、法规、规章的规定,就集体协商的某项内容签订的专项书面协议。《劳动合同法》第五十二条规定,企业职工一方与用人单位可以订立劳动安全卫生、女职工权益保护、工资调整机制等专项集体合同。

随着保护劳动者权益的认识逐渐深入,劳动安全卫生标准越来越为社会关注。例如,在安全事故多发的采矿业,制订劳动安全卫生专项集体合同呼之欲出。

结合公司的工作实际制定的女职工特殊权益保护专项集体合同,往往具有较强的针对性、实效性和可操作性,是切实维护女职工合法权益和特殊利益的重要机制和手段。例如,专项集体合同里规定企业与女职工建立劳动关系应当订立劳动合同,实行男女同工同酬;在企业工会委员会、职工民主管理和进修、培训、出国考察、挂职锻炼时企业必须安排一定比例的女职工参加;根据女职工的生理特点,对月经期、孕期、产期和哺乳期的女职工给予特殊保护;企业不得在孕期、产期、哺乳期,降低其基本工资或终止、解除其劳动合同;单位每年对女职工(含离退休女职工)进行一次妇科检查;集体合同还对合同的检查和监督等方面进行了明确规定,使女职工合法权益得到了切实的维护和保障。

六、行业性、区域性集体合同

(一)行业性集体合同

行业性集体合同主要是指在一定行业内,由行业性工会联合会与相应行业内各企业,就劳动报酬、工作时间、休息休假、劳动安全卫生、保险福利等事项进行平等协商,所签订的集体合同。《劳动合同法》第五十三条规定,在县级以下区域内,建筑业、采矿业、餐饮服务业等行业可以由工会与企业方面代表订立行业性集体合同,或者订立区域性集体合同。

行业性集体合同一般具有以下优势。

(1)同一领域的各企业具有行业共同性,在利润和职工工资水平、职业危害状况、劳动者素质等方面往往比较接近,可以就某一方面制定具体的、有针对性的共同标准,从而容易达成行业性集体合同。

(2)行业性集体合同能够更广泛地保护整个行业内的劳动者的合法权益,同时在和谐稳定劳动关系的基础上,行业整体素质也得到提升。

(3)协商订立行业性集体合同能够减少劳资谈判的社会成本,因此行业性集体合同有逐渐向越来越广大区域扩展的趋势。

建筑业、采矿业、餐饮服务业等，行业特点都比较显著，决定了这些行业容易订立切实可行的行业性集体合同。例如，建筑业、采矿业大量使用农民工，拖欠农民工工资或者造成人身危害的问题比较突出，就此工会出面签订行业性集体合同，对于约束建筑企业、保护农民工利益能够起到较好的作用。

（二）区域性集体合同

区域性集体合同是指在一定区域内（指镇、区、街道、村、行业），由区域性工会联合会与相应经济组织或区域内企业，就劳动报酬、工作时间、休息休假、劳动安全卫生、保险福利等事项进行平等协商，所签订的集体合同。

发展区域性集体合同制度，需要注意以下几点。

（1）区域性集体合同是不适合在大范围大区域内推行的，由于企业性质差异、各行业劳动者需求不同等，在一个较大区域内协商签订集体合同往往比较困难，即使签订集体合同也往往因为缺少针对性而难以实施。

（2）区域性集体合同的优势在于基层（镇、村、街道）较小的区域内，发挥好基层工会熟悉当地企业和劳动者的优势，就当地某些特殊情况、特殊需要订立区域性集体合同。

涉及本行业全体职工的切身利益，行业性区域性集体合同对当地本行业、本区域的用人单位和劳动者具有约束力。

七、集体合同的效力

（1）依法订立的集体合同对用人单位和劳动者具有约束力。

（2）行业性、区域性集体合同对当地本行业、本区域的用人单位和劳动者具有约束力。

（3）用人单位与劳动者订立的劳动合同中劳动报酬和劳动条件等标准不得低于集体合同规定的标准。

八、集体合同争议的处理

《劳动合同法》第五十六条规定："用人单位违反集体合同，侵犯职工劳动权益的，工会可以依法要求用人单位承担责任；因履行集体合同发生争议，经协商解决不成的，工会可以依法申请仲裁、提起诉讼。"

（1）劳动者、工会和用人单位协商解决。协商解决是处理履行集体合同争议的必用方式和必经程序。

（2）协商解决不成的，工会可以代表全体职工，将履行集体合同的争议申请仲裁或者提起诉讼。

需要注意的是，这里规定了工会选择或裁或审的两种途径，仲裁不再是提起诉讼的必经程序，这与劳动法的规定明显不同。

【案例6-1】

小周与某企业签订了为期三年的劳动合同。合同中约定：工资每月计发一次。合同履行期间，工会又与企业经协商签订了一份集体合同，该份集体合同中约定：企业所有员工每年年终可获得一次第13个月的工资。该企业的集体合同获得企业职代会的通过并经当地劳动行政部门审核后开始生效实施，但小周没有得到企业支付的第13个月工资。于是，他向企业提出补发第13个月工资的要求。但企业表示，小周和企业签订的劳动合同中约定了劳动报酬的支付次数，双方应当严格按照劳动合同的约定履行，双方由此产生争议。

评析：根据《劳动法》第三十五条规定："依法签订的集体合同对企业和企业全体职工具有约束力。职工个人与企业订立的劳动合同中劳动条件和劳动报酬等标准不得低于集体合同的规定。"因此，小周与企业签订的劳动合同中虽然没有约定可以享受第13个月工资，但工会与企业签订的集体合同中规定了第13个月工资的有关内容。根据《劳动法》的规定，企业应当按照集体合同的规定补发小周年终第13个月的工资。

（材料来源：广州日报，转引自 http://www.1010job.com/info/ShowInfo.asp? id=5141）

第二节　劳务派遣

一、劳务派遣的概述

（一）劳务派遣的概念

劳务派遣，在人力资源领域一般称之为人力派遣或者租赁，在德国、日本以及我国台湾地区等国家和地区的劳动法学界一般称之为劳动派遣。其通常是指，劳动力派遣机构与派遣劳工签订派遣契约，在得到派遣劳工同意后，使其在被派企业指挥监督下提供劳动。劳务派遣的最大特点是劳动力雇佣与劳动力使用相分离，派遣劳动者不与被派企业签订劳动合同，发生劳动关系，而是与派遣机构存在劳动关系，但却被派遣至要派企业劳动，形成"有关系没劳动，有劳动没关系"的特殊形态。

（二）使用劳务派遣的原因

劳务派遣近年来在我国迅速发展，劳务派遣用工形式非常普遍，使用劳务派遣的原因有多种。

（1）降低成本包括人力资源管理成本、税收成本、解约成本等。企业使用劳务派遣工，除了给工资和社保外，只要给劳务派遣单位一定数量的管理费。使用劳务派遣工还可以使企业少交企业所得税。使用劳务派遣工，企业就没有解除劳动合同给付经济补偿金的风险。

（2）有些企业的业务季节性很强，使用劳务派遣工能很好地解决短期用工的需求，否则将会导致严重加班行为。

（3）国有企业都有减员增效的指标，没有劳动力计划，但正常的业务需要人去做，因此营业窗口、分拣、投递等岗位都使用劳务派遣工。

（4）有些地方政策规定，企业不能自己招用保安，保安必须都是由当地保安公司派遣。

（5）企业的理念是集中精力进行专业化生产，其他辅助性的工作，如食堂、绿化、手工包装等不是企业的强项，这些辅助性业务进行外包或者使用劳务派遣工效率更高。

（6）有的企业只能从事生产，自己不能从事销售业务，因此只能使用劳务派遣工从事销售业务。

（三）目前劳务派遣中的主要问题

劳务派遣一方面一定程度地解决了就业，另一方面也带来很多问题，特别是在劳动者权益保护方面的问题尤为突出。

1. 劳务派遣公司随意克扣劳务派遣工工资

有的企业反映,企业按每名保安每月1 400元的标准给工资,但保安实际拿到的工资只有800、900元,其中的差价给劳务派遣公司拿走了。对此,有些接受单位采取了相应的对策,明确约定劳务派遣单位只收取管理费用,不能克扣劳务派遣工的工资。设立专门的工人工资账户,该账户只能发工资,不能提现,且只有劳务派遣单位和接受单位同时签字才能使用该账户。

2. 劳务派遣工同工不同酬问题

有些企业中正式工与劳务派遣工从事同样工作,如加油、从事窗口业务,工资要差一倍。有的反映,在国有企业或者国有企业改制企业中,劳务派遣工与正式工很难做到同工同酬,原因在于正式工不愿意降低工资待遇。

3. 劳务派遣工得不到正常晋升和工资增长问题

由于劳务派遣工不是接受单位的正式员工,因此得不到正常的晋升和工资增长,这导致了劳务派遣工与正式工同时进单位,几年下来工资待遇差距很大。

4. 为降低成本,滥用劳务派遣问题

有的企业正式员工400人,劳务派遣工却有3 000人。除了管理人员是正式职工之外,其他职位如话务员、形象代表、柜台人员都用年轻的劳务派遣工。劳务派遣不能成为常态的用工形式,国外劳务派遣只适用临时性、季节性的工作,因此建议限制劳务派遣的适用岗位,明确规定长期性岗位不能使用劳务派遣。

5. 工伤等责任不明确问题

实践中,有的劳务派遣工受到了工伤,工伤赔偿责任是由劳务派遣单位承担,还是由接受单位承担规定不明确,容易造成相互推诿责任。如果由于生产安全措施不到位的原因造成工伤的,由接受单位承担责任,如果接受单位没有过错的,由劳务派遣单位承担责任。

基于上述的认识和现状,对劳务派遣进行法律规制已成为当务之急。《劳动合同法》用了一节对劳务派遣作了特别规定。上述劳动派遣的乱象并没有随着2008年《劳动合同法》的实施根本改观,派遣工和非派遣工不平等待遇的情况非常普遍。2012年12月28日,全国人民代表大会常务委员会关于修改《中华人民共和国劳动合同法》的决定出台,对劳动派遣制度进行了更加具体的规制,该决定自2013年7月1日施行。

(四)劳务派遣的适用岗位

由于我国法律对劳务派遣还没有规范和限制,用人单位为降低用工成本,逃避劳动法的责任,任意使用劳务派遣工,使劳务派遣范围不断扩大,派遣劳动者人数也不断增加。在一些行业和企业中,劳务派遣工甚至已占到一半以上,成为用工的主流形式。在一些长年稳定需求的工作岗位,也使用劳务派遣工,如银行的前台柜员等。如果不对这一用工形式加以规范,任其发展,劳务派遣很有可能在不久的将来成为所有企业用工的常态,劳动关系的基础将受到严重的挑战,劳动法的作用无法发挥,劳动者的合法权益将无法得到应有的保障,社会公平也将难以维护和实现。因此《劳动合同法》第六十六条规定,劳务派遣一般在临时性、辅助性或者替代性的工作岗位上实施。

对此修订后的《劳动合同法》第六十六条规定,劳动合同用工是我国的企业基本用工形式。劳务派遣用工是补充形式,只能在临时性、辅助性或者替代性的工作岗位上实施。临时性工作岗位是指存续时间不超过六个月的岗位;辅助性工作岗位是指为主营业务岗位提供服务的非主营业务岗位；替代性工作岗位是指用工单位的劳动者因脱产学习、休假等原因无法工作的一定期间内，可以由其他劳动者替代工作的岗位。

用工单位应当严格控制劳务派遣用工数量，不得超过其用工总量的一定比例，具体比例由国务院劳动行政部门规定。用人单位不得设立劳务派遣单位向本单位或者所属单位派遣劳动者。

本章开头的案例中肯德基在用工达九年的情况下，已经与劳动者形成了事实劳动关系。为节约劳动力方面的成本支出，将单位员工改为其他劳动派遣单位的员工，违反了劳动合同法。国家劳动部门应对劳务派遣加强管理和监督，严格控制其适用条件和适用范围，防止有些单位借劳务派遣的形式规避劳动法和劳动合同法的强制性规定，从而更全面地保护劳动者的合法权益。

二、劳务派遣单位的设立

根据修订后的《劳动合同法》第五十七条规定，劳务派遣单位应当依照《中华人民共和国公司法》的有关规定设立，注册资本不得少于200万元，且资金应当一次全额到位。经营劳务派遣业务，应当向劳动行政部门依法申请行政许可；经许可的，依法办理相应的公司登记。未经许可，任何单位和个人不得经营劳务派遣业务。

在当前的社会经济生活中，劳务派遣被许多企业广泛用于各种可能的岗位。有的企业为了降低用工成本，将一些原来的正式职工以改制名义，分流到本企业设立的劳务派遣公司，然后又以劳务派遣公司的名义派遣到原岗位。有的企业将内设的劳动管理机构又挂一个劳务派遣公司的牌子，将招用的员工以劳务派遣公司的名义派遣到所属企业。将一个本来完整的劳动关系人为地分割开。这不利于劳动者合法权益的保护，不利于和谐稳定劳动关系的构建和发展，给劳务派遣的发展造成了不利影响。

因此，《劳动合同法》第六十七条规定，用人单位不得设立劳务派遣单位向本单位或者所属单位派遣劳动者。这里所说的所属单位可以理解为：一是母公司与子公司的关系，二是集团公司与下属公司的关系，三是也可以理解为具有关联性质的公司关系。《劳动合同法实施条例》第二十八条规定："用人单位或者其所属单位出资或者合伙设立的劳务派遣单位，向本单位或者所属单位派遣劳动者的，属于劳动合同法第六十七条规定的不得设立的劳务派遣单位。"

三、劳务派遣协议

劳务派遣涉及三方关系，即派遣单位与被派遣劳动者、派遣单位与接受以劳务派遣形式用工的单位即用工单位，以及用工单位与被派遣劳动者等三个关系。

(1)劳务派遣单位派遣劳动者应当与接受以劳务派遣形式用工的单位订立劳务派遣协议。劳务派遣单位派遣劳动者应当与用工单位订立劳务派遣协议，此协议性质上应当属于民事合同。

派遣单位与用工单位之间是民事关系，双方订立派遣协议确定双方权利义务，派遣单位根据用工单位的标准派遣符合要求的劳动者，用工单位根据协议向派遣单位支付报酬或管理费。

(2)劳务派遣协议应当约定派遣岗位和人员数量、派遣期限、劳动报酬和社会保险费的数额与支付方式以及违反协议的责任。

这里,派遣岗位是指被派遣劳动者在用工单位中将被安排的工作性质、职位;派遣期限是指被派遣劳动者依派遣单位的派遣受用工单位指挥、管理的时间。在劳务派遣协议中明确劳动报酬和社会保险费的数额与支付方式以及违反协议的责任等内容,将有利于明确派遣单位与接受以劳务派遣形式用工的单位(即用工单位)的权利义务,从而避免发生争议时派遣单位与用工单位互相推诿现象的出现,有利于劳动者合法劳动权益的保护,也有利于和谐、稳定劳动关系的构建和发展。用工单位与被派遣劳动者之间构成的是劳务关系,用工单位负责在劳动过程中对被派遣劳动者进行指挥和管理,劳动者遵守用工单位的规章制度。

(3)用工单位应当根据工作岗位的实际需要与劳务派遣单位确定派遣期限,不得将连续用工期限分割订立数个短期劳务派遣协议。

在订立劳务派遣协议时,用工单位与劳务派遣单位应当遵循实际需要的原则来确定派遣期限。将连续用工期限分割订立数个短期劳务派遣协议是不允许的。分割订立数个短期劳务派遣协议往往成为相关单位实践中躲避社会保险、正常的工资调整等的手段,这对劳动者合法劳动权益是一种侵害,对其进行禁止有利于保护劳动者合法劳动权益。

四、劳务派遣三方的权利义务

(一)劳务派遣单位与用人单位的关系

(1)劳务派遣单位应当履行用人单位对劳动者的全部义务。

根据《劳动合同法》第五十八条规定,劳务派遣单位是本法所称用人单位,应当履行用人单位对劳动者的义务。劳务派遣单位与劳动者形成了正式劳动关系。劳务派遣单位要承担用人单位的全部权利和义务。如派遣单位承担依法招用劳动者、签订劳动合同以及解除劳动合同时支付经济补偿金、支付工资、参加社会保险并依法缴费等义务;用人单位应依法承担安排劳动者休息休假、提供劳动保护、允许劳动者参加或组织工会等义务,并对派遣单位承担的解除劳动合同时支付经济补偿金、支付工资、参加社会保险并依法缴费等义务承担连带责任。

劳务派遣单位或者被派遣劳动者依法解除、终止劳动合同的经济补偿,依照《劳动合同法》第四十六条、第四十七条的规定执行。

劳务派遣单位违法解除或者终止被派遣劳动者的劳动合同的,依照《劳动合同法》第四十八条的规定执行。即:用人单位违反本法规定解除或者终止劳动合同,劳动者要求继续履行劳动合同的,用人单位应当继续履行;劳动者不要求继续履行劳动合同或者劳动合同已经不能继续履行的,用人单位应当依照本法第八十七条规定支付赔偿金。

(2)应当订立劳务派遣协议,协议应当约定派遣岗位和人员数量、派遣期限、劳动报酬和社会保险费的数额与支付方式以及违反协议的责任。

(二)劳务派遣单位与派遣劳动者的关系

(1)劳务派遣单位与被派遣劳动者应当订立书面劳动合同。

劳动合同除了要有一般劳动合同的必备条款外,还要明确约定被派遣劳动者的用工单位以及派遣期限、工作岗位等情况。劳务派遣单位与被派遣劳动者订立的劳动合同和与用工单位订立的劳务派遣协议,载明或者约定的向被派遣劳动者支付的劳动报酬应当符合同工同酬的规定。

(2)劳务派遣单位与被派遣劳动者至少要订立2年以上的固定期限的劳动合同,按月支付劳动报酬。劳务派遣单位不得以非全日制用工形式招用被派遣劳动者。

(3)被派遣劳动者在无工作期间,劳务派遣单位应当按照所在地人民政府规定的最低工资标准,向其按月支付报酬。

(三)劳务派遣单位的义务

(1)劳务派遣单位应当将劳务派遣协议的内容告知被派遣劳动者。

(2)劳务派遣单位不得克扣用工单位按照劳务派遣协议支付给被派遣劳动者的劳动报酬。

(3)劳务派遣单位和用工单位不得向被派遣劳动者收取费用。

(4)在跨地区派遣劳动者时,劳务派遣单位应当保障被派遣劳动者享有的劳动报酬、劳动条件,符合用工单位所在地规定的标准。

(5)劳务派遣单位应当保障被派遣劳动者享有与用工单位招用的劳动者同工同酬的权利。

(6)劳务派遣单位应当保障被派遣劳动者依法参加或者组织工会的权利。

(7)对被派遣劳动者承担连带责任。

(四)用工单位的义务

(1)执行国家劳动标准,提供相应的劳动条件和劳动保护。

(2)告知被派遣劳动者的工作要求和劳动报酬。

(3)支付加班费、绩效奖金,提供与工作岗位相关的福利待遇。

(4)对在岗被派遣劳动者进行工作岗位所必需的培训。

(5)连续用工的,实行正常的工资调整机制。

(6)用工单位不得将被派遣劳动者再派遣到其他用人单位。

(7)被派遣劳动者享有与用工单位的劳动者同工同酬的权利,用工单位无同类岗位劳动者的,参照用工单位所在地相同或者相近岗位劳动者的劳动报酬确定。

(8)用工单位应当保障被派遣劳动者依法参加或者组织工会的权利。

(9)对被派遣劳动者承担连带责任。

五、退工与解除劳动合同

(1)被派遣劳动者可以依照《劳动合同法》第三十六条、第三十八条的规定与劳务派遣单位解除劳动合同。

(2)被派遣劳动者有《劳动合同法》第三十九条和第四十条第(一)项、第(二)项规定情形的,用工单位可以将劳动者退回劳务派遣单位,劳务派遣单位依照本法有关规定,可以与劳动者解除劳动合同。

六、法律责任

(1)违反本法规定,未经许可,擅自经营劳务派遣业务的,由劳动行政部门责令停止违法行为,没收违法所得,并处违法所得1倍以上5倍以下的罚款;没有违法所得的,可以处5万元以下的罚款。

(2)劳务派遣单位、用工单位违反本法有关劳务派遣规定的,由劳动行政部门责令限期改正;逾期不改正的,以每人5 000元以上1万元以下的标准处以罚款,对劳务派遣单位,吊销其劳务派遣业务经营许可证。用工单位给被派遣劳动者造成损害的,劳务派遣单位与用工单位承担连带赔偿责任。

第三节　非全日制用工

一、非全日制用工的概念

非全日制用工是指以小时计酬为主，劳动者在同一用人单位一般平均每日工作时间不超过 4 小时，每周工作时间累计不超过 24 小时的用工形式。

非全日制用工是与全日制用工相对的概念，在我国出现的时间不长，但作为灵活就业的一种重要方式，近年来呈现出较快增长趋势，劳动合同法针对非全日制用工的特点设专节作了相应的规定。

（一）非全日制用工是一类特殊的用工形式

同全日制用工的本质是一类用工形式，在非全日制用工中用人单位和劳动者之间形成的是劳动关系，而不是民事雇佣关系；双方达成的协议是劳动合同，而不是民事合同。在实践中，非全日制工形式多样，包括家庭和个人雇工中的“小时工”，但是根据劳动合同法对非全日制用工的定义，家庭和个人雇佣的“小时工”并不适用劳动合同法关于非全日制用工的规定。

非全日制用工是相对于全日制用工的一类特殊的用工形式，其特殊性就在于“灵活性”，即与全日制用工相比，形成相对宽松的劳动关系，具体包括：劳动合同形式不拘书面性，允许达成口头劳动合同；劳动关系存续时间不确定性，合同双方均可随时解除劳动关系，不必提前通知，用人单位无须支付经济补偿；劳动关系双重性甚至多重性，允许同一劳动者同时存在两个或者两个以上的劳动关系。非全日制用工中形成的是劳动合同关系，因此除了特别规定外，非全日制用工应遵循劳动合同法的一般原则和一般规定，劳动法中有关劳动安全保护、职业危害防护等保护性规定同样适用于非全日制用工。原国家劳动和社会保障部于 2003 年 5 月发布了《关于非全日制用工若干问题的意见》，实践中可以作为参考依据。

（二）非全日制用工的实质标准

在同一单位平均每日工作不超过 4 小时，每周工作时间累计不超过 24 小时。以工作时间的长短作为界定非全日制用工的标准是国际通行的做法，但国际劳工组织对具体时间的规定不尽相同。挪威规定，每星期工作时间不满 37 小时。美国、日本、瑞典、澳大利亚等国规定，每星期工作时间不满 35 小时。芬兰、马来西亚规定，每星期工作时间不满 30 小时。法国规定，每星期或者工作时间比法定工作时间少 1/5。我国劳动合同法界定非全日制用工采用每日工作时间结合周工作时间的标准，在同一个单位中，如果劳动者每日工作时间不超过 4 小时，但每周累计工作时间超过 24 小时的，将构成一般的劳动关系，而不是非全日制用工关系；如果劳动者每天平均工作时间超过了 4 小时，而每周累计不超过 24 小时，也将构成一般的劳动关系，而不是非全日制用工关系。

这里的工作时间应理解为劳动合同约定的工作时间，用人单位可以根据实际业务需要，偶尔要求劳动者进行加班，凡超出约定工作时间以外的，用人单位应支付加班工资。为体现非全日制用工的特点，禁止用人单位长期要求劳动者加班。

（三）非全日制用工中工资形式以小时计酬为主

所谓工资形式，是指工资分配所采取的具体方式，最基本的两种方式是计时工资和计件工资。计时工资是根据职工工资标准和工作时间来计算工资额的一种方式。计件工资是按照职工生产的合格产品数量或者完成的工作量,根据企业内部确定的计件工资单价,计算工资额的一种方式。计件工资主要适合一些生产型企业,在目标取向上与非全日制用工不一致,计件工资有利于提高劳动生产率,一般是在企业生产任务饱满的情况下实施的,而非全日制用工一般适用于服务行业,工作任务不平均的情形。因此,非全日制用工不实行计件工资。计时工资一般有四种具体计算标准:小时工资制、日工资制、周工资制和月工资制。鉴于非全日制用工临时性、工作时间短且灵活等特点,无论是实行日工资制、周工资制还是月工资制都存在一些客观障碍,容易产生纠纷,为更好地保护劳动者的合法权益,非全日制用工一般应以小时计酬。

二、非全日制用工劳动合同的特点

(1)非全日制用工双方当事人可以订立口头协议。

(2)从事非全日制用工的劳动者可以与一个或者一个以上用人单位订立劳动合同;但是,后订立的劳动合同不得影响先订立的劳动合同的履行。

(3)非全日制用工双方当事人不得约定试用期。

(4)非全日制用工双方当事人任何一方都可以随时通知对方终止用工。

(5)终止用工,用人单位不向劳动者支付经济补偿。

三、非全日制用工劳动报酬规定

(1)非全日制用工小时计酬标准不得低于用人单位所在地人民政府规定的最低小时工资标准。

(2)非全日制用工劳动报酬结算支付周期最长不得超过 15 日。

四、非全日制用工的社会保险

《劳动和社会保障部关于非全日制用工若干问题的意见》(劳社部发[2003]12 号)规定:“从事非全日制工作的劳动者,应当参加基本养老保险,原则上参照个体工商户的参保办法执行;可以以个人身份参加基本医疗保险;用人单位应当依法为其缴纳工伤保险费”、“单位支付的小时工资中应当包含单位应缴纳的基本养老保险费和基本医疗保险费”

《社会保险法》第 10 条第 2 款规定:“无雇工的个体工商户、未在用人单位参加基本养老保险的非全日制从业人员以及其他灵活就业人员可以参加基本养老保险,由个人缴纳基本养老保险费”,第 23 条第 2 款规定:“无雇工的个体工商户、未在用人单位参加职工基本医疗保险的非全日制从业人员以及其他灵活就业人员可以参加职工基本医疗保险,由个人按照国家规定缴纳基本医疗保险费”。《实施〈中华人民共和国社会保险法〉若干规定》(2011 年 7 月 1 日起施行)第 9 条规定,“职工(包括非全日制从业人员)在两个或者两个以上用人单位同时就业的,各用人单位应当分别为职工缴纳工伤保险费。”由以上规定可知,用人单位支付员工的小时工资中不包括工伤保险费用,工伤保险费用应当由用人单位另行承担并缴纳,此为法律规定的强制性义务,用人单位违反的,员工由此产生的所有工伤保险待遇均应由单位自行负担。

【案例 6-2】

A 大厦诉称,王某的工作岗位是客房部的兼职清洁工。A 大厦有固定的客房部服务员负责客房的清洁卫生,王某是客房清洁工作的补充形式,主要是在早上 12 点前的繁忙时间过来工作。具体哪一天谁来上班,及需要清洁的客房数量均不作强制性要求,由客房经理根据每天的客房入住情况提前电话联系各兼职工,在清洁工愿意的前提下,安排清洁任务给其。A大厦把清洁分为了六类,包括走房、住房、空房、整房、夜房和计划房,根据酒店业的行业惯例和A大厦的实践经验,走房清洁需时15分钟左右,住房需时10分钟左右,空房需时2分钟左右,整房需时3分钟左右,夜房需时2分钟左右,计划房需时15分钟左右。兼职清洁工的计薪方式是按件计算,多劳多得,日结月付,走房为3元/间,住房为2.5元/间、空房为0.8元/间,整房为1.5元/间,夜房为0.7元/间,计划房为4元/间。王某在工作时间上有些月份超过了每周二十四小时,但从A大厦的整个用工情况来看,并非所有的兼职清洁工都超过上述的工作时间,甚至有部分是远远少于四小时一天的。诉请:1、确认双方为非全日制劳动合同关系;2、A大厦无需向王某支付解除劳动关系经济补偿金;3、本案诉讼费用由王某承担。

法院审理认为按照A大厦主张2011年《客房兼职清洁工管理规定》中关于清洁各类客房的报酬规定"走房Z3元""住房P2.5元""空房O0.8元""整房C1.5元""夜房E0.7元""计划G4元"和A大厦在起诉状中确认的"走房清洁需要15分钟左右、住房清洁需要10分钟左右、空房需时2分钟左右、整房需时3分钟左右、夜房需时2分钟左右、计划房需时15分钟左右",王某离职前12个月的月平均工资为2001.83元,按照客房报酬单价和完成客房清洁的单位时间来计算,其在A大厦每周工作时间已经超过二十四小时。其次,关于A大厦向王某发放工资的方式,根据A大厦提供的工资发放表,A大厦向王某发放工资为每月发放,在工资发放表上也未记载工资的小时计酬方式。因此,即使按照A大厦的主张王某是客房兼职清洁工,但综合王某的实际用工时间和报酬发放方式,王某与A大厦的用工关系并不符合非全日制用工关系的特点,确认双方为全日制用工关系,A大厦应向王某支付经济补偿金。

(案例根据中国裁判文书网判决书编写)

【案例6-3】

A企业主要经营软件开发及销售业务。为改善职工伙食水平,招录员工甲从事后勤保障工作,主要工作内容为清洁保障和午饭准备,工作时间为上午10:00—下午14:00。双方未签订书面劳动合同。工作半年后,A公司实行了货币化改革,以发放午饭津贴替代实际午餐,于是,与员工甲解除劳动合同。甲同意关系结束,但要求A公司额外支付五个月的双倍工资、一个月的代通金及违法解除的经济补偿金。由此发生争议。

评析:《劳动合同法》规定,非全日制用工双方当事人任何一方均可随时通知对方终止用工。法律明确规定,终止用工,用人单位不向劳动者支付经济补偿。非全日制用工劳动合同当事人解除劳动合同不需要任何理由,与全日制用工下用人单位解除劳动合同必须符合法定要件相比,这对用人单位来说更加灵活易操作。非全日制用工当事人可以随时解除劳动合同,不需要像全日制用工那样按法定要求提前通知,对用人单位来说不会存在辞退程序上的问题。非全日制用工合同解除条件对当事人双方是平等的,用人单位和劳动者享有同样的权利,均可以无条件随时通知解除合同。《劳动合同法》在总体倾向保护劳动者基调的基础上,在非全日制用工方面赋予了用人单位很多自主权,用人单位可以合法运用非全日制用工制度降低用工成本。本案中,A公司并不负有向甲支付双倍工资、代通知金以及经济补偿金的义务。

(案例来源劳动法苑网站)

【案例6-4】

案情简介：

曾某于2013年4月底入职北京B医院，担任体检前台一职，双方签订了书面的非全日制劳动合同，约定每日工作4小时，每周工作5天，劳动报酬为30元/小时，结算周期为15日。2013年11月底，B医院口头通知曾某解除劳动合同，但双方就法定节假日加班工资及福利待遇等问题未能达成一致意见，酿成纠纷。曾某遂诉诸劳动仲裁，要求B医院：（一）支付2013年国庆节三天的加班工资差额720元；（二）同工同酬工资差额6 000元；（三）高温费800元。

仲裁裁决：

仲裁认为，由于《劳动合同法》及北京市的地方法规并未对非全日制员工的同工同酬及高温费等问题的处理作出明确规定，且双方就该等问题处理也未曾在书面的劳动合同中予以明确约定，故对曾某的上述诉请予以驳回。但是对于曾某提出的支付法定节假日加班工资差额问题，根据北京市人力资源和社会保障局印发的《关于调整北京市2013年最低工资标准的通知》的相关规定，“自2013年1月1日开始，非全日制从业人员法定节假日小时最低工资标准由33元/小时提高到36.6元/小时”，仲裁委据此计算出B医院应当补发给曾某的加班工资差额为79.2元（36.6元×4小时×3天−30元×4小时×3天=79.2）。

思考练习

一、单项选择题

1. 集体合同由（　　）代表企业职工一方与用人单位订立。

A. 工会　　B. 职工代表大会　　C. 监事会　　D. 股东代表大会

2. 劳动行政部门自收到集体合同文本之日起（　　）内未提出异议的，集体合同即行生效。

A. 10日　　B. 15日　　C. 30日　　D. 5日

3. 集体合同中劳动报酬和劳动条件等标准（　　）当地人民政府规定的最低标准。

A. 不得低于　　B. 可以低于　　C. 必须高于　　D. 应当高于

4. 签订集体合同应当经过（　　）五个程序。

A. ①当事人协商　②职工代表大会或者全体职工讨论通过　③代表签字　④报送劳动行政部门备案　⑤公布

B. ①起草集体合同草案　②职工代表大会或者全体职工讨论通过　③代表签字　④报送劳动行政部门备案　⑤公布

C. ①当事人协商　②职工代表审议　③代表签字　④报送劳动行政部门备案　⑤公布

D. ①当事人协商　②职工代表大会或者全体职工讨论通过　③代表签字　④报送上级工会备案　⑤公布

5. 劳务派遣单位应当依照（　　）的有关规定设立，注册资本不得少于（　　）万元

A.《公司法》　30　　B.《合伙企业法》　30

C.《公司法》　50　　D.《合伙企业法》　50

6. 劳务派遣单位应当与被派遣劳动者订立(　　)年以上的固定期限劳动合同,按月支付劳动报酬。

A. 半　　B. 一　　C. 二　　D. 三

7. 被派遣劳动者在无工作期间,劳务派遣单位应当按照所在地人民政府规定的(　　),向其按月支付报酬。

A. 最低工资标准　　B. 最低生活保障标准

C. 行业工资指导线　　D. 失业保险金领取标准

8. 劳务派遣单位派遣劳动者应当与接受以劳务派遣形式用工的单位订立(　　)。

A. 劳动合同　　B. 集体合同　　C. 用工协议　　D. 劳务派遣协议

9. 劳务派遣单位跨地区派遣劳动者的,被派遣劳动者享有的劳动报酬和劳动条件,按照(　　)的标准执行。

A. 用工单位所在地　　B. 劳务派遣单位所在地

C. 被派遣劳动者户籍所在地　　D. 工资发放地

10. 劳务派遣一般在(　　)、辅助性、替代性的工作岗位上实施。

A. 长期性　　B. 固定性　　C. 流动性　　D. 临时性

11. 劳务派遣单位违反《劳动合同法》规定,给被派遣劳动者造成损害的,劳务派遣单位与用工单位承担(　　)赔偿责任。

A. 共同　　B. 连带　　C. 按份　　D. 违约

12. 非全日制用工,是指以小时计酬为主,劳动者在同一用人单位一般平均每日工作时间不超过(　　)小时,每周工作时间累计不超过(　　)小时的用工形式。

A. 4　24　　B. 4　28　　C. 6　24　　D. 6　28

13. 非全日制用工双方当事人(　　)约定试用期。

A. 可以　　B. 不得　　C. 自愿　　D. 必须

14. 非全日制用工终止时,用人单位(　　)向劳动者支付经济补偿。

A. 无义务

B. 以劳动者每工作满一年支付一个月工资的标准

C. 以劳动者每工作满一年支付半个月工资的标准

D. 以与全日制用工相同的标准

15. 非全日制用工小时计酬标准不得低于(　　)。

A. 用人单位所在地人民政府规定的最低小时工资标准

B. 劳动者住所地人民政府规定的最低小时工资标准

C. 用人单位所在地人民政府公布的平均小时工资标准

D. 劳动者住所地人民政府公布的平均小时工资标准

16. 非全日制用工劳动报酬结算支付周期最长不得超过(　　)日。

A. 3　　B. 7　　C. 10　　D. 15

二、案例分析题

1. 某企业与全体职工签订了劳动合同,约定“职工实行国务院规定的新工时制度”,即“每日工作 8 小时,每周的周六和周日连续两天休息”。后经企业工会协商,又与企业工会签订了集体合同,约定“职工实行每日工作7时,每周的周六和周日连续休息两天的工时制度”。该企业的大部分职工均按此规定执行,只有配电室、电话总机室等少数职工由于人员紧张,工作周期长而无法执行。因此,这些职工通过工会向企业提出要求调整工作时间。企业则认为,现阶段无法按集体合同执行的,仍按原劳动合同执行,况且原劳动合同也严格执行了《国务院关于职工工作时间的规定》,因此,对这些公职的工作时间未作调整。

问:该企业执行这样的工时制度是否违法?

2. 某合资公司依照《工会法》成立了企业内部的工会组织,工会为了维护员工的合法权益,与公司就员工的报酬、工作时间等签订了集体合同,规定月工资不低于800元,并经职工代表大会讨论通过。2002年7月提交劳动局审查备案,直到2003年2月,劳动局仍未给予答复。该合资公司认为集体合同没被批准生效,便于2003年4月与一些员工签订劳动合同,在参考原集体合同内容的情况下,将月工资划为600元至1 000元不等。

问:(1)工会有无资格与公司签订集体合同?

(2)该集体合同是否生效?

(3)公司与员工签订的个别劳动合同在内容上有无错误?

延伸阅读

集体合同产生的原因

集体合同制度成为调整劳资关系的一种产生于19世纪50年代。集体协商即集体谈判的行为最早出现在18世纪末。1791年美国的费城和纽约等城市的印刷业工人、制鞋业工人和木制业的工人都成立了行业组织,大家以这样的组织形式团结起来反抗雇主方面的剥削。据史料记载,最早的集体谈判是在1799年,美国费城的制鞋业工人为维护其合理的经济利益而与雇主就劳动标准问题进行过集体谈判,后来费城和纽约等城市的印刷业等行业的工人也开始了这种谈判,集体谈判若是不能达成协议就开始进行大规模的罢工斗争以示对雇主方面的抗议和威胁。雇主也想尽办法对工人和工人组织进行指控,但是这样的指控往往既难以达到其残酷剥削的目的也难平息此起彼伏的罢工浪潮。在这种斗争与妥协中,开始出现通过更认真的集体谈判解决问题的方案。虽然当时谈判的内容还比较简单,但是,这种行为却开启了集体谈判的先河。

19世纪初英国工会合法化,1850年英国的纺织业、矿山业、冶铁业的工会便代表劳工与雇主进行集体谈判就有关劳动标准问题达成协议,到1870年,涉及工资等劳动标准的协议越来越多。1910年英国商务院第一次发表集体合同调查报告。在1 696件集体合同中关于工资标准的集体合同就有563件,一般雇佣条件的集体合同有1 103件,其他的有30件。

集体合同法制化出现在19世纪初。1904年新西兰颁布了最早的集体合同法律,制定了各种有关集体合同的法律。1907年奥地利和荷兰也相继制定了有关集体合同的法律制度。1911年瑞士颁布的《债务法》也有两条是关于集体合同内容的。这个时期的集体合同多被视为民事法律关系,其内容也相对比较简单,但是这却是人类历史上最早的集体合同立法,开启了调整劳资关系的法律制度。集体合同制度的产生是资本主义社会劳资斗争的成果之一，波澜壮阔的工人运动迫使雇主方面不得不正视工人作为一个最重要的社会力量的存在。为了避免更多的经济利益的损失，雇主方面必须缓解劳资矛盾，这个缓解矛盾的有效方式就是通过协商谈判的办法，一方面对劳工提出的要求作出一定程度的让步，同时，通过这个协商谈判也对劳工的行为作出某种程度的约束。正是这种斗争与妥协带来的劳资关系的相对稳定更有利于经济的发展和社会的稳定，集体谈判进而签订集体合同的制度得到了国家的认可与肯定，于是便产生了集体合同法律制度。

随着无产阶级革命运动的高涨，迫于工人运动的压力德国在1918年底颁布了《集体合同、劳工及使用人委员会和劳动争议仲裁法》。这个法律文件对集体合同制度做了比较详细的规定，此后，1921年4月又颁布了《集体合同法》，把该法纳入了德国统一劳动法之中。1919年法国制定了集体合同特别法，也纳入了劳动法典当中。芬兰在1924年也制定了《集体合同法》，瑞士在1928年也颁发了《集体合同法》。美国1935年颁发的《国家劳资关系法》中也对集体合同的内容做了专门的规定。英国是集体谈判和集体合同产生比较早的国家，但是由英国的判例法的法律体系本质所决定，其集体合同立法相对滞后于其他国家，甚至滞后于其殖民地国家。

第二次世界大战后，全世界人民尤其是发达的资本主义国家的人民对战争和社会的动荡深恶痛绝，缓和劳资矛盾众望所向。欧美国家开始积极干预劳资关系，制定了一系列的劳动法律，集体合同这种调整劳资关系的有效制度得到了广泛的认同和发展。二战后各国都在不断地制定和完善劳动法律，许多国家都对集体合同制度以法律的形式给予认可。1946年到1950年的四年间，法国就颁布了多项涉及集体合同的法律。集体合同制度在第二次世界大战以后，不发达的国家受到发达国家的影响也有一些发展。1958年非洲的加纳也制定了国家《劳资关系法》，1967年卢旺达制定了《劳工法》，1971年赞比亚制定了《劳资关系法》；阿拉伯世界国家如伊拉克在1970年制定了《共和国劳工法》，同年利比亚也制定了《利比亚劳工法》，同年阿拉伯也门共和国也制定了自己的《劳工法》等等，所有这些国家的劳工法或劳资关系法，其中都有关于集体合同的专门性规定。苏俄十月革命以后，学习和借鉴资本主义国家调整劳资关系的集体合同制度的经验，实行了按产业不同签订集体合同的做法，逐步在企业内部也开始实行集体合同制度。东欧国家照搬前苏联的经验，建国后也开始在企业内部实行集体合同制订，用集体合同制订来调整劳动关系。

集体谈判产生于18世纪末，集体合同制度形成于19世纪初中叶，现代意义的集体合同制度实际上是完善于20世纪中叶，业已成为世界各国调整用人单位和员工之间关系的最主要和最有效的手段，被各国普遍采用。

（材料来源：http://www. lawtime. cn/info/laodong/jitihetong/2009062232270. html 作者为张喜亮）

文书实例

河南省平顶山市卫东区人民法院
民事判决书

〔2009〕卫民初字第342号

原告尹某,男,1968年2月12日出生。

委托代理人李三,河南甲律师事务所律师。

被告平顶山A煤业股份有限公司一矿,住所地本市卫东区下牛村。

法定代表人李某,矿长。

委托代理人褚某,男,1971年1月28日出生。

委托代理人梅某,河南乙律师事务所律师。

第三人唐河县B劳务服务有限公司,住所地唐河县城关人民路南段。

法定代理人张某,经理。

第三人唐河县C劳务服务有限公司,住所地唐河县城关文峰路中段。

法定代理人张三,经理。

第三人禹州市D劳务输出有限责任公司,住所地禹州市张得乡寨外村。

法定代表人常某,经理。

委托代理人王某,男,1958年8月5日出生。

原告尹某诉被告平顶山A煤业股份有限公司一矿(以下简称A煤一矿)劳动争议纠纷一案,本院受理后,依法组成合议庭,公开开庭进行了审理。原告及其委托代理人李三,被告A煤一矿的委托代理人褚某、梅某,第三人唐河县B劳务服务有限公司(以下简称B劳务公司)、第三人唐河县C劳务服务有限公司(以下简称C劳务公司)、第三人禹州市D劳务输出有限责任公司(以下简称D劳务公司)的委托代理人王某到庭参加了诉讼。本案现已审理终结。

原告诉称,2000年9月1日至今,我先后在被告单位下属复掘队、开拓二队工作,工种为掘进工,双方一直未签订书面劳动合同。在一矿工作期间,我与签有书面劳动合同的人员在各方面待遇都是一样的,同工同酬,同样享受各项劳动保护待遇和福利待遇,每年过节和矿上正式人员一样领取矿上发放的福利,已与一矿形成了事实劳动关系。2008年12月2日,一矿突然通知不让上班了,侵犯了我的合法权益。请求判令:1.依法确认我与被告存在劳动关系,依法签订书面劳动合同;2.请求法院依法判令被告向我支付2008年2月至11月共10个月的二倍工资,共计46 730元;3.本案诉讼费用由被告承担。

被告A煤一矿辩称,原告诉我单位属主体错误。原告与我单位既没有签订劳动合同也无事实劳动关系,原告之所以能在我单位务工,是劳务公司通过劳务派遣的形式,把原告派遣到我单位工作,劳务公司才是原告的用人单位,我单位仅仅是用工单位,与原告形不成事实上的劳动关系。2007年11月30日劳务公司与我单位签订了《劳务派遣合同》并出具了委托书,约定2007年12月1日至2009年11月30日期间,劳务公司将其务工人员派遣到一矿,委托我单位对被派遣人员进行管理,我单位依据双方劳务派遣协议和委托书,对原告进行全方位管理,其中包括:代为岗前培训、安全生产技术培训、代为考勤、代为支付工资、代为办理工伤保险事宜等。因此劳务派遣公司才是《劳动合同法》中所说的用人单位。我单位是依据《劳动合同法》和劳务派遣公司的协议及委托书给予原告应当享有的待遇,原告在我单位工作,和我单位的固定工一样享受各项劳保待遇,是我单位按照法律规定参照用工单位所在地的标准执行的。所以,在这种委托关系中,我单位受委托支付工资和待遇的行为在法律上是一种委托关系,这种委托关系是不能形成事实劳动关系的,委托关系和劳动关系是两个法律关系。2007 年 12 月 1 日,原告就与劳务公司签订了《农民工劳动合同书》,期限二年,即从 2007 年 12 月 1 日至 2009 年 11 月 30 日,该合同还经平顶山市劳动和社会保障局鉴证,合同上有原告和劳务公司的印鉴,其从形式到内容都是完整、合法、有效的,而且至今仍在履行中。所以原告起诉我单位属主体错误。原告在与劳务公司存在有劳动关系的同时,又说和我单位有事实劳动关系,就等于是一个劳动者同时与两个用人单位存有劳动关系,这是法律所不允许的。原告应当向劳务公司主张自己的权利,与我单位无关。综上所述,我单位与原告既然没有签订劳动合同,也不存在事实劳动关系,更不是用人单位。请求依法驳回原告的诉讼请求。

第三人述称,因本案属劳动争议案件,应该先进行劳动仲裁,我们劳务公司是在进入诉讼程序后追加到本案诉讼中,从程序上讲不符合法律规定,根据原告的诉求及事实理由提出三点答辩意见。1. 本案应先申请劳动仲裁,劳务公司作为仲裁案件的一方当事人之后才能参加诉讼,因此我公司应先仲裁。2. 劳务公司与原告已经签订有劳动合同,并且合同在履行当中,履行期限没有届满,双方的劳动关系事实存在,不存在劳务公司之间与原告之间签订无固定期限的劳务合同。同时,原告要求支付双倍工资在合同履行期间不存在支付双倍工资问题,并且劳务公司也没有与原告签订解除劳动协议书,原告的两项诉求不能成立。3. 根据目前案件的情况,我公司认为如果原告和 A 煤一矿现在双方要签订劳动合同或无固定期的劳动合同都损害了我公司的利益,也违反了法律规定。如果双方签订合同,我们保留对原告和 A 煤一矿提起诉讼的权利。

经审理查明,2007 年 11 月原告与禹州市 D 劳务服务有限责任公司签订了为期二年的农民工劳动合同,合同期间自 2007 年 12 月 1 日至 2009 年 11 月 30 日,该合同经劳动部门鉴证且为原告本人所签。2007 年 11 月 30 日,禹州市 D 劳务服务有限责任公司与被告 A 煤一矿又签订了《劳务派遣合同书》一份及授权委托书一份,约定由禹州市 D 劳务服务有限责任公司将原告派遣至被告 A 煤一矿处工作,由被告统一代为管理,具体管理内容包括:务工人员的岗前培训,劳动安全生产教育,安全技术培训和复训,技术指导,办理发放安全资格、上岗证等;代为考勤、工资的计算、支付及发放(现金或转账);工伤保险事宜;先进评比;工会事务办理,会员证发放,会费代收,组织工会活动等;煤炭行业职业技能培训及鉴定工作,规章制度规定及口头约定其他有关事宜。被告也依委托对原告进行管理,为原告发放有工会会员证、矿灯领换证等。原告称其于 2000 年 9 月参加工作。2008 年 12 月 2 日,劳务公司委托被告通知原告回劳务公司,被告即将原告退回劳务公司,劳务公司将其派遣至其他单位。但原告不同意,认为其属一矿职工,双方产生纠纷。原告向平顶山市劳动争议仲裁委员会申请劳动仲裁,要求与被告签订无固定期限劳动合同,并支付双倍工资。平顶山市劳动仲裁委员会经审理后于 2009 年 2 月 13 日作出平劳仲案字〔2008〕第 180 号仲裁裁决书,驳回了原告的申诉申请。原告不服向法院起诉,庭审中本院依法追加唐河县 B 劳务服务有限公司、唐河县 C 劳务服务有限公司和禹州市D劳务输出有限责任公司作为第三人参加诉讼。

本院所确认的上述事实，有原告会员证、河南煤矿安全监察局安全工作资格证书、矿灯牌领换证、平顶山一矿收款标签、工商银行个人结算户清单，劳务公司与被告签订的劳动合同、A煤一矿与劳务公司签订劳务合同及委托书、劳务公司企业法人营业执照及许可证、劳务公司招工表、A煤一矿与劳务公司结算发票、证人证言及庭审笔录等证据材料在案为凭，这些证据材料已经开庭质证及本院审查，可以采信。

本院认为，根据《劳动法》第十六条及《劳动合同法》第十条之规定，建立劳动关系的双方应当订立书面劳动合同，原告与禹州市D劳务服务有限责任公司签订劳动合同后，D劳动服务有限责任公司又依据其与被告A煤一矿所签订的《劳务派遣合同》，将原告派遣到被告单位工作，被告单位按照劳务公司出具的委托书对原告进行劳动管理，故不能认定原告与被告单位之间形成劳动关系，原告所诉缺乏证据证明，本院不予支持。根据《中华人民共和国民事诉讼法》第六十四条、《劳动合同法》第十条、第十四条规定，判决如下：

驳回原告尹某的诉讼请求。

案件受理费10元，由原告尹某负担。

如不服本判决，可在判决书送达之日起十五日内，向本院递交上诉状，并按对方当事人的人数提出副本，上诉于河南省平顶山市中级人民法院。

审判长　　徐　奕
审判员　　刘宏民
审判员　　李　兵
二○○九年八月二十四日
书记员　　尹丽珍

（材料来源：中国法院网）

第七章　工资工时法律制度

案例回放

2006 年 5 月，毛女士被某管理咨询(上海)有限公司聘用，任公司经理一职，双方签订了为期 2 年的“聘用函”和“经理聘用协议”，期限至 2008 年 5 月 14 日止，约定毛女士年薪为 32.5 万元，分 13 次支付(其中包括年底双薪)。2007 年 3 月前，毛女士月薪为税前 2.5 万元。2007 年 4 月起，月薪调整为税前 28 750 元。2008 年 4 月 23 日，毛女士收到公司决定合同期满不再续签的书面通知和费用结算明细。对此，毛女士不予同意。5 月 6 日，公司再次向毛女士发出合同期满不再续签的书面通知，并重新出具解约后的费用结算单。5 月 12 日，毛女士与公司办理了离职交接手续，并实际工作到该日。

2008 年 7 月 9 日，毛女士向市劳动仲裁委申请仲裁，要求公司支付经济补偿金和加班工资，被该仲裁委以超过仲裁申请时效而不予受理。同月下旬，毛女士又向法院起诉称，在 2008 年 4 月 23 日，公司无故要求自己终止进行的项目，并出具不再续签的通知，自己多次与公司交涉但无结果。2008 年 5 月 12 日，公司强行要求自己立即办理工作移交手续，无奈自己只得离开公司。毛女士认为，与公司签署的聘用协议于 2008 年 5 月 14 日到期，而公司则在 5 月 12 日就解除了自己的劳动关系，违反了法律规定。要求公司支付提前解除劳动合同的经济补偿金 74 852 元，支付加倍加班工资 48 516 元。

法庭上，公司辩称在 4 月 23 日书面通知毛女士合同到期不再续签。4 月 24 日至 5 月 14 日的工资以代通金的形式支付，毛女士表示不同意。5 月 6 日，公司再次通知毛女士，工资将结算到 5 月 14 日，并给予毛女士终止合同的经济补偿，5 月 12 日双方办理了交接离职手续。声称在公司内部实行的是不定时工作制，毛女士不存在加班的情况。

法院认为，从公司向毛女士发出的“聘用期满不再续签的通知”看，公司决定在聘用期满即 2008 年 5 月 14 日，终止与毛女士的劳动关系意思是明确的。毛女士依据公司 4 月 23 日出具的费用明细，以及 5 月 12 日进行工作交接的事实，证明公司提前解除与自己的劳动合同理由不能成立，法院认定双方属期满终止聘用合同。虽然公司在第一次结算毛女士离职工资、经济补偿等项目存有瑕疵，但公司在毛女士对结算明细提出异议后，依据现有规定重新作了结算，并及时向毛女士支付了相应工资和经济补偿款。从公司经营范围和毛女士担任的职位看，毛女士属被批准实行不定时工时制。涉及毛女士主张加倍加班工资请求，法院还认为通常员工加班应由单位事先作出安排，在特殊情况下员工加班也应由单位事后予以确认。现毛女士仅凭自行做的工作记录，证明自己存在加班事实，法院不予采信，遂作出了一审判决：除公司计算有误再补偿毛女士 8 676 元差额外，对毛女士主张加班工资 4.8 万余元之诉则不予支持。

(材料来源：中国法院网)

理论要点

第一节　工资法律制度

一、工资的概念与特征

（一）工资的概念

工资是指劳动关系中，劳动者因履行劳动给付义务而获得的，由用人单位以法定方式支付的各种形式的物质补偿，在劳动法中，称为劳动报酬。狭义的工资，仅指职工劳动报酬中的基本工资。

工资一般包括计时工资、计件工资、奖金、津贴和补贴、延长工作时间的工资报酬以及特殊情况下支付的工资等。工资是劳动者劳动收入的主要组成部分。

劳动者的以下劳动收入不属于工资范围：

（1）单位支付给劳动者个人的社会保险福利费用，如丧葬抚恤救济费、生活困难补助费、计划生育补贴等；

（2）劳动保护方面的费用，如用人单位支付给劳动者的工作服、解毒剂、清凉饮料费用等；

（3）按规定未列入工资总额的各种劳动报酬及其他劳动收入，如根据国家规定发放的创造发明奖、国家星火奖、自然科学奖、科学技术进步奖、合理化建议和技术改进奖、中华技能大奖等，以及稿费、讲课费、翻译费等。

（二）工资的特征

工资同劳动者的其他劳动报酬或劳动收入一样，都是国民收入中根据劳动者的劳动数量和质量，分配给劳动者个人的消费品。较其他劳动报酬或劳动收入（如农民劳动报酬、个体劳动收入、劳务报酬等）相比工资具有下述特征。

（1）工资必须是基于一定的劳动法律关系所取得的劳动报酬。即只有在劳动者与用人单位之间的劳动关系存续期间，才存在工资支付问题。

（2）工资是用人单位对劳动者履行的劳动给付义务的物质补偿。所谓履行劳动给付义务，一般是指劳动者按照劳动法规、集体合同和劳动合同的要求，从事用人单位所安排的劳动；在法定特殊场合，劳动者即使未实际进行劳动给付，也视为已履行劳动给付义务（见工作时间制度）。

（3）工资量的确定，必须以劳动法规、劳动政策、集体合同和劳动合同的规定为依据，即必须符合法定和约定的工资标准。

（4）工资必须以法定方式支付，即一般只能用法定货币支付，并且是持续的、定期的支付。

二、工资法律调整的原则

（一）按劳分配的原则

《劳动法》第四十六条第一款规定：“工资分配应当遵循按劳分配原则，实行同工同酬。”按劳分配要求以劳动为尺度，按照劳动者的劳动数量和质量分配个人消费品，多劳多得，少劳少得,反对平均主义。同时,所有职工不分性别、年龄、种族等,一律按其等量劳动获得等量报酬。

(二)在经济发展的基础上,逐步提高工资水平的原则

《劳动法》第四十六条规定:"工资水平在经济发展的基础上逐步提高。"一方面要求劳动生产率提高的速度必须超工资增长的速度,另外一方面要求工资增长速度必须与劳动生产率提高的速度相适应。工资水平及增长幅度只有在一定经济水平提高的前提下实施。

(三)宏观调控原则

宏观调控原则是指对工资总额和工资分配中的不合理因素或现象实行国家干预的法律调控原则。《劳动法》第四十六条规定:"国家对工资总量实行宏观调控。"工资总量是指一定时期内国民生产总值用于工资分配的总数量。

(四)用人单位自主分配与劳动者协商原则

用人单位自主分配原则,用人单位有权根据本单位的生产经营特点和经济效益,依法自主确定本单位的工资分配方式和工资水平。在国家宏观调控的前提下,工资分配方式由企业经营方式决定,工资水平由劳动力市场的供求关系来确定,用人单位与劳动者可以就工资报酬进行协商。这是工资制度的一项重大改革。

三、工资构成

(一)基本工资

基本工资即劳动者所得工资额的基本组成部分,它由用人单位按照规定的工资标准支付,较之工资额的其他组成部分具有相对稳定性。例如,工资总额组成中的计时工资、计件工资就是基本工资。再具体些说,实行结构工资制的单位支付给职工的基础工资和职务(岗位)工资均属基本工资。

(二)辅助工资

劳动者的辅助工资是指基本工资以外的各种工资。例如,奖金、津贴和补贴、加班加点工资、附加工资、保留工资等等。

四、工资形式

工资形式是指计量劳动和支付工资的形式。我国现行的工资形式主要有计时工资、计件工资两种基本形式和奖金、津贴两种辅助形式。

(一)计时工资

计时工资是按照单位时间工资率(即计时工资标准)和工作时间支付劳动者个人工资的一种形式。计时工资可以分为月工资制、日工资制和小时工资制三种。其优点是操作简单易行,适用面广,任何用人单位和工种均可适用。缺点是只以劳动时间作为计算工资报酬的依据,工资报酬没有与劳动的数量和质量相挂钩。

(二)计件工资

计件工资是指按照劳动者完成的合格产品的数量和预先规定的计件单位计算工资的形式。它是用一定时间内的劳动成果来计算的工资,即用间接劳动时间来计算,因此它是计时工资的转化形式。计件工是能够使劳动成果与劳动报酬直接联系起来,更好地体现了按劳分配的原则。

(三)年薪制

年薪制是一种国际上较为通用的支付企业经营者薪金的方式,它是以年度为考核周期,把经营者的工资收入与企业经营业绩挂钩的一种工资分配方式，通常包括基本收入和效益收入两部分。

【案例7-1】

提成款是否属于工资？

周某于2000年4月到一家公司工作，双方未签订劳动合同，口头约定工资每月400元，工作期间，工资按月发放。2005年5月，周某提出辞职，该公司经研究同意其离职，双方就业绩工资提成一事签订了一份“承诺”，主要内容：①周某提成款六项共计39 937元；②公司在收到合同款后半年内结算完周某提成，按前两个月25%、中间两个月35%、最后两个月40%的比例支付。该公司在支付周某13 678元提成款后，一直未支付剩余提成款，其主要理由是未收到合同款。双方因此产生争议。后周某提出仲裁申请，要求裁决该公司支付提成款。

评析：工资是指用人单位依据国家有关规定或劳动合同的规定，以货币形式直接支付给本单位劳动者的劳动报酬。按照工资的确定方式，工资可分为计时工资、计件工资、奖励工资、津贴工资等。

《关于工资总额组成的规定》第四条规定，工资总额由下列六个部分组成：①计时工资；②计件工资；③奖金；④津贴和补贴；⑤加班加点工资；⑥特殊情况下支付的工资。⑥规定，计件工资是指对已做工作按计件单价支付的劳动报酬，包括：①实行超额累进计件、直接无限计件、限额计件、超定额计件等工资制，按劳动部门或主管部门批准的定额和计件单价支付给个人的工资；②按工作任务包干方法支付给个人的工资；③按营业额提成或利润提成办法支付给个人的工资。

由此可以看出，提成款即提成工资，是计件工资制的主要方式之一，它是职工集体或个人的工资收入按照一定比例从营业收入、销售收入或利润中提取的。这种计件工资形式主要适用于劳动成果难以用事先制定劳动定额的方式计算、不易确定计件单价的工作。如服务性工作、文艺演出等等。

此外，还有一些销售企业也往往对企业的业务员采取基本工资加提成的工资分配方式。提成款是企业鼓励业务员付出更多劳动的奖励办法，是用人单位应支付劳动者基本工资的重要补充。基本工资是固定的，而奖励工资则因人而异。提成款是业务员在完成一定的推销业务的基础上对其超额部分的奖励，属业务员所享有基本工资以外所应得的劳动报酬。

（材料来源：浙江工人日报，转摘自广州吴铁伟律师博客）

五、最低工资制度

（一）概念

最低工资是指劳动者在法定工作时间或依法签订的劳动合同约定的工作时间内提供了正常劳动的前提下，用人单位依法应当支付的最低劳动报酬。

最低工资具有以下三个要点。第一，劳动者在单位时间里提供了正常劳动，这是取得最低工资的前提。第二，最低工资标准是由政府直接确定的，而不是劳动关系双方自愿协商的。省、自治区、直辖市范围内的不同行政区域可以有不同的最低工资标准。第三，只要劳动者提供了单位时间的正常劳动，用人单位支付的劳动报酬不得低于政府规定的标准。

(二)最低工资的确定及发布程序

确定最低工资的因素通常要考虑维持劳动者本人最低生活的费用、劳动者平均赡养人口的最低生活费用及劳动者为了满足一般社会劳动要求而不断提高自身素质和专业水平、劳动技能所支出的必要费用。

在我国,由省、自治区、直辖市人民政府劳动保障行政部门会同同级工会、企业联合会、企业家协会拟订最低工资标准的确定方案。省、自治区、直辖市人民政府劳动保障行政部门将确定最低工资标准的方案报送劳动和社会保障部。劳动和社会保障部在收到拟订方案后,应征求全国总工会、中国企业联合会、企业家协会的意见。劳动和社会保障部对方案可以提出修订意见,若在方案收到后14日内未提出修订意见的,视为同意。在得到劳动和社会保障部同意后,省、自治区、直辖市劳动保障行政部门应将本地区最低工资标准方案报省、自治区、直辖市人民政府批准。批准后7日内在当地政府公报上和至少一种全地区性报纸上发布。

省、自治区、直辖市劳动保障行政部门应在发布后10日内将最低工资标准报劳动和社会保障部。用人单位应在最低工资发布后10日内将该标准向本单位全体劳动者公示。

(三)最低工资的适用范围

最低工资的适用范围,包括最低工资适用的劳动者范围、期限范围和劳动种类范围。

1. 最低工资标准适用的劳动者范围

《劳动法》第二条中明确规定了劳动法的适用范围,即适用于中华人民共和国境内所有企业和个体经济组织。其他几类劳动者,如国家机关工作人员、事业单位职工、农民、军人,都不适用《劳动法》。最低工资的适用范围应当与劳动法的适用范围相同。

2. 最低工资标准的时间适用范围

最低工资标准的时间适用范围,是指劳动者在哪些时间内从事劳动,才能享受最低工资制度保障的情况。根据《最低工资规定》,劳动者享受最低工资制度保障的时间范围,应当是在法定工作时间或依法签订的劳动合同约定的工作时间内。因此,最低工资不应包括加班工资。

3. 最低工资标准劳动种类的适用范围

最低工资的劳动种类适用范围,是指劳动者在法定劳动时间内,提供哪些种类的劳动有权享受最低工资保障。根据世界各国通行惯例和我国《企业最低工资规定》,劳动者只有在法定劳动时间内提供了正常劳动的,才有权享受最低工资保障。同时,《企业最低工资规定》第二十一条规定:"劳动者因探亲、结婚、直系亲属死亡按照规定休假期间,以及依法参加国家和社会活动,视为提供了正常劳动。"根据这一规定,可以看出:凡是劳动者在国家规定的带薪休假期间内的休假,都应视为提供了正常劳动,并适用最低工资保障规定。

(四)最低工资的计算与支付

最低工资标准一经确定公布,在适用区域和范围内,用人单位必须按照不低于最低工资率的标准,以货币形式向劳动者支付工资。但最低工资不应包括下列各项费用或收入。

(1)加班加点工资。加班加点工资,属于劳动者在法定工作时间之外提供超额劳动的报酬,因此,不能将这部分收入计算在劳动者的最低工资组成部分之内。

(2)中班、夜班、高温、低温、井下、有毒有害等特殊工作环境、条件下的津贴。这部分费用,是对劳动者在特殊条件下的额外的劳动消耗给予的补偿或鼓励,因此,不能计算在最低工资之内。

(3)国家法律、法规规定的劳动保险、福利待遇。保险和福利待遇,不属于工资的性质和范畴,当然也不应作为最低工资的组成部分。

【案例7-2】

2004年9月原告到被告某中学工作,双方未签订劳动合同。原告从事被告安排的食堂管理和男生公寓管理工作,月工资300元,2008年1月起调整到420元。原告在被告单位工作期间,被告没有为其办理医疗、养老保险。后原告多次要求补齐工资、签订劳动合同、支付医疗和养老保险、办理工伤保险未果,于2008年5月20日申请仲裁,市劳动争议仲裁委员会决定不予受理,原告不服,向市法院提起诉讼。

另查,2004年10月至2006年9月,该市最低月工资标准为320元,2006年10月至2007年9月,最低月工资标准为390元,2007年10月至2007年12月,最低月工资标准为420元。

法院审理认为,原告虽未与被告某中学签订劳动合同,但存在事实劳动关系。被告支付原告工资低于当地最低工资标准,应当补发差额1 920元。被告未按《劳动合同法》有关规定与原告订立劳动合同,应当支付原告2008年1月—5月期间双倍工资,除去已领取的工资,还应付给原告2 100元。原告到被告处工作后,养老金应由单位缴纳的部分,被告没有缴纳,应当承担缴纳责任。但应由单位缴纳的部分,原告已经自行缴纳,被告应将该部分付给原告。综上,法院对原告要求被告补发差额工资、双倍工资和缴纳养老金合理部分的诉讼请求予以支持。

(材料来源:中国法院网)

六、工资与支付保障

(一)工资支付的原则

工资应当以法定货币形式按时足额支付给劳动者本人,不得以实物及有价证券替代货币支付。用人单位必须书面记录支付劳动者工资的数额、时间、领取者的姓名以及签字,并保存两年以上备查。用人单位在支付工资时应向劳动者提供一份其个人的工资清单。用人单位不得无故拖欠劳动者的工资。

(二)特殊情况下的工资支付

特殊情况下的工资,是指依照法律、法规规定或劳动合同约定在特殊时间内或者特殊工作情况下支付给劳动者的工资。我国现行的特殊情况下的工资,主要有加班加点工资(详见本章第二节加班加点制度)、休假期间的工资(详见本章第二节休息休假制度)、停工、停产期间的工资、履行国家或社会义务期间的工资和学习和培训期间工资。

1. 停工、停产期间的工资

根据《工资支付暂行规定》和国务院《关于工业、基本建设、交通运输工人、职员停工津贴的暂行规定》,非因劳动者的原因造成单位停工、停产在一个工资支付周期内的,用人单位应按劳动合同规定的标准付给劳动者工资。超过一个工资支付周期的,若劳动者提供了正常劳动,则付给劳动者的劳动报酬,不得低于当地的最低工资标准;若劳动者没有提供正常劳动,应按下述规定支付工资或待遇。

(1)职工因本人过失造成停工,不发给过失者津贴;非因本人过失造成的停工,一般按本人计时标准工资的75%发给停工津贴。按此标准确有困难的企业,可由省级人民政府根据不同情况，拟定较低的津贴标准。

(2)试用新机器、新工具、试行先进经验及合理化建议期间，非因本人过失造成的停工，停工津贴按照本人标准工资的100%发给。

(3)在一个企业内连续工作满6天以上的临时工，可按上述情况发给停工津贴。

(4)学徒工在停工期间的生活补贴照发，但若高于本企业一级工的停工津贴时，按一级工停工津贴发给。

(5)停工期间，职工享受的地区津贴、野外津贴、生活津贴，按照依法确定的停工津贴的比例发放。

2. 履行国家或社会义务期间的工资

根据《劳动法》和原劳动部《工资支付暂行规定》，劳动者在工作时间内，履行下列国家或社会义务时，由用人单位照发工资：

(1)依法行使选举权或被选举权；

(2)当选代表出席乡(镇)、区以上政府、党派、工会、青年团、妇女联合会等组织召开的会议；

(3)出任人民法庭证明人；

(4)出席劳动模范、先进工作者大会；

(5)《工会法》规定的不脱产工会基层委员会委员因工会活动占用的生产或工作时间；

(6)其他依法参加的社会活动。

3. 学习和培训期间工资

经过用人单位推荐或批准，劳动者临时脱产或半脱产到有关学校参加学习期间，工资照发；经本单位同意脱产参加函授学习的，在规定的脱产面授学习期间，工资照发；经本单位同意脱产参加成人教育学习的，学习期间工资照发。

(三)严禁非法扣除职工工资

劳动者的工资，应当以货币形式按月支付给劳动者本人。劳动者本人因故不能领取工资时，可由其亲属或者他委托的人代领。任何单位，凡不具有法律规定的扣发劳动者工资情形的，均无权扣除劳动者的工资。非法扣除劳动者工资的，劳动者可以向劳动行政部门提出申诉，由劳动行政部门责令用人单位按规定支付工资和给予经济补偿，并责令其支付赔偿金；也可以依法向劳动争议仲裁机关申请仲裁。

所谓法律规定的允许扣除劳动者工资的情形，具体包括以下几方面内容。

(1)根据《工资支付暂行规定》的规定，用人单位代扣代缴的个人所得税，以及应由劳动者个人负担的各项社会保险费用。

(2)根据《工资支付暂行规定》第十六条的规定，因劳动者本人原因给用人单位造成经济损失的，用人单位可按法律规定或劳动合同的约定，要求其赔偿经济损失。赔偿的数额，由企业根据具体情况确定，从劳动者本人的工资中扣除。但每月扣除的部分不得超过劳动者当月工资的20%。若扣除后的剩余工资部分低于当地月最低工资标准，则按最低工资标准支付。

(3)依据人民法院已经生效的判决、裁定或其他法律文件，以及仲裁机关已经生效的仲裁文件，从应负法律责任的劳动者工资中扣除其应当承担的扶养费、赡养费、损害赔偿金或者其他款项。但每月扣除时，应保证该劳动者的基本生活需要。

(4)根据劳动监察法规规定,由于企业行政领导人员违反劳动保护法规,给国家或劳动者造成损失时,劳动监察机关或监察人员有权根据其所犯错误的性质和情节,对责任者本人处以不超过本月标准工资的20%的罚款,并从其工资中扣除。

(5)法律、法规规定可以从劳动者工资中扣除的其他费用。

【案例7-3】

张先生是某电子公司员工,公司规定进入车间必须穿工作服,有一天他因为疏忽忘记穿工作服就进入车间,公司对其罚款50元。

评析:国务院1982年发布施行的《企业职工奖惩条例》第十二条规定:"对职工的行政处分分为:警告,记过,记大过,降级,撤职,留用察看,开除。在给予上述行政处分的同时,可以给予一次性罚款。"这是我国劳动法律中对全民所有制企业和城镇集体所有制企业职工罚款的直接法律渊源。但是,根据国务院2008年公布的《国务院关于废止部分行政法规的决定》,该《企业职工奖惩条例》已被1994年公布的《劳动法》和2007年公布的《劳动合同法》代替。另外,根据《行政处罚法》的规定,罚款属于行政处罚的种类之一,只能由行使国家行政权力的行政管理机关或者法律授权行使行政权力的机构行使。用人单位不符合该主体资格,无权对职工罚款。

(材料来源:http://www2.chinahrd.net/zhi_sk/jt_page.asp? articleID=206473)

【案例7-4】

李先生在广州市番禺区某造纸厂上班,月工资1 500元。根据该厂规章制度,员工严禁在厂区抽烟。一次,李先生在厂区抽烟造成工厂经济损失1 000元。工厂直接从李先生当月工资中扣除1 000元。

评析:李先生违反规定在厂区抽烟造成工厂经济损失,根据劳动部1994年发布的《工资支付暂行规定》规定,工厂有权以扣发工资的方式要求李先生赔偿经济损失。但是,一次性扣发李先生1 000元工资不但超过了李先生月工资的20%,而且造成扣发后的月工资仅剩500元,低于当地最低工资标准,这是不合理的。李先生有权要求公司返还已经扣发的超过其月工资20%的部分。当然,单位可以在遵守相关规定前提下,对李先生造成的损失按规定分月扣发。

(材料来源:http://www2.chinahrd.net/zhi_sk/jt_page.asp? articleID=206473)

(四)工资支付的刑法保障

2011年2月25日第十一届全国人民代表大会常务委员会第十九次会议通过了《中华人民共和国刑法修正案(八)》,第四十一项规定在《中华人民共和国刑法》第二百七十六条后增加一条,作为第二百七十六条之一:"以转移财产、逃匿等方法逃避支付劳动者的劳动报酬或者有能力支付而不支付劳动者的劳动报酬,数额较大,经政府有关部门责令支付仍不支付的,处三年以下有期徒刑或者拘役,并处或者单处罚金;造成严重后果的,处三年以上七年以下有期徒刑,并处罚金。单位犯前款罪的,对单位判处罚金,并对其直接负责的主管人员和其他直接责任人员,依照前款的规定处罚。有前两款行为,尚未造成严重后果,在提起公诉前支付劳动者的劳动报酬,并依法承担相应赔偿责任的,可以减轻或者免除处罚。"该修正案自2011年5月1日起施行。

为依法惩治拒不支付劳动报酬犯罪,维护劳动者的合法权益,最高人民法院于2013年1

月14日通过《最高人民法院关于审理拒不支付劳动报酬刑事案件适用法律若干问题的解释》自2013年1月23日起施行。

【案例7-5】

2013年2月1日,由新疆维吾尔自治区乌鲁木齐市高新区人民法院立案受理的全疆首例拒不支付劳动报酬案,法院以拒不支付劳动报酬罪判处被告人谢某有期徒刑一年零六个月,并处罚金2万元。

2012年,被告人谢某承包了“马德里春天”、“御园世家”等四家建筑工地部分工程,并雇用民工施工。2012年9月,工程施工方已付给谢某劳动报酬60万元。结算工程款后,谢代全通过转移、逃避等方式,逃避支付张某等25名民工劳动报酬37万余元。

2012年9月8日,张某等25名民工向区劳动保障监察大队投诉谢某拖欠劳动报酬情况。9月13日,高新区人力资源和社会保障局向谢某发出限期改正指令书。谢某仍不支付,导致民工上访,影响了社会稳定。

2012年9月19日,高新区人力资源和社会保障局将此案移送公安机关立案侦查。后公安机关追回19万余元,法院审理过程中,又追回3万余元,均已发还被害人,剩余14万余元由被告人谢某继续偿付。

(材料来源:中国法院网)

【案例7-6】

2012年4月至6月间,被告人余某承包夏邑县“天龙湖运河城”工地44号楼木工工程,应得工程款161 000元。施工期间,被告人余某向发包商宗团结借款65 000元,借给工人24 000元。2012年6月初,因管理不善,工程亏损,被告人余某在未付清工人工资的情况下,携带其余的借款,将所有通信工具全部关闭后潜逃至扬州。60余名工人因领不到工资到工地爬塔吊闹事、静坐运河城大桥阻断交通,又围攻县委大门长达数十分钟。经夏邑县人力资源和社会保障局责令支付,余某仍未支付工人工资。后经夏邑县人力资源和社会保障局核算余某共拖欠工人工资225 000元,由总发包方某建筑有限公司代发181 380元,但仍有10名工人工资未付。

夏邑县人民法院经审理认为,被告人余某采取携带款项,关闭通信工具,潜逃外地的方法逃避支付劳动者的劳动报酬,数额较大,经政府有关部门责令支付仍不支付,致使工人聚集闹事,后果严重,其行为构成拒不支付劳动报酬罪。以拒不支付劳动报酬罪,对被告人余某作出一审判决:判处有期徒刑三年并处罚金人民币20 000元,于判决书生效后三十日内缴纳。

(材料来源:中国法院网)

第二节　工作时间与休息休假制度

一、工作时间的含义

工作时间又称劳动时间,是指依照法律的规定,劳动者在一昼夜或一周之内,用于完成本职工作的劳动时间。一昼夜内工作时数的总和称为工作日,一周之内工作日的总和称为工作周。

劳动者的工作时间和休息休假的立法是劳动立法历史中最早的法律规定内容。1802 年英国颁布的《学徒健康与道德法》就是以限制工作时间为主要内容的劳动立法，被公认为现代劳动立法的开端。

工作时间是劳动者履行合同义务而从事劳动或工作的时间，其长度由法律规定或由集体合同、劳动合同约定，是衡量劳动报酬的重要尺度。

【案例 7-7】

2009 年 5 月，吕某进入某服饰公司从事缝纫工作，工资按件计算，以现金形式发放。吕某在该公司工作至 2016 年 5 月 31 日，2016 年 7 月 7 日，吕某向当地劳动人事争议仲裁委员会申请仲裁，要求公司支付应休未休年休假工资。服饰公司代理人辩称年休假制度只适用于国家机关、事业单位和国有企业，服饰公司作为普通民营企业，并未制定相关年休假制度，不需要强制性安排职工年休假。

仲裁委裁令被申请人支付申请人 2015 年度以及 2016 年 1 月份至 5 月份期间未休年休假工资。

年休假适用所有用人单位的劳动者，是劳动者应享有的法定权利，具有强制性，用人单位不应剥夺，也不可选择性适用。而未休年休假工资是因用人单位未安排劳动者休年休假而给予劳动者的补偿，依据《中华人民共和国劳动争议调解仲裁法》的规定，劳动争议申请仲裁的时效期间为一年，从当事人知道或应当知道其权利被侵害之日起计算。本案中吕某要求某服饰公司支付 2015 年度之前的应休未休年休假工资，已经超过了劳动争议的申请时效，故仲裁委仅支持其 2015 年度以及 2016 年 1 月份至 5 月份期间的未休年休假工资。

用人单位可通过提前制定年度休假安排，注意听取劳动者的个人意愿，如劳动者不休假或调整休假时间的要求有合理理由的，用人单位应予以考虑。年休假安排并不需要由用人单位与劳动者协商一致，但如果用人单位不安排劳动者休假或特殊情况下需要跨年度安排劳动者休假的，则必须获得劳动者本人的同意，并注意做好相关证据的保留。

二、工作时间的分类

（一）标准工作时间

标准工作时间制度是指法律规定在一般情况下统一实行的标准长度工作时间。在我国，标准工作时间为每日工作 8 小时、每周 5 天工作 40 小时。对实行计件工作的劳动者，用人单位应按每日工作 8 小时、每周工作 40 小时的工时制度，合理的确定劳动定额和计件报酬标准。标准工作日适用于我国境内的一切机关、团体、企事业单位和其他组织的职工。标准工作时间制度是一项最基本也是最重要的工时制度，适用范围广，法律规定性强，其他一切工时制度都是对这一制度的转化和变通适用，都以其为实行基础和区分标准。

（二）缩短工作时间

缩短工作时间制度是指在特殊条件下从事劳动或有特殊情况时，法律规定在保证完成生产和工作任务的前提下适当缩短工作时间的一种工时制度。它是在特殊情况下对标准工作时间的缩短，并根据《劳动法》的有关规定并结合有关单位的实际情况实行。缩短工作时间制度适用于从事矿山井下、高山、有毒有害、特别繁重或过度紧张等作业的劳动者，从事夜班工作的劳动者,未成年工、哺乳期内的女职工。夜班工作时间一般指当日晚22时至翌日晨6时。实行“轮班制”的企业,夜班工作时间比白班少1小时,并按规定发给夜班津贴;连续生产不易缩短工作时间的,夜班工作时间可与白班相等,但要给劳动者发夜班津贴。

(三)延长工作时间

延长工作时间制度是指超过标准工作日长度的工作时间,即超过8小时的工作时间制度。延长工作日制度适用于从事受自然条件和技术条件限制的突击性或季节性工作以及完成其他紧急任务的职工。忙季工作时间可以超过标准工作时间,但每日最长不得超过11小时,闲季工作时间可以适当缩短。对延长工作日者应当给予同等时间的补休,确实无法补休的,可按照规定加发工资。

(四)综合计算工作时间

综合计算工作日,是指以一定时间为周期,集中安排工作和休息,平均工作时间与标准工作日时数相同的工作日制度。综合计算工时工作制针对因工作性质特殊,需连续作业或受季节及自然条件限制的企业的部分职工,采用以周、月、季、年为周期综合计算工作时间的工时制度,但其平均日工作时间和平均周工作时间应与法定标准工作时间基本相同。对符合以下条件的企业职工,可以实行综合计算工时工作制:①交通、铁路、邮电、水运、航空、渔业等行业中因工作性质特殊,需要连续作业的职工;②地质、石油及资源勘探、建筑、制盐、制糖、旅游等受季节和自然条件限制的行业的部分职工;③亦工亦农或由于受能源、原材料供应等条件限制难以均衡生产的乡镇企业的职工等;④其他适合实行综合计算工时工作制的职工。对于那些在市场竞争中,由于环境因素影响,生产任务不均衡的企业的部分职工也可以参照综合计算工时工作制的办法实施。

实行综合计算工时工作制的企业都应根据《中华人民共和国劳动法》和《国务院关于职工工作时间的规定》的有关条款,在保障职工身体健康并听取职工意见的基础上,采取集中工作、集中休息、轮流调休、弹性工作时间等适当的工作和休息方式,确保职工的休息休假权利和生产工作任务完成。同时,各企业主管部门应积极创造条件尽可能使企业的生产任务均衡合理。

实行综合计算工时工作制的企业,在综合计算周期内,如果劳动者的实际工作时间总数超过该周期的法定标准工作时间总数,超过部分应视为延长工作时间。如果在整个综合计算工作时间周期内的实际工作时间总数不超过该周期的法定标准工作时间总数,只是该周期内的某一具体日(或周、月、年、季)超过法定标准工作时间,其超过部分不应视为延长工作时间。实行综合计算工作日制度是从部分企业生产实际出发,允许企业实行相对集中工作、集中休息的工作制度,以保证生产的顺利进行和劳动者的合法权益。但是,在审批综合计算工时工作制过程中应要求企业做到以下两点:一是企业实行综合计算工时工作制以及在实行过程中采取何种工作方式,必须与工会和劳动者协商;二是对于第三级以上体力劳动强度的工作岗位,劳动者每日连续工作时间不得超过11小时,而且每周至少休息一天。

(五)不定时工作时间

不定时工作制是针对因生产特点、工作特殊需要或职责范围的关系,无法按标准工作时间衡量或需要机动作业的职工所采用的一种工作制度。这种工作制度适用于工作性质和职责范围不受工作时间限制的职工。对此类职工法律没有规定单位时间内固定的工作时数,而对其采取相对灵活的工作时间,但要求其周平均工作时间不得超过 40 小时。企业对符合下列条件的职工,可以实行不定时工作制:①企业中的高级管理人员、外勤人员、推销人员、部分值班人员、其他因工作无法按标准工作时间衡量的职工;②企业中的长途运输人员、出租汽车司机和铁路、港口、仓库的部分装卸人员以及因工作性质特殊需机动作业的职工;③其他因生产特点、工作特殊需要或职责范围的关系,适合实行不定时工作制的职工。

对于实行不定时工作制的劳动者,企业应当根据标准工作时间制度合理确定劳动者的劳动定额或其他考核标准,以便安排劳动者休息。其工资由企业按照本单位的工资制度和工资分配办法,根据劳动者的实际工作时间和完成劳动定额情况计发。对于符合带薪年休假的劳动者,企业可以安排其享受带薪年休假。

(六)弹性工作时间

弹性工作日制度是指在工作周时数不便确定的前提下,在标准工作日的基础上按照事先规定的工作办法,由职工个人自主安排工作时间长度的工时制度。对于实行弹性劳动时间制的职工,在一定单位期间内,在不超过法定劳动时间的前提下,即使特定日或特定周的所定劳动时间超过一日或一周所定劳动时间,也视其劳动时间为合法工作时间。这一制度承认了针对单位期间的变形法定劳动时间的合理性,因而在此意义上也称为变形劳动时间。在我国,弹性工时制度是标准工时制度的转换形式,每周工作时数不变,保证每天核心工作时数不缺勤,由职工个人安排上下班时间。弹性工时制度将原则性与灵活性相结合,既可以保证必要的劳动时间创造社会财富,又可以给职工一定的自由空间。同时,可以减少迟到、误工、病假,有利于提高工作效率,又有利于职工休息、学习、料理家务、教育子女和参加社会活动。

三、休息休假制度

(一)工间休息

单位工作时间内的间歇时间又称工间休息,是指单位工作时间内劳动者所享有的用以解除工作紧张状态的休息时间和满足自然生理需要的时间。一般是指工作过程中的短暂休息时间、午间休息、用膳以及如厕等时间。在我国,企事业单位要保证劳动者的工间休息,午休和用膳时间一般为 1 至 2 小时,特殊情况下不得少于半小时。工作不能中断的单位和企业,应保证职工在工作时间内有用膳和短暂休息时间。企事业单位应为职工提供休息的场所。工间操时间应算作职工的工作时间,但通常不得超过 20 分钟。

(二)两个工作日之间的休息

单位工作时间之间的间歇时间是指两个邻近工作日之间的休息时间,即一个工作日结束到下一个工作日开始前的一段时间,一般不少于 16 小时。这段时间职工可以自由支配,即可以用来学习提高自身素质和进行自我设计,也可以进行休闲娱乐丰富个人物质文化生活,但主要用来进行体力的恢复以保持健康并迎接以后的工作。实行“轮班制”的企事业单位,应合理安排工作时间以保证职工足够的休息时间。

(三)周休息时间

周休息时间又称公休假日,是指职工在完成整个工作周以后所享有的连续休息时间。在我国,法律保证职工在工作满一周以后享有一定的连续休息时间。公休假日一般安排在星期六和星期天。由于生产和社会生活需要,不能在星期六和星期天安排休息,可以安排职工在一周内轮流休息。自 1995 年起,国家机关、事业单位、社会团体实行标准工作时间制度,星期六和星期天为周休息日。条件不具备的企业和尚不能实行标准工作时间的事业单位,可以根据实际情况灵活安排周休息日。因公出差人员的公休假日,应在出差地点享用;因工作需要不能享用者,可以补休。

(四)法定节日

法定节日是指法律规定全体或部分公民所享有的用以开展庆祝纪念活动或参与政治活动以及用以娱乐休闲等的一段时间。法定节日包括全民节日和部分公民的节日;从来源上说,包括政治性节日、传统习惯性节日、职业性节日等。我国《劳动法》规定,用人单位在下列节日期间应当安排劳动者休息:元旦、春节、国际劳动节、中华人民共和国国庆节;法律、法规规定的其他节日。这是《劳动法》对适用于全体公民的节假日所做的原则性规定,具体实施则需要国务院制定详尽的实施细则。为统一全国年节及纪念日的假期,国务院于 1949 年 12 月 23 日制定发布《全国年节及纪念日放假办法》,经过 1999 年 9 月 18 日修订发布。2007 年 12 月 7 日国务院再次修订,自 2008 年 1 月 1 日起施行。新办法将我国的传统节日清明节、端午节和中秋节列入了全民节日。

(五)年休假

年休假是指工作满一定年限的劳动者每年享有保留本职工作并领取工资的连续休息时间。带薪休假制度产生于第一次世界大战以后,当今已为世界各国法律所普遍采纳。在我国,国家保障职工带薪休假的权利。我国《劳动法》第四十五条规定,国家实行带薪年休假制度。劳动者连续工作 1 年以上者,享受带薪年休假。具体办法由国务院规定。年休假时间可因各种年限长短而有所不同。用人单位根据职工本人申请,统筹安排休假时间,以保证职工年休假权利的实现。

国务院于 2007 年 12 月 7 日举行的第一百九十八次常务会议通过了《职工带薪年休假条例》,该条例已经从 2008 年 1 月 1 日起施行。该条例规定,机关、团体、企业、事业单位、民办非企业单位、有雇工的个体工商户等单位的职工连续工作 1 年以上的,享受带薪年休假。单位应当保证职工享受年休假。职工在年休假期间享受与正常工作期间相同的工资收入。

(六)探亲假

探亲假是指职工享有保留本职工作并领取工资与分居两地的父母或配偶团聚的假期。为了解决职工与亲属长期分居两地的探亲问题,国务院于 1981 年 3 月制定并颁布《关于职工探亲待遇的规定》,对相关问题进行了解答。但该规定今日已经很少适用。

(七)婚丧假

根据劳动部 1959 年 6 月 1 日发布的《对企业单位工人职员在加班加点、事假、病假和停工期间工资待遇的意见》中对于工人职员请婚丧假的有关规定和 1980 年 2 月国家劳动总局、财政部发布的《关于国营企业职工请婚丧假和路程假问题的通知》的规定,企业单位的职工请婚丧假在 3 个工作日以内的,工资照发;职工本人结婚或职工的直系亲属(父母、配偶和子女)死亡时,可以根据具体情况,由本单位行政领导批准,酌情给予 1 天至 3 天的婚丧假;职工结婚时双方不在一地工作的,职工在外地的直系亲属死亡时需要职工本人去外地料理丧事的,都可以根据路程远近,另给予路程假;在批准的婚丧假和路程假期间,职工的工资照发,途中的车船费等,全部由职工自理。

四、加班加点

(一)概念

加班是指劳动者按照用人单位的要求在法定节日或公休假日内从事生产或工作，通常以工作日计算。加点是指劳动者按照用人单位的要求在工作日以外继续从事生产或工作。加点实际上是延长工作时间的一种形式，通常以小时计算。

1995年3月5日劳动部发布的《〈国务院关于职工工作时间的规定〉的实施办法》严格工作时间制度，规定任何单位和个人不得擅自延长职工工作时间。企业由于生产经营需要而延长职工工作时间的，应按《劳动法》有关规定执行。用人单位经与工会和劳动者协商后可以延长工作时间，一般每日不得超过1小时；因特殊原因需要延长工作时间的，在保障劳动者身体健康的前提下延长工作时间不得超过3小时，但是每月不得超过36小时；符合下列特殊情形和紧急任务之一的，属延长工作时间禁止制度的除外：①发生自然灾害、事故或者其他原因，使人民的生命健康和国家财产遭到严重威胁，需要紧急处理的；②生产设备、交通运输线路、公共设施发生故障，影响生产和公众利益，必须及时抢修的；③必须利用法定节日或公休假日的停产期间进行设备检修、保养的；④为完成国防紧急任务，或者完成上级在国家计划外安排的其他紧急生产任务，以及商业、供销企业在旺季完成收购、运输、加工农副产品等紧急任务的；⑤法律规定的其他符合条件的情况。

(二)加班加点的限制措施

为了保障劳动者的合法权益，促使企业改善经营管理，《劳动法》和《违反〈中华人民共和国劳动法〉行政处罚办法》规定，采取以下措施限制加班加点。①用人单位必须事先与工会和劳动者协商，得到允许才能加班加点。②增加用人单位加班加点的代价，确定较高的工资报酬。用人单位在劳动者完成定额或规定的工作任务后，安排劳动者在法定标准工作时间以外工作的，应按以下标准支付工资：在法定标准工作时间以外延长工作时间的，按照不低于劳动者本人小时工资标准的150%支付工资；在休息日安排劳动者工作又不能安排补休的，按照不低于劳动者本人日或小时工资标准的200%支付工资；在法定休假节日安排劳动者工作的，按照不低于劳动者本人日或小时工资标准的300%支付工资。实行计件工资的劳动者，用人单位安排延长工作时间的，应根据上述原则，分别按照不低于本人法定工作时间计件单价的150%、200%、300%支付其工资。实行综合计算工作时间的，超过法定标准工作时间部分应视为延长工作时间。实行不定时工作时间的劳动者，不执行上述规定。

2008年加班费计算方法为法定假日工资＝加班工资的计算基数÷21.75×300%，双休日加班工资＝加班工资的计算基数÷21.75×200%，工作日加班工资＝加班工资的计算基数÷21.75×150%。(见劳社部发〔2008〕3号文《关于职工全年月平均工作时间和工资折算问题的通知》)

(三)加班加点的监管

县级以上各级人民政府劳动行政部门对本行政区域内的用人单位组织劳动者加班加点的工作依法监督检查，对违反劳动法规定的，视不同情况分别予以行政处罚：用人单位未与工会和劳动者协商强迫劳动者延长工作时间的，给予警告，责令改正，并可按每名劳动者延长工作时间1小时罚款100元以下的标准处罚；用人单位每日延长劳动者工作时间超过3小时或每月延长工作时间超过36小时的，给予警告，责令改正，并可按每名劳动者每超过1小时罚款

100 元以下的标准处罚。

【案例 7-8】

某公司公司员工加班管理规定节选

(5)以下几种情况不算加班:

1)因业务不熟练而延长工作时间;

2)正常工作时间以外阅读技术资料或参加培训;

3)正常工作时间以内参加培训导致 8 小时以外工作的;

4)正常工作时间以外参加公司或公司以外的有关部门组织的公共活动的;

5)员工出差期间不应申报加班。

评析:第(5)项第 1)~4)款,只要是单位行政领导安排的本职工作任务,都属于加班加点即延长工作时间,单位规定“不算加班”,没有法律依据,对职工没有法律效力。

(材料来源:http://blog.sina.com.cn/s/blog_4f2a3fe601009chk.html)

思考练习

一、单项选择题

1. 下列选项中能够适用最低工资保障制度的群体是(　　)。

A. 国家机关工作人员　　B. 个体经济组织聘请的职工

C. 军人　　D. 农民

2. 以下不属于我国《劳动法》规定的工资范围的是(　　)。

A. 基本工资　　B. 加班工资　　C. 工伤保险待遇　　D. 津贴

3. 我国工资的法定货币支付原则的要求是(　　)。

A. 工资必须及时足额支付

B. 工资必须支付到劳动者本人

C. 工资必须以货币形式支付、特殊情况下可以以实物支付

D. 工资必须以人民币支付,不得以实物或外币支付

4. 根据劳动法规定,最低工资具体标准应当由(　　)规定。

A. 国务院　　B. 各省、自治区、直辖市人民政府

C. 各城市人民政府　　D. 工会与用人单位签订集体合同规定

5. 非因劳动者原因造成单位停工、停产,用人单位应按劳动合同规定的标准支付劳动者工资的是(　　)。

A. 在半个工资支付周期内的　　B. 在一个工资支付周期内的

C. 在两个工资支付周期内的　　D. 在三个工资支付周期内的

6. 可以实行不定时工作制的人员有(　　)。

A. 医务人员　　B. 锅炉工　　C. 厨师　　D. 推销人员

7.《劳动法》第四十一条规定,延长工作时间,一般每日不超过 1 小时;因特殊原因需要延长工作时间的,在保障劳动者身体健康的条件下,每日不得超过(　　)。

A. 2 小时　　B. 3 小时　　C. 4 小时　　D. 5 小时

二、多项选择题

1. 按照工资的支付形式，可将工资分为(　　)。

A. 计时工资　　B. 货币工资　　C. 实物工资　　D. 计件工资

2. 根据《劳动法》第四十五条和第五十一条的规定，属于带薪休假的有(　　)。

A. 法定休假　　B. 年休假　　C. 婚假　　D. 丧假

E. 事假

3. 最低工资不包括以下(　　)。

A. 加班加点工资　　B. 基本工资

C. 保险福利待遇　　D. 特殊工作环境、条件下的津贴

4. 有下列(　　)情形之一的，用人单位可以代扣劳动者工资。

A. 用人单位代扣代缴的个人所得税

B. 用人单位代扣代缴的应由劳动者个人负担的各项社会保险费用

C. 已生效的法院判决要求代扣的抚养费、赡养费

D. 应债权人的要求

5. 我国已实行的特殊工时制度主要有(　　)。

A. 计件工时制　　B. 缩短工时制　　C. 综合计算工时制　　D. 定时工时制

6. 王某是甲市某一国有企业的一名普通女员工，在三月份进行了以下的活动，按照我国现行的法律规定，应视同提正常劳动的有(　　)。

A. 3 月 8 日妇女节，单位放假半天，王某去街上购物

B. 3 月 9 日，王某因为熬夜看电影，上午没有去上班

C. 3 月 10 日，经批准，到丙省丁市去看望其父母，3 月 20 日才归来

D. 3 月 23 日，经批准，王某作为工会代表出席市工会的工会代表大会

E. 3 月 26 日，王某请假去参加一个朋友的婚礼

7. 根据劳动部《企业实行不定时工作制和综合计算工时工作制审批办法》的规定，可以实行不定时工作制的劳动者有(　　)。

A. 实行计件工作的人员　　B. 出租汽车司机

C. 企业高级管理人员　　D. 外勤人员

E. 推销人员

三、案例分析题

1. 王某于 2003 年 4 月与某制造厂签订了劳动合同。劳动合同中约定，乙方因工作失职给甲方造成损失的，乙方应承担赔偿责任。2003 年 4 月 21 日，在一次完成检修任务时。由于王某擅自离开岗位给厂子造成 1 万元的经济损失。厂方以王“工作严重失职”为由，决定由王某承担赔偿责任，并于 2004 年 5 月至 8 月从申诉人工资中分别扣除 600 元、820 元、600 元、1 200 元，用于赔付损失。王某不服提请仲裁。

问：本案应如何处理？

2. 2001 年 9 月，某造纸厂从农村招收了一批工人(共 35 人)，并签订了为期二年的劳动合同。合同约定月工资为 250 元。2002 年 1 月，工人们得知该地区最低工资标准为 280 元，要求

企业增加工资。企业认为,工人每月的工资加上加班工资和伙食补贴超过了450元,已经超过了最低工资标准许多,于是,造纸厂拒绝了工人们的要求。工人们为此向当地劳动争议仲裁委员会提出申诉。

问:(1)企业支付的工资是否符合国家规定?为什么?

(2)本案应如何处理?

3. 张某系北京某服装公司员工,一直在公司产品销售专柜所在的商场从事销售工作。张某接受所在商场的管理,在职期间双方未签订书面劳动合同,双方只约定每月工资为人民币1 560元。2008年7月,张某以服装公司与其未订立书面劳动合同为由,向劳动争议仲裁委员会申请仲裁,请求裁决服装公司支付2008年2月至6月的双倍工资15 805元。在仲裁中,双方在双倍工资如何计算的问题上产生分歧。原来,虽然双方对工资有约定,但服装公司将每月应缴纳的260元社会保险费也打入张某账户,2008年2月至2008年6月,加上销售提成,张某实领工资为15 805元。因此,张某要求以这个实际收入为计算双倍工资的基数。

问:(1)临时工不签订劳动合同是否需要支付双倍工资?

(2)销售提成、保险费等收入是否计入双倍工资?

延伸阅读

最低工资立法带来香港阵痛

香港设立最低工资标准是大势所趋,在一个现有的格局下,难免会给一些企业和家庭带来阵痛,甚至给社会带来些许混乱,但从香港的长远来看,最低工资立法不能因噎废食。

我一直在关注香港的最低工资问题。过去我认为,设立最低工资是应该的,特别是看到香港社会贫富悬殊,一些劳工的最低工资只有一小时数十港元,以香港的高物价,这样的收入只能勉强生活,不至于流落街头而已,事实上一些流浪者也是做散工的,他们的工资就很低,付不起即使是最便宜的几十张双层床的房间租金。我也觉得资本家肯定是不希望有最低工资的,因为这样他们才能尽可能榨取劳工的剩余价值。

然而随着有关立法订立最低工资的争论展开,使我看到最低工资不是简单的是非问题,一旦立法之后,产生的问题可能更大。举例如下。

一是最低工资与社会福利的关系。一些学者提供的数据表明,设立最低工资之后,许多中小企业(它们的数量占了香港企业的九成)会觉得无法承受人力成本的上升,借机解雇工人,造成失业率上升。香港的社会福利制度不如西方完善,许多人仍然对于领取综援(社会福利救济金)抱有偏见,现在没有最低工资,也很少有人因为工资低而宁可申请综援而不工作,未来有了最低工资,也不会减少社会福利的支出。无一技之长的劳工以后将更难找到工作,而香港本来就很高的经商成本就会随着最低工资的确立而更加昂贵,香港经济的转型也就更加困难。

学者们普遍认为,最低工资其实并不会提高贫穷人口的收入,这是令人遗憾的。非法劳工问题则一定会更加严重,因为来自内地和其他国家的劳工愿意领取较低的工资在香港非法工作,雇主也愿意冒险雇佣他们。

二是最低工资与外劳的关系。目前拟议中的最低工资法,是不包括外佣的,外佣团体已经表明,一旦如此立法,他们一定会申请司法复核,以香港司法的倾向而言,如此立法很可能被裁定为不公正。但是如果外佣能够与香港劳工一样获得最低工资,其引发的社会问题就更大了。现在香港的外佣月工资为 3 500 港元,雇主另外要提供外佣的食宿。拟议中的最低工资肯定高于此数。香港目前有 22 万个家庭雇佣了 26 万名外佣,其中大部分来自菲律宾。如果外佣也可以获得香港的最低工资,每个外佣每月可以增加大约 2 000 港元的收入,相应的雇主每月要多支出 2 000 港元。目前雇佣外佣的家庭大部分是月收入 2 万港元左右的中产阶级,每月增加 2 000 港元的支出对他们是沉重的负担。

一旦立法通过,据统计会有 6 万个家庭会停止雇佣外佣,亦即香港的外佣将立即减少近四分之一,这些外佣只有打道回府,而更多的职业妇女将辞职回家当主妇。由于必须按照按钟点计酬,其他雇主很可能不再让外佣在家中留宿,于是外佣必须在外居住,人们担心香港的性工作者就会增加。

仅仅这两点就可以看出,最低工资的订立,在资本主义社会,会带来新的不公平,会造成对雇主与低收入劳工以及家庭雇主和外佣双输的局面。以香港现在的社会环境和政治气候来看,设立最低工资已经是大势所趋,外佣的同等待遇也是势在必行,但新的社会问题产生,也已经不可避免。“通往地狱的道路往往由善意铺成”,设立最低工资是善意的,虽然不会通往地狱,却也会带来混乱。

（材料来源:华媒网 http://www.ccvic.com 作者为凤凰卫视新闻评论员）

文书实例

上海市第一中级人民法院
民事判决书

(2014)沪一中民三(民)终字第 xxx 号

上诉人(原审原告)张某。

委托代理人苗某,上海某律师事务所律师。

被上诉人(原审被告)上海某劳务派遣有限公司。

法定代表人＊＊,总经理。

被上诉人(原审被告)上海某电器有限公司。

法定代表人＊＊。

上诉人张某因劳务派遣合同纠纷一案,不服上海市浦东新区人民法院(2014)浦民一(民)初字第＊＊号民事判决,向本院提起上诉。本院于 2014 年 7 月 3 日立案后,依法组成合议庭进行了审理。本案现已审理终结。

原审法院认定,张某自 2012 年 6 月起由上海某劳务派遣有限公司(以下简称“某劳务公司”)派遣至上海某电器有限公司(以下简称“某电器公司”)工作,张某的月工资为本市最低工资标准。2013 年 1 月 25 日为张某的最后工作日,次日起张某休病假。2013 年 4 月 30 日某电器公司将张某退回某劳务公司。2013 年 5 月 21 日某劳务公司通知张某解除劳动关系。

2013年7月18日张某向上海市浦东新区劳动人事争议仲裁委员会提出申请,要求某劳务公司、某电器公司分别支付违法解除劳动合同赔偿金、2012年6月至2013年1月工资差额、2013年5月1日至2013年5月21日工资并补缴2013年2月至2013年5月的社会保险。2013年8月5日张某与某劳务公司、某电器公司就上述请求达成调解协议,协议约定张某与某劳务公司的劳动关系于2013年5月21日终结,某劳务公司于2013年8月5日当日支付张某4,000元。2013年12月26日张某向上海市浦东新区劳动人事争议仲裁委员会提出仲裁申请,要求:1、某电器公司支付代通金2 800元;2、某劳务公司支付2013年5月2日至2014年1月16日误工费4 000元,由某电器公司承担连带责任;3、某劳务公司支付2012年6月至2013年5月平时、休息日及节假日加班工资6 000元,由某电器公司承担连带责任;4、某劳务公司支付2013年2月1日至2013年4月30日病假工资400元,由某电器公司承担连带责任;5、某劳务公司支付克扣工资25%额外经济补偿金2 000元,由某电器公司承担连带责任;6、某劳务公司支付未按法律规定支付经济补偿金的50%额外经济补偿金5 500元,由某电器公司承担连带责任;7、某劳务公司支付违法解除劳动合同6个月病假工资8 400元,由某电器公司承担连带责任。2014年1月20日该委作出裁决,对张某的请求未予支持。张某不服裁决,诉讼来院,要求某劳务公司支付一个月的代通知金人民币2 800元、2012年6月至2013年5月的平时、休息日及法定节假日加班工资6 000元、2013年1月26日至2013年5月21日的病假工资2 000元、2013年5月2日至2014年1月6日的误工费4 000元、无故克扣工资的25%的额外经济补偿金2 000元、经济补偿金5 500元、医疗补助费8 400元,要求某电器公司对上述请求承担连带责任。

原审法院认为,劳动者与用人单位就解除或者终止劳动合同办理相关手续、支付工资报酬、加班费、经济补偿或者赔偿金等达成的协议,不违反法律、行政法规的强制性规定,且不存在欺诈、胁迫或者乘人之危情形的,应当认定有效。张某因劳动关系解除事宜,经向仲裁部门提出申请后,张某与某劳务公司、某电器公司就张某提出的请求事项经协商一致达成调解协议,该协议内容符合我国相关法律、行政法规的规定,合法有效。该调解协议除了对张某提出的相关请求作出处理达成协议外,张某与某劳务公司、某电器公司还约定"申请三方别无其他争议";该约定事项表明张某与某劳务公司及某电器公司之间就劳动关系所涉权利或义务再无争执。因张某在上述调解协议中确认"申请三方别无其他争议",意味着其放弃了可以主张的相关权利。因此张某现在提出的诉讼请求,无正当理由,原审法院不予支持。某电器公司未到庭参加本案诉讼,原审法院依法作出缺席判决。据此,依照《中华人民共和国民事诉讼法》第一百四十四条、《中华人民共和国劳动合同法》第二条第一款、《最高人民法院关于审理劳动争议案件适用法律若干问题的解释(三)》第十条第一款的规定,判决:驳回张某的诉讼请求。案件受理费10元,减半计5元,免予收取。

原审法院判决后,张某不服,向本院提出上诉称:其在前案仲裁时本不愿意调解,后律师劝其接受,调解时其并未注意到协议中的"申请三方别无其他争议"的内容,且该内容只能针对前案,不能涵盖到其他案件。其文化水平不高,对调解内容未充分了解,导致其权益无法充分行使。请求二审法院撤销原审判决,依法改判支持其在原审时提出的诉讼请求。

被上诉人某劳务公司辩称:前案三方已在仲裁时达成调解协议,纠纷已经解决。现不同意张某的上诉请求,请求二审法院依法驳回上诉,维持原审法院判决。

被上诉人某电器公司未作答辩。

上诉人张某向本院补充提供前案仲裁申请书及仲裁庭审笔录,旨在证明仲裁申请书不是其本人签名,仲裁庭审中其不愿意调解,是律师逼其调解。某劳务公司对上述证据的真实性无异议,但表示当时张某本人参加了仲裁庭审,调解时也在场。张某对其参加了仲裁庭审及调解无异议。鉴于张某本人参加了前案的仲裁庭审,调解时本人也在场,故该些证据不能证明前案仲裁调解违背张某的意愿,对该些证据的证明力本院不予认定。

本院经审理查明,原审法院认定事实无误,本院依法予以确认。

本院认为,张某与某劳务公司、某电器公司在前案仲裁时达成了调解协议,确认"申请三方别无其他争议"。因仲裁庭审及调解时张某本人均在场,故无法得出调解协议违背其意愿的结论。张某主张其对调解内容有误解,但调解内容的意思表示明确,张某作为具有完全民事行为能力的公民,应当理解"三方别无其他争议"的涵义。鉴于前案中,三方当事人已达成了"别无其他争议"的协议,张某再提出本案相关主张,本院难以支持。原审法院所作判决正确,应予维持。据此,依照《中华人民共和国民事诉讼法》第一百七十条第一款第(一)项之规定,判决如下:

驳回上诉,维持原判。

上诉案件受理费10元,由上诉人张某负担。

本判决为终审判决。

审　判　长　　郑东和
代理审判员　　杜建泉
代理审判员　　周　寅

二〇一四年十月八日
书　记　员　　邓　金

浙江省绍兴市中级人民法院
民事判决书

〔2015〕浙绍民终字第xxx号

上诉人(原审原告)A公司。

法定代表人姬丽松。

委托代理人(特别授权)陈某。

委托代理人(特别授权)宋某。

被上诉人(原审被告)王某。

委托代理人(特别授权)杨某。

上诉人A公司因与被上诉人;王某劳动争议一案,不服浙江省诸暨市人民法院(2015)绍诸民初字第xxx号民事判决,向本院提起上诉。本院于2015年6月16日立案受理后,依法组成合议庭于2015年7月15日进行了公开开庭审理,上诉人A公司的委托代理人陈某、宋某,被上诉人王某的委托代理人朱某到庭参加诉讼。本案现已审理终结。

原审法院审理查明:被告王某于2012年6月进入原告A公司工作。2012年6月19日,双方签订了《劳动合同书》,其中约定:1、该合同于2012年7月1日起生效,于2017年12月31日终止;2、被告担任原告下属分支机构B大酒店分公司总经理及同方联合控股集团总裁助理(高级行政人员)职务;3、合同的前两个月为试用期,被告成功通过试用期后享有每年一次性带薪年休假十个工作日(五天工作制计算),同时原告每年一次性提供人民币13 000元作为旅游费;4、被告税后年薪116万元,含基本工资薪金84万元及绩效薪金32万元,其中基本工资薪金税后人民币7万元为月工资,基本工资薪金如有调整,原告将根据新薪资管理政策及确定的工资标准在下月(每年七月份起)进行调整,考核结果合格以上的(考核根据《经营与管理责任书》执行),基本工资应确保按6%/年递增;5、被告为原告积极争取到相关各项奖励以及财税部门对企业的税收减免、返还等优惠的,原告应按照《关于B大酒店取得各类奖励及税收返还、减免的奖励办法》的规定(作为本合同附件)于每年收到政府部门奖励后一个月内一次性向被告支付奖励性报酬。《关于B大酒店取得各类奖励及税收返还、减免的奖励办法》规定,地方政府对企业为提升城市知名度、提高城市对外宣传形象等给予的各项奖励,按实际取得政府奖励的总金额,给予40%的奖励,其中B酒店总经理10%。

2012年6月20日,以原告A公司为甲方,与作为乙方的被告王某签订《股权激励协议》,内容为:鉴于乙方在原单位某集团享有人民币300万元的股票期权,且其预期在2015年年末上市,双方在平等自愿的基础上,经充分协商,甲、乙双方提供同等价值激励以给予其补偿,现就有关情况达成如下协议:一、乙方必须在甲方的B大酒店分公司工作服务满5周年;二、甲方对乙方的激励平均分五期完成给予,并出具书面函证。第1期:乙方与甲方签订劳动合同后,到甲方工作后10天内,甲方给予乙方第一次确认;第2期:乙方原所在的单位某集团完成2012年给酒店总经理股权确认后10天内,甲方给予乙方第二次确认;第3期:乙方原所在的单位某集团完成2013年给酒店总经理股权确认后10天内,甲方给予乙方第三次确认。以上第1、2、3期的确认,甲方同意乙方可在2015年12月31日后1个月内进行兑现,兑现现金由甲方扣除20%税金后将第1、2、3期一次性予以支付,兑现后乙方则减少该部分的股权,乙方也可选择继续保留(第4期、第5期部分略);三、如果乙方在2015年12月31日后1个月兑现了第1、2、3期的激励后,乙方主动提出辞职或要求终止劳动合同的,未在甲方工作至2017年12月31日,则乙方同意在与甲方解除劳动关系前5日内退回收取的甲方给予的第1、2、3期的激励,同时向甲方支付按全部5期总额的20%违约金;四、如乙方满足本股权激励条件的,同时也达到甲方的经营目标百分制考核合格的,甲方如未能按本协议规定给予乙方激励,在2016年1月31日前没有支付前三期的则甲方除向乙方支付前3期总额的激励外(扣除税金20%)另向乙方支付5期总额的20%违约金;甲方如未能按本协议规定在2018年1月31日前没有支付后2期的激励,则甲方除向乙方支付后2期总额的激励外(扣除税金20%)向乙方另行支付5期总额的20%违约金,并视劳动合同自动终止,在终止后5天内由甲方一次性以现金形式支付给乙方;五、乙方获得激励的条件为:乙方在2013年必须完成酒店年度营业收入5 500万元,在2014年必须完成酒店年度营业收入6 050万元。原告于2012年7月6日给予被告第一次确认函。

2013年元月29日,被告与A公司B大酒店、同方联合控股集团有限公司签订了《经营与管理责任书》,三方作如下约定:2013年年度考核期间为2013年1月1日至2013年12月31日,被告完成经营总目标的基本绩效薪金为税后人民币32万元,其中营业收入占比50%(人民币16万元),GOP值占比50%(人民币16万元);如被告超额完成年度营业收入及GOP值,则营业收入超额部分按2%奖励,GOP值超额部分按4%奖励,如未完成则按完成比例发放;额外奖励薪金同为税后薪金;管理目标、营销管理目标、设施设备管理目标及安全目标按百分制考核方式执行。被告2014年1月至6月在职期间完成营业收入合计3 825.9388万元,2014年1月至6月完成GOP值472.5268万元。

2014年1月10日,A公司B大酒店总经办发文《关于酒店2014年中高管理层合作营销小组考核制度的通知》,依据该文件内容,被告交纳了保证金25 000元。另,被告王某荣获原告颁发的2012年度"管理风范"奖,王某担任总经理的B大酒店荣获2013年度"优秀团队"称号。原告已支付被告2013年度绩效考核工资32万元,尚未支付被告2014年7月1日至8月20日的基本工资。

2014年8月12日,原告向被告出具了解除劳动关系通知书,同日,A公司发文免去被告的职务。2014年8月20日,被告离开A公司同方豪生大酒店。2014年9月2日,被告向诸暨市劳动人事争议仲裁委员会申请劳动仲裁,要求原告支付基本工资22.26万元、有薪年休假工资4.2万元、旅游费0.98万元、经济补偿2.78万元、绩效工资24万元、奖励金0.3万元、考核奖励13.31万元、GOP考核奖励16.39万元、政府奖励可得部分3万元、股权激励奖励及违约金360万元,并退还保证金(押金)2.5万元。诸暨市劳动人事争议仲裁委员会于2014年11月20日作出诸劳仲案字(2014)第0875号仲裁裁决,裁决:一、由原告A公司支付被告王某2014年7月1日至8月20日基本工资122070.97元、2013年度及2014年度年休假工资42 000元、2014年度旅游费602.26元、经济补偿27 791.25元、2014年1月1日至8月20日基本绩效工资20 3870.97元、政府奖励可得部分30 000元,款共计426 335.45元,限于本裁决生效之日起十日内付清;二、由原告A公司退还被告王某保证金25 000元,款限于本裁决生效之日起十日内付清;三、驳回被告王某的其他仲裁请求。原告不服仲裁裁决,向该院提起诉讼。

原审判决认为:合法的劳动关系受法律保护。本案原、被告自愿订立劳动合同,建立合法的劳动关系,双方当事人应当依照劳动法律法规的规定和劳动合同的约定享受权利、承担义务。对被告王某提出的各项请求,该院评判如下。

一、关于要求原告支付2014年7月至11月工资的请求。用人单位应当依照劳动合同约定和国家规定,向劳动者及时足额支付劳动报酬,因双方均认可被告于2014年8月20日离开工作岗位,之后未再实际提供劳动,故未付工资期间为2014年7月1日至8月20日。因被告获得2013年度绩效考核工资,其在该年度的考核结果至少为良好,故依据双方劳动合同约定,被告2014年7月起月基本工资应为7.42万元,经核算,原告尚应支付被告基本工资数额为122 070.97元(74 200元×(1+20/31)],对被告请求合理部分,该院予以支持。被告主张要求支付2014年8月20日至11月底的工资,缺乏事实依据,该院不予支持。

二、关于要求原告支付年休假工资的请求。用人单位应当保证职工享受带薪年休假,用人单位未安排职工休年休假的,应支付未休年休假工资。原告主张劳动合同约定年休假不得累计至下一年度,被告须提前半个月向董事长申请同意,因被告未提出申请,故视为被告放弃而失效,且原告没有不能安排被告享受年休假的情形。该院认为,享受带薪年休假系被告之法定权利,现被告未休2013年度、2014年度年休假属实,故要求原告支付未休年休假工资的请求,于法有据,该院予以支持。依据双方《劳动合同》约定,“被告成功通过试用期后享有每年一次性带薪年休假十个工作日”,故被告2013年度的年休假为10天。对于2014年度年休假天数,根据《企业职工带薪年休假实施办法》第十二条规定,用人单位与职工解除或终止劳动合同时,当年度未安排职工休年休假的,应当按照职工当年已工作时间折算应休未休年休假天数并支付未休年休假工资报酬,但折算后不足1整天的部分不支付未休年休假工资报酬,折算方法为(当年度在本单位已过日历天数÷365天)×职工本人全年应当享受的年休假天数。据此,经折算,被告2014年度年休假天数为6天。依据《企业职工带薪年休假实施办法》第十条规定,用人单位不安排年休假的,应当在本年度内对职工应休未休年休假天数,按照日工资收入的300%支付未休年休假工资报酬,其中包含用人单位支付职工正常工作期间的工资收入。因被告2013年及2014年的正常工资收入已另行核算支付,故尚需支付的2013年度、2014年度的日工资为3 218.39元(70 000元÷21.75天),2014年度的日工资为3 314.94元[(70 000元×6个月+74 200元×6个月)÷12个月÷21.75天]。现被告要求支付年休假工资42 000元的请求,未超过合理范围,该院予以支持。

三、关于要求原告支付旅游费的请求。根据双方签订的《劳动合同》约定,原告每年一次性支付被告人民币13 000元作为旅游费,费用在每年的一月随同工资发放给被告。因原告未举证证明已支付2014年度旅游费,故该款项按照被告实际工作时间折算为8 282.26元由原告支付给被告,因被告于2014年7月9日至7月13日期间参加的塞班岛旅游活动,旅游合同以原告名义签订,预付款4 000元亦由原告支付,剩余款项的支付情况双方未提供证据,根据合同签订情况应由原告支付,合计旅游费7 680元在原告应付的2014年度旅游费中扣除。对被告要求支付2014年度旅游费的请求,合理部分602.26元该院予以支持。

四、关于要求原告支付经济补偿的请求。被告主张双方在劳动合同中约定,如解除劳动关系则原告应当支付经济补偿。该院认为,原告虽解除劳动关系依据不足,但被告仅主张要求原告支付经济补偿,可视为被告同意解除劳动关系,故被告要求支付经济补偿的请求,于法有据,该院予以支持。经济补偿数额按劳动者在本单位工作的年限,每满一年支付一个月工资的标准向劳动者支付,六个月以上不满一年的,按一年计算;不满六个月的,向劳动者支付半个月工资的经济补偿。劳动者月工资高于用人单位所在直辖市、设区的市级人民政府公布的本地区上年度职工月平均工资三倍的,月工资按该地区职工月平均工资三倍计算。现被告自2012年6月进入原告处工作,于2014年8月20日离开,故原告应支付2.5个月工资的经济补偿,按照绍兴市2013年度职工月平均工资3 705.50元的三倍计算为27 791.25元。

五、关于要求原告支付2014年度绩效工资的请求。依据《劳动合同书》的约定,绩效工资税后32万元经原告考核合格后支付,支付方式另见《经营与管理责任书》。现双方未签订2014年度经营与管理责任书,原告陈述未签订的原因为双方对总目标、分目标没有达成合意,可见,未签订责任书不能归责于被告,原告以未签订责任书为由免除劳动合同中约定的绩效工资不能成立。结合双方签订的《股权激励协议》,其中约定乙方获得激励的条件为2014年必须完成酒店年度营业收入6 050万元。故该院以此作为被告2014年经营目标予以分析认定,相应地2014年GOP值经营目标按2013年313.19万元递增10%比例确定为344.51万元。根据被告提供的《酒店产业经营情况表(2014年1月-6月)》及该院向诸暨市旅游管理局调取的原告营业状况统计数据，核算被告2014年1月至7月在职期间完成营业收入合计4190.77万元（其中7月未包括康乐营业收入），2014年1月至6月完成GOP值472.5268万元。故被告2014年在职期间超额完成经营目标，因原告未举证证明被告2014年任职期间考核扣分达到21分以上的情况，故应认定被告为考核合格以上，原告应按照被告实际工作时间支付绩效薪金20 3870.97元[(7+20/31)÷12×32]。

六、关于要求原告支付2013年奖励金的请求。被告获得奖励金3 000元的条件为年度考核总分为90分以上，因未提供证据证明其2013年度百分制考核的具体分数达到优秀标准，故被告请求支付奖励金缺乏事实依据，该院不予支持。

七、关于要求原告支付2014年1月至7月的营业收入考核奖励及GOP值考核奖励的请求。虽然双方在2013年度签订的《经营与管理责任书》中约定了绩效薪金超额奖励制度，但2014年度重新签订时对此也可能作出变更；并且，双方在劳动合同中未明确约定，营业收入、GOP值超额完成的情况下，绩效薪金给予按比例奖励。故被告要求支付考核奖励，缺乏事实依据，该院不予支持。

八、关于要求原告支付政府奖励可得部分的请求。依据《关于B大酒店取得各类奖励及税收返还、减免的奖励办法》中奖励标准第六条规定，地方政府对企业为提升城市知名度、提高城市对外宣传形象等给予的各项奖励，按实际取得政府奖励的总金额，给予40%的奖励，其中B酒店总经理10%。且劳动合同中明确约定于每年收到政府部门奖励后一个月内一次性向被告支付奖励性报酬。现B大酒店曾获得2013旅游业政策奖励资金308 200元，故被告要求原告支付30 000元政府奖励可得部分的请求，未超过双方约定标准，该院予以支持。原告认为，被告提供的2013年总经理年终奖发放表中可以看出政府奖励金数额为16 500元。被告则陈述，该款为2012年度的政府奖励可得部分。该院认为，2013年年终奖在2013年底或2014年初支付，而争议的旅游业政策奖励到账时间分别为2014年6月9日及2014年7月18日，且劳动合同中约定该奖励性报酬于每年收到政府部门奖励后一个月内支付，故被告的说法更符合实际情况，对原告的辩述意见不予采信。

九、关于要求原告支付股权激励奖励的请求。双方当事人对股权激励是否属于劳动权利义务约定存在争议。该院认为，从本案双方建立劳动关系的情况和签订股权激励协议的内容看，被告原为某集团的管理人员，原告通过多方努力才邀请到被告任职，许诺被告完成经营目标的前提下给予与原单位同等的股权待遇，在签订劳动合同的次日签订了股权激励协议。可见，出发点是为获得被告为原告提供劳动的机会。股权激励本质上是用人单位的一项管理行为、报酬分配行为，是附着于劳动关系而产生的，故股权激励纠纷属于劳动争议，可在本案中作出处理。根据双方约定，股权价值300万元，被告的服务期为5年，分五期完成确认，每一期为60万元，兑现现金扣除20%税金后支付。现被告在工作期间达到原告确定的经营目标，双方解除劳动关系不能归责于被告，原告未给予被告第二次、第三次股权确认无正当理由，被告理应获得相应的股权激励金。因原告已终止双方之间的劳动关系，在合同终止时应支付被告股权激励金，原告应付被告股权激励金为180万元，扣除20%税金，实际应付1 440 000元。因双方对前三期兑现时间约定于2015年12月31日后1个月内，故被告主张要求支付违约金，缺乏理由，该院不予支持。

十、关于要求原告退还保证金的请求。用人单位招用劳动者，不得要求劳动者提供担保或以其他名义向劳动者收取财物。原告确认被告交纳了2.5万元保证金,现被告要求返还,理由正当,该院予以支持。

综上,依照《中华人民共和国劳动合同法》第九条、第三十条、第四十六条、第四十七条,《中华人民共和国劳动争议调解仲裁法》第六条,《企业职工带薪年休假实施办法》第十条、第十一条、第十二条之规定,判决:一、原告A公司支付被告王某2014年7月1日至8月20日期间基本工资122 070.97元、2013年度、2014年度年休假工资42 000元、2014年度旅游费602.26元、经济补偿27 791.25元、2014年1月1日至8月20日基本绩效工资203 870.97元、政府奖励可得部分30 000元、股权激励金1 440 000元,合计1 866 335.45元,限判决生效之日起十日内付清;二、原告A公司退还被告王某保证金25 000元,限判决生效之日起十日内付清;三、驳回被告王某的其余请求。如果未按判决指定的期间履行给付金钱义务,应当依照《中华人民共和国民事诉讼法》第二百五十三条之规定,加倍支付迟延履行期间的债务利息。案件受理费10元,依法减半收取5元,由原告A公司负担。

上诉人A公司不服原判决,提起上诉称:一审判决事实认定不清,适用法律错误,且不符合一审法定诉讼程序,具体理由如下:一、股权激励部分不属于一审审理范围,法院直接对该部分进行判决违反法定程序。上诉人认为,根据最高人民法院《关于审理劳动争议案件适用法律若干问题的解释(一)》第九条之规定:当事人双方不服劳动争议仲裁委员会作出的同一仲裁裁决,均向同一人民法院起诉的,先起诉的一方当事人为原告,但对双方的诉讼请求,人民法院应当一并作出裁决。只有在双方当事人均提起诉讼的情况下,法院应当对双方的诉讼请求一并作出裁决,如只有一方当事人提起诉讼的,法院只能对该提起诉讼的当事人的诉请作出裁决。本案中,诸暨劳动仲裁委认为,股权激励不属于劳动争议范围,故未支持王某的该部分请求,而王某对该仲裁裁决并未提起诉讼,上诉人在一审起诉时,在请求事项中也并未涉及股权激励的内容,故法院不应就该部分直接作出判决,故其明显违反了法定程序。二、即便程序并无不当,一审判决对股权激励部分的评判也属于事实认定不清,法律适用错误。1.本案中股权激励并不属于劳动争议范围。判断股权激励是否属于劳动权利义务,核心问题在于对股权激励转化的利益性质的界定,即该利益是否属于劳动报酬或者工资等。具体到本案中,《股权激励协议》内容从未提到任何"劳动报酬"或"工资"的字样,协议第十一条约定,双方解决该争议的方式"交由合同履行地所在地法院提起诉讼",故该股权激励不属于劳动争议范围,而是合同纠纷。2.根据签订协议的目的来看,股权激励的补偿是有针对性的,是基于被上诉人可能享有的"股票期权"的补偿。协议第二条中明确约定,该股权激励分五期完成确认,除第一次外,其余四次的确认均以"某旅业完成给酒店总经理股权确认"为前提。一审判决并未对某旅业的上市情况以及某旅业对其酒店总经理的股权确认情况进行调查核实,属于事实认定不清。3.协议第六、七、八、九条的约定清楚表明,由于被上诉人所谓的某旅业"股票期权"存在不确定性,故上诉人给予的补偿也是不确定的。双方约定上诉人应给予被上诉人的补偿是不确定的,在各种情况下均各不相同,现一审法院直接判决上诉人应支付被上诉人股权激励补偿属于事实认定错误。4.协议中另约定了股权激励的获得条件,包括被上诉人应服务满5年,每年应完成相应的营业收入等。现被上诉人因严重失职被公司开除,其获得股权激励的条件并未成就,故不应获得相应的股权激励。且根据协议约定,前三期股权激励应当在2015年12月31日后1个月内予以兑现,现兑现时间尚未到期,故上诉人亦无须支付。三、一审判决确定上诉人应支付的工资、奖励等部分，属于事实认定不清，法律适用错误。1. 被上诉人于2014年8月12日之后便未再实际提供劳动，其至8月20日系其履行法定的工作交接义务，不应再计算劳动报酬。2. 双方劳动合同中关于年休假的约定并未违反法律规定，双方当事人应受到合同的约束。因被上诉人系公司高级管理人员，享有高额报酬，故对年休假的规定较为严格也是合理的，故上诉人无须向被上诉人支付年休假工资。3. 上诉人解除与被上诉人之间的劳动关系，是因被上诉人在职期间严重违反公司规章制度，存在多次严重失职，系合法解除，无须支付经济补偿金。4. 关于绩效工资的部分，双方当事人在劳动合同中明确约定"支付方式另见《经营和管理责任书》"，即对绩效工资发放所附的条件并未达成一致意见，这也不能归责于上诉人，只因双方未达成合意，约定不成立。即使已达成合意，由于被上诉人系被开除，根据劳动合同约定也不能享受该绩效工资。故一审法院认定事实不清，法律适用错误。综上，请求撤销原判，发回重审或依法改判。

被上诉人王某辩称：被上诉人认为一审法院审理程序合法，查明事实清楚，适用法律正确，请求予以维持。具体陈述如下：一、上诉人提出被上诉人未提起诉讼，事实上被上诉人已提起诉讼，一审法院告知因上诉人已起诉，故不用再起诉。二、关于绩效工资年休假的部分，在一审及仲裁时，上诉人的代理人均已承认，而并非如现在的代理人所陈述的情况。三、关于股权激励部分，是基于上诉人与被上诉人的劳动关系产生的，被上诉人第一次跟A公司协商时，就说到了工资报酬包括了股权激励的部分，故一审法院对该部分的认定是正确的。

上诉人A公司在二审期间向法院提供诸暨市公安局城东派出所出具的收案回执一份，证明被上诉人王某在职期间存在违法犯罪的情形，故上诉人认为无论是国家法律规定还是双方劳动合同规定及股权激励的约定，上诉人解除劳动合同关系以及被上诉人无权获得股权激励都是合法的。被上诉人经质证认为，该证据涉及的内容与本案没有关联性，且仅为受案回执，并不是立案通知书，并不代表公安机关受理了该案，对该证据能否作为本案证据使用，请法院核实。本院认证认为，该证据仅为公安机关的受案回执，不能达到上诉人的证明目的，故本院对该证据的证明力不予认定。

被上诉人王某在二审中未提供新的证据。

本院经二审审理查明的事实与原审判决认定的一致。

本院围绕上诉人的上诉请求及事实理由审理认为，本案的争议焦点为：一、原审法院直接对股权激励部分进行审理并作出判决是否违反法定程序？二、股权激励协议是否属于本案劳动争议审理范围？如属于，股权激励部分应如何处理？三、原审法院判决上诉人应支付的工资、年休假工资、经济补偿金、绩效工资是否正确？

第一，就第一个争议焦点，最高人民法院《关于审理劳动争议案件适用法律若干问题的解释》第十七条规定：劳动争议仲裁委员会在作出仲裁裁决后，当事人对裁决中的部分事项不服，依法向人民法院起诉的，劳动争议仲裁裁决不发生法律效力。劳动争议仲裁裁决当事人对部分裁决内容提起诉讼的，整个劳动争议仲裁裁决不发生法律效力，整体进入诉讼程序，全案均属于人民法院民事案件的审理范围。本案中，上诉人A公司不服诸暨市劳动人事争议仲裁委员会作出的仲裁裁决书的第一项裁决，向原审法院提起诉讼，故诸劳仲案字仲裁裁决书对双方当事人均不发生法律效力，人民法院有权就全案进行审理，故原审法院就股权激励部分进行审理未违反法律规定，上诉人的主张于法无据，本院不予支持。

第二，关于股权激励部分的处理，首先，要确定股权激励部分是否属于本案劳动争议的审理范围，劳动者和用人单位在履行劳动合同过程中发生的纠纷属于劳动争议范围，依法向人民法院提起诉讼的，人民法院应当受理。《股权激励协议》系上诉人为争取被上诉人王某到上诉人处工作的机会，与被上诉人约定《劳动合同》相关事项基础上，经平等自愿的协商，上诉人愿意提供与被上诉人在原单位某旅业集团同等价值激励给与其补偿，该协议基于上诉人与被上诉人之间的劳动关系产生，与双方之间的劳动关系存在密不可分的联系，系上诉人为引进高级管理人才自愿作出的激励和补偿，应当视为被上诉人王某到上诉人处工作除基本工资外的附加报酬，故也应属于劳动争议审理范围。其次，关于股权激励的条件是否已经成就及被上诉人根据协议能获得多少股权激励的金额的问题，根据《股权激励协议》第十条的约定：甲方（A公司）在下列情况下可以不对乙方（王某）进行该股权激励：1、乙方因自身过错原因导致或未达到激励条件的；2、乙方自身单方面原因导致其发生了劳动合同法第三十九条规定情形的；3、乙方自行主动辞职的。根据该条的约定，上诉人只有在满足上述三种情形下，才可以不对被上诉人进行股权激励，本案中，上诉人于2014年8月12日向被上诉人出具了解除劳动关系的通知书，上诉人在劳动仲裁、原审中提交的相关证据并不能充分证明其合法解除劳动关系的事实，上诉人在二审中向法院提交了诸暨市公安局城东派出所的受案回执，用以证明被上诉人在为上诉人工作期间存在违法犯罪的事实，经核实，公安机关对该案并未予以立案侦查，该证据并不能达到其证明目的。故根据审理查明的事实，本案并不存在上诉人可以不对被上诉人进行该股权激励的情形。另，根据协议中股权激励分期确认的约定，本案中第1、2、3期获得确认的时间已过，被上诉人在工作期间亦已达到双方约定的经营目标，且上诉人未能举证证明其不予确认的理由，故本院认为应视为该3期的确认条件已经成就，被上诉人应获得相应的股权激励。上诉人主张根据《股权激励协议》第六、七、八、九条的约定，该股权激励存在不确定性，在不同的情况下存在各不相同的补偿方案，但因上诉人解除劳动合同，终止双方之间的劳动关系，导致协议第六、七、八、九条的条件已无法成就，且该原因不能归责于被上诉人，故原审法院确定上诉人应对前三期股权按协议约定兑现并无不当。

第三，关于工资、年休假工资、经济补偿金、绩效工资的部分，根据审理查明的事实，被上诉人为完成工作交接，确切离开公司的时间为2014年8月20日，故工资支付至8月20日较为合理。根据劳动合同的约定，被上诉人每年享有带薪年休假十日，现被上诉人主张2013年、2014年未休年休假工资，原审法院根据审核确定2013年为10天，2014年为6天并根据被上诉人的工资收入确定年休假工资并无不当。关于经济补偿金，因上诉人解除劳动关系依据不足，且根据劳动合同的约定，双方解除劳动合同，应当支付经济补偿金，故上诉人主张无需支付经济补偿金无法律依据，本院亦不予支持。关于绩效工资，绩效工资也是劳动报酬的组成部分，根据双方的劳动合同约定，被上诉人绩效薪金税后为32万元一年，根据《经营与管理责任书》进行考评，现双方未签订2014年度的《经营与管理责任书》，原审法院根据《股权激励协议》中约定的2014年的营业收入目标及GOP值经营目标，依据被上诉人提交的《酒店产业经营情况表》及诸暨市旅游管理局调取的上诉人营业状况统计数据，确定被上诉人在2014年在职期间已超额完成经营目标，据此确定按其实际工作时间计付绩效工资并无不当，本院对此予以照准。

另，上诉人以被上诉人王某在上诉人处工作期间涉嫌非国家工作人员受贿罪已由诸暨市公安局受案侦查为由申请本案中止审理，经本院核查，公安机关并未予以立案侦查，故本院对该申请不予准许。

综上，原审判决认定事实清楚，适用法律正确。上诉人的上诉理由不足，本院依法不予采纳。依照《中华人民共和国民事诉讼法》第一百七十条第一款第（一）项之规定，判决如下：

驳回上诉，维持原判。

二审案件受理费 10 元，由上诉人 A 公司负担。

本判决为终审判决。

审　判　长　夏　鸿
代理审判员　冯　奇
代理审判员　杜杭莉

二〇一五年九月九日
书记员叶婷

第八章　劳动争议处理与劳动监察制度

案例回放

2007年3月5日起，许先生进入万兴公司从事钣金工岗位工作。同年下半年，万兴公司指派许先生等人参加了通用公司组织的“别克关怀三项全能锦标赛之2007年别克技术精英大赛”，许先生不负公司信任，获得第三名。通用公司发给第三名奖杯一座，许先生领取后由万兴公司收回，而通用公司也将许先生复赛第二名、决赛第三名的奖金人民币15 000元已划入万兴公司专门用于购买配件的账户内。2008年1月，万兴公司依据“关于万兴别克汽车奖惩标准的规定”中“奖励”的第三条规定，给予许先生人民币10 000元的经济奖励。

2008年6月，许先生以工作地点与居住地点较远为由向公司辞职。随后，他向劳动争议仲裁委员会申请仲裁，要求万兴公司支付奖金15 000元、归还奖杯、支付解除合同的经济补偿金3 800元，但仲裁仅要求万兴公司归还奖杯，未支持许先生的其他请求。许先生不服，于2008年11月21日向法院提起诉讼。

审理中，法院还查明，万兴公司承担了许先生参赛期间的所有差旅费用并发放了全勤工资和奖金。而通用公司则表示其组织比赛后通知包括万兴公司在内的经销商上报人员参赛；该比赛无章程，按内部方案操作，方案中规定了复赛、决赛第一、二、三名的奖金，但没有明确具体的发放对象；该比赛所有的获奖奖金实际上都是发给经销商的。

法院经审理后认为，作为“别克关怀三项全能锦标赛之2007别克技术精英大赛”的赛事组织者，上海通用汽车有限公司有权对该赛事的各项事宜包括比赛的参加对象、比赛的规则、比赛的奖惩方案等制定比赛章程，在赛前没有制定比赛章程的情况下，其有在法律允许的范围内对上述相关事宜进行解释的权利。因上海通用汽车有限公司表示“比赛通知发到包括被告在内的经销商，由其上报人员参加该比赛”，且万兴公司按照上海通用汽车有限公司“别克关怀钣喷大赛报名事宜暨通知”的规定组织、推荐许先生参赛并承担了许先生参赛期间的所有差旅费用、发放了全勤工资和奖金，赛后也根据规定对许先生进行了经济奖励，故法院认定许先生是代表万兴公司参赛；因上海通用汽车有限公司表示“所有的获奖奖金实际上都是发给经销商的，许先生复赛第二名、决赛第三名的奖金人民币15 000元已划入万兴公司专门用于购买配件的账户内”，故法院确认比赛奖金应归万兴公司所有。

法院还认为，除了法律规定的情形外，劳动者单方提出解除劳动合同的，用人单位无须支付经济补偿金。由于比赛奖金应归万兴公司所有，故万兴公司不构成无故克扣工资、奖金，不符合法律规定用人单位应支付经济补偿金的情形。许先生亦未提供证据证明万兴公司有其他克扣工资、奖金的行为，故许先生要求万兴公司支付经济补偿金的请求，法院难以支持。

最后，法院判决驳回许先生要求万兴公司支付奖金人民币15 000元和经济补偿金人民币3 800元的诉讼请求。

（材料来源：中国法院网）

理论要点

第一节　劳动争议处理概述

一、劳动争议的概念

(一)概念

劳动争议又称劳动纠纷,国外亦称劳资争议或劳资纠纷。劳动争议在一定意义上就是劳动关系双方当事人之间的利益矛盾。广义的劳动争议,泛指以劳动关系为中心所发生的一切争议,包括关于劳动关系的争议和关于与劳动关系密切联系的其他社会关系的争议。狭义的劳动争议,专指劳动关系双方当事人或其团体之间关于劳动权利和劳动义务的争议。在劳动法规和劳动法学中,一般取其狭义。

(二)劳动争议的分类

依争议劳动者人数的多寡,可分为单个劳动争议与集体劳动争议。“单个”与“集体”是针对参加的劳动者人数相对而言。单个劳动争议,是指争议的劳动者一方为 1 人,或虽为 2 人但可作为共同诉讼,不需要推举代表人参加处理程序的劳动争议。集体劳动争议,是指劳动者一方人数达到 3 人或 3 人以上,必须推举代表参加处理程序的劳动争议。构成集体劳动争议的数名劳动者作为一方当事人,对用人单位必须具有共同的争议标的、相同的争议理由和处理要求。集体劳动争议必须推选诉讼代表人进行集体诉讼,争议的处理结果对劳动者一方的全体人员具有同等效力。

依当事人国籍不同,可分为国内劳动争议与涉外劳动争议。国内劳动争议,是指具有中国国籍的劳动者与用人单位之间的劳动争议,应明确的是,外商投资企业是中国企业,它与中国职工之间的劳动争议属于国内劳动争议。涉外劳动争议,是指当事人一方或双方具有外国国籍或无国籍的劳动争议,它包括中国用人单位与外籍职工之间,外籍雇主与中国职工之间的劳动争议。涉外劳动争议的处理,应当按照雇主所在地法的国际惯例,确定其准据法。凡用人单位(雇主)所在地在我国境内的,涉外劳动争议的处理,就应当适用我国法律。

依争议当事人是否属于社会团体,可分为个别争议与团体争议。“个别”与“团体”是就劳动关系的范围相对而言。个别争议是指一个(或一对)劳动关系发生的争议,即争议的双方当事人均为单个的劳动者与用人单位。团体争议是指一类劳动关系的双方团体之间发生的争议,团体争议以团体的名义为维护整个团体的利益进行。如行业协会与产业工会之间的争议。团体争议一般规模巨大,社会影响面广,通常需要通过双方谈判或由政治干预的特殊方式加以解决。现阶段由于我国结社不发达,各种行业协会和职业协会尚处于培育阶段,还不具备介入劳动关系的职能。因此,当前我国劳动争议普遍存在的形式是个别劳动争议,团体劳动争议极为罕见。

二、我国劳动争议的受案范围

(一)具体的受案范围

目前在我国相关的几部规范性文件中界定是有所差别的。根据《中华人民共和国劳动争议调解仲裁法》(2008 年 5 月 1 日起施行)第二条的规定,受案范围包括:

(1)因确认劳动关系发生的争议;

(2)因订立、履行、变更、解除和终止劳动合同发生的争议;

(3)因除名、辞退和辞职、离职发生的争议;

(4)因工作时间、休息休假、社会保险、福利、培训以及劳动保护发生的争议;

(5)因劳动报酬、工伤医疗费、经济补偿或者赔偿金等发生的争议;

(6)法律、法规规定的其他劳动争议。

(二)我国劳动争议受案范围的特点

按照有关规定,确认劳动合同效力的争议、续订劳动合同争议、集体合同履行争议、无效合同赔偿争议、事实劳动关系争议等也属劳动争议处理范围。

通过我国劳动争议的受理范围与劳动争议本身所蕴含的内容相比较,可以看出,大量的劳动权利义务纠纷尚无法律救济途径。基于此,一方面必须强化劳动争议立法,扩大权利救济范围,另一方面,必须强化企业内部利益协调机制,化解劳资矛盾,稳定劳动关系。

三、劳动争议处理的原则

劳动争议处理的原则,贯穿于劳动争议处理的每一个程序之中,它是国家劳动立法关于劳动争议处理的基本指导思想。根据我国《劳动法》第七十八条及《劳动争议调解仲裁法》第三条、第四条的规定,处理劳动争议应当遵循以下原则。

(一)调解原则

调解是解决劳动争议的基本手段,贯穿于劳动争议处理的全过程。根据《劳动法》的规定,劳动争议发生后,双方当事人首先向本单位劳动争议调解委员会申请调解;调解不成,才由劳动争议仲裁机构和人民法院来解决。劳动争议仲裁委员会受理劳动争议案件后,也是首先调解,调解不成时才依法裁决。人民法院受理劳动争议案件后,在不同审判阶段都应先调解、调解不成的,才作判决。贯彻调解原则时,必须坚持双方自愿,不能有丝毫的勉强和强迫,否则即使达成协议,也是无效的。

1994 年制定的《劳动法》和 1993 年国务院通过的《企业劳动争议处理条例》都规定调解是解决劳动争议的基本方式之一。企业设立的劳动争议调解委员会是法定的调解组织,但建立劳动争议调解委员会的主要是国有企业和集体企业,非公有制企业劳动争议调解委员会组建率比较低。随着国有企业的改制,我国企业劳动争议调解委员会的功能在弱化,调解的有效性比较低。

为了发挥调解的优势,使大多数劳动争议纠纷通过调解得以解决,《劳动争议调解仲裁法》确立了着重调解的原则,在立足现有劳动争议调解组织的基础上,又对目前新兴的劳动争议调解组织加以肯定,整合资源,形成劳动争议调解服务网络。该法第二章对调解进行了专门规定,确立了三类调解组织,即企业劳动争议调解委员会、基层人民调解组织、在乡镇街道设立的具有劳动争议调解职能的组织。调解作为重要的纠纷解决机制,在实践中具有解决纠纷的独特优势，它可以有效降低诉讼的对抗性，减轻当事人的诉讼负担，节约司法资源，也最接近当事人追求的实体公正。

（二）及时处理原则

及时处理原则在我国劳动法中集中表现在以下方面。

（1）在用人单位内部设立劳动争议调解委员会，乡镇、街道设立具有劳动争议调解职能的组织及其他基层人民调解组织。一般说来，调解委员会成员在基层，比较了解情况，劳动争议发生后由调解委员会先处理，能有效避免矛盾加深、事态扩大，及时化解纠纷，从而维护各自的合法权益。

（2）规定了各种短期时效。如《劳动争议调解仲裁法》第十四条规定，自劳动争议调解组织收到调解申请之日起 15 日内未达成调解协议的，当事人可以依法申请仲裁。第二十七条规定，劳动争议申请仲裁的时效期间为 1 年。第四十八条规定，劳动者对本法第四十七条规定的仲裁裁决不服的，可以自收到仲裁裁决书之日起 15 日内向人民法院提起诉讼。

（3）规定了短期办案时限。缩短了劳动争议仲裁审理期限。按《劳动法》规定，仲裁裁决一般应在收到仲裁申请的 60 日作出；如案情复杂，经法定程序批准可延期 30 日。为提高效率，《劳动争议调解仲裁法》第四十三条规定，仲裁庭裁决劳动争议案件，应当自劳动争议仲裁委员会受理仲裁申请之日起 45 日内结束。案情复杂需要延期的，经劳动争议仲裁委员会主任批准，可以延期并书面通知当事人，但是延长期限不得超过 15 日。逾期未作出仲裁裁决的，当事人可以就该劳动争议事项向人民法院提起诉讼。仲裁庭裁决劳动争议案件时，其中一部分事实已经清楚，可以就该部分先行裁决。

（三）依法处理原则

依法处理原则是指劳动争议处理机构应以事实为依据，严格依照法律规定来处理劳动争议。劳动争议处理机构应在全面调查案件事实的基础上，辨明是非，分清责任，正确适用法律，从而作出公正的裁决。这里的依法，包含三个层次：第一层次是劳动法律、法规的相关规定；第二层次是劳动合同或集体合同中的有效约定；第三层次是指合法的企业内部规章，但它只对本企业的争议当事人具有效力。

（四）公正处理原则

公正处理原则是指在处理劳动争议时，劳动争议处理机构应站在公正的立场，不得袒护任何一方，必须保证争议双方当事人处于平等的法律地位，具有平等的权利和义务，任何用人单位和劳动者都没有超越法律的特权。这一原则在我国《劳动法》和《劳动争议调解仲裁法》中有明确的规定。另外，为保证争议处理的公正性，切实维护劳动者的合法权益，在劳动争议处理时还要坚持三方原则，即要求劳动行政机关、企业用工方和工会组织共同协调、处理劳动争议。

第二节　劳动争议处理机构

根据《劳动法》和《劳动争议调解仲裁法》的规定，我国劳动争议处理机构有：企业劳动争议调解委员会，依法设立的基层人民调解组织，在乡镇、街道设立的具有劳动争议调解职能的组织，劳动争议仲裁委员会及人民法院。以下介绍：企业劳动争议调解委员会、劳动争议仲裁委员会和人民法院。

一、企业劳动争议调解委员会

(一)设立

我国《劳动法》第八十条规定:“在用人单位内,可以设立劳动争议调解委员会。”《企业劳动争议调解委员会组织及工作规则》第七条规定:“设有分厂(或分公司、分店)的企业,可以在总厂(总公司、总店)和分厂(分公司、分店)分别设立调解委员会。”

(二)组成

企业劳动争议调解委员会由职工代表和企业代表组成。职工代表由工会成员担任或者由全体职工推举产生,企业代表由企业负责人指定。企业劳动争议调解委员会主任由工会成员或者双方推举的人员担任。

(三)法律性质

调解委员会的三方组成决定了它既非司法机构、也非行政机构,而是用人单位内部依法成立的专门处理劳动争议的群众组织。调解委员会仅调解本单位内的劳动争议,是用人单位职工对本单位的劳动关系实行自我管理、自我调节、自我化解的自治性组织。

(四)职责

根据《企业劳动争议调解委员会组织及工作规则》第四条,调解委员会的职责如下:

(1)按照法律规定的原则和程序,调解本单位的劳动争议,并回访、检查当事人执行调解协议的情况,督促当事人认真履行调解协议;

(2)积极开展劳动法律、法规和政策的宣传教育工作,提高企业行政和职工的法制观念,以预防劳动争议的发生;

(3)建立必要的工作制度,做好调解的登记、档案管理和分析统计工作。

二、劳动争议仲裁委员会

(一)设立

劳动争议仲裁委员会按照统筹规划、合理布局和适应实际需要的原则设立。省、自治区人民政府可以决定在市、县设立;直辖市人民政府可以决定在区、县设立。直辖市、设区的市也可以设立一个或者若干个劳动争议仲裁委员会。劳动争议仲裁委员会不按行政区划层层设立。

(二)组成

根据《劳动争议调解仲裁法》第十九条,劳动争议仲裁委员会由劳动行政部门代表、工会代表和企业方面代表组成。劳动争议仲裁委员会组成人员应当是单数。劳动行政主管部门的劳动争议处理机构是仲裁委员会的办事机构,负责办理仲裁委员会的日常事务,处理本行政区域内发生的劳动争议。劳动争议仲裁委员会下设办事机构,负责办理劳动争议仲裁委员会的日常工作。

(三)劳动争议仲裁庭

根据《劳动争议仲裁委员会组织规则》规定,仲裁庭设若干专职和兼职仲裁员,专、兼职仲裁员在案件处理活动中享有同等权利。仲裁庭在仲裁委员会的直接领导下进行工作,服从委员会的决定,遇有重大或疑难争议案件可提交委员会作出决定。仲裁庭办案实行一案一庭制。仲裁庭由1名首席仲裁员、2名仲裁员组成,简易案件可指定1名仲裁员独任处理,仲裁庭组成不符合规定的，仲裁委员会有权予以撤销，令其重组。仲裁庭的职责包括：

(1)制作开庭记录，要求有关人员在记录上签字；

(2)有权取证和要求当事人提供证据，并对证据作出评定；

(3)对争议双方依法进行调解，作出调解书，撤销业已和解的争议案件；

(4)审理终了时，对争议作出裁决；

(5)其他法定职权。

(四)劳动争议仲裁员

根据《劳动仲裁员聘任管理办法》，劳动争议仲裁员是由仲裁委员会聘任的，从事劳动争议仲裁的专业人员。仲裁员分为专职仲裁员和兼职仲裁员。专职仲裁员由仲裁委员会从劳动行政部门内，并具有仲裁员资格的人员中聘任，兼职仲裁员由仲裁委员会从具有仲裁资格的劳动行政部门或其他行政部门工作人员和工会工作人员、专家、学者和律师中聘任。专职仲裁员和兼职仲裁员在仲裁案件时，享有同等权利。仲裁员的职责包括：

(1)接受仲裁机构交办的劳动争议案件，参加仲裁庭；

(2)对受理的争议案件，进行调查取证；

(3)提出具体案件的处理方案；

(4)对争议当事人双方进行调解，促使当事人达成和解协议；

(5)审查申诉人的撤诉请求；

(6)参加仲裁庭合议，对案件提出裁决意见；

(7)案件处理终结时，填报“结案审批表”；

(8)及时作好调解书、仲裁文书工作及案卷的整理归档；

(9)宣传劳动法律、法规、规章、政策；

(10)遵守保密规定。

三、人民法院

《劳动法》第八十三条规定：“劳动争议当事人对仲裁裁决不服的，可以自收到仲裁判决书之日起十五日内向人民法院提起诉讼。一方当事人在法定期限内不起诉又不履行仲裁裁决的，另一方当事人可申请人民法院强制执行。”这一规定确立了人民法院对劳动争议审理的终极程序。人民法院民事审判庭负责审理劳动争议案件，实行两审终审制。

《劳动争议调解仲裁法》第五条规定：“发生劳动争议，当事人不愿协商、协商不成或者达成和解协议后不履行的，可以向调解组织申请调解；不愿调解、调解不成或者达成调解协议后不履行的，可以向劳动争议仲裁委员会申请仲裁；对仲裁裁决不服的，除本法另有规定的外，可以向人民法院提起诉讼。”

第三节　劳动争议处理程序

一、调解的概念及程序

(一)调解的原则

(1)自愿原则。调解委员会调解劳动争议，应当遵循当事人双方自愿的原则，这是调解的前提。

(2)尊重当事人申请仲裁和诉讼权利的原则。

(二)调解的程序

1. 申请和受理

当事人申请劳动争议调解可以书面申请,也可以口头申请。口头申请的,调解组织应当当场记录申请人基本情况、申请调解的争议事项、理由和时间。

2. 调查和调解

调解劳动争议,应当充分听取双方当事人对事实和理由的陈述,耐心疏导,帮助其达成协议。

3. 制作调解协议书或调解意见书

经调解达成协议的,应当制作调解协议书。调解协议书由双方当事人签名或者盖章,经调解员签名并加盖调解组织印章后生效,对双方当事人具有约束力,当事人应当履行。

(三)调解的效力

自劳动争议调解组织收到调解申请之日起15日内未达成调解协议的,当事人可以依法申请仲裁。但因支付拖欠劳动报酬、工伤医疗费、经济补偿或者赔偿金事项达成调解协议,用人单位在协议约定期限内不履行的,劳动者可以持调解协议书依法向人民法院申请支付令。在最高人民法院2006年8月发布的《关于审理劳动争议案件适用法律若干问题的解释(二)》中,对在劳动争议调解委员会主持下达成的调解协议的性质和效力也作出了明确规定,即该调解协议具有劳动合同的约束力,可以作为法院裁判的根据。该司法解释意味着在仲裁或诉讼过程中,可以把上述调解协议作为确定当事人劳动权利义务关系的证据。

二、仲裁的概念及程序

(一)仲裁的原则

1. 强制仲裁原则

《中华人民共和国劳动法》第七十九条规定"劳动争议发生后,当事人可以向本单位劳动争议调解委员会申请调解;调解不成,当事人一方要求仲裁的,可以向劳动争议仲裁委员会申请仲裁。当事人一方也可以直接向劳动争议仲裁委员会申请仲裁。对仲裁裁决不服的,可以向人民法院提起诉讼。"《中华人民共和国劳动争议调解仲裁法》第五条又重申了这一规定。最高人民法院《关于审理劳动争议案件适用法律若干问题的解释(一)》第6条的规定,人民法院受理劳动争议后,当事人增加诉讼请求的,如该诉讼请求与讼争的劳动争议具有不可分性,应当合并审理;如属独立的劳动争议,应当告知当事人向劳动争议仲裁委员会申请仲裁。当当事人在向法院起诉时提出的请求少于仲裁裁决事项时,法院审理中应严格遵循不告不理的原则,对当事人未提起诉讼的事项不进行审理。根据以上规定,除适用终局裁决程序的外大多数劳动争议诉讼的请求事项必须经过仲裁裁决处理后才能进入诉讼程序解决。劳动者或者用人单位对仲裁裁决不服或仲裁庭院(院)不予受理的才可以提起劳动争议诉讼。读者要注意仲裁时全面把握,避免遗漏应有的仲裁请求,在诉讼中被法庭以违反仲裁前置程序而不予处理。

另外根据最高人民法院2002年6月10日关于国内船员劳务合同纠纷案件是否应劳动仲裁前置的请示的复函,最高人民法院《关于海事法院受理案件范围的若干规定》,船员劳务合同纠纷案件属于海商合同纠纷案件的一种。根据《中华人民共和国海事诉讼特别程序法》的规定,此类案件应由海事法院受理。船员劳务合同包括国内船员劳务合同纠纷,不同于一般的劳务合同纠纷。船长、船员和在船上工作的其他在编人员根据劳动法律、行政法规或者劳动合同所产生的工资、其他劳动报酬、船员遣返费用和社会保险费用的给付请求,属于第一顺序的船舶优先权请求。此类案件是极具专业特点的海事案件,应当由海事法院审理。有关船员劳务合同纠纷的案件,当事人向海事法院起诉的,不受必须经过仲裁程序的限制。

2. 先行调解原则

仲裁庭在作出裁决前,应当先行调解。调解达成协议的,仲裁庭应当制作调解书。调解书应当写明仲裁请求和当事人协议的结果。调解书由仲裁员签名,加盖劳动争议仲裁委员会印章,送达双方当事人。调解书经双方当事人签收后,发生法律效力。调解是仲裁裁决的先行程序,必经程序。

3. 一裁终局原则

劳动争议仲裁实行一次裁决制度,一次裁决即为终局裁决。当事人如不服仲裁裁决,除法律另有规定的外,只能依法向人民法院起诉,不得向上一级仲裁委员会申请复议或要求重新处理。

4. 区分举证责任原则

因履行劳动合同发生的争议,实行"谁主张谁举证"原则;但因开除、除名、辞退等用人单位处罚劳动者所引起的争议,则实行"谁决定谁举证"原则,即举证责任倒置。

5. 仲裁独立原则

仲裁独立原则即劳动争议当事人对仲裁决定不服,向人民法院起诉的,人民法院仍应以争议的双方为诉讼当事人,不应将劳动争议仲裁委员会列为被告或第三人。在判决书、裁定书、调解书中,也不应含有撤销或者维持仲裁决定的内容。这也就是说,仲裁和诉讼的效力各自是独立的。

除以上几个原则外,劳动争议仲裁还应遵循合议原则、回避原则等。

(二)申请仲裁及受理

劳动争议申请仲裁的时效期间为1年。仲裁时效期间从当事人知道或者应当知道其权利被侵害之日起计算。仲裁时效,因当事人一方向对方当事人主张权利,或者向有关部门请求权利救济,或者对方当事人同意履行义务而中断。从中断时起,仲裁时效期间重新计算。因不可抗力或者有其他正当理由,当事人不能在规定的仲裁时效期间申请仲裁的,仲裁时效中止。从中止时效的原因消除之日起,仲裁时效期间继续计算。劳动关系存续期间因拖欠劳动报酬发生争议的,劳动者申请仲裁不受1年仲裁时效期间的限制;但是,劳动关系终止的,应当自劳动关系终止之日起1年内提出。

【案例8-1】

张某离职一年后才申请劳动仲裁被驳回后起诉至法院,近日,北京市通州区人民法院以其申请仲裁超过仲裁时效为由,驳回了张某的诉讼请求。

原告张某诉称,其于2009年3月23日到某中学工作的,任保安员,其每天夜里上班,时间为晚上6点到次日早晨6点,每天工作12小时。周末、法定节假日也没有休息。曾要求被告签订劳动合同,但被告拒绝。被告也没有给原告缴纳任何保险。现要求被告给付原告双倍工资3 200元,公休日及法定节假日加班工资1 117.2元,日超时加班费1 369.9元,诉讼费用由被告负担。

被告某中学辩称,原告在我校的工作时间为2009年7月10日至2009年8月10日。试用期结束后,我校没有聘用原告。原告的工作时间是从每日晚上10点到次日早晨6点。原告没有加班,不存在加班费。

2010年9月,张某申请劳动仲裁,通州区仲裁委裁决:因超过仲裁时效,不予受理。张某不服该裁决,遂提起诉讼,要求被告某中学给付双倍工资3 200元,支付公休日及法定节假日加班工资1 117.2元,支付日超时加班费1 369.9元。

通州法院经审理后认为,发生劳动争议,当事人对自己提出的主张,有责任提供证据。与争议事项有关的证据属于用人单位掌握管理的,用人单位应当提供;用人单位不提供的,应当承担不利后果。劳动者主张加班费的,应当就加班事实的存在承担举证责任。劳动争议申请仲裁的时效为一年。仲裁时效时间从当事人知道或者应当知道其权利被侵害之日起计算。张某于2009年8月10日从被告某中学离职,而在2010年9月1日申请劳动仲裁,已经超过法定的一年仲裁时效,丧失胜诉权。故对原告张某的全部诉讼请求,均不予支持。

(材料来源:中国法院网)

申请人申请仲裁应当提交书面仲裁申请,并按照被申请人人数提交副本。仲裁申请书应当载明下列事项:

(1)劳动者的姓名、性别、年龄、职业、工作单位和住所,用人单位的名称、住所和法定代表人或者主要负责人的姓名、职务;

(2)仲裁请求和所根据的事实、理由;

(3)证据和证据来源、证人姓名和住所。书写仲裁申请确有困难的,可以口头申请,由劳动争议仲裁委员会记入笔录,并告知对方当事人。

【案例8-2】

劳动仲裁申请书

申请人:吕某,男,1952年8月9日出生,汉族,籍贯:×××市×××县,住×××市×××县×××镇×××村二组,农民,电话:×××××25。

代理人:刘某,女,1963年3月22日出生,汉族,籍贯:×××市×××县,住×××市×××县×××镇×××村二组,农民。电话:×××××25。

被诉人:×××县 ×××镇×××村机砖厂,住所:×××县×××镇×××村四组。

法定代表人:巩某,职务:经理。

申诉要求:

(1)裁决被诉人支付申请人因伤致残的各种赔偿费用16 156.04元(详见后附列表);

(2)由被诉人承担仲裁费用。

理由与事实:

申请人于2005年2月份进入被诉人×××市×××县×××镇×××村四组由本村巩某所经营的砖厂干活,主要从事的是铲土的工作。2005年4月15日早上9:00左右申请人在清除输送滚筒上的土时,被输送带上的滚筒压伤了环指和小指,当日即送到×××市红十字医院治疗，诊断结果为：①右手环指挫列伤；②右手小指挤压不全断裂；③右手开放性粉碎性骨折。由于被诉人不及时支付各项治疗费用，伤者吕某于2005年4月22日被迫出院。后申请人于2005年11月29日向×××市×××县劳动和社会保障局提出工伤认定申请，并于2006年1月10日作出汉劳社伤险认决字〔2006〕01号《×××县劳动和社会保障局工伤认定决定书》，认定申请人的伤害为工伤。后经×××市劳动能力鉴定委员会于2006年4月26日作出安劳工鉴字〔2006〕9号《×××市劳动能力鉴定委员会劳动能力鉴定结论通知书》，鉴定结论为劳动功能障碍十级。

综上所述，为了维护劳动者的合法权益，特向你委申请劳动仲裁，请依法公正裁决。

此致

×××县劳动仲裁委员会

申诉人：吕 某

……………………………

二〇〇七年五月三十一日

（材料来源：http://www.66law.cn/channel/goodcase/2007-12-12/3475.aspx）

劳动争议仲裁委员会收到仲裁申请之日起5日内，认为符合受理条件的，应当受理，并通知申请人；认为不符合受理条件的，应当书面通知申请人不予受理，并说明理由。对劳动争议仲裁委员会不予受理或者逾期未作出决定的，申请人可以就该劳动争议事项向人民法院提起诉讼。

劳动争议仲裁委员会受理仲裁申请后，应当在5日内将仲裁申请书副本送达被申请人。被申请人收到仲裁申请书副本后，应当在10日内向劳动争议仲裁委员会提交答辩书。劳动争议仲裁委员会收到答辩书后，应当在5日内将答辩书副本送达申请人。被申请人未提交答辩书的，不影响仲裁程序的进行。

【案例8-3】

职工李某因休息休假的问题与用人单位发生了劳动争议，当地的劳动争议仲裁委员会认为企业的行为无不当之处，遂裁定对李某的仲裁申请不予支持。李某不服，考虑到如果向当地的人民法院起诉要交纳诉讼费，李某没有立即向人民法院起诉。正在犹豫不决时，李某看到了一份《行政复议法》的宣传材料。李某想：既然行政复议不收费，何不去试一试呢？接到李某的行政复议申请后，劳动保障行政部门经过认真的审查作出了不予受理的决定，并向李某发出了《劳动保障行政复议不予受理通知书》。

评析：劳动争议当事人对仲裁裁决不服的，可以自收到仲裁裁决书之日起15日内向人民法院提起诉讼。但不服仲裁裁决的，并不能申请行政复议。

根据《劳动法》的规定，劳动争议当事人对仲裁裁决不服的，可以自收到仲裁裁决书之日起15日内向人民法院提起诉讼。而行政复议是指公民、法人或其他组织不服行政机关所作出的具体行政行为而向行政机关或其上一级行政机关提出申诉，受理的行政机关对其作出裁决的活动。因此，申请行政复议的前提是行政机关和具体行政行为的存在。《劳动法》第八十一条规定："劳动争议仲裁委员会由劳动行政部门代表、同级工会代表、用人单位方面的代表组成。劳动争议仲裁委员会主任由劳动行政部门代表担任。"劳动争议仲裁委员会是国家授权依法设立的,代表国家行使仲裁权并由国家强制力保证其生效裁决实施,三方联合处理劳动争议的准司法性的国家仲裁机构。因此,虽然劳动争议仲裁委员会中有劳动保障行政部门的代表,其主任由劳动保障行政部门的代表担任,其办事机构设在劳动保障行政部门,但是可以肯定地说劳动争议仲裁委员会不是行政机关。由于劳动争议仲裁委员会是仲裁机构而非行政机关,其仲裁裁决不能被认为是具体行政行为。

根据上述分析和《行政复议法》关于受案范围的规定,劳动保障行政部门对李某的行政复议申请决定不予受理是正确的。

(材料来源:找法网)

(三)案件审理

劳动争议仲裁委员会应当在受理仲裁申请之日起5日内将仲裁庭的组成情况书面通知当事人。当事人有权对仲裁员提出回避申请。《劳动调解仲裁法》规定,仲裁员有下列情形之一,应当回避,当事人也有权以口头或者书面方式提出回避申请:

(1)是本案当事人或者当事人、代理人的近亲属的;

(2)与本案有利害关系的;

(3)与本案当事人、代理人有其他关系,可能影响公正裁决的;

(4)私自会见当事人、代理人,或者接受当事人、代理人的请客送礼的。

劳动争议仲裁委员会对回避申请应当及时作出决定,并以口头或者书面方式通知当事人。当事人有正当理由的,可以在开庭3日前请求延期开庭。是否延期,由劳动争议仲裁委员会决定。申请人收到书面通知,无正当理由拒不到庭或者未经仲裁庭同意中途退庭的,可以视为撤回仲裁申请。被申请人收到书面通知,无正当理由拒不到庭或者未经仲裁庭同意中途退庭的,可以缺席裁决。

仲裁庭对专门性问题认为需要鉴定的,可以交由当事人约定的鉴定机构鉴定;当事人没有约定或者无法达成约定的,由仲裁庭指定的鉴定机构鉴定。根据当事人的请求或者仲裁庭的要求,鉴定机构应当派鉴定人参加开庭。当事人经仲裁庭许可,可以向鉴定人提问。

当事人在仲裁过程中有权进行质证和辩论。质证和辩论终结时,首席仲裁员或者独任仲裁员应当征询当事人的最后意见。当事人提供的证据经查证属实的,仲裁庭应当将其作为认定事实的根据。劳动者无法提供由用人单位掌握管理的与仲裁请求有关的证据,仲裁庭可以要求用人单位在指定期限内提供。用人单位在指定期限内不提供的,应当承担不利后果。

仲裁庭应当将开庭情况记入笔录。当事人和其他仲裁参加人认为对自己陈述的记录有遗漏或者差错的,有权申请补正。如果不予补正,应当记录该申请。笔录由仲裁员、记录人员、当事人和其他仲裁参加人签名或者盖章。

当事人申请劳动争议仲裁后,可以自行和解。达成和解协议的,可以撤回仲裁申请。仲裁裁决前应先行调解。经调解达成协议的,应制作仲裁调解书;未达成协议或反悔的,即进入仲裁。仲裁庭裁决劳动争议案件,应当自劳动争议仲裁委员会受理仲裁申请之日起45日内结束。案情复杂需要延期的,经劳动争议仲裁委员会主任批准,可以延期并书面通知当事人,但是延长期限不得超过15日。逾期未作出仲裁裁决的,当事人可以就该劳动争议事项向人民法院提起诉讼。

仲裁庭裁决劳动争议案件时,其中一部分事实已经清楚,可以就该部分先行裁决。对劳动报酬、工伤医疗费、经济补偿或者赔偿金的案件,根据当事人的申请,可以裁决先予执行,移送人民法院执行。仲裁庭裁决先予执行的,应当符合下列条件:

(1)当事人之间权利义务关系明确;

(2)不先予执行将严重影响申请人的生活。

劳动者申请先予执行的,可以不提供担保。

裁决应当按照多数仲裁员的意见作出,少数仲裁员的不同意见应当记入笔录。仲裁庭不能形成多数意见时,裁决应当按照首席仲裁员的意见作出。裁决书应当载明仲裁请求、争议事实、裁决理由、裁决结果和裁决日期。裁决书由仲裁员签名,加盖劳动争议仲裁委员会印章。对裁决持不同意见的仲裁员,可以签名,也可以不签名。

(四)裁决的生效与撤销

追索劳动报酬、工伤医疗费、经济补偿或者赔偿金,不超过当地月最低工资标准12个月金额的争议的仲裁裁决;因执行国家的劳动标准在工作时间、休息休假、社会保险等方面发生的争议的仲裁裁决为终局裁决,裁决书自作出之日起发生法律效力。

劳动争议劳动者对仲裁裁决不服的,可以自收到仲裁裁决书之日起15日内向人民法院提起诉讼。逾期仲裁裁决书则发生法律效力。根据《最高人民法院关于审理劳动争议案件适用法律若干问题的解释(三)》第十四条规定,劳动人事仲裁委员会作出的同一仲裁裁决同时包含终局裁决事项和非终局裁决事项,当事人不服该仲裁裁决向人民法院起诉的,按照非终局裁决处理。

根据《劳动争议调解仲裁法》第四十九条规定,用人单位有证据证明本法第四十七条规定的仲裁裁决(追索劳动报酬、工伤医疗费、经济补偿或者赔偿金,不超过当地月最低工资标准12个月金额的争议的仲裁裁决;因执行国家的劳动标准在工作时间、休息休假、社会保险等方面发生的争议的仲裁裁决)有下列情形之一,可以自收到仲裁裁决书之日起30日内向劳动争议仲裁委员会所在地的中级人民法院申请撤销裁决:

(1)适用法律、法规确有错误的;

(2)劳动争议仲裁委员会无管辖权的;

(3)违反法定程序的;

(4)裁决所根据的证据是伪造的;

(5)对方当事人隐瞒了足以影响公正裁决的证据的;

(6)仲裁员在仲裁该案时有索贿受贿、徇私舞弊、枉法裁决行为的。

人民法院经组成合议庭审查核实裁决有前款规定情形之一的,应当裁定撤销。仲裁裁决被人民法院裁定撤销的,当事人可以自收到裁定书之日起15日内就该劳动争议事项向人民法院提起诉讼。

当事人对发生法律效力的调解书、裁决书,应当依照规定的期限履行。一方当事人逾期不履行的,另一方当事人可以依照民事诉讼法的有关规定向人民法院申请执行。受理申请的人民法院应当依法执行。

(五)仲裁的效力

仲裁调解书一经送达当事人即发生法律效力;职工一方在30人以上的集体劳动争议的调解书自送达或公布之日起生效;仲裁裁决书自双方当事人收到之日起15日内不向人民法院起

诉的,即发生法律效力。责任人逾期不履行生效仲裁文书的,另一方当事人可申请强制执行。仲裁文书的执行权由人民法院行使。人民法院对确有错误的裁决可不予执行,并将裁定书送达当事人和仲裁机关。

三、劳动诉讼

(一)劳动诉讼概述

劳动争议的诉讼程序是指人民法院依法对劳动者因不服仲裁裁决,向人民法院提起诉讼的劳动争议案件进行审理,或者对用人单位有证据证明仲裁裁决违反法律规定的特定情形时,向法院提起撤销仲裁裁决的案件进行审理并依法作出裁决的活动。劳动者或用人单位在法定期限内不起诉,又不履行仲裁裁决的,另一方当事人可以申请人民法院强制执行。

人民法院民事审判庭依民事诉讼程序对劳动争议案件进行审理,实行两审终审制。诉讼是劳动争议处理的最终程序,具有最终的法律效力。

目前,我国劳动争议诉讼适用《民事诉讼法》规定的程序,由各级人民法院的民事审判庭受理,程序上包括劳动争议案件的起诉、受理、审判和执行等一系列诉讼程序。下面简要介绍一下我国的民事诉讼的基本制度。

1. 合议制度

合议庭的组成,一般是三名审判人员,根据案件审判上的需要,也可是五名、七名审判人员,但必须是单数。合议庭的组成人员,除一审适用普通程序可有陪审员参加外,其他合议庭均由审判员组成。

合议庭成员之间权利是平等的,任何一个审判人员均有权对案件的审判提出意见。但是合议庭又是个审判集体,对案件的审判是经合议决定的,是合议庭的意见。同时,审判活动是有序进行,需要其中一名成员进行组织和指挥,这名审判员就是合议庭的审判长。审判长对内负责组织和协调工作,对外代表合议庭。

合议庭组织对案件的审理,并通过审理对案件作出裁判。其中主要是对案件的法庭审理,在保障当事人充分行使诉讼权利的前提下,审查和核实证据,揭示案件的真实情况;在合议庭内部对案件进行评议,即认定案件的事实,确定所适用的法律,对案件作出裁判。

合议制的作用在于:充分发挥审判集体的智慧,以适应案件审判上的需要;防止某些认识上的局限性和主观片面性;保证对案件审判的客观公正性。

2. 回避制度

回避是指不宜参加和参与对案件审理的人员,避开或退出对案件的审理。回避制度,是指回避的规制和法度。

回避制度建立的基础,是基于司法公正的要求,回避制度的意义在于保证司法的公正性。在民事审判中,不论是哪个审级,也不论是任何审判人员及其他有关人员,凡有法定回避情形之一的,均应予以回避,这就使回避制度成为审判制度中的一项基本制度。

3. 公开审判制度

人民法院审理民事案件,除法律规定不公开和可以不公开审理的案件外,一律公开审理。不公开审理的案件,是指涉及国家秘密、个人隐私的案件,以及其他按规定不公开审理的案件。可以不公开审理的案件,是指离婚案件,涉及有关商业秘密的案件。所谓可以不公开,是指当事人申请不公开审理的,法院可以不公开审理。不公开和可以不公开审理的案件,均应开庭审理。公开和不公开审理的案件，以及经当事人申请未公开审理的案件，宣判时均一律公开。

公开审判包括公开审理与公开宣判，前者主要在于认真贯彻法庭审理的制度，后者主要在于判决的内容。

4. 两审终审制度

两审是指一审和二审两个审级。一审法院对案件审结后，作出一审判决。如当事人不服一审判决，可以向一审法院的上一级法院提起上诉，使案件进入第二审，即进入上诉审程序。第二审法院按上诉审程序对案件审结后，作出二审判决，也就是案件的终审判决。

两个审级法院对诉讼案件的审理，既是各自独立的，又是完全统一的。所谓独立，是两个审级的法院适用不同的程序，各自对案件作出判决。所谓统一，是指当事人不服一审判决，有权提起上诉，使案件得以继续审理，二审法院审结后的判决可以是维持、改变、撤销一审判决，也可以是撤销一审判决后，发回重审。

(二)劳动诉讼普通程序

1. 起诉

原告在提出诉讼请求的同时，还应提出诉讼请求所依据的客观事实和权利应当受到保护的理由。属于人民法院受理的民事案件范围和受诉人民法院管辖。

根据最高人民法院《关于审理劳动争议案件适用法律若干问题的解释(二)》第7条规定劳动者请求社会保险经办机构发放社会保险金的纠纷、劳动者与用人单位因住房制度改革产生的公有住房转让纠纷、劳动者对劳动能力鉴定委员会的伤残等级鉴定结论或者对职业病诊断鉴定委员会的职业病诊断鉴定结论的异议纠纷、家庭或者个人与家政服务人员之间的纠纷、个体工匠与帮工、学徒之间的纠纷、农村承包经营户与受雇人之间的纠纷不属于劳动争议。

另外劳动者以用人单位的工资欠条为证据直接向人民法院起诉，诉讼请求不涉及劳动关系其他争议的，视为拖欠劳动报酬争议，按照普通民事纠纷处理。当事人在劳动争议调解委员会主持下仅就劳动报酬争议达成调解协议，用人单位不履行调解协议确定的给付义务，劳动者直接向人民法院起诉的，人民法院可以按照普通民事纠纷受理。这两种情况下可以不必经过仲裁程序。

起诉的形式根据我国法律的规定，原则上是书面起诉，但是在例外情况下，可口头起诉。

书面起诉，原告起诉应当向人民法院递交起诉状，并按照对方当事人的人数提交副本。起诉状是原告表明其诉讼请求、事实和理由的文书，应当写明当事人的有关情况，当事人是自然人的，应写明其姓名、性别、年龄、民族、职业、工作单位和住所；当事人是法人或其他组织的，应写明其名称、单位所在地、法定代表人或主要负责人的姓名、职务。如果有电话和传真以及其他的联系方式也应列明，以便于人民法院告知诉讼事宜。

劳动者起诉时，一般情况以用人单位为被告。当没有签订书面劳动合同时，劳动者可以到当地劳动部门咨询或者直接到工商部门查询用人单位的主体信息。最高人民法院《关于审理劳动争议案件适用法律若干问题的解释(二)》规定劳动者与起有字号的个体工商户产生的劳动争议诉讼，人民法院应当以营业执照上登记的字号为当事人，但应同时注明该字号业主的自然情况。劳动者因履行劳动力派遣合同产生劳动争议而起诉，以派遣单位为被告；争议内容涉及接受单位的，以派遣单位和接受单位为共同被告。劳动者可以根据上述规定在起诉状中确定被告或者前置仲裁程序的申诉确定被申请人。

以下为一份原告为法人的起诉状实例。

【案例8-4】

起诉状

原告北京某某公司,住所地:北京市顺义区×××。

法定代表人×××,任社长。

被告王某,男,1970年3月22日生,住×××组。

原告不服北京市顺义区劳动争议仲裁委员会京顺劳仲字〔2008〕第××号、〔2009〕第××号裁决书,现向贵院提起诉讼。

诉讼请求:请求法院对顺义区劳动争议仲裁委员会京顺劳仲字〔2008〕第××号、〔2009〕第××号裁决书第一项、第二项、第四项、第六项的错误裁决进行纠正,依法判定原告不承担支付和赔偿义务。

事实与理由:

2006年4月28日,被告到原告物流部工作,双方签订了劳动合同,原告对被告十分信任,不久就任命被告为物流部负责人。但被告很快对工作开始表现出极不负责的态度,所负责的物流部其他工作人员工作多次出现问题,严重影响了公司正常经营活动,被告本人也频频违反公司规章制度,2008年中,原告与北京中瑞荣国际机械有限公司达成协议,将公司物流业务全部转让给对方,物流部所有人员以自愿为原则与北京中瑞荣国际机械有限公司重新签订劳动合同,但由于被告工作一贯的不负责任,北京中瑞荣国际机械有限公司不愿意接收被告,为此原告通知被告,尽早安排重新择业。被告为此十分不满,2008年10月10日向顺义区劳动争议仲裁委员会申诉,要求支付加班费、经济补偿金等等,此时被告尚未离职,被告申诉后更加消极应付此后的工作,发动其他员工到劳动局申诉,期间甚至发生物流部员工罢工的事件,物流部工作几近瘫痪。原告为此依据公司规章制度,2008年10月24日决定对被告开除处理,并公示全公司。2008年10月27日,被告又向顺义区劳动仲裁委员会申诉,要求原告支付违反解除合同赔偿金。顺义区劳动仲裁委员会决定合并审理。2008年11月25日,顺义区劳动仲裁委员会作出京顺劳仲字〔2008〕第××号、〔2009〕第××号裁决书。

原告认为,顺义区劳动争议仲裁委员会认定事实错误,裁决结果显示公正,理由包括以下几个方面。

(1)原告对被告开除处理,理由充分、程序合法。

依据原告公司《公司规定》第八章"员工奖惩细则",公司对拒不服从工作安排或工作中有重大过错,给公司造成经济损失的员工有权单方解除劳动合同。被告在职期间多次违反公司规章制度,给原告造成很大的经济损失和不良影响。主要有:2006年9月9日,被告在工作时严重不负责任,导致车辆倒车时整车轮胎倾倒地上,给公司造成很大的经济损失;2008年2月5日与公司合作企业北京中瑞荣国际机械有限公司员工打架,造成极坏影响;2008年10月份未按照正常工作流程向公司办公室移送报表;2008年10月,公司为工作需要,安排被告上夜班,但被告拒绝服从安排;此外,被告还煽动其他职工闹事,甚至罢工,种种事实均有相应证据,被告无法否认。因此,原告对被告作出开除处罚不违反劳动法律规范,不应承担双倍赔偿责任，请求法院进行调查，纠正顺义区劳动仲裁委员会的错误裁决。

(2)被告在职期间，没有加班未付加班费或未补休的情况。

按照公司考勤表，被告在2008年7月至10月间，出勤时间均不足20个工作日，个别月份不足10天，且出勤期间并未完成公司交付的工作任务。此外，物流部系特殊工作部门，工作性质和考勤内容较其他员工不同，被告在尚未完成分内工作的情况下要求所谓的加班费，没有任何依据，实属无理。但仲裁机关却裁决令原告支付其加班费412元，这种武断裁决显失公正，不能令原告信服。

(3)原告未克扣、拖欠被告工资。

1)2008年8月26日至9月25日期间，被告因为未完成基本工作任务，公司在发放工资时扣除了其运输车次部分津贴650元，这种扣费是依据本公司制度不违反相关劳动规范，顺义区仲裁委员会认定“克扣工资”没有事实依据和法律依据。

2)被告被开除后，未到公司办理离职手续，领取工资。故原告不应承担25%的经济补偿金。

综上所述，顺义区劳动仲裁委员会没有查明本案事实，裁决结果显失公正。原告作为依法成立的外资企业，始终遵行国内劳动法律规范自觉承担纳税等义务，对被告的处理出于维护本企业合法权益，并未超出劳动法规范尺度。原告认为，在承担义务的同时，我们也应当享受劳动法赋予的权利，享受在劳动仲裁中不被区别对待的权利。为此向贵院诉讼，请求依法维护原告合法权益。

此致

顺义区人民法院

北京某某公司

………………

2008年12月3日

(材料来源:http://lvshi.bj.bendibao.com/news/200969/47740.shtm)

书写起诉状确有困难的，可以口头起诉。这是为了更好地方便当事人起诉，充分地保障当事人的诉权。在这种情况下，原告按照起诉状应当具备的内容，向受诉人民法院口头陈述，由人民法院书记员记入笔录，并告知对方当事人。

2.立案受理

受理是指人民法院对原告的起诉进行审查后，认为符合法律规定的起诉条件，决定立案受理，从而引起诉讼程序开始的行为。起诉是当事人的诉讼行为，受理是人民法院的审判行为，只有这两个行为的结合，才能导致诉讼程序的开始。人民法院在收到原告的起诉状或口头起诉，经过审查，认为符合起诉条件的，应当在7日内立案，并通知当事人。

人民法院受理后，取得对该案的审判权。一方面，人民法院有权通过对案件的审理，对当事人之间的权利义务之争作出评判，对当事人之间权利义务的分配作出处置；另一方面，人民法院审理案件时必须依照法律规定的程序和实体法的相关规定对案件进行审理，不得违反法定程序，枉法裁判。同时，当事人取得了相应的诉讼地位。受理还会使诉讼时效中断。

3.审理前的准备

人民法院在受理原告的起诉状后，应在立案之日起5日内将起诉状副本发送被告。告知当事人诉讼权利和合议庭组成人员。依照普通程序审理的案件,人民法院的审判组织形式必须合议制。在合议庭组成后,人民法院应当在3日内通知当事人,以保障当事人行使申请回避权。审理前的准备活动还有审核诉讼材料,组织当事人交换证据,因当事人的申请进行调查取证等。

4. 开庭审理

(1)开庭审理的准备。传唤当事人、通知其他诉讼参与人出庭诉讼。人民法院审理民事案件,应当在开庭3日前将传票送达当事人,将出庭通知书送达其他诉讼参与人,以确保当事人和其他诉讼参与人为出庭作准备。

对公开审理的案件,人民法院应当在开庭3日前进行公告。

查明当事人和其他诉讼参与人是否到庭。开庭审理之日,在开庭审理前,由书记员查明当事人和其他诉讼参与人是否已经到庭。如有当事人或其他诉讼参与人未到庭的情况,应查明原因,并报告审判长,由审判长决定是否开庭。如果决定开庭审理,由书记员宣布法庭纪律。告知当事人、其他诉讼参与人以及参加旁听的群众遵守法庭规则,保障诉讼的顺利进行。

审判长宣布开庭,并核对当事人及其诉讼代理人,告知当事人的诉讼权利义务。开庭审理时,由审判长核对当事人及其诉讼代理人的姓名、职业、年龄、住所等情况,以确定其是否为应到庭参加诉讼的当事人或诉讼参加人。对于诉讼代理人还要查明其是否有授权委托书以及代理权限。在核对当事人以及诉讼代理人后,由审判长宣布案由,宣布合议庭的组成人员、书记员名单,告知当事人的诉讼权利义务,询问当事人是否申请回避。如当事人不申请回避,则按法定程序开庭审理。

(2)法庭调查阶段。在法庭调查阶段,主要可以分为两个步骤。

1)当事人及其诉讼代理人系统陈述诉讼请求、答辩理由以及所依据的事实和理由并突出案件的主要争执点和关键点。

2)全面审核当事人提供的以及人民法院收集的证据。在这一阶段,当事人及其诉讼代理人可以对对方当事人提供的以及人民法院调查的证据及时地提出质询。在审判长的许可下,询问证人、鉴定人和勘验人。当事人还可以在此阶段提出新的证据,也可以要求重新进行调查取证、重新鉴定或勘验。是否准许,由法庭决定。

告知证人权利义务,证人作证,宣读未到庭的证人证言。

出示书证、物证和视听资料。

宣读鉴定结论、勘验笔录。

在上述法庭调查完成后,法庭应询问当事人的意见。在认为案件事实已经清楚,证据已经齐全,审判长可以宣布终结法庭调查,宣告进入法庭辩论阶段。

(3)法庭辩论阶段。根据我国《民事诉讼法》的规定,法庭辩论应遵循以下顺序:

1)原告及其诉讼代理人发言;

2)被告及其诉讼代理人答辩;

3)第三人及其诉讼代理人发言或答辩;

4)相互辩论。

相互辩论是当事人之间针对在法庭调查阶段和辩论阶段各自的发言、意见进行的辩论。

相互辩论阶段主要是针对某项具体的事实或争执点展开。其顺序是先由原告及其诉讼代理人发言,然后由被告及其诉讼代理人、第三人及其诉讼代理人发言。当事人及其诉讼代理人发言要经过审判长的许可，并围绕着案件事实和争执点进行。在法庭辩论中，当事人及其诉讼代理人提出新的事实和证据，审判长有权决定停止辩论，恢复法庭调查。如果新的事实或证据在法庭上难以查清，并且对案件的裁判有重要影响的，应对案件延期审理。法庭辩论终结时，审判长应按原告、被告、第三人的顺序征询当事人的最后意见。至此，法庭辩论终结。在法庭辩论终结后，人民法院作出判决前，能够调解的，还可以进行调解；调解不成的，应当及时判决。

（4）评议、宣判阶段。这是开庭审理的最后阶段。是人民法院认定事实、适用法律，作出判决并宣告判决结果，从而解决当事人之间争议的阶段。

5. 审理期限

审理期限是人民法院对某一具体案件从立案受理到宣告判决的法定审理期间。审限的规定是防止人民法院拖延对案件的审理，及时、有效地保护当事人的合法权益。人民法院适用第一审普通程序审理案件，应当自立案之日起6个月内审结。有特殊情况需要延长的，报请本院院长批准，可以延长6个月。如果在延长期内仍无法审结，还需要延长的，报请上级人民法院批准，可以延长3个月。

显然，劳动关系当事人要依法正确行使权利，有效地保护其正当利益不受损害。由于劳动争议事件具有时效性强的特点，发生劳动争议后如不及时处理，会出现时过境迁、取证困难等不利因素，不利于劳动争议仲裁机关及审判机关合法及时地保护当事人的合法利益。因此，我国劳动法对劳动争议纠纷的处理原则是合法、公正、及时，可见及时的重要性。作为法律，《劳动法》和《劳动合同法》对劳动合同当事人的合法权益起着同等保护的作用。劳动合同当事人在建立劳动关系时，要对劳动法律规范进行了解，掌握好用于保护自身合法权益的法律武器，签订条款内容完备的劳动合同书。如发生劳动争议，应当及时按法律规定的渠道和方法去处理纠纷。这样才能使自身的合法权益得到有效的保障。

【案例8-5】

2003年10月，赵某与北京宏鹤大酒店签订了厨师聘用的劳动合同，合同期限为2年，职位为厨师。同时合同还约定：如果员工违反酒店的劳动纪律，酒店在制作违纪通知单并发送本人后，有权辞退员工。劳动合同履行期间，酒店在未制作和发送违纪通知单的情况下，单方面通知赵某，因赵某多次将酒店的烤鸭拿回家，违反了酒店的劳动纪律，按照劳动合同的规定，辞退赵某。赵某以自己从未偷拿过酒店的烤鸭回家、未违反劳动合同为由向劳动争议仲裁委员会申请仲裁，要求酒店撤销辞退通知。劳动争议仲裁委员会裁决驳回赵某的申诉请求。赵某不服仲裁裁决，向人民法院起诉，请求人民法院依法撤销仲裁裁决及北京宏鹤大酒店对其作出的辞退决定。人民法院经依法审理，遂以北京宏鹤大酒店辞退赵某证据不足为由支持了赵某的诉讼请求。

评析：根据有关法律的规定，本案诉讼中，应由用人单位即北京宏鹤大酒店承担举证责任。

目前，我国劳动争议诉讼适用民事诉讼程序进行审理。根据《中华人民共和国民事诉讼法》（以下简称《民事诉讼法》）第六十四条的规定，除非法律另有规定，在一般民事案件中，举证责任是由提出主张的一方当事人负担的，即“谁主张，谁举证”。当事人不能提供证据支持其诉讼请求的，应当承担举证不能的不利后果，即人民法院将不支持其诉讼请求。劳动争议诉讼中，人民法院是适用《民事诉讼法》的上述规定来确定当事人的举证责任的。但在某些劳动争议案件中，由于劳动者处于弱势地位，有些证据又掌握在用人单位手中，因此，完全适用“谁主张，谁举证”的举证规则，会导致劳动者因为无法举证而败诉的后果。为了保护劳动者的合法权益，在某些特定的案件中，实行举证责任倒置即由用人单位承担举证的责任，如果用人单位无法举证，则须承担败诉的后果。对此，《最高人民法院关于审理劳动争议案件适用法律若干问题的解释》第十三条规定，因用人单位作出的开除、除名、辞退、解除劳动合同、减少劳动报酬、计算劳动者工作年限等决定而发生的劳动争议，用人单位负举证责任。同时，《最高人民法院关于民事诉讼证据的若干规定》第六条也作出了相同的规定。因此，在劳动争议纠纷案件中，因用人单位作出的开除、除名、辞退、解除劳动合同、减少劳动报酬、计算劳动者工作年限等决定而发生的劳动争议，用人单位应承担举证责任。

本案就是一起因用人单位作出辞退决定而发生的劳动争议，应由用人单位承担举证责任。也就是说，北京宏鹤大酒店作出了辞退赵某的决定，其应当举证证明赵某有违纪行为，并证明其按照与赵某签订的劳动合同中的约定向赵某发送了违纪通知单方才作出了辞退决定。然而，由于北京宏鹤大酒店未向人民法院举证证明其向赵某发出了违纪通知单，又没有证据证明赵某有偷拿烤鸭回家的违纪行为，因此，应视为北京宏鹤大酒店举证不能。由于北京宏鹤大酒店不能提供证据证明自己的诉讼主张，人民法院裁定支持赵某的诉讼请求，撤销仲裁裁决及北京宏鹤大酒店对其作出的辞退决定是正确的。

（材料来源：新余市政府网）

四、劳动争议诉讼的保全和执行

劳动者在仲裁前或者起诉前、起诉中为了保障自己的合法权益切实实现，可以向人民法院申请诉讼财产保全。在诉讼过程中，劳动者向人民法院申请采取财产保全措施，人民法院经审查认为申请人经济确有困难，或有证据证明用人单位存在欠薪逃匿可能的，应当减轻或者免除劳动者提供担保的义务，及时采取保全措施。

人民法院作出的财产保全裁定中，应当告知当事人在劳动仲裁机构的裁决书或者在人民法院的裁判文书生效后三个月内申请强制执行。逾期不申请的，人民法院应当裁定解除保全措施。保全措施的解除不影响当事人在一般的申请执行期限内的申请执行，但可能会影响实际权益的实现。

当事人申请人民法院执行劳动争议仲裁机构作出的发生法律效力的裁决书、调解书，被申请人提出证据证明劳动争议仲裁裁决书、调解书有下列情形之一，并经审查核实的，人民法院可以根据民事诉讼法第二百一十三条之规定，裁定不予执行：（一）裁决的事项不属于劳动争议仲裁范围，或者劳动争议仲裁机构无权仲裁的；（二）适用法律确有错误的；（三）仲裁员仲裁该案时，有徇私舞弊、枉法裁决行为的；（四）人民法院认定执行该劳动争议仲裁裁决违背社会公共利益的。

人民法院在不予执行的裁定书中，应当告知当事人在收到裁定书之次日起三十日内，可以就该劳动争议事项向人民法院起诉。

五、劳动调解、仲裁与劳动司法的衔接

（一）一般仲裁

《最高人民法院关于审理劳动争议案件适用法律若干问题的解释（四）》规定：劳动人事争

议仲裁委员会以无管辖权为由对劳动争议案件不予受理，当事人提起诉讼的，人民法院按照以下情形分别处理：(一)经审查认为该劳动人事争议仲裁委员会对案件确无管辖权的，应当告知当事人向有管辖权的劳动人事争议仲裁委员会申请仲裁；(二)经审查认为该劳动人事争议仲裁委员会有管辖权的，应当告知当事人申请仲裁，并将审查意见书面通知该劳动人事争议仲裁委员会，劳动人事争议仲裁委员会仍不受理，当事人就该劳动争议事项提起诉讼的，应予受理。

(二)终局仲裁

《中华人民共和国劳动争议调解仲裁法》第四十七条规定追索劳动报酬、工伤医疗费、经济补偿或者赔偿金，不超过当地月最低工资标准十二个月金额的争议；因执行国家的劳动标准在工作时间、休息休假、社会保险等方面发生的争议的劳动争议，除该法另有规定的外，仲裁裁决为终局裁决，裁决书自作出之日起发生法律效力。

劳动者不服前述仲裁裁决不服的，可以自收到仲裁裁决书之日起十五日内向人民法院提起诉讼。用人单位有证据证明前述仲裁裁决有下列情形之一，可以自收到仲裁裁决书之日起三十日内向劳动争议仲裁委员会所在地的中级人民法院申请撤销裁决：(一)适用法律、法规确有错误的；(二)劳动争议仲裁委员会无管辖权的；(三)违反法定程序的；(四)裁决所根据的证据是伪造的；(五)对方当事人隐瞒了足以影响公正裁决的证据的；(六)仲裁员在仲裁该案时有索贿受贿、徇私舞弊、枉法裁决行为的。人民法院经组成合议庭审查核实裁决有前款规定情形之一的，应当裁定撤销。仲裁裁决被人民法院裁定撤销的，当事人可以自收到裁定书之日起十五日内就该劳动争议事项向人民法院提起诉讼。

《最高人民法院关于审理劳动争议案件适用法律若干问题的解释(四)》规定：仲裁裁决的类型以仲裁裁决书确定为准。仲裁裁决书未载明该裁决为终局裁决或非终局裁决，用人单位不服该仲裁裁决向基层人民法院提起诉讼的，应当按照以下情形分别处理：(一)经审查认为该仲裁裁决为非终局裁决的，基层人民法院应予受理；(二)经审查认为该仲裁裁决为终局裁决的，基层人民法院不予受理，但应告知用人单位可以自收到不予受理裁定书之日起三十日内向劳动人事争议仲裁委员会所在地的中级人民法院申请撤销该仲裁裁决；已经受理的，裁定驳回起诉。

中级人民法院审理用人单位申请撤销终局裁决的案件，应当组成合议庭开庭审理。经过阅卷、调查和询问当事人，对没有新的事实、证据或者理由，合议庭认为不需要开庭审理的，可以不开庭审理。中级人民法院可以组织双方当事人调解。达成调解协议的，可以制作调解书。一方当事人逾期不履行调解协议的，另一方可以申请人民法院强制执行。

(三)劳动调解与劳动司法

《最高人民法院关于审理劳动争议案件适用法律若干问题的解释(四)》规定：当事人在人民调解委员会主持下仅就给付义务达成的调解协议，双方认为有必要的，可以共同向人民调解委员会所在地的基层人民法院申请司法确认。

六、追索劳动报酬支付令程序

(一)支付令程序概述

《民事诉讼法》第133条第1款规定：人民法院对于受理的案件，如果双方当事人没有争议，且符合督促程序规定条件的，经当事人同意后，可以转入督促程序，依法发出支付令。支付令是人民法院依照民事诉讼法规定的督促程序，根据债权人的申请，向债务人发出的限期履行给付金钱或有价证券的法律文书。支付令制度简化了司法程序，提高了维权效率，能够更有效地保护当事人的合法权益。

《劳动合同法》第三十条规定：用人单位应当按照劳动合同约定和国家规定及时足额发放劳动报酬。用人单位拖欠或者未足额发放劳动报酬的，劳动者可以依法向当地人民法院申请支付令，人民法院应当依法发出支付令。《劳动争议调解仲裁法》第16条规定：因支付拖欠劳动报酬、工伤医疗费、经济补偿或者赔偿金事项达成调解协议，用人单位在协议约定期限内不履行的，劳动者可以持调解协议书依法向人民法院申请支付令。人民法院应当依法发出支付令。

因此，《劳动合同法》及其相关法律法规，对在劳动争议案件中仅追索劳动报酬的劳动者申请支付令做出了规定，为劳动者维权带来了便利。

（二）申请支付令的条件

（1）申请的主体：劳动争议案件中，能够申请支付令的只能是劳动者，用人单位是不能申请支付令的。

（2）案件类型：案件必须是给付之诉，即劳动者要求用人单位给付金钱的案件，例如，给付拖欠劳动报酬、经济补偿金、赔偿金的案件。

（3）单向债务：只能是用人单位向劳动者负有给付义务，而劳动者对用人单位不付给付义务。如果劳动者给用人单位造成损失需要赔偿，那么，劳动者就不能申请支付令。

（4）能够送达：支付令能够送达用人单位，这里所说的送达是指直接送达，支付令的送达不能适用公告送达的方式。在两种情况下，应视为支付令不能送达：一是债务人下落不明，需要采用公告方式才能送达的；二是债务人不在中国领域内居住的，情况比较复杂，不符合督促程序迅速简便地处理纠纷的立法原意，故视为不能送达。

（5）有管辖权：劳动者申请支付令，必须向有管辖权的基层人民法院申请，一般是指用人单位所在地的基层人民法院管辖。

（三）法院对于支付令申请的审查及支付令的效力

人民法院受理申请后，经审查劳动者提供的事实、证据，对债权债务关系明确、合法的，应当在受理之日起十五日内向债务人发出支付令；申请不成立的，裁定予以驳回。

人民法院发出支付令后，用人单位自收到支付令起15日内要么向劳动者支付，要么向人民法院提出书面异议，如果用人单位在此期间既不提出异议又不履行支付令的，劳动者可以向人民法院申请强制执行。

（四）法院对于用人单位异议的审查

以前的《民事诉讼法》对当事人提出的异议不进行实质性审查，只要当事人对支付令提出异议，支付令就自动失效，这就导致支付令制度名存实亡。针对这一弊端，新修订的《民事诉讼法》规定人民法院要对当事人提出的异议进行实质性审查，经审查，异议成立的，应当裁定终结督促程序，支付令自行失效。异议不成立的，裁定驳回用人单位的异议，支付令自驳回裁定送达之日起即生效。

（五）支付令失效后的处理

根据修订后的《民事诉讼法》规定，支付令失效后，除非申请支付令的一方当事人不同意提起诉讼外，督促程序将自动转入诉讼程序，也就是人民法院直接受理该劳动争议案件。但该规定和《最高人民法院关于审理劳动争议案件适用法律若干问题的解释（三）》第十七条的规定相冲突，根据新法优于旧法、上位法优于下位法的法律适用原则，劳动者在依照劳动合同法第三十条申请的支付令失效后，应该按照《民事诉讼法》的规定，直接可以向法院起诉，而不必先去仲裁。

第四节　劳动监察制度概述

一、劳动监察的概念及属性

（一）概念

劳动监察是指依法享有劳动监察权的专门机构和人员，对用人单位执行劳动法律、法规的整个过程，进行监督、检查，并对违法行为予以处罚的活动的总称。

（二）劳动监察与劳动仲裁的区别

1. 主体及主体性质不同

劳动争议仲裁机构由劳动部门、工会和用人单位方面三方代表组成；劳动监察机构则是劳动部门的职能机构。劳动仲裁机构无权对劳动争议当事人进行处罚，但对劳动争议有调解权；劳动监察主体对违反劳动法的被监察主体则有一定的处罚权，监察事项无调解权。

2. 行为的性质不同

劳动仲裁是一种社会干预行为；劳动监察是一种行政执法行为。

3. 目的不同

劳动仲裁直接以处理劳动争议为目的；劳动监察直接以查处、纠正被监察主体违反劳动法的行为，督促被监察主体遵守劳动法为目的。

4. 法律依据有差别

劳动仲裁所依据的实体法既可以是强行性规范，也可以是任意性规范，并且还能够依据合法有效的合同条款、企业劳动规则进行调解和裁决；劳动监察所依据的实体法只限于强行性规范，不能以合同条款和企业劳动规则作为监察决定的准绳。

二、劳动监察主体

（一）劳动监察机构

劳动监察机构是指经法律授权代表国家对劳动法的遵守情况实行监察的专门机构。在我国，县级以上劳动部门都设置综合性劳动监察机构，具体负责劳动安全卫生监察以外各项劳动监察工作；劳动部和省级劳动行政主管部门还设立锅炉压力容器安全监察机构和矿山安全监察机构。行业或矿山集中的地区、市劳动行政主管部门，也分别设立锅炉、压力容器安全监察机构或矿山安全监察机构。各级劳动监察机构都受同级劳动行政主管部门的领导和上级劳动监察机构的业务指导。县级劳动监察机构的管辖范围，除省级政府另有规定外，地（市）级劳动监察机构的管辖范围，由省级政府规定。

（二）劳动监察员

劳动监察员是指国家设立的执行劳动监察的专职或兼职人员。我国立法要求，劳动监察机构应当配备专职劳动监察员和兼职劳动监察员，其中，兼职劳动监察员主要负责与其本职业务相关的单项监察，但行使处罚权应会同专职劳动监察员进行。关于劳动监察员的任职条件，我国有关法规对一般劳动监察员和矿山安全监察员、锅炉压力容器安全监察员分别作了规定。

三、劳动监察的内容

劳动监察的内容是指劳动监察主体依法行使职权，监督监察被监察主体实施劳动法所规定的行为。按照行政部门的权限划分，目前，涉及劳动基准中的劳动安全卫生条件的劳动监察，由各级安全生产行政管理综合部门负责，其他劳动监察仍由各级劳动行政部门负责。

四、劳动监察的权限

劳动监察的权限是国家根据劳动监察机关的职能，通过立法程序赋予劳动监察机构的权力及其行使职权的范围。

（一）劳动监察的检查权

劳动监察的检查权是指劳动监察机构依照法律、法规对用人单位执行劳动法的情况进行检查。劳动监察的检查权是劳动监察机构职能的体现，是由劳动监察的本质属性决定的。同时，劳动监察的检查权又是劳动监察机构履行职责的重要保护，检查权是劳动监察最基本的权限之一。《劳动监察规定》规定，劳动监察机构及劳动监察员有权根据工作需要随时进入有关单位进行检查，在必要时向用人单位下达《劳动监察询问通知》《劳动监察指令书》，并要求用人单位在收到该通知书或指令书之日起10日内，向劳动监察机构作出书面答复。

（二）劳动监察的调查权

劳动监察的调查权是指劳动监察机构依法进行调查的权利。劳动监察的基本任务就是依法对用人单位进行监督检查，发现问题，需要处理时，劳动监察机构应本着实事求是的原则，对发现的问题进行深入细致的了解，在全面掌握事实的前提下，公正处理。依据法律、法规，劳动监察的调查权表现在进入现场，查阅、复制与监察事项有关的文件、资料，询问当事人及见证人等。

（三）劳动监察的建议权

劳动监察的建议权是指劳动监察机构对监察对象的行为进行检查、调查之后，就监察事项涉及的有关问题，向被监察机关或相关部门提出建议的权利。劳动监察机构根据检查、调查的情况，在必要的情况下，可以对被监察对象行使建议权。建议权是在行使检查权和调查权的基础上实现的，目的是改善和促进工作或对出现的问题所造成的损失提出必要的补救措施。

劳动监察的建议权，是建立在建议合法合理，并与用人单位协商基础上的带有强制性的权力。劳动监察机构行使建议权，在通常情况下，重点在事先监督，立足于防微杜渐和防患于未然。

（四）劳动监察的处分权

劳动监察的处分权是指劳动监察机构对通过检查、调查，证实用人单位确有违反国家劳动法律、法规以及政策的行为，视情节轻重，按照权限的规定给予一定的行政处分的权力。

根据我国现行法规的规定，劳动监察机构有权对违反劳动法的用人单位依法分别给予警告、通报批评、罚款、吊销许可证、责令停产整顿的处罚；对触犯其他行政法规的，建议有关行政机关给予行政处罚；对触犯刑法的，建议司法机关追究刑事责任；对阻挠、殴打劳动监察员，妨碍监察公务或不按规定时间对《劳动监察询问通知书》、《劳动监察指令书》作出答复的以及不如实反应情况的，劳动监察机构有权给予责任人员以一定的行政处分。

五、劳动监察的程序

劳动监察的程序是指劳动监察主体在依法行使监察行为的活动中应当遵循的过程和步骤，劳动监察必须遵循一定的法定程序，这是劳动监察行为具有法律效力的一个必要条件。在我国，分为劳动监察执法检查程序、案件受理程序、行政复议或行政诉讼程序。

（一）劳动监察执法检查的程序

1. 实施检查

检查有一般检查与立案调查之分。一般检查是指例行检查、不定期检查、某些专业检查，其程序比较简单。立案调查是指在一般检查中发现或者接受公民举报初步调查后发现用人单位违反劳动法的行为，需要进一步采取措施的，登记立案后进行的专门调查。

2. 作出处理决定或处理建议

凡在权限内能自行处理的事项，依法作出处理决定，它包括纠正和处罚决定两种。

劳动监察机构在处理决定作出之日起 7 日内，应当将处理决定送达当事人，并在 10 日内报送上级劳动行政主管部门备案，处理决定书自送达当事人之日起生效。

（二）案件受理的程序

依据劳动部颁布的《劳动监察规定》，劳动监察机构对用人单位的违法行为立案调查。立案调查适用于需要进一步采取强制措施的事项，其程序包括登记立案和调查取证。对发现的违法行为，认为有违法事实、需要依法追究法律责任的，应当登记立案后，应及时组织调查和搜集证据；调查结束后，应写出调查报告，写明查证的事实和结论，提出处理意见。

（三）行政复议或行政诉讼

用人单位对劳动监察机构作出的处理决定不服的，可按照《行政诉讼法》《行政复议条例》的规定申请复议或起诉。但是，复议和诉讼期间，不影响原决定的执行。用人单位逾期不申请复议，不起诉又不执行处理决定的，劳动监察机构可以申请人民法院强制执行。

思考练习

一、单项选择题

1. 企业劳动争议调解委员会由（　　）和企业代表组成。

A. 职工代表　　B. 企业工会代表

C. 政府劳动部门代表　　D. 企业法定代表人

2. 劳动争议劳动者对仲裁裁决不服的，可以自收到裁决书之日起（　　）内向人民法院提起诉讼。

A. 1 年　　B. 6 个月　　C. 1 个月　　D. 15 天

3. 因支付拖欠劳动报酬、工伤医疗费、经济补偿或者赔偿金事项达成调解协议，用人单位在协议约定期限内不履行的，劳动者可以持调解协议书依法向人民法院申请（　　）。

A. 强制执行调解协议　B. 支付令　　C. 直接判决　　D. 直接裁定

4. 当事人应当自劳动争议发生之日起（　　），以书面形式向仲裁委员会申请仲裁。

A. 30 日以内　　B. 60 日以内　　C. 6 个月内　　D. 1 年内

5. 因用人单位作出的开除、除名、辞退、解除劳动合同、减少劳动报酬、计算劳动者工作年限等决定而发生的劳动争议，(　　)承担举证责任。

A. 用人单位　　B. 劳动者　　C. 劳动行政部门　　D. 人民法院

二、多项选择题

1. 劳动争议仲裁委员会的人员组成包括(　　)。

A. 劳动行政主管部门的代表　　B. 用人单位的代表

C. 工会的代表　　D. 政府指定的经济综合管理部门的代表

E. 职工代表

2. 我国民事诉讼的基本制度有(　　)。

A. 两审终审　　B. 回避　　C. 公开审判　　D. 合议制度

3. 下列可以由人民法院强制执行的有(　　)。

A. 当事人之间的和解协议　　B. 基层调解协议

C. 仲裁调解协议　　D. 仲裁裁决

E. 法院判决

4. 王某是一企业的工人，因操作不当，给企业造成了近 10 万元的经济损失。企业依据劳动纪律的规定，给王某作出了解除劳动合同的处理。王某不服，可以选择的救济措施有(　　)。

A. 可以向企业劳动调解委员会申请调解，如调解不成，可以向人民法院起诉

B. 应当首先向劳动争议仲裁委员会申请仲裁，或向人民法院提起诉讼

C. 可以向企业劳动争议调解委员会申请调解，或者向劳动仲裁委员会申请仲裁

D. 如对仲裁委员会的裁决不服，可向人民法院提起诉讼

E. 可直接向人民法院提起诉讼

三、案例分析题

1. 杨林是某城镇集体企业的一名职工，家住厂区内。为了家居安全，自行建起一堵围墙。厂方认为私自建围墙不符合城建规定，多次派人做杨某工作，要求杨某自行拆除围墙，杨某不理。厂方为促使杨某拆除围墙，采取停发工资的措施，并多次言明只要杨某自行拆除围墙后，将补发其全部被停发的工资。为此，杨某向当地劳动争议仲裁委员会申诉，要求发还停发的工资。市劳动争议仲裁委员会认为，此案因私建住宅墙而引发的工资争议，不属于劳动争议，不属于受案范围，建议争议当事人直接向人民法院起诉。

问：(1)劳动争议仲裁委员会不受理该案是否正确？为什么？

(2)该企业和杨林应如何处理这起纠纷？

2. 2000 年 6 月 10 日，周某等 4 人分别与新北公司签订了为期 3 年的劳动合同。4 人在签订合同时，职务分别是四个业务部门的部门经理，每月工资 3 000 元。2001 年 8 月，该公司总经理根据董事会的决定，将原有的 4 个部门合并为一个综合性业务部，周某等 4 人由部门经理降为业务主管，每月工资均降至 2 000 元。周某等 4 人认为公司的决定违反劳动合同约定，公司总经理则认为这是企业深化改革的需要，周某等 4 人应当服从安排，否则，公司将解除与他们之间的劳动合同。周某等 4 人同意解除劳动合同，要求公司给予经济补偿，遭公司拒绝。周

某等 4 人向当地劳动争议仲裁委员会提出申诉。

问:劳动争议仲裁委员会应否支持周某等 4 人的请求? 为什么?

3. 赵某与朱某同在某纸板厂工作,二人原为夫妻,后经法院判决离婚,两个子女判给朱某。2002 年 1 月,两人在厂教育科因抚养费问题发生口角,最后扭打在一起,朱某被摔倒在地。医院诊断为“头皮下血肿”、“急性闭合性颅脑外伤”。另外,两人在扭打中还打碎了教育科两块玻璃。纸板厂经调查研究后决定:①双方在工作时间内打架属于违反劳动纪律,各罚 50 元;②赔偿所损坏的玻璃,各出 20 元;③赵某承担朱某医疗费、误工费的 60%,朱某自负 40%。赵某不服,向当地劳动争议仲裁委员会提出申诉。

问:(1)纸板厂的决定是否正确? 为什么?

(2)劳动争议仲裁委员会对该案应如何处理?

4. 2001 年 4 月 7 日,谢某雇佣外地民工杨某为其搬家,因为谢某的指挥错误,致使杨某在搬家的过程中被搬运家具的卡车压伤,丧失了部分劳动能力。但谢某拒绝承担杨某的医疗费用以及对其进行赔偿。2001 年 7 月 3 日,杨某到当地劳动争议仲裁委员会申请仲裁。仲裁委员会以当事人申请仲裁的事项不属于劳动争议为由,作出不予受理的决定,杨某不服,依法向人民法院提起诉讼,人民法院以诉讼请求不属于劳动争议为由,裁定不予受理,要求另行起诉。

问:(1)仲裁委员会的决定和人民法院的裁定是否正确?

(2)请结合有关法律规定说明理由。

延伸阅读

给力！手机相片隐含定位信息,二审翻盘认劳动关系!

基本案情

2013 年 11 月 1 日,樊一翁申请进入绝情谷厨房部上班,并口头约定每月工资 1200 元。在培训进入试用期内,樊一翁自动离职。

2014 年 10 月 1 日至 2014 年 11 月 10 日,樊一翁再次到绝情谷厨房部应聘上班,同年 11 月 9 日,绝情谷口头解除与樊一翁的劳动关系。

仲裁委员会裁决,由绝情谷支付樊一翁工资 500 元,对樊一翁的其他请求未予支持。

樊一翁诉至该院,请求人民法院依法判决绝情谷支付双倍工资 16 500 元、违法解除劳动合同赔偿金 4 500 元、支付尚欠 10 天的工资 500 元、补办社会保险。

绝情谷一审辩称,双方劳动关系不成立。2013 年 11 月 1 日,樊一翁口头申请进入酒店厨房部工作是实,但在培训进入试用期内,樊一翁因身体不适合从事厨房工作而自动离职。2014 年 10 月 1 日,樊一翁重新到酒店应聘,因厨房部负责人的变更,厨房部负责人在不知情的情况下,让其进入培训,但在试用期内,樊一翁仍然是随心所欲,利用业余时间上班。至于尚欠樊一翁 10 天的工资,是因樊一翁一直未来领取。

一审法院意见

劳动关系是劳动者与用人单位之间因用工活动而产生的权利义务关系。本案中,樊一翁是完全民事行为能力人,绝情谷是经合法注册成立的有限责任公司,双方均符合劳动关系中的主体资格。本案中,樊一翁2013年11月1日进入绝情谷后厨上班,工作满一月。2014年10月1日至同年11月10日,樊一翁在绝情谷后厨上班达40天,对上述事实,双方均无争议,樊一翁的劳动是绝情谷的业务组成部分,应当认定双方之间事实劳动关系成立。

本案争议焦点在于,樊一翁是否自2013年11月起至2014年11月10日止在绝情谷公司上班。当事人对自己的主张,应当提供证据予以证明,不能举证证明的,应当承担不利后果。本案中,樊一翁主张双方之间自2013年11月起至2014年11月10日止成立事实劳动关系,就应当就该段时间内双方之间存在用工事实进行举证。在本案审理过程中,樊一翁仅提交其在后厨的照片一张用以证明用工事实一直存在,该证据仅能证明樊一翁曾在绝情谷后厨照相,曾在绝情谷后厨工作的事实,但其并未向本院提交其他劳动者的证言等证据予以佐证,而绝情谷提交的后厨工资表中,并无樊一翁领取工资的记载。据此,不能认定樊一翁自2013年11月起至2014年11月10日一直在绝情谷工作。

《中华人民共和国劳动合同法》第八十二条规定,"用人单位自用工之日起超过一个月不满一年未与劳动者订立书面劳动合同的,应当向劳动者每月支付二倍的工资。"本案中,樊一翁2013年仅在绝情谷工作一月,不符合双倍工资的情形,2014年10月1日至2014年11月10日,已超过一月,符合支付双方工资的情形,应当支付双倍工资。故对樊一翁要求绝情谷支付2014年11月1日至11月10日的双倍工资的请求,应当予以支持。

绝情谷辩称,"试用期内,樊一翁仍然是随心所欲,利用业余时间上班,为此,我司才决定不要樊一翁在我司上班",上述即是绝情谷解除与樊一翁劳动关系的理由。因双方未签订书面劳动合同,故绝情谷辩称的试用期不成立;同时,绝情谷也提交证据证明樊一翁存在上述违反用人单位规章制度的行为,故本案不符合用人单位可以单方解除与劳动者的劳动关系的情形,应当认定为违法解除,绝情谷应当按照劳动合同法第四十七条、四十八条、八十七条之规定,支付赔偿金1 500元。

综上,判决如下:一、由重庆绝情谷有限公司支付樊一翁未签订劳动合同的双倍工资差额500元、未发工资500元、违法解除劳动合同的赔偿金1 500元,限本判决生效之日起十日内付清;二、驳回樊一翁的其他诉讼请求。

二审法院意见

本案事实争点有二:一是2013年11月1日至2014年11月10日期间,樊一翁与绝情谷是否存在劳动关系;二是樊一翁在绝情谷工作期间的上资。

针对以上事实争点,本院结合全案证据进行综合评析和认定如下:

一、关于樊一翁自2013年11月1日至2014年11月10日期间是否与绝情谷存在劳动关系。

其一、一审中,樊一翁为证明2013年11月1日至2014年11月10日期间其一直在绝情谷厨房工作,举示了四张照片。该证据经绝情谷一审质证认为,照片真实,照片显示的场景是樊一翁在绝情谷的厨房工作和餐厅就餐,但照片上没有显示时间,无法证明照片拍摄的时间,故不能达到樊一翁的证明目的。为此,二审中,樊一翁举示了包括一审已举示的照片在内的四组照片,照片显示拍摄日期为2014年5月15日至10月4日期间,并且当庭举示保留在拍摄照片的手机上的电子照片及拍摄地点的卫星地图让对方质证。绝情谷质证认为,上述照片未明确显示拍摄地点就是绝情谷,不能证明照片显示的场景是绝情谷的厨房和餐厅,且手机上显示的拍摄时间不可信。绝情谷在一审质证时已对照片的真实性予以认可,现否认照片的真实性,却未提供足以推翻照片真实性的证据,故对照片的真实性应予确认。本院经当庭逐一比对,上述照片与手机上保留的电子照片一致,卫星地图显示拍摄地点在绝情谷区域,且照片上显示的时间均系手机摄影系统自动生成。因此,上述照片可以证明樊一翁于2014年的5月至10月在绝情谷厨房上班。

其二,绝情谷自认,樊一翁2013年11月和2014年10月在酒店上班,且每月工资发放时酒店全体员工均须在工资表上签名确认。但是,绝情谷提交的2014年10月的工资表上没有樊一翁的签名。对此,绝情谷未作出合理解释;而且厨房其他员工在2013年11月工资表上的签名明显与其他月份工资表上签名的笔迹不同。故绝情谷提交的2013年12月至2014年10月的工资表的真实性无法确认,依法不予采信。

其三,樊一翁主张绝情谷有可以证明其2013年11月1日至2014年11月9日在绝情谷上班的考勤表。对此,绝情谷一方面认可对员工有考勤制度,另一方面又不提交可以证明樊一翁出勤情况的考勤记录,根据《最高人民法院关于民事诉讼证据的若干规定》第七十五条的规定,樊一翁的这一主张成立。

综上,应当认定2013年11月1日至2014年11月10日期间,樊一翁在绝情谷上班。

二、关于樊一翁2013年12月至2014年10月的月工资标准问题。

绝情谷在仲裁时提交的答辩状陈述"口头约定每月工资1 500元",在诉讼中多次自认樊一翁2014年10月的工资为1 500元。现绝情谷对其自认的事实予以否认,但未举示足以推翻上述事实的证据,其主张依法不予采纳。同时,樊一翁也认可其月工资标准为1 500元,故应当认定樊一翁2013年12月至2014年10月的月工资为1 500元。

一审认定的其他事实,双方当事人无争议,本院予以确认。

本院认为,针对樊一翁的上诉理由和诉讼请求,分别评述如下:

一、关于未订立书面劳动合同的双倍工资差额问题。

《中华人民共和国劳动合同法》第八十二条第一款规定,"用人单位自用工之日起超过一个月不满一年未与劳动者订立书面劳动合同的,应当向劳动者每月支付二倍的工资。"在本案中,绝情谷于2013年11月1日聘用樊一翁,至2014年11月10日辞退樊一翁,未与樊一翁签订书面劳动合同。根据上述规定,绝情谷应当自2013年12月1日至2014年10月31日向樊一翁支付双倍工资,由于工资已经逐月支付,故绝情谷应当向樊一翁支付11个月的双倍工资差额1 500元/月×11月=16 500元。

二、关于违法解除劳动合同的赔偿金问题。

《中华人民共和国劳动合同法》第三十九条规定,"劳动者有下列情形之一的,用人单位可以解除劳动合同:(一)在试用期间被证明不符合录用条件的;(二)严重违反用人单位的规章制度的;(三)严重失职,营私舞弊,给用人单位造成重大损害的;四)劳动者同时与其他用人单位建立劳动关系,对完成本单位的工作任务造成严重影响,或者经用人单位提出,拒不改正的;(五)因本法第二十六条第一款第一项规定的情形致使劳动合同无效的;(六)被依法追究刑事责任的。"在本案中,绝情谷没有举示证据证明樊一翁存在上述规定的情形,而于2014年11月10日单方口头解除与劳动者樊一翁的劳动关系,且未按照《中华人民共和国劳动合同法》第四十三条规定的程序解除双方的劳动关系,属违法解除劳动合同。根据《中华人民共和国劳动合同法》第八十七条的规定,绝情谷应当依照《中华人民共和国劳动合同法》第四十七条规定的经济补偿标准的二倍向樊一翁支付赔偿金。樊一翁在绝情谷工作1年10天,故绝情谷应当支付违法解除劳动合同赔偿金(1 500元/月×1.5月)×2=4 500元。

三、关于樊一翁主张的补办社会保险问题。

根据社会保险法的相关规定,社会保险的办理及征缴是社会保险征缴机构的行政职权,由此产生的纠纷属行政纠纷,不是民事案件审理范围,依法不应受理,已受理的,应当裁定驳回起诉。故对于樊一翁的该诉讼请求,人民法院不予受理,受理后也应当裁定驳回起诉。一审法院既没有另行单独下裁定驳回樊一翁的该起诉,也没有在"本院认为"的说理中作出阐述,确有不当。

四、一审法院依职权调取工资表是否符合法律规定。

用人单位的工资表既不是《最高人民法院关于适用〈中华人民共和国民事诉讼法〉的解释》第九十六条第一款规定的人民法院依职权调查收集的证据,也不是《最高人民法院关于适用〈中华人民共和国民事诉讼法〉的解释》第九十四条第一款规定的当事人及其诉讼代理人因客观原因不能自行收集而申请人民法院调取的证据,而是用人单位在劳动争议案件中应当依法举示的证据。一审法院依职权调取本应由绝情谷保存并举示的工资表,且其调取的工资表系复印件,难以证明本案待证事实,其依职权调取行为不符合《中华人民共和国民事诉讼法》第六十四条第二款的规定。

五、一审应否对绝情谷延期举证予以训诫、罚款。

首先,工资表复印件不是绝情谷举示的证据,即绝情谷不存在逾期提交证据的事实;其次,根据《中华人民共和国民事诉讼法》第六十五条第二款的规定,即使当事人逾期提交证据,人民法院也应当根据不同情形作出相应处理,而不是一律予以训诫、罚款。换言之,训诫、罚款等属人民法院对妨害民事诉讼的强制措施,对其是否行使,由人民法院视个案而定,而非必须行使。

另外,双方对绝情谷应当向樊一翁补发500元工资无争议,本院予以支持。

综上所述,上诉人樊一翁的部分上诉理由成立,其相应的上诉请求本院予以支持。一审判决认定事实错误,适用法律不当,本院在查清事实基础上予以改判。判决如下:

一、撤销一审判决;

二、被上诉人重庆绝情谷有限公司于本判决生效后十日内向上诉人樊一翁支付双倍工资差额16 500元、违法解除劳动合同赔偿金4 500元、工资500元,合计21 500元。

小编有话说

本案一审二审对劳动关系证据的把握尺度不同,裁判结果就不同。劳动关系的认定,从证据角度,应该如何处理,是个问题。小编不才,想谈一谈自己的一点体会。

1. 劳动关系的证据有那些

在劳动关系具体的证据审核认定上,可以参照劳动和社会保障部《关于确立劳动关系有关事项的通知》(劳社部发〔2005〕12号)第二条所规定的凭证进行判断,即:(一)工资支付凭证或记录(职工工资发放花名册)、缴纳各项社会保险费的记录;(二)用人单位向劳动者发放的"工作证"、"服务证"等能够证明身份的证件;(三)劳动者填写的用人单位招工招聘"登记表"、"报名表"等招用记录;(四)考勤记录;(五)其他劳动者的证言等。

这只是个倡导性的意见，还有其他证据。比如，录音，有关工作文件，微信记录，短信记录，邮箱等等。

2. 劳动关系的举证责任

《劳动争议调解仲裁法》第六条规定，发生劳动争议，当事人对自己提出的主张，有责任提供证据。与争议事项有关的证据属于用人单位掌握管理的，用人单位应当提供；用人单位不提供的，应当承担不利后果。

《最高人民法院关于适用〈中华人民共和国民事诉讼法〉的解释》第九十条规定，当事人对自己提出的诉讼请求所依据的事实或者反驳对方诉讼请求所依据的事实，应当提供证据加以证明，但法律另有规定的除外。

第九十一条规定，人民法院应当依照下列原则确定举证证明责任的承担，但法律另有规定的除外：(一)主张法律关系存在的当事人，应当对产生该法律关系的基本事实承担举证证明责任；(二)主张法律关系变更、消灭或者权利受到妨害的当事人，应当对该法律关系变更、消灭或者权利受到妨害的基本事实承担举证证明责任。

劳动关系的举证责任可以概括为谁主张谁举证，谁管理谁举证。按此规定，我们国家民事诉讼的证据采纳罗森贝格的法律要件分类说，即劳动关系的举证责任在劳动者，而被告不必证明原告与其不存在劳动关系。

劳动者提供了照片。正是这个照片被二审发现，有卫星地图显示在绝情谷。所以，已经达到了盖然性标准了。

3. 举证责任的平衡

一是举证责任的妨碍。《劳动争议调解仲裁法》第三十九条第二款规定，劳动者无法提供由用人单位掌握管理的与仲裁请求有关的证据，仲裁庭可以要求用人单位在指定期限内提供。用人单位在指定期限内不提供的，应当承担不利后果。

《最高人民法院关于民事诉讼证据的若干规定》第七十五条规定，有证据证明一方当事人持有证据无正当理由拒不提供如果对方当事人主张该证据的内容不利于证据持有人可以推定该主张成立。

二是举证责任的缓和。资强劳弱，劳动法从倾斜立法的角度出来，就是考虑到劳动者的隶属性，劳资双方的不平等性，在劳动关系存续期间，用人单位掌握招录材料、工资支付记录、绩效考核等相关证据材料，因此对其掌握和管理的也因由其举证。比如工龄，即劳动关系的起止时间分配给用人单位，是因为用人单位招录员工，掌握劳动合同、招录文件等证据材料，所以工龄由用人单位举证更为合理。在劳动关系确认之诉中，劳动者如果能证明其在被告处工作，被告否认劳动关系，主张双方为劳务、承揽或者不存在劳动关系的，应由用人单位举证。

绝情谷的陈述显然有问题。他们有考勤记录，考勤记录却不提供，这就是举证妨碍，要承担不利后果。不利后果是什么，原告主张的事实成立。你要认为不成立，提供考勤记录反驳啊！

4. 法官审理此案注意的问题

在中国的法庭上，谎言满天飞，甚至是伪证不断。事实难查，劳动者举证很弱，用人单位一般有两套言论，怎么处理。

一是不知道。《证据规则》第八条规定，对一方当事人陈述的事实，另一方当事人既未表示承认也未否认,经审判人员充分说明并询问后,其仍不明确表示肯定或者否定的,视为对该项事实的承认。

二是全盘否认。在劳动争议案件中,一方经常不出庭,甚至否认。《民诉解释》第一百一十条规定,人民法院认为有必要的,可以要求当事人本人到庭,就案件有关事实接受询问。在询问当事人之前,可以要求其签署保证书。保证书应当载明据实陈述、如有虚假陈述愿意接受处罚等内容。当事人应当在保证书上签名或者捺印。负有举证证明责任的当事人拒绝到庭、拒绝接受询问或者拒绝签署保证书,待证事实又欠缺其他证据证明的,人民法院对其主张的事实不予认定。如果说过去没有办法,现在本人让当事人写保证书,已经有好几个当事人不签署保证书了,这也不失为一个办法。

法官可充分利用法庭调查,合理使用自由心证原则。《民诉解释》第一百零五条规定,人民法院应当按照法定程序,全面、客观地审核证据,依照法律规定,运用逻辑推理和日常生活经验法则,对证据有无证明力和证明力大小进行判断,并公开判断的理由和结果。这一点要谨慎,心证不是乱证,也要注意说理,当年南京彭宇案,被无良记者报道后,居然成为社会道德滑坡的推手,判决要是有这么大的作用,为何杀人放火被追究责任却仍然不能有效阻止这类犯罪呢?

在劳动争议的审理中,劳动者举证能力较弱,平时保存意识也不强,虽然如今劳动者在事后找用人单位负责人或者工作人员沟通时常带录音笔,但也力度有限。在此类案件中,法官在法庭调查的可以发挥一定作用。除了前面说的劳动关系证据以外,一般有这样几个问题可以问,1. 谁介绍你去的,谁招用你去的? 2. 你在什么工作岗位工作,工作内容,工作流程是怎么样的? 3. 你有那些同事,分别叫什么名字,性别,年龄,特征? 4. 工作地点在那里,工作场所,办公地点的特征,厕所在那里,什么样的? 5. 老板叫什么名字,有什么特征? 6. 老板同事的电话、QQ、微信、邮箱等,有没有通话记录? 7. 单位最近有什么文件,什么大事,什么小事,什么八卦之类的? 8. 怎么样进出单位的,门口又有什么特征? 等等,具体可以结合劳动者的工作展开,细节决定成败,说的越多,越详细,基本上可信度很高。当然你不能说劳动者为什么不告张三,非要告你呢? 这可能又是一个新彭宇案

本案的胜诉,二审法官的观察入微起到关键作用。

1. 卫星地图显示拍摄地点在绝情谷区域,且照片上显示的时间均系手机摄影系统自动生成。2. 工资表明显有瑕疵。在用人单位否定的劳动关系期间,职工在工资表上的签名与之间的签名是不同,伪造明显。3. 不是说有考勤表,却不提供。

所以,二审认定有劳动关系,完全赞同。

劳动关系的认定,涉及到劳动者的相关待遇,比如经济补偿,争议往往多发在劳动者受伤后未参保的用人单位不想承担工伤保险责任中。所以劳动合同法规定,不签订劳动合同付双倍工资,不是没有道理,但有点矫枉过正。劳动者法律意识不强,取证能力较弱,在劳动关系确认之诉中多处于弱势地位,法官基于居中裁判的地位,也只能根据双方的陈述以及提交的证据认定,劳动关系属于积极事实,原则上是由劳动者举证。正义的女神是蒙眼的。法律事实与客观事实是不一样的,因为裁判规则是适用于每一个人的。法官裁判是根据当事人提交的证据来认定法律事实的,不排除真有劳动关系却因证据不足以证明败诉的情形,这也不能说法官就错了。是因为证据不够,这是规则。

当然，法官也不能机械适用谁主张谁举证的规则，当劳动者的证据明显不能认定或者没有证据时，可以根据劳动者的陈述（非常重要，工作必有痕迹，比如，谁介绍过去工作的，工作地点的具体情况，工作的具体内容，有那些同事，和那些客户打过交道，有领导有无短信、微信交流等），法官再来询问，最后根据公平原则和诚实信用原则，综合当事人的举证能力来确定举证责任的承担。

（资料来源：子非鱼说劳动法微信公众号 2018 年 7 月 20 日推送文章，作者重庆的子非鱼）

文书实例

中华人民共和国最高人民法院
民事裁定书

〔2015〕民申字第 1475 号

再审申请人（一审原告、二审上诉人）：王某。

被申请人（一审被告、二审被上诉人）：阜新矿务局某煤矿破产清算组。住所地：辽宁省黑山县某镇内。

负责人：何某，该清算组组长。

委托代理人：杨某，该清算组工作人员。

委托代理人：肖某，该清算组工作人员。

再审申请人王某因与被申请人阜新矿务局某煤矿破产清算组（以下简称某煤矿清算组）劳动争议纠纷一案，不服辽宁省高级人民法院（以下简称辽宁高院）〔2015〕辽民一终字第 00120 号民事判决，向本院申请再审。本院依法组成合议庭进行了审查，现已审查终结。

王某向本院申请再审称：（一）一、二审判决认定事实不清，证据不足。王某于 1990 年 5 月成为某煤矿合同制工人，1997 年 10 月 6 日在井下作业时发生事故受伤，出院后在家休养，某煤矿对王某工伤鉴定一直不予办理。2001 年某煤矿以买断的名义违法与王某解除劳动合同，王某买断工龄的签字不是本人签字，其他人在没有王某授权的情况下擅自处分本人的合法权益是无效的。而且任何单位都不能以“买断工龄”等形式终止职工的社会保险关系，所以某煤矿违法与王某解除劳动合同是无效的。另外，在工伤未有伤残鉴定结论情况下，不能解除劳动关系，王某与某煤矿的劳动关系并未解除，某煤矿应依法为王某进行工伤劳动能力鉴定，补缴相关社会保险待遇，补发工资。（二）一、二审判决违反法定程序。一审诉讼中，王某发现 1998 年的《因工负伤劳动能力鉴定表》，向一审法院提交了复印件，后一审法院调取了原件，但未重新开庭质证，未作为判决的依据。王某上诉后，一审法院并未向二审法院随卷宗移交该份证据。二审中，辽宁高院将举证责任推给王某，是对举证责任分配的混淆，申请法院调取因工负伤劳动能力鉴定表的原件。（三）一、二审判决适用法律错误。根据 1996 年 10 月 1 日试行的《企业职工工伤保险实施办法》的规定，某煤矿不作伤残鉴定，王某属于一直处于医疗休息期，其应当支付工伤保险待遇。王某在诉讼中才得知存在因工负伤劳动能力鉴定表，该表的内容剥夺了王某合法的工伤保险待遇。一审判决认定的仲裁时效的起算点是错误的。另外，辽宁省办公厅辽政办明电〔2008〕178 号明确规定，对于国家政策性关闭破产矿山老工伤人员应给予一次性伤残补助金。综上,一、二审法院认定事实不清、证据不足,违反法定程序,适用法律错误,依据《中华人民共和国民事诉讼法》第二百条第二、五、六项之规定申请再审。

某煤矿清算组辩称:王某 1990 年到某煤矿工作,2002 年该矿与王某解除了劳动关系,王某领取了 5588 元经济补偿金。2002 年 7 月某煤矿将其档案关系转到了黑山县劳动局。按照法律规定,当事人申请仲裁的时效为一年,从王某 2002 年 7 月与某煤矿解除劳动关系起算,至 2014 年 4 月方申请劳动仲裁,其要求治疗眼睛、缴纳养老、医疗、失业保险、补发工资的诉求,超过了仲裁时效,不应支持。王某称在未有伤残鉴定结论的情况下不能解除劳动关系的说法没有法律依据。《中华人民共和国劳动法》第二十九条仅规定,患或者因工负伤并被确认丧失或部分丧失劳动能力的,患病或者负伤在规定医疗期内的等四种情形不能解除劳动关系,王某没有丧失劳动能力或部分丧失劳动能力,也没有在医疗期内的相关证据,某煤矿与其解除劳动关系不违反法律规定,且某煤矿与王某解除劳动关系是双方自愿的,已经过去十年之久,王某也从未因此事找过某煤矿。根据《企业职工伤保险试行办法》,工伤医疗期最长不超过 36 个月,工伤医疗期的期间由指定治疗工伤的医院或医疗机构提出意见,经劳动鉴定委员会确认并通知有关企业和工伤职工,王某没有提供这些证据。一、二审判决认定事实清楚,证据确凿,程序合法,请求驳回王某的再审申请。

本院认为:

本案争议焦点问题是:第一、王某主张某煤矿为其伤残鉴定及缴纳养老、医疗、失业保险的请求是否属于人民法院民事诉讼的受案范围;第二、王某补发工资的请求是否超过仲裁时效。

一、关于王某主张伤残鉴定及缴纳养老、医疗、失业保险的诉求是否属于人民法院民事诉讼受案范围的问题

(一)王某伤残鉴定的诉求是否属于人民法院民事诉讼受案范围的问题。1996 年试行的《企业职工工伤保险试行办法》第七条规定:"县级以上各级人民政府劳动行政部门主管本行政区域内的企业职工工伤保险工作。县级以上社会保险基金经办机构经办工伤保险业务(以下简称工伤保险经办机构),负责工伤保险职工基金的筹集、管理和待遇支付,以及工伤职工的管理服务工作。"第十条规定:"企业职工应当自工伤事故发生之日或确诊之日起,十五日内向当地劳动行政部门提出工伤报告。工伤职工或其亲属应当自工伤事故发生之日或确诊之日起,十五日内向当地劳动行政部门提出工伤保险待遇申请。遇有特殊情况,申请期限可延长至三十日。"工伤认定属于劳动行政部门的职权,如王某在 1997 年确实因工负伤,其应当在法定期限内向劳动行政部门提出工伤认定申请。王某要求某煤矿为其申请伤残鉴定,不属于人民法院民事诉讼的受案范围。对其该项诉求,不予支持。

(二)王某缴纳养老、医疗、失业保险的诉求是否属于人民法院民事诉讼受案范围问题。《中华人民共和国劳动法》第一百条规定:"用人单位无故不缴纳社会保险费的,由劳动行政部门责令其限期缴纳;逾期不缴的,可以加收滞纳金。"《中华人民共和国社会保险法》第六十三条也规定,用人单位未按时足额缴纳社会保险费的,由社会保险费征收机构责令其限期缴纳或者补足。由此可知,社会保险费征缴属于社会保险部门的行政职责,由此引起的纠纷不属于人民法院民事案件受理的范围。如果王某认为某煤矿应当为其缴纳养老、医疗、失业保险而未缴纳,可向社会保险部门反映;如果其认为社会保险机构不作为,可依法提起行政诉讼或者通过行政监督程序解决,而不应当通过民事诉讼程序主张。因此,王某提起民事诉讼要求某煤矿清

算组为其缴纳养老、医疗、失业保险，于法无据，一、二审判决不予支持并无不当。

二、王某补发工资的请求是否超过仲裁时效

《中华人民共和国劳动争议调解仲裁法》第二十七条规定："劳动争议申请仲裁的时效期间为一年。仲裁时效期间从当事人知道或者应当知道其权利被侵害之日起计算。劳动关系存续期间因拖欠劳动报酬发生争议的，劳动者申请仲裁不受本条第一款规定的仲裁时效期间的限制；但是，劳动关系终止的，应当自劳动关系终止之日起一年内提出。2001 年王某与某煤矿解除劳动合同关系，王某领取了补偿金，也再未到某煤矿工作，双方劳动关系终止。王某称经济补偿金并非其本人领取，其与某煤矿的劳动关系并未解除。但某煤矿清算组提供的职工解除劳动关系经济补偿金支付表中有王某盖章，仅凭王某的陈述不足以反驳该经济补偿金支付表所反映的事实，王某该项理由不能成立，不予支持。

如果某煤矿解除劳动合同违法，王某与某煤矿解除劳动关系时，应当知道权利受到侵害，仲裁时效此时开始起算。至王某 2014 年 4 月 10 日向劳动仲裁部门提出仲裁申请，已经超过了一年的仲裁时效。王某称其在诉讼中才得知因工负伤劳动能力鉴定表，仲裁时效从此时开始起算。即使王某确因工负伤，王某也并非得知劳动能力鉴定表之时才知道因工负伤或终止劳动关系的情况。况且王某是否因工负伤，并未经工伤部门认定。因此，王某称应从其得知因工负伤劳动能力鉴定表时起算仲裁时效没有法律依据，辽宁高院不予支持并无不当。

综上，王某的再审申请不符合《中华人民共和国民事诉讼法》第二百条规定的情形。依照《中华人民共和国民事诉讼法》第二百零四条第一款之规定，裁定如下：

驳回王某的再审申请。

审判长　范向阳
审判员　张志弘
审判员　高　珂
二〇一五年十一月十四日
法官助理　刘耀国
书记员　刘美月

附录Ⅰ

中华人民共和国劳动法

附录Ⅱ

中华人民共和国劳动合同法

附录Ⅲ

中华人民共和国劳动争议调解仲裁法

附录Ⅳ

中华人民共和国军人保险法

附录Ⅴ

最高人民法院关于审理劳动争议案件适用法律若干问题的解释(一)

附录Ⅵ

最高人民法院关于审理劳动争议案件适用法律若干问题的解释(二)

附录Ⅶ

最高人民法院关于审理劳动争议案件适用法律若干问题的解释(三)

附录Ⅷ

最高人民法院关于审理劳动争议案件适用法律若干问题的解释(四)

附录Ⅸ

最高人民法院关于审理工伤保险行政案件若干问题的规定

附录Ⅹ

最高人民法院关于人事争议申请仲裁的时效期间如何计算的批复

附录Ⅺ

工伤保险条例

附录Ⅻ

女职工劳动保护特别规定

附录XⅢ

人力资源社会保障部关于废止部分规章的决定

附录XⅣ

人力资源社会保障部关于公布现行有效规章目录的公告

附录XⅤ

关于公布现行有效人力资源和社会保障规章目录的公告

附录XⅥ

关于废止和修改部分人力资源和社会保障规章的决定

附录XVII

中华人民共和国人力资源和社会保障部令

附录XVIII

第八次全国法院民事商事审判工作会议(民事部分)纪要

参 考 答 案

第一章

一、1. B　2. B　3. A

二、AD

第二章

一、1. B　2. B

二、1. ABCD　2. BD　3. ABCDE　4. ABC　5. ABD　6. AC　7. BCD　8. ABC　9. ABCD

第三章

一、1. B　2. C　3. C　4. D

二、1. AC　2. ABD　3. ABCD

第四章

一、1. B　2. A　3. A　4. B　5. B　6. C　7. D　8. C　9. C　10. B

二、1. ABCDE　2. ACD　3. ABCD　4. ABC　5. ABCDE　6. ABCD

第五章

一、1. A　2. D　3. B　4. B　5. C　6. A　7. B　8. D　9. A　10. C　11. C　12. D　13. D　14. B　15. C　16. D　17. B　18. D

二、1. BCD　2. ABCD　3. ACD　4. AD　5. CD　6. AC　7. BC　8. BCD　9. ABC　10. ABC

第六章

一、1. A　2. B　3. A　4. A　5. C　6. C　7. A　8. D　9. A　10. D　11. B　12. A　13. B　14. A　15. A　16. D

第七章

一、1. B　2. C　3. D　4. B　5. B　6. D　7. B

二、1. AD　2. ABCD　3. ACD　4. ABC　5. ABC　6. ACD　7. ABCDE

第八章

一、1. A　2. D　3. B　4. D　5. A

二、1. ACD　2. ABCD　3. BCDE　4. CD

参 考 文 献

[1] 贾俊玲. 劳动法学[M]. 北京:北京大学出版社,2003.
[2] 关怀. 劳动法学[M]. 北京:法律出版社,2005.
[3] 关怀. 劳动法教程[M]. 北京:法律出版社,2007.
[4] 王全兴. 劳动法学[M]. 北京:法律出版社,2008.

教师教学支持方案

（教学课件）

建设立体化精品教材，向高校师生提供整体教学解决方案和教学资源，是天津大学出版社“服务高校教育”的重要方式。

为支持相应课程的教学工作，我们配套出版了该书的教学课件，向采用本教材的教师免费提供。该课件仅为教师获得并服务，授课教师如果想享受个性化的服务，请登录天津大学出版社官方网站“www. tjup. com. cn”，进入“教师服务”——“下载中心”验证身份进行下载；如有问题请添加“tjupress1985”天津大学出版社官方微信，点击“在线客服”与客服人员联系。

通信地址：天津市南开区卫津路 92 号天津大学出版社

邮编：300072

电话：022-27404717　028-86707829

传真：022-27401094

E-mail：ccshan 2008@ sina. com

联系人：崔成山

开课证明

兹证明____________大学____________学院____________系____________专业第____________学年开设的____________课程，已采用天津大学出版社出版的____________（书名、作者）作为本课程教材，本专业共__________班，授课老师共______位，学生共______人。

授课老师需要与本教材配套的教学课件。

联系人：

通信地址：

邮编：

电话：

E-mail：

系（院）主任（签字）：

（系院办公室签章）

年　月　日